"十二五"国家重点图书出版规划项目
当代经济与管理跨学科新著丛书

市场营销学

主　编　张　竞　季红颖　吴　杰
副主编　王　迪　马哲明　李养力
　　　　安　鹏

哈尔滨工业大学出版社

内 容 简 介

本书对市场营销理论进行了系统阐述,力求反映市场营销学的研究前沿,既融入了国际上市场营销学的最新理论和方法,又引入了大量中国情境式案例,注重理论和实践的结合。本书内容新颖,编写结构合理,每章从学习目标开始,各章中设置了开篇案例,选编了大量的、具有典型意义的市场营销案例,供学生学习和教师教学时参考。每章后安排了本章小结、基本概念和实训练习题等,以便读者系统地学习和巩固每一章的知识。

本书可作为高等院校市场营销、工商管理、会计学、旅游管理等工商管理类专业的学生的教材,也可作为相关专业人士的参考资料。

图书在版编目(CIP)数据

市场营销学/张竞,季红颖,吴杰主编. —哈尔滨:哈尔滨工业大学出版社,2015.11(2019.7 重印)

ISBN 978-7-5603-5721-8

Ⅰ.①市… Ⅱ.①张…②季…③吴… Ⅲ.①市场营销学-高等学校-教材 Ⅳ.①F713.50

中国版本图书馆 CIP 数据核字(2015)第 274575 号

责任编辑 杨秀华
封面设计 刘长友
出版发行 哈尔滨工业大学出版社
社　　址 哈尔滨市南岗区复华四道街 10 号　邮编 150006
传　　真 0451-86414749
网　　址 http://hitpress.hit.edu.cn
印　　刷 哈尔滨圣铂印刷有限公司
开　　本 787mm×1092mm　1/16　印张 18　字数 424 千字
版　　次 2016 年 1 月第 1 版　2019 年 7 月第 2 次印刷
书　　号 ISBN 978-7-5603-5721-8
定　　价 40.00 元

(如因印装质量问题影响阅读,我社负责调换)

前　言

市场营销学是一门建立在经济科学、行为科学、管理理论和现代科学技术基础之上的综合性应用科学，研究以满足消费者需求为中心的市场营销活动及其规律，具有创新性、全程性、综合性和实践性等特点。

本书为了满足市场经济形势下高等院校市场营销专业教学和企业营销实战的需要而编写，主要面向高等院校市场营销、工商管理等专业的学生，也可作为相关专业人士的参考资料。本书对市场营销学理论进行了系统的阐述，力求反映市场营销学的研究前沿，既融入了国际上市场营销学的最新理论和方法，又引入了实际案例，注重理论和实践的结合。本书内容新颖、编写结构合理，每章从学习目标开始，各章中设置了开篇引例，选编了大量的、具有典型意义的市场营销案例，供学生学习和教师教学时参考。每章后安排了本章小结、基本概念和实训练习题，以便读者系统地学习和巩固每一章的知识。

本书由北华大学的张竞、季红颖和辽宁医学院的吴杰担任主编，王迪、马哲明、李养力、安鹏担任副主编，其中张竞编写第1、3章，季红颖编写第5、6、9、12章，吴杰编写第7、14章，王迪编写第2、13、16章，马哲明编写第8、10、11章，李养力编写第4、15章，安鹏编写第12章。本书在编写和出版过程中，得到哈尔滨工业大学出版社的大力支持和帮助，在此表示衷心的感谢！

本书在编写过程中，吸收和借鉴了国内外市场营销研究及其应用的基本理论和研究成果，在此表示感谢。由于作者水平有限，书中难免存在不足之处，敬请读者批评指正。

编　者
2015年10月

目 录

第Ⅰ篇 绪 论

第一章 市场营销学导论 ………………………………………………………… 1
    第一节 市场营销概述 …………………………………………………… 2
    第二节 市场营销观念 …………………………………………………… 10
    第三节 市场营销管理 …………………………………………………… 15

第二章 战略计划与市场营销管理 …………………………………………… 18
    第一节 市场营销战略计划 ……………………………………………… 19
    第二节 公司总体战略选择 ……………………………………………… 21
    第三节 经营战略选择 …………………………………………………… 26
    第四节 战略评价方法 …………………………………………………… 29
    第五节 市场营销管理与市场营销组合 ………………………………… 32

第Ⅱ篇 市场分析

第三章 市场营销环境 …………………………………………………………… 37
    第一节 市场营销环境概述 ……………………………………………… 38
    第二节 市场营销的宏观环境 …………………………………………… 40
    第三节 市场营销的微观环境 …………………………………………… 47
    第四节 营销环境的分析 ………………………………………………… 51

第四章 市场营销调研与预测 …………………………………………………… 57
    第一节 市场营销信息系统 ……………………………………………… 57
    第二节 市场营销调研 …………………………………………………… 60
    第三节 市场需求的测量与预测 ………………………………………… 70

第五章 消费者市场与购买行为 ………………………………………………… 79
    第一节 消费者市场 ……………………………………………………… 79
    第二节 影响消费者购买行为的因素 …………………………………… 83
    第三节 消费者购买行为与决策过程 …………………………………… 93

第六章 组织市场及其购买行为 ………………………………………………… 102
    第一节 组织市场 ………………………………………………………… 103
    第二节 生产者市场和购买行为分析 …………………………………… 105
    第三节 中间商购买行为 ………………………………………………… 113

第四节　政府采购行为 ·· 116

第Ⅲ篇　市场营销战略

第七章　目标市场营销战略 ·· 119
　　第一节　市场细分 ·· 120
　　第二节　目标市场的选择 ··· 125
　　第三节　市场定位 ·· 129

第八章　市场竞争战略 ··· 133
　　第一节　竞争者分析 ·· 133
　　第二节　基本竞争战略 ·· 136
　　第三节　市场地位与竞争战略 ··· 140

第九章　新产品开发战略 ·· 147
　　第一节　新产品开发战略选择 ··· 147
　　第二节　新产品开发过程 ·· 150
　　第三节　新产品的采用和扩散 ··· 153

第Ⅳ篇　市场营销策略

第十章　产品策略 ·· 160
　　第一节　产品及产品组合 ·· 160
　　第二节　产品生命周期 ·· 163
　　第三节　包装策略 ·· 168
　　第四节　服务策略 ·· 171

第十一章　品牌策略 ·· 176
　　第一节　品牌综述 ·· 176
　　第二节　品牌策略 ·· 178
　　第三节　品牌资产管理 ·· 183

第十二章　价格策略 ·· 190
　　第一节　影响定价的因素 ·· 190
　　第二节　定价的基本方法 ·· 194
　　第三节　企业的定价策略 ·· 198
　　第四节　价格变动与企业对策 ··· 206

第十三章　分销策略 ·· 211
　　第一节　分销渠道概述 ·· 212
　　第二节　分销渠道策略 ·· 215
　　第三节　批发商和代理商 ·· 222
　　第四节　零售商 ·· 225

第十四章 促销策略 ··· 231
- 第一节 促销和促销组合 ··· 232
- 第二节 广告策略 ··· 237
- 第三节 人员推销 ··· 243
- 第四节 营业推广 ··· 249
- 第五节 公共关系 ··· 252

第十五章 国际市场营销 ··· 258
- 第一节 国际市场营销概述 ··· 259
- 第二节 国际市场营销环境 ··· 260
- 第三节 国际目标市场选择 ··· 263
- 第四节 进入国际市场的方式 ··· 266

第十六章 市场营销新进展 ··· 271
- 第一节 网络营销 ··· 271
- 第二节 口碑营销 ··· 274
- 第三节 数据库营销 ··· 275
- 第四节 "微时代"的新营销概念 ··· 277

参考文献 ··· 280

第Ⅰ篇　绪　论

第一章　市场营销学导论

【学习目标】

1. 掌握市场营销的核心概念；
2. 了解营销观念的基本特征；
3. 了解营销行为和营销观念产生和发展的背景条件；
4. 认识市场营销理论对中国经济改革与发展的意义。

【引例】

宝洁公司和一次性尿布

宝洁公司（P&G）以其寻求和明确表达顾客潜在需求的优良传统，被誉为是在面向市场方面做得最好的美国公司之一。其婴儿尿布的开发就是其中的一个例子。

1956年，该公司开发部主任维克·米尔斯在照看其出生不久的孙子时，深切感受到一篮脏尿布给家庭主妇带来的烦恼。洗尿布的责任给了他灵感。于是，米尔斯就让手下几个最有才华的人研究开发一次性尿布。

一次性尿布的想法并不新鲜。事实上，当时美国市场上已经有好几种牌子了。但市场调研结果显示，多年来，这种尿布份额只占美国市场的1%。原因首先是价格太高；其次是父母们认为这种尿布不好用，只适合在旅行或不便于正常换尿布时使用。调研结果还表明，一次性尿布的市场潜力巨大。美国和世界许多国家正处于战后婴儿高峰期。将婴儿数量乘以每日平均需换尿布次数，可以得出一个大得惊人的潜在销量。

宝洁公司产品研发人员用了一年的时间，力图研制出一种既好用又对父母有吸引力的产品，产品的最初样品是在塑料裤衩里装上一块打了褶的吸水垫子。但1958年夏天现场试验的结果，除了父母们的否定意见和婴儿身上的痱子以外，一无所获，于是又回到图纸阶段。

1959年3月，宝洁公司重新设计了它的一次性尿布，并在实验室生产了37 000个样子类似于现在式样的产品，拿到纽约州做现场试验。这一次，有2/3的使用者认为该产品胜过布尿片，然而，接踵而来的问题是如何降低成本和提高新产品质量。为此要进行的工序革新，比产品本身的开发难度更大。一位工程师说它是"公司遇到的最复杂的工作"。生产方法和设备必须从头搞起。不过，到了1961年12月，这个项目进入了能够验收的生产工序和产品试销阶段。

公司最终选择了地处美国的城市皮奥里亚试销这种后来被定名为"帮宝适"（Pampers）

的产品,发现皮奥里亚的妈妈们喜欢用"帮宝适",但不喜欢10美分一片"帮宝适"尿布的价格。因此,价格必须降下来。降多少呢?在6个地方进行了试销进一步表明,定价为6美分一片,就能使这类新产品畅销,使其销售量达到零售商的要求。宝洁公司的集中制造工程师找到了进一步降低成本的方法,并把生产能力提高到使公司能以低价格在全国销售"帮宝适"尿布的水平。

"帮宝适"尿布终于被成功推出,直至今天仍然是宝洁公司的拳头产品之一。它表明,企业的产品来自市场,企业必须树立正确的营销观念,通过直接的市场调研来论证,通过潜在用户的反应来指导和改进新产品的开发工作。企业各职能部门必须通力合作,不断进行产品试用和调整定价。最后,公司做成了一桩全赢的生意:能够减轻每个做父母的最头疼的一种家务工作量的产品,成为给公司带来利润的重要财源。

(来源于百度文库)

第一节 市场营销概述

一、市场营销的基本概念

(一)市场营销的概念

学术领域现有市场营销的概念有很多版本,市场营销的含义随着市场营销实践的发展而发展。国外学者对于市场营销的定义做了多种不同表述,这些论述都反映了市场营销的发展进程,比较有影响力的有以下几种。

麦卡锡(E. J. Mccarthy,1960)对微观市场营销下了定义:市场营销是企业经营活动的职责,它将产品及劳务从生产者直接引向消费者或使用者以便满足顾客需求及实现公司利润,同时也是一种社会经济活动过程,其目的在于满足社会或人类需要,实现社会目标。这一定义指出了满足顾客需求及实现企业赢利成为公司的经营目标。

美国著名的营销学者菲利普·科特勒(Philip Kotler)对市场营销的核心概念进行了如下的描述:"市场营销是个人或群体通过创造,提供并同他人交换有价值的产品,以满足各自的需要和欲望的一种社会活动和管理过程。"在这个核心概念中包含:需要、欲望和需求;产品或提供物;价值和满意;交换和交易;关系和网络;市场;营销和营销者等一系列的概念。

美国市场营销协会(American Marketing Association,AMA)曾经为市场营销提出三个比较有影响的定义。1960年的定义:市场营销是指引导产品和劳务从生产者流向消费者或用户所进行的一切企业活动。这是关于市场营销概念的较早的一种解释。1985年,AMA重新给市场营销下了定义:市场营销是(个人和组织)对思想、产品和服务的构思、定价、促销和分销的计划和执行过程,以创造达到个人和组织的目标的交换。营销是在一个富于动力的环境中,通过商品、劳务与构思的创造、分销、促进与定价,加快与加速令人满意的交换关系的个人及组织的活动。2004年8月,AMA修正了市场营销的定义,这次公布的市场营销新定义是在整合了来自全球的理论界和实践界众多营销者的贡献基础之上而修订出来的。中国人民大学商学院的郭国庆教授建议将这次的新定义完整地表述为:市场营销既是一种组织职能,也是为了组织自身及利益相关者的利益而创造、传播、传递客户价值,管理客户关系的一系列过程。

(二) 市场营销的核心概念

市场营销涉及其出发点,即满足顾客需求,还涉及以何种产品来满足顾客需求,如何才能满足消费者需求,即通过交换方式,产品在何时、何处交换,谁实现产品与消费者的连接。可见,市场营销的核心概念应当包含需求及相关的欲求、需要,产品及相关的效用、价值和满足,交换及相关的交易和关系,市场、市场营销及市场营销者。

1. 需要、欲望和需求

市场营销的核心概念告诉我们,市场交换活动的基本动因是满足人们的需要和欲望。这是市场营销理论提供给我们的一种观察市场活动的新的视角。实际上,这里"需要"(needs)、"欲望"(wants)、"需求"(demands)三个看来十分接近的词汇,其真正的含义是有很大差别的。"需要"是指人们生理上、精神上或社会活动中所产生的一种无明确指向性的满足欲,就如饥饿了想寻找"食物",但并未指向是"面包""米饭"还是"馒头";而当这一指向一旦得到明确,"需要"就变成了"欲望";而对企业的产品而言,有购买能力的"欲望"才是有意义的,才真正能构成对企业产品的"需求"。有这样的认识对企业十分重要,例如:当我们看到有一个消费者在市场上寻找钻头时,会认为这个人的"需要"是什么呢?以一般的眼光来看,这个人的"需要"似乎就是钻头。但若以市场营销者的眼光去看,这人的需要并不是"钻头",而是要打一个"洞",他是为了满足打一个洞的需要购买钻头的。那么这同前者的看法有什么本质区别呢?区别在于,如果只认为消费者的"需要"是钻头,企业充其量只能在提供更多更好的钻头上去动脑筋,这样并不能保证企业在市场上占有绝对的竞争优势。而如果认为消费者的"需要"是打"洞",那么企业也许就能创造出一种比钻头打得更快、更好、更便宜的打洞工具,从而就可能使企业在市场上占据更为有利的竞争地位。所以从本质上认识,消费者购买的是对某种"需要"的"满足",而不仅仅是产品。

2. 产品或提供物

任何需要的满足却又必须依靠适当的产品,好的产品将会在满足需要的程度上有很大提高,从而也就能在市场上具有较强的竞争力,实现交换的可能性也应该更大。然而产品不仅是指那些看得见摸得着的物质产品,也包括那些同样能使人们的需要得到满足的服务甚至是创意,我们把所有可通过交换以满足他人需要的事物统称为"提供物"。如人们会花几千元的钱去购买一架大屏幕的彩电来满足休闲娱乐的需要,也可以花费同样的代价去进行一次长途旅游,以同样达到休闲娱乐之目的。而在当今的社会中,一个有价值的"主意",也可能使创意者获得相当的回报。所以如果仅仅把对产品的认识局限于物质产品,那就是经营者可悲的"市场营销近视症"。为顺利地实现市场交换,企业经营者不仅要十分重视在市场需要引导下的产品设计与开发,还应当从更广泛的意义上去认识产品(或提供物)的含义。

3. 价值和满意

人们是否购买产品并不仅仅取决于产品的效用,同时也取决于人们获得这效用的代价。人们在获得使其需要得以满足的产品效用的同时,必须支付相应的费用,这是市场交换的基本规律,也是必要的限制条件。市场交换能否顺利实现,往往取决于人们对效用和代价的比较。如果人们认为产品的效用大于其支付的代价,再贵的商品也愿意购买;相反如果人们认为代价大于效用,再便宜的东西也不会要,这就是人们在交换活动中的价值观。市场经济的客观规律告诉我们,人们只会去购买有价值的东西,并根据效用和代价的比较来认识价值的实现程度。人们在以适当的代价获得了适当的效用的情况下,才会有真正的满足;而当感到以较小的代价获得了较大的效用时,则会十分满意;而只有在交易中感到满意的顾客才可能成为企业的忠实顾客。所以企业不仅要为顾客提供产品,更必须使顾客感到在交换中价值的实现程度比较高,这样才可能促使市场交易的顺利实现,才可能建立企业的稳定市场。

4. 交换和交易

交换是市场营销活动的核心。人们实际上可以通过四种方式获得他所需要的东西:一是自行生产,获得自己的劳动所得;二是强行索取,不需要向对方支付任何代价;三是向人乞讨,同样无需做出任何让渡;四是进行交换,以一定的利益让渡从对方获得相当价值产品或满足。市场营销活动主要围绕第四种方式进行的。从交换实现的必要条件来看,必须满足以下几条:

(1) 交换必须在至少两人之间进行;
(2) 双方都拥有可用于交换的东西;
(3) 双方都认为对方的东西对自己是有价值的;
(4) 双方有可能相互沟通并把自己的东西递交给对方;
(5) 双方都有决定进行交换和拒绝交换的自由。

于是我们可以看到,需要的产生才使交换成为有价值的活动,产品的产生才使交换成为可能,而价值的认同才能使交换最终实现。我们所讨论的前几个市场营销概念的构成要素最终都是为"交换"服务的,因"交换"而有意义的。所以说"交换"是市场营销概念中的核心要素。如何通过克服市场交换障碍,顺利实现市场交换,进而达到实现企业和社会经济效益之目的,是市场营销学研究的核心内容。交换不仅是一种现象,更是一种过程,只有当交换双方克服了各种交换障碍,达成了交换协议,我们才能称其为形成了"交易"。交易是达成意向的交换,交易的最终实现需要双方对意向和承诺的完全履行。所以如果仅从某一次交换活动而言,市场营销就是为了实现同交换对象之间的交易,这是营销的直接目的。

5. 市场、关系和网络

市场是交易实现的场所和环境,从广义的角度看,市场就是一系列交换关系的总和,市场主要是由"卖方"和"买方"两大群体构成的。但在市场营销学中,对"市场"的概念有一种比较特殊的认识,其往往用来特指企业的顾客群体,如以后我们会讨论的"市场细分""目标市场"等概念,其中的"市场"就是单指某种顾客群体,即市场由一切有特定需求或欲望并且愿意和可能从事交换来使需求和欲望得到满足的潜在顾客所组成。这种对"市场"概念的认识是基于一种特定的视角,即站在企业(卖方)角度分析市场,市场就主要是由顾客群体(买方)所构成的了。

在现代市场营销活动中,企业为了要稳定自己的销售业绩和市场份额,就希望能同自己顾客群体之间的交易关系长期的保持下去,并得到不断的发展。而要做到这一点,企业市场营销的目标就不能仅仅停留在一次交易的实现,而应当通过营销的努力来发展同自己的供应商、经销商和顾客之间的关系,使交易关系能长期稳定地保持下去。从20世纪80年代开始,对顾客关系的重视终于使"关系营销"成为一种新的概念和理论充实到市场营销学的理论体系中来。"关系营销"和"交易营销"的主要区别在于其把研究的重点由单纯研究交易活动的实现转为研究交易关系的保持和稳定。

生产者、中间商以及消费者之间的关系直接推动或阻碍着交易的实现和发展。企业同与其经营活动有关的各种群体(包括供应商、经销商和顾客)所形成一系列长期稳定的交易关系就构成了企业的市场网络。在现代市场营销活动中,企业市场网络的规模和稳定性成为形成企业市场竞争力的重要方面,从而也就成为企业营销的重要目标。

6. 市场营销和市场营销者

从一般的意义上认识,市场交易是买卖双方处于平等条件下的交换活动。但市场营销学则是站在企业的角度研究如何同其顾客实现有效交换的学科,所以说市场营销是一种积极的市场交易行为,它是指与市场有关的人类活动。亦即为满足消费者需求和欲望而利用市场来实现潜在交换的活动。它是一种社会的和管理的过程。

市场营销者则是从事市场营销活动的人。在交易中主动积极的一方为市场营销者,而相对被动的一方则为营销者的目标市场,市场营销者采取积极有效的策略与手段来促进市场交易的实现。营销活动的有效性既取决于营销人员的素质,也取决于营销的组织与管理。这将在本书中进行详细的分析和论述。

二、市场营销学的发展

(一) 萌芽阶段

市场营销思想起源于20世纪初的美国,这一时期是美国资本主义迅速发展,国内市场急剧扩大,竞争日趋激烈的时期。拉尔夫·斯达·巴特勒等把生产和消费联系起来,开创了市场营销研究的先河。1910年,美国威斯康星大学教授拉尔夫·斯达·巴特勒,首先采用"市场营销"(marketing)作为学科名称,正式出版了《市场营销方法》(Marketing Method)一书,正式将如何做产品推销和广告等教学内容的课程命名为"市场营销方法",此后其他市场营销学者也发现市场营销是一个合适的名称,"市场营销"被广泛接受。之后,弗莱德·克拉克(Fred E. Clark)的《市场营销原理》讲义在1922年出版,并被多所大学用作教材。这样就使得市场营销学从经济学中分离出来,成为一门独立的学科。

(二) 起步阶段

1929～1933年,资本主义世界爆发了严重的经济危机,市场明显出现供大于求。这个时期的企业都面临着十分严重的销售问题,如何将产品销售出去成为企业家所关注的首要问题。这一时期,美国的高等院校和工商企业建立的各种市场研究机构,有力地推动了市场营销学的普及和研究。例如,1915年,美国正式成立"美国广告协会",1926年改组为"美国市场营销学和广告学教师协会";1930年,由美国实业界发起成立了"美国市场营销学会";1937年,"美国市场营销学和广告学教师协会"与"美国市场营销学会"合并组成现在的"美国市场营销协会",该协会在美国设立了几十个分会,从事市场营销研究和营销人才的培训工作,出版市场营销专刊和市场营销调研专刊,对市场营销学的理论发展都起了重要作用;同时,该协会除了有工商企业家和经济学家参加外,还吸收了市场行情、广告、行销、信托等方面的专业人才,共同研讨市场营销学的实际运用问题,这对市场营销学的推广起到了重要作用。此外,很多高等院校也发起组织了市场营销学研究团体,经常研讨市场营销学的理论和应用问题,并为企业提供咨询服务。在这一时期,企业虽然引进了市场营销理论,但所研究的内容仍局限于流通领域,重点仍在于研究广告和推销术等商业推销实务和技巧。

(三) 发展阶段

20世纪50年代市场营销环境研究逐渐成为热点。范利、格雷斯和考克斯合作出版了

《美国经济中的市场营销》;梅纳德和贝克曼出版了《市场营销学原理》等书,标志着市场营销原理及研究方法的形成。此后几年,市场营销管理理念形成,出现了市场细分,"市场营销战略"概念开始出现。霍华德在《市场营销管理:分析和决策》一书中,率先提出从营销管理角度论述市场营销理论和应用,从企业环境与营销策略二者关系来研究营销管理问题,强调企业必须适应外部环境。

杰罗姆·麦卡锡在1960年出版的《基础市场营销学》中,提出了著名的4P组合,即"产品"(product)、"价格"(price)、"地点"(place)和"促销"(promotion)的营销组合,为我们提供了一个有助于记忆营销组合主要工具的简便方法。随后,学术界又相继提出了其他一些P,包括"人"(people)多用于服务营销学里人;"包装"(packaging),多用于消费品的包装;"报酬"(payoffs),多用于世界上某些部分的业务活动;零卖(peddling),亦称人员推销,它往往依赖于大量的促销手段,等等。

(四)完善阶段

20世纪70年代,市场营销理论逐步成熟。菲利普·科特勒在《市场营销管理:分析、计划与控制》中全面、系统地发展了现代市场营销理论,他提出营销管理的实质是需求管理;美国管理学者肯尼斯·R·安德鲁斯在《公司战略思想》中首次提出了公司的营销战略思想问题,充分阐述了制定、实施公司营销战略的分析方法。

1971年,杰拉尔德·蔡尔曼和菲利普·科特勒提出了"社会营销"的概念,促使人们注意到营销学在传播意义重大的社会目标方面可能产生的作用,如环境保护、计划生育、改善营养、使用安全带等。

1972年,阿尔·赖斯和杰克·特鲁塔提出了"定位"这个富有吸引力的概念。他们认为,即使公司没有在广告中为产品定过位,这些产品在顾客头脑中也是有一定的位置的。赖斯和特鲁塔阐述了公司应如何运用定位去创立产品在顾客头脑中的特定形象的方法。

1981年,瑞典经济学院的克里斯琴·格罗路斯发表了论述"内部营销"概念的论文。他认为,在培养公司经理和雇员接受以顾客为导向的概念时,公司所面临的问题将比为顾客开发有吸引力的产品和服务更为棘手,提出在公司里创造一种营销文化。

1985年,巴巴拉·本德·杰克逊强调了关系营销学。关系营销较之交易营销更好地抓住了营销概念的精神实质。

1986年,菲利普·科特勒提出了"大营销"这一概念,提出了公司如何打进被保护市场的问题,提出要借助政治技巧和公共关系技巧,开拓全球市场。

20世纪90年代,由于竞争手段的多样化,企业都把营销放置于重要的战略地位。理论界也开始运用新的工具、新的思路来研究企业营销战略。

1990年,美国市场营销专家劳特朋提出了4C营销组合观念,即消费者需求、消费者愿意付出的成本、便利和沟通。在4C组合中,消费者是企业一切经营活动的核心,企业重视顾客甚于重视产品。强调创造顾客比开发产品更重要,满足消费者的需求和欲望比产品功能更重要。

哈佛大学著名营销学家莱维特教授在《营销近视》中提出一个论点:企业的市场定义比企业的产品定义更重要。他认为企业经营必须被看成是一个顾客满足的过程,而不是一个产品生产的过程。

1996年,美国整合营销理论的创始人唐·E·舒尔茨提出了4R营销组合,即"顾客关联"(relativity)、"市场反应"(reaction)、"关系营销"(relationship)、"利益回报"

(retribution)。整合营销理念的最大特点是以竞争为导向,着眼于企业与顾客的互动与双赢,积极地适应顾客的需求,把企业与客户联系在一起,形成竞争优势。

2001年,另外一个美国学者艾略特·艾登伯格在《4R营销——颠覆4P的营销新论》一书中也提出了新的"4R营销组合"。艾登伯格指出消费者将从需求层次走向欲望层次,市场营销成败的关键是弄清"消费者为何购买"或"如何愉悦消费者",因此,4P组合将被4R组合所代替,即"关系"(relationship)、"节省"(retrenchment)、"关联"(relevancy)和"报酬"(reward)。

(五)创新阶段

美国营销学权威菲利普·科特勒编写了《营销动向:利润、增长和更新的新方法》一书。他在书中打破其创立、传播并给其带来国际声誉的经典范式,提出了营销的新范式,即"全方位营销"(holistic marketing concept)的动态概念。

全方位营销的新范式是在迈向新经济的进程中出现,并且新旧经济并存这一背景下产生的。新经济的出现,改变了旧经济的逻辑。旧经济的逻辑是以制造业的管理为基础的,而新经济的逻辑是立足于信息和信息管理之上的。由此,新经济要求企业在业务和营销思维上做出转变,全方位营销应运而生。

三、市场营销学的性质

(一)市场营销学是什么

市场营销学是否是一门科学?是什么性质的科学?对此,国内外学术界持有不同的见解。

概括起来,大致分为三种观点:

第一种观点认为,市场营销学不是一门科学,而是一门艺术。他们认为,工商管理(包括市场营销学在内)不是科学而是一门教会人们如何作营销决策的艺术。

第二种观点认为,市场营销学既是一种科学,又是一种行为和一种艺术。这种观点认为,管理(包括市场营销学)不完全是科学,也不完全是艺术,有时偏向科学,有时偏向艺术。当收集资料时,尽量用科学方法收集和分析,这时科学成分比较大,当资料取得以后,要作最后决定时,艺术成分就大一点,由于主要是依据企业领导者的经验和主观判断,这时便是艺术。这种双重性观点,主要问题在于将市场营销同市场营销学混同起来了。市场营销是一种活动过程、一种策略,因而是一种艺术。市场营销学是对市场营销活动规律的概括,因而是一门科学。

第三种观点认为,市场营销学是一门科学。这是因为,市场营销学是对现代化大生产及商品经济条件下工商企业营销活动经验的总结和概括,它阐明了一系列概念、原理和方法。市场营销理论与方法一直指导着国内外企业营销活动的发展。

(二)市场营销学是一门应用科学

市场营销学是一门经济科学还是一门应用科学,学术界对此存在两种观点:一种是少数学者认为市场营销学是一门经济科学,是研究商品流通、供求关系及价值规律的科学。另一种观点认为市场营销学是一门应用科学。无疑,市场营销学是于20世纪初从经济学的"母体"中脱胎出来的,但经过几十年的演变,它已不是经济科学,而是建立在多种学科基础上的应用科学。美国著名市场营销学家菲利普·科特勒指出:"市场营销学是一门建立在经济科学、行为科学、现代管理理论之上的应用科学。"因为"经济科学提醒我们,市场营销是用有限的资源通过仔细分配来满足竞争的需要;行为科学提醒我们,市场营销学是涉及谁购买、谁组织,因此,必须了解消费者的需求、动机、态度和行为;管理理论提醒我们,如何组织才能更好地管理其营销活动,以便为顾客、社会及自己创造效用"(《市场营销学原理》序言)。

(三)市场营销学既包括宏观营销学又包括微观营销学

美国著名市场营销学家麦卡锡在其代表作《基础市场学》中明确指出,任何商品经济社会的市场营销均存在两个方面:一个是宏观市场营销;另一个是微观市场营销。宏观市场营销是把市场营销活动与社会联系起来,着重阐述市场营销与满足社会需要、提高社会经济福利的关系,它是一种重要的社会过程。宏观市场营销的存在是由于社会化大生产及商品经济社会要求某种宏观市场营销机构及营销系统来组织整个社会所有的生产者与中间商的活动,组织整个社会的生产与流通,以实现社会总供需的平衡及提高社会的福利。微观市场营销是指企业活动或企业职能,是研究如何从顾客需求出发,将产品或劳务从生产者转到消费者手中,实现企业赢利目标。它是一种企业经济活动的过程。

由于西方国家受资本主义私有制的局限,其学术界主要是研究企业的微观营销,对宏观营销研究不十分重视,即使对宏观营销进行研究,也不是从实现社会总供需平衡的角度来研究,而只从客观角度来研究企业营销的总体作用。

四、市场营销学的研究方法

市场营销理论以克服市场交换活动的障碍,促使市场交易顺利实现为研究目标,系统研究同交易成功有关的活动,即需要产生和满足、产品开发与价值、参加交易的组织和个人行为及其影响因素、交易的过程与规律以及促使交易成功的各种策略组合。但就其理论和实践的成熟过程而言,研究的角度是在不断发生变化的。大体上有产品研究、职能研究、机构研究和管理研究等几种不同的角度。

(一)产品研究角度

20世纪初,市场营销研究刚刚开始的阶段,营销学者们主要是通过对各种不同产品在市场交易活动中的特征分析来研究企业的营销行为。如韦尔德最早的市场营销学的著作就是《农产品的市场营销》(1916年);科普兰(Melvin Copeland)在1923年提出了著名的产品分类理论,将所有的消费品分为便利品、选购品和特殊品,并研究了消费者在购买这些不同类别产品时的行为特征;在此之前(1912年)帕林(Charls Parlin)就已提出过对"妇女购买的商品"进行分类的思想,他将这些商品分为便利品、急需品和选购品等不同类型;劳德斯(E. L. Rhoades)在1927年还提出过根据产品的使用特征、物理特征(易腐性、体积、价值集中)和生产特征(生产规模、生产地点、生产周期、生产方法、生产集中度)来对产品进行分类的思想。这些理论的提出强调了市场营销对各种不同类型的企业和产品的适应性,基于相当实用性的原则。

(二)职能研究角度

从企业营销职能的角度对市场营销学进行研究集中于20世纪30年代之前,肖(Arch Shaw)1912年在《经济学季刊》中第一次提出了职能研究的思想,当时他将中间商在产品分销活动中的职能归结为5个方面:风险分担;商品运输;资金筹措;沟通与销售;装配、分类与转载。韦尔德在1917年对营销职能也进行了研究,提出了：装配、储存、风险承担、重新整理、销售和运输等职能分类。1935年,弗兰克林(Franklin Ryan)撰文指出,已有的职能研究已经提出了52种不同的营销职能,但并未对分销过程中两大隐含的问题做出解释：一是哪些职能能使商品实体增加时间、地点、所有权、占有权等效用？二是企业经营者在分销过程中应当主要承担哪些职能？弗兰克林认为：在第一个问题上,主要有装配、储存、标准化、运输和销售等5项职能；在第二个问题上,企业经营者则主要应履行承担风险和筹集营销资本等2项职能。

从职能角度对市场营销学的研究直接导致了对营销策略组合的研究。尼尔·博登(Neil Borden)在1950年提出的"营销策略组合"将企业的营销活动的相关因素归结为12个方面,包括：产品、品牌、包装、定价、调研分析、分销渠道、人员推销、广告、营业推广、售点展示、售后服务以及物流等；之后,弗利又将这些因素归纳为同提供物有关的"基本因素"和同销售活动有关的"工具因素";直至1960年杰罗姆·麦卡锡提出著名的"4P"组合,实际上都继承了职能研究的分类研究方法。所以说,职能研究角度为以后占主导地位的营销管理学派的产生奠定了基础。

(三)机构研究角度

同职能研究角度不同,机构研究角度主要分析执行营销职能的组织及其相互之间的关系。早期的机构研究主要集中于中间商和分销渠道的组织与效率。韦尔德在他的《农产品市场营销》中指出"要执行营销职能,问题是要发现最经济的职能组合",他针对一些人对中间商的偏见指出"用第一手资料不偏不倚地研究营销系统,将发现总体上已发展的营销系统是可以胜任的,而不是极端臃肿和浪费的,已发展的组织形式有恰当的实际原因"；巴特勒(R.S. Butler)在1923年出版的《营销与经销》一书中强调了中间商和渠道机构所创造的地点效用和时间效用,从理论上肯定了中间商的地位；20世纪30~40年代,加入营销机构研究的人越来越多,美国宾夕法尼亚大学沃顿商学院的教师拉尔夫·布莱耶(Ralph Breyer)撰写了《营销机构》一书,强调了营销机构的重要性,他指出"完成执行营销职能的相关工作需要建立庞大且高度复杂的商业机构,这个机构的各个部门都涉及与营销有关的各种商业事宜"。之后一些学者又对营销渠道中的"纵向一体化"问题展开了研究,考虑到了对生产和分销过程中独立营销机构的总体控制和协调,最后形成了"垂直营销系统"的理论。这实际上已经进入了营销管理研究的领域。所以说从管理角度对市场营销进行研究的营销管理学派,其理论基础仍来源于之前的产品、职能和机构研究学派。

(四)管理研究角度

从20世纪50年代开始,随着国际市场竞争的日益激烈,从企业整体角度进行营销的战略决策变得格外重要。企业要获得营销的成功,决不能仅依赖于在某一具体部门或个别行为上的努力,而更取决于企业各种营销资源的有效组合和相互支撑,于是市场营销的研究也就自然而然地进入了以管理为导向的阶段。

尼尔·博登在1950年提出了"市场营销组合"的概念,强调了从企业整体营销目标的实现出发,对各种营销要素的统筹和协调,而企业的经理就是"各种要素的组合者",这是从管理的角度提高营销效率的重要思想。这一思想后来被麦卡锡发展为"4P"营销策略组合的著名理论,20世纪80年代后出现的"整合营销"理论也包含了这方面的思想；1956年温德尔·史密斯的"市场细分"理论的提出使企业的市场营销真正上升到战略规划的层次,其同之后的"目标市场"和"市场定位"理论一起,共同构成了"STP"的营销战略思想,为从管理角度研究市场营销做出了重要的贡献;1960年,西奥多·莱维特(Theodore Levitt)提出了"市场营销近视症"的问题,强调了以顾客需求为导向来制定企业发展战略规划的问题,实际上是进一步明确了市场营销观念在企业管理决策中的重要地位;菲利普·科特勒于1967年出版了《营销管理》,之后不断完善,最终形成了对市场营销进行分析、计划、管理与控制的完整理论体系,使从管理角度研究市场营销的方法成为集各种研究方法之大成的基本研究方法,从而在推动市场营销理论和实践的发展方面发挥了重要的作用。

第二节 市场营销观念

市场营销观念是指企业进行经营决策,组织管理市场营销活动的基本指导思想,也就是企业的经营哲学。它是一种观念,一种态度,或一种企业思维方式。市场营销观念是一种"以消费者需求为中心,以市场为出发点"的经营指导思想。营销观念认为,实现组织诸目标的关键在于正确确定目标市场的需要与欲望,并比竞争对手更有效、更有利地传送目标市场所期望满足的东西。

一、传统观念

(一)生产观念

生产观念是最陈旧的一种企业经营观念,盛行于19世纪末20世纪初。以这种经营观念为指导的企业认为,获得产品的基本效用是消费者的主要目的,企业的任务就是生产并向市场提供顾客所买得起的产品。提高生产的效率和降低生产的成本是经营者所关心的全部问题。企业主要以提高劳动生产率,扩大生产规模,并以此降低产品价格来吸引顾客,获得自己的市场地位,很少关注除此之外的其他市场因素,甚至不注意对产品的更新和改良。

该观念认为,消费者喜欢那些可以随处买到和价格低廉的商品,企业应当组织和利用所有资源,集中一切力量提高生产效率和扩大分销范围,增加产量,降低成本。显然,生产观念是一种重生产、轻营销的指导思想,其典型表现就是"我们生产什么,就卖什么"。以生产观念指导营销活动的企业,称为生产导向企业。

20世纪初,美国福特汽车公司制造的汽车供不应求,亨利·福特曾傲慢地宣称:"不管顾客需要什么颜色的汽车,我只有一种黑色的。"福特公司1914年开始生产的T型车,就是在"生产导向"经营哲学的指导下创造出奇迹的。使T型车生产效率趋于完善,降低成本,使更多人买得起。到1921年,福特T型车在美国汽车市场上的占有率达到56%。然而当其他公司所生产的彩色汽车开始风靡市场之后,福特才省悟到自己的决策的错误。单纯的以"生产观念"为导向给他带来了很大的损失。中国在20世纪80年代之前,大多数企业奉行的主要是以"生产观念"为导向,直到20世纪80年代中期,当有些产品已出现明显的供过于求的情况时,一些企业仍在按每年递增百分之几的计划大量生产。如缝纫机、手表、自行车等产品,30多年产品的设计都没有大的改变。

以生产观念为导向的企业基本上是处于三种市场环境条件之下:一是产品明显地供不应求。企业将产品生产出来,总归销得出去。西方在20世纪20年代以前,中国在20世纪80年代以前的情况基本上都是如此。中国当时许多消费工业品(如手表、缝纫机、自行车、电视机)都要凭票凭证供应,所以生产企业只需扩大生产,提高产量,而根本没必要去考虑市场销售问题。二是价格竞争是市场竞争的基本形态。这种情况下,企业竞争的主要手段是降低产品的价格,而降低价格的前提则是通过生产规模的扩大和生产成本的控制。所以企业必然以主要精力去扩大生产和降低成本。三是实行计划经济体制,在计划经济条件下,企业实际上只是政府计划的附属体,是一个严格按照计划进行生产的工作部门,资源和产品的分配不属于企业的责权范围,所以企业也无须考虑除生产之外的其他问题。

(二) 产品观念

产品观念是在生产观念基础上的发展,但仍属一种比较陈旧的经营观念。其特征在于企业经营者不是主要靠降低成本,而是主要靠提高产品的质量来开发和占领市场。经营者认为顾客关注的主要是产品的性能、质量和特色,设计和开发优良产品是企业市场竞争的主要手段。确实,产品的品质和特色是企业争取顾客的主要因素。能注意以产品质量的改变和提高去赢得企业的市场地位比只重视产量和成本的"生产观念"是前进了一步。但是问题在于进行产品设计开发的出发点在哪里?企业还是消费者?产品观念的局限性就在于对于产品的设计与开发只是从企业的角度出发,以企业为中心进行的。

产品观念认为,消费者喜欢高质量、多功能和具有某些特色的产品。因此,企业管理的中心是致力于生产优质产品,并不断精益求精,日益完善。在这种观念的指导下,公司经理人常常迷恋自己的产品,以至于没有意识到产品可能并不迎合时尚,甚至市场正朝着不同的方向发展。他们在设计产品时只依赖工程技术人员而极少让消费者介入。经营者认为,顾客想购买的只是产品,而并没有认识到顾客所购买的实际上是对于某种需要的满足。所以企业经营者仍只是把眼光注视着企业内部的生产领域,而没有把眼光转移出去,注意研究企业外部的市场,即所谓的"营销近视症"。

如日本有家保险箱生产公司的经理抱怨消费者没有眼光,对于该公司生产的"牢不可破"的保险箱很少有人问津。一次在对一位朋友谈起此事时,怒不可抑,竟然抬起一台该公司的产品从五楼扔了下去,然后让这朋友去看这保险箱有没有损坏。然而这位朋友只是淡淡地一笑,说道:"我想您的顾客购买保险箱决不会是为了从楼上往下扔吧?"这个例子就说明了,如果不是从消费者的需要出发去开发和设计产品,自以为很好的产品可能也不会有市场。

(三) 推销观念

推销观念产生于资本主义经济由"卖方市场"向"买方市场"的过渡阶段,盛行于20世纪三四十年代。推销观念认为,消费者通常有一种购买惰性或抗衡心理,若听其自然,消费者就不会自觉地购买大量本企业的产品,因此企业管理的中心任务是积极推销和大力促销,以诱导消费者购买产品。其具体表现是:"我卖什么,就设法让人们买什么。"执行推销观念的企业,称为推销导向企业。在推销观念的指导下,企业相信产品是"卖出去的",而不是"被买去的"。他们致力于产品的推广和广告活动,以求说服、甚至强制消费者购买。他们收罗了大批推销专家,做大量广告,对消费者进行无孔不入的促销信息"轰炸"。如美国皮尔斯堡面粉公司的口号由原来的"本公司旨在制造面粉"改为"本公司旨在推销面粉",并第一次在公司内部成立了市场调研部门,派出大量推销人员从事推销活动。

当市场刚刚进入供过于求,竞争激烈的阶段时,推销观念确实产生过很强的实际效应。一些企业通过大量的广告宣传和人员推销使产品的销路有明显的上升。20世纪三四十年代,美国的不少企业就曾在包括中国在内的全世界各地市场组织大规模的推销活动,从而使不少在美国本地市场严重饱和的产品重在世界各地打开了市场。如在中国推销美孚公司的煤油时,美孚公司就曾组织了一批推销人员挨家挨户地送煤油灯,使普通的中国老百姓接受了美国人的"洋油",从而打开了一个很大的新的市场。中国在20世纪80年代改革开放的初级阶段,广东、福建等南方省市的一些乡镇企业和民营企业迫于不具有国有企业那样的市场地位,只能靠大量的推销活动来拓展自己的市场,结果反而使其产品很快在全国打开了销路,确立了市场地位。

推销观念同生产观念和产品观念相比,是有明显的进步,其主要表现为企业经营者开始将眼光从生产领域转向了流通领域,不仅在产品的设计和开发,而且在产品的销售促进上投入了精力和资本。但是推销观念仍然是以企业为中心,是以说服和诱导消费者接受企业已经生产出来的产品为目的,仍然没有把消费者放在企业经营的中心地位。再好的推销手段也不能使消费者真正接受他所不需要或不喜欢的产品,特别是当市场竞争变得日益激烈的时候,推销的效应就会逐渐递减。20世纪90年代中期,中国的消费品市场供大于求的趋势日益明显,企业的推销大战也越演越烈,尽管削价活动天天可见,但消费者的反应却越来越冷淡,这说明,推销观念对企业拓展市场的局限性是十分明显的。

因此,推销观念与前两种观念一样,也是建立在以企业为中心的"以产定销",而不是满足消费者真正需要的基础上。因此,这三种观念被称之为市场营销的旧观念。

当大量的推销活动仍不能使企业摆脱产品滞销积压,经营每况愈下的局面时,一些企业就会从市场上去寻找原因,就会考虑根据顾客的需要和市场的变化来调整自己的经营,从而就导致新的企业经营观念应运而生。

二、市场营销观念

市场营销观念是以消费者需要和欲望为导向的经营哲学,是消费者主权论的体现,形成于20世纪50年代。该观念认为,实现企业诸目标的关键在于正确确定目标市场的需要和欲望,一切以消费者为中心,并且比竞争对手更有效、更有利地传送目标市场所期望满足的东西。

市场营销观念的产生,是市场营销哲学的一种质的飞跃和革命,它不仅改变了传统的旧观念的逻辑思维方式,而且在经营策略和方法上也有很大突破。它要求企业营销管理贯彻"顾客至上"的原则,将管理重心放在善于发现和了解目标顾客的需要,并千方百计去满足他,从而实现企业目标。因此,企业在决定其生产经营时,必须进行市场调研,根据市场需求及企业本身条件选择目标市场,组织生产经营,最大限度地提高顾客满意程度。

执行市场营销观念的企业称为市场导向企业。其具体表现是:"尽我们最大的努力,使顾客的每一美元都能买到十足的价值和满意。"当时,美国贝尔公司的高级情报部所做的一个广告,称得上是以满足顾客需求为中心任务的最新、最好的一个典范:"现在,今天,我们的中心目标必须针对顾客。我们将倾听他们的声音,了解他们所关心的事,我们重视他们的需要,并永远先于我们自己的需要,我们将赢得他们的尊重。我们与他们的长期合作关系,将建立在互相尊重、信赖和我们努力行动的基础上。顾客是我们的命根子,是我们存在的全部理由。我们必须永远铭记,谁是我们的服务对象,随时了解顾客需要什么、何时需要、何地需要、如何需要,这将是我们每一个人的责任。现在,让我们继续这样干下去吧,我们将遵守自己的诺言。"

从此,消费者至上的思潮为西方资本主义国家普遍接受,保护消费者权益的法律纷纷出台,消费者保护组织在社会上日益强大。根据"消费者主权论",市场营销观念相信,决定生产什么产品的主权不在生产者,也不在政府,而在于消费者。

三、社会营销观念

社会营销观念是以社会长远利益为中心的市场营销观念,是对市场营销观念的补充和修正。

从 20 世纪 70 年代起,随着全球环境破坏、资源短缺、人口爆炸、通货膨胀和忽视社会服务等问题日益严重,要求企业顾及消费者整体利益与长远利益的呼声越来越高。在西方市场营销学界提出了一系列新的理论及观念,如人类观念、理智消费观念、生态准则观念等。其共同点都是认为,企业生产经营不仅要考虑消费者需要,而且要考虑消费者和整个社会的长远利益。这类观念统称为社会营销观念。

社会营销观念的基本核心是:以实现消费者满意以及消费者和社会公众的长期福利作为企业的根本目的与责任。理想的营销决策应同时考虑到:消费者的需求与愿望的满足,消费者和社会的长远利益,企业的营销效益。

以顾客需求满足为中心是营销观念的本质特征,这在本章一开始讨论市场营销的核心概念时已经强调了这一点。这一思想应当说是企业在其经营实践中自然形成的。当市场竞争日趋激烈的情况下,以企业为中心的推销活动必然会受阻。经营者们最终会发现,真正成功的销售并不主要取决于推销的力度,而主要取决于企业满足顾客需求的程度。当顾客有可能在大量商品面前从容选择的时候,他们一定会对那些最符合其需求的商品产生兴趣。于是企业就会逐渐重视对于顾客需求的研究。日本的一家公司在生意不景气的情况下,通过对市场的调查,发现日本每年出生的 250 万个婴儿会需要大量尿布,于是就开始了纸质尿布的开发和生产,几年后就成为日本在这一市场中的霸主,之后其尿布又打入世界市场,很快占据了世界尿布销量的三分之一,成为名符其实的"尿布大王",其成功就在于注意了对顾客潜在需求的研究。

注重长远利益和战略目标的实现是营销观念的又一基本特征,其不同于推销观念只注重当前产品的销售和短期利润的获取,持有营销观念的经营者认为,不顾及企业的长远发展目标而进行的盲目生产或倾力推销对企业可能不仅无利而且有害,因此,一些营销学者认为,对于企业来说,稳定的市场份额可能比高额的短期利润更为重要。20 世纪 70 年代初,当环境污染问题还没有像现在这样受到广泛关注的情况下,日本本田公司就已经从其对市场环境的分析中预计到了未来污染问题的严重性,于是他们专门请联合国有关专家到公司作报告,并投资开发能减少废气污染和节约能源的汽车。结果当 20 世纪 80 年代汽车废气污染开始引起人们高度重视的情况下,本田的少污染、低能耗的汽车就成为畅销货。没有战略眼光的经营者是不可能获得这样的成功的。

社会营销观念也是随着企业经营实践的发展而逐步为企业所接受的。因为如果企业在其经营活动中不顾社会利益,造成社会利益的损害,就必然会受到社会公众和舆论的压力而影响企业的进一步发展;另一方面,近年来社会对于环境保护和健康消费的重视,也使得政府的政策对于有损社会利益的生产行为和消费行为的约束越来越严厉,从而迫使企业不得不通过树立良好的社会形象和主动协调各方面的关系来改善自己的经营环境,社会营销观念也因此而被普遍接受。

四、其他营销观念

营销观念的形成是企业经营哲学的重大变化,它科学地阐明了企业经营成功的要旨:以满足顾客的需求为中心。他之所以科学,是由于其基于经济活动的客观规律:商品生产活动的意义在于实现交换,而交换实现的前提是存在对于商品的需要。但随着企业经营实践进一步的发展和市场环境条件进一步的变化,企业的营销观念也在不断地发展和变化,其在适应新的市场环境和经营实践的过程中不断地得到充实和完善。其中有几个重要的观念是值得注意的。

(一)整合营销观念

20世纪90年代后半期,"整合营销"(integrated marketing)开始成为企业的一种新的营销观念。整合营销是指企业必须调动其所有的资源,并有效地协调各部门的工作来提高对顾客的服务水平和满足程度。当满足顾客的需要成为企业全部经营活动的中心之后,企业内部资源的协调配置就成为提高企业经营效益的重要问题。我们经常会发现,由于企业内部各部门在为顾客提供利益满足的认识和行为上的不一致,导致企业的营销目标无法顺利实现。如产品设计和生产部门会抱怨销售部门过于迁就顾客的利益而不顾公司的利益;各地销售部门为了完成销售指标而相互"窜货",破坏企业的统一价格政策;某一部门的营销行为无法得到其他部门的支持和配合等。因此,企业越来越需要加强企业内部的组织和协调,以提高营销资源的利用效率。整合营销作为市场营销的一种策略思想,是从营销策略组合的思想发展而来。从20世纪50年代尼尔·鲍顿最早提出营销策略组合的概念以后,曾经有不少营销学者对于企业营销策略的组合进行过归纳,其中以杰罗姆·麦卡锡1960年提出的"4P"组合最具代表性。营销策略组合在理论上指出了系统协调的重要性,而整合营销则进一步强调如何通过加强内部营销,激励所有部门的团队精神,来实现这种系统协调。整合营销强调两个方面:一是企业的各部门必须围绕企业总体的营销目标加强彼此的协调;二是各部门(不仅是营销部门)的人员都必须确立为顾客利益考虑的思想观念。整合营销观念的形成反映了系统哲学理论在企业经营观念发展方面的深化。

整合营销体现了企业经营思想的整体化和系统化,它强调企业经营活动是一个完整的系统,由具备各种不同功能的经营部门所构成,各个部门的经营活动必须以实现企业的总体经营目标为核心,取得相互间的协作和协调。各种营销策略之所以都能在企业的经营活动中发挥作用,就是因为它们之间具有很强的互补性,若能很好地加以组合,共同发挥作用,就能产生强大的效应。因此整合营销比单纯的推销更具优势。这一经营思想还强调防止对于个别经营职能短期效应的追求而影响企业总体目标的实现,整合营销不仅强调企业各职能部门的相互协调,更强调每一个部门和员工都必须在"以顾客需求为导向"的思想指导下开展工作。整合营销体现了营销观念是一种系统的哲学观念。

(二)关系营销观念

关系营销(relationship marketing)观念强调企业的营销活动不仅是为了实现与顾客之间的某种交易,而且是为了建立起对双方都有利的长期稳定的关系。"关系营销"观念起源于20世纪70年代欧洲的服务营销学派和产业营销学派(Industrial Marketing Purchasing,IMP),主要致力于实行顾客关系管理,通过发展长期稳定的顾客关系来建立顾客忠诚,提高企业的市场竞争力;以后,美国等一些国家和地区的学者对关系营销的思想进行了发展,开始对关系的赢利性、关系价值(顾客终身价值)、关系生命周期甚至关系资产等问题展开了研究,形成了比较完整的顾客关系管理理论。关系营销观念的提出和发展使市场营销哲学有了很大的发展,其突破了交易营销的思想局限,而把企业在市场上竞争制胜的焦点着眼于忠诚顾客的培养和关系资产的积累。

进入20世纪80年代以后,有些营销学学者提出了企业经营观念由以企业为中心、以顾客需求为中心发展到以竞争为中心的新阶段。其背景是进入20世纪七八十年代,寡头竞争的态势在全世界范围内基本形成,企业集团、跨国公司之间"捉对"竞争的情况十分普遍,对于那些处于激烈竞争的企业来说,竞争对手的策略变化比消费市场的需求变化,对其经营活动具有更大的影响力。因为消费需求的变化对竞争双方的影响是同时存在的,而竞争对手的策略变化则可能改变双方的竞争位势。所以企业在制定自己的营销战略和策略时,往往十分注意对竞争对手的研究。进入20世纪90年代,更进一步提出了"基准营销"(bench marketing)的概念,把研究竞争对手,并以竞争对手在一些经营要素上的做法作为企业制定战略和策略的基准的经营思想从理论上加以确定,所以说企业经营观念发展到以竞争为导向的新阶段并不是没有道理。然而,从根本上讲,取得竞争优势的关键还在于能尽早地发现和满足市场的消费需求,及时地抓住市场机会,离不开以市场为导向这一核心。所以有些人认为,以竞争为导向的本质还是以市场为导向,不大赞成单独列为一个发展阶段。

第三节　市场营销管理

市场营销管理是指为创造达到个人和机构目标的交换,而规划和实施理念、产品和服务的构思、定价、分销和促销的过程。市场营销管理是一个过程,包括分析、规划、执行和控制。其管理的对象包含理念、产品和服务。市场营销管理的基础是交换,目的是满足各方需要。

市场营销管理的主要任务是刺激消费者对产品的需求,但不能局限于此。它还帮助公司在实现其营销目标的过程中,影响需求水平、需求时间和需求构成。因此,市场营销管理的任务是刺激、创造、适应及影响消费者的需求。从此意义上说,市场营销管理的本质是需求管理。

任何市场均可能存在不同的需求状况,市场营销管理的任务是通过不同的市场营销策略来解决不同的需求状况。

一、负需求(negative demand)

负需求是指市场上众多顾客不喜欢某种产品或服务,如近年来许多老年人为预防各种老年疾病不敢吃甜点心和肥肉,又如有些顾客害怕冒险而不敢乘飞机,或害怕化纤纺织品有毒物质损害身体而不敢购买化纤服装。市场营销管理的任务是分析人们为什么不喜欢这些产品,并针对目标顾客的需求重新设计产品、定价,作更积极的促销,或改变顾客对某些产品或服务的信念,诸如宣传老年人适当吃甜食可促进脑血液循环,乘坐飞机出事的概率比较小等。把负需求变为正需求,称为改变市场营销。

二、无需求(no demand)

无需求是指目标市场顾客对某种产品毫无兴趣或漠不关心,如许多非洲国家居民从不

穿鞋子,对鞋子无需求。通常情况下,市场对下列产品无需求:

(1) 人们一般认为无价值的废旧物资;

(2) 人们一般认为有价值,但在特定环境下无价值的东西;

(3) 新产品或消费者平时不熟悉的物品等。市场营销者的任务是刺激市场营销,即创造需求,通过有效的促销手段,把产品利益同人们的自然需求及兴趣结合起来。

三、潜在需求(latent demand)

潜在需求是指现有的产品或服务不能满足许多消费者的强烈需求。例如,老年人需要高植物蛋白、低胆固醇的保健食品,美观大方的服饰,安全、舒适、服务周到的交通工具等,但许多企业尚未重视老年市场的需求。企业市场营销的任务是准确地衡量潜在市场需求,开发有效的产品和服务,即开发市场营销。

四、下降需求(falling demand)

下降需求是指目标市场顾客对某些产品或服务的需求出现了下降趋势,如近年来城市居民对电风扇的需求已饱和,需求相对减少。市场营销者要了解顾客需求下降的原因,或通过改变产品的特色,采用更有效的沟通方法再刺激需求,即创造性的再营销,或通过寻求新的目标市场,以扭转需求下降的格局。

五、不规则需求(irregular demand)

不规则需求是指许多企业常面临因季节、月份、周、日、时对产品或服务需求的变化,而造成生产能力和商品的闲置或过度使用。如在公用交通工具方面,在运输高峰时不够用,在非高峰时则闲置不用。又如在旅游旺季时旅馆紧张和短缺,在旅游淡季时,旅馆空闲。再如节假日或周末时,商店拥挤,在平时商店顾客稀少。市场营销的任务是通过灵活的定价、促销及其他激励因素来改变需求时间模式,这称为同步营销。

六、充分需求(full demand)

充分需求是指某种产品或服务目前的需求水平和时间等于期望的需求,但消费者需求会不断变化,竞争日益加剧。因此,企业营销的任务是改进产品质量及不断估计消费者的满足程度,维持现时需求,这称为维持营销。

七、过度需求(overfull demand)

过度需求是指市场上顾客对某些产品的需求超过了企业供应能力,产品供不应求。比如,由于人口过多或物资短缺,引起交通、能源及住房等产品供不应求。企业营销管理的任务是减缓营销,可以通过提高价格、减少促销和服务等方式使需求减少。企业最好选择那些利润较少、要求提供服务不多的目标顾客作为减缓营销的对象。减缓营销的目的不是破坏需求,而只是暂缓需求水平。

八、有害需求(unwholesome demand)

有害需求是指对消费者身心健康有害的产品或服务,诸如烟、酒、毒品、黄色书刊等。企业营销管理的任务是通过提价、传播恐怖及减少可购买的机会或通过立法禁止销售,称之为反市场营销。反市场营销的目的是采取相应措施来消灭某些有害的需求。

【本章小结】

　　市场是商品经济中生产者与消费者之间的价值交换关系、条件和过程。市场营销则是个人和群体通过创造并同他人交换产品和价值，以满足需求和欲望的一种社会过程和管理方式。其核心概念是交换，基本目标是满足需求和欲望。市场营销是企业最重要的职能。市场营销作为一门学科于20世纪初形成于美国，经过漫长的发展，不断充实提高和创新，现今已经成为具有系统理论、策略和方法论的一门现代管理学科。学习、研究市场营销学，对于迎接新世纪的各种挑战、促进经济快速健康成长、促进企业发展具有重大理论意义和现实意义。

【基本概念】

　　市场　市场营销　需要　欲望　需求　交换　交易　关系　市场营销观念

【实训（练习）题】

1. 试述市场营销的内涵。
2. 阐述市场营销的相关概念。
3. 营销对象有哪些类型？
4. 根据现实生活中的体验解释"营销无处不在"。

第二章 战略计划与市场营销管理

【学习目标】

1. 掌握战略的概念和特征,了解企业战略的层次结构,掌握企业战略管理的一般过程;
2. 掌握公司总体战略的几个选择以及影响公司总体战略选择的因素;
3. 掌握一般的企业经营战略及其选择经营战略的一般原则。

【引例】

小米18亿人民币战略入股爱奇艺

2014年11月19日,百度、小米、爱奇艺和顺为资本联合宣布,小米以18亿人民币战略入股爱奇艺,顺为资本参与小米的此次战略投资。同时,百度追加对爱奇艺的投资。此轮投资完成后,爱奇艺将与百度、小米两方战略股东在内容、技术产品创新,特别是移动互联网领域展开深度合作。爱奇艺于2010年4月22日正式上线,在百度持续的支持下,坚持"悦享品质"的公司理念,通过不断的技术投入、产品创新,为用户提供清晰、流畅、界面友好的观影体验;2013年5月7日,爱奇艺以3.7亿美元收购PPS;2014年,通过"工作室"战略的落地以及爱奇艺影业、华策爱奇艺公司的成立,爱奇艺在影视内容上游布局初具规模。根据艾瑞数据显示,截至2014年9月,爱奇艺全网月活跃用户达4.5亿,月观看时长达22亿小时,保持了视频行业第一的位置。

目前,移动端已经成为用户观看视频的主流渠道,爱奇艺有超过60%的流量来自移动端,在移动视频市场保持领跑地位。小米8 500万的MIUI用户和全球前三位的智能手机份额,将帮助爱奇艺进一步扩大在移动视频领域的市场份额和绝对优势。小米的此次入股,将进一步提升爱奇艺在移动互联网领域的整体实力。爱奇艺拥有的中国最丰富的版权、自制内容库以及强大的视频智能化技术,也将为超过1亿的小米忠实用户提供顶级的视频多屏观看体验。而百度在资金、资源上持续的大力度支持,也是爱奇艺下一阶段打通产业链、全平台,保持高速增长的关键。

百度公司董事长兼首席执行官李彦宏表示:"在过去四年里,爱奇艺以极高的发展速度成长为中国视频行业的领跑者,我们欢迎小米的加入,百度对打造互联网产业的良性生态始终持开放的态度,我们将一如既往地支持爱奇艺的发展。"

小米公司创始人、董事长兼CEO雷军表示:"小米非常重视视频在未来互联网生活中的重要地位,看好爱奇艺团队和发展前景,小米和爱奇艺都保持了高速的发展和持续的创新,在用户群体和产业布局上也有着极高的契合度。此次小米入股爱奇艺,双方将更紧密地为亿万米粉和6亿中国网络视频用户提供更优质的服务。"

爱奇艺创始人、CEO龚宇表示:"小米的此次投资,是对网络视频行业及爱奇艺公司价值和前景的高度认可,我们相信通过百度、小米以及爱奇艺的共同努力,会将行业带入一个全新的发展阶段,打造一个更为完整、充满生机的视频生态。"

(资料来源:Domarketing,2014-11-19 14:35:59)

第一节　市场营销战略计划

一、战略的概念与特征

（一）战略的概念

在我国,"战略"一词自古有之,先是"战"与"略"分别使用。"战"指战斗与战争,"略"指筹略、策略、计划。《左传》和《史记》中已使用"战略"一词,西晋史学家司马彪曾有以"战略"为名的著述。在西方,战略一词来源于希腊文"strategos",其含义是"将军"。当时这个词的意义是指指挥军队的艺术和科学。因此可以说,战略一词原是个军事方面的概念。在中国,它起源于兵法,指将帅的智谋。西方的战略概念起源于古代的战术,原指将帅本身,后来指军事指挥中的活动。

战略一词引入到企业管理中来也只有几十年的时间。在企业管理这个范畴中,究竟什么是战略,目前尚无一个统一的定义。不同的学者与经理人员给战略赋予不同的含义。有的认为战略包括目标,即广义的战略;有的则认为战略不应该包括这一部分内容,即主张狭义的战略。

在众多的关于战略的定义中,这里只介绍明茨博格(H. Mintzberg)对于战略定义的独特认识。他归纳总结出人们对战略的5个定义,这5个定义都是对战略从不同角度而进行的充分阐述。他认为,人们在不同的场合以不同的方式赋予战略不同的内涵,说明人们可以根据需要来接受各种不同的战略概念。只不过在正式使用战略概念时,人们只引用其中的一个罢了。明茨博格借鉴市场营销组合"4P"的提法,提出了战略是由5种规范的定义阐述的,即"计划"(plan)、"计谋"(ploy)、"模式"(pattern)、"定位"(position)和"观念"(perspective),由此构成了企业战略的"5P"。

（二）战略的特征

市场营销战略是涉及企业全局性发展方向的问题,不同于一些局部的、短期的或技术性的问题,它是以未来为主导,将企业的主要目标、方针、策略和行动方案构成一个协调的整体结构和总体行动方案。具体说来,一般有下面几个特点:

(1)全局性。市场营销战略体现了企业全局的发展需要和利益。企业是由许多部门有机构成的,各个部门的分工不同,所起的作用也不同。制定市场营销战略,除了对重要部门进行倾斜外,也要照顾各局部之间的关系。

(2)长期性。战略着眼于未来,要指导和影响未来一个相当长的时期。企业的战略决策应该更重视长远利益,正确处理长远和眼前利益的关系。当然,未来是从现实出发的但又不为现实所限制,而是在科学分析、预测的基础上,对不确定的未来作准备,规划和创造未来。立足现在、放眼未来,协调现在和未来的发展关系,是市场营销决策的关键。

(3)系统性。系统性是指企业各个方面的问题是一个彼此紧密配合的整体。系统有层次之分,又有主次之分。局部利益应该服从全局利益。制定企业的战略,应从系统工程角度来统筹,以追求整体发展的最大利益。

(4)适应性。企业营销受外部环境和内部条件的综合影响。企业战略要适应不断变化的市场需求和竞争,才能确定企业发展的方向,规划可行的战略目标。

(5)风险性。任何战略决策都是在分析一定的外部环境和内部条件基础上做出的决策。由于环境因素复杂且多变,企业内部条件也在不断变化。因此,在一定条件下做出的战略决策,在另一种条件下可能就不太适应,甚至根本就不适应,于是就产生了战略的风险。

二、战略管理过程

一个规范性的、全面的战略管理过程可大体分解为三个阶段,它们分别是战略分析阶段、战略选择及评价阶段、战略实施及控制阶段。但在进行战略分析以前,首先要确定或审视企业的使命。这个战略管理过程可用图2.1来表示。

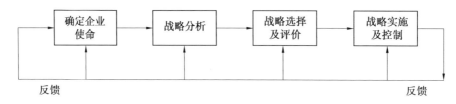

图2.1 战略管理过程

(一)战略分析

战略分析是指对企业的战略环境进行分析、评价,并预测这些环境未来发展的趋势,以及这些趋势可能对企业造成的影响及影响方向。一般说来,战略分析包括企业外部环境分析和企业内部环境或条件分析两部分。企业外部环境一般包括下列因素或力量:即政府-法律因素、经济因素、技术因素、社会因素以及企业所处行业中的竞争状况。企业的内部环境即是企业本身所具备的条件,也就是企业所具备的素质,它包括生产经营活动的各个方面,如生产、技术、市场营销、财务、研究与开发、员工情况、管理能力等。

(二)战略选择及评价

战略选择及评价过程实质就是战略决策过程,即对战略进行探索、制订以及选择。通常,对于一个跨行业经营的企业来说,它的战略选择应当解决以下两个基本的战略问题:一是企业的经营范围或战略经营领域,即规定企业从事生产经营活动的行业,明确企业的性质和从事的事业,确定企业以什么样的产品或服务来满足哪一类顾客的需求;二是企业在某一特定经营领域的竞争优势,即要确定企业提供的产品服务,要在什么基础上取得超过竞争对手的优势。一个企业可能会制订出达到战略目标的多种战略方案,这就需要对每种方案进行鉴别和评价,以选择出适合企业自身的适宜方案。

(三)战略实施及控制

一个企业的战略方案确定后,必须通过具体化的实际行动,才能实现战略及战略目标。一般来说可在三个方面来推进一个战略的实施:其一是制定职能战略,如生产战略、研究与开发战略、市场营销战略、财务战略等。在这些职能战略中要能够体现出战略推进步骤、采取的措施、项目以及大体的时间安排等;其二是对企业的组织机构进行构建,以使构造出的机构能够适应所采取的战略,为战略实施提供一个有利的环境;其三是要使领导者的素质及能力与所执行的战略相匹配,即挑选合适的企业高层管理者来贯彻既定的战略方案。在战略的具体化和实施过程中,为了使实施中的战略达到预期目的,实现既定的战略目标,必须对战略的实施进行控制。这就是说将经过信息反馈回来的实际成效与预定的战略目标进行比较,如二者有显著的偏差,就应当采取有效的措施进行纠正。当由于原来分析不周、判断有误,或是环境发生了预想不到的变化而引起偏差时,甚至可能会重新审视环境,制订新的战略方案,进行新一轮的战略管理过程。

第二节 公司总体战略选择

公司总体战略对公司发展具有重要影响,公司总体战略主要有密集性发展战略、一体化发展战略、多样化发展战略和防御战略等4种。公司在选择总体战略时应综合考虑各种影响因素,进行慎重选择。

一、密集性发展战略

密集性发展战略的基本含义,是增大现有经营业务的市场供应量和市场销售量,它适用于现有的市场上尚有扩大现有业务的潜力。该战略有三种做法:

(一)市场渗透

市场渗透是对企业现有的目标市场,利用现有的产品线,通过增加广告宣传等促销手段,或者开发新的分销渠道等,以扩大销售额及提高市场占有率。可采用三种途径实现:

(1)促使现有顾客增加购买量。如牙膏厂可以向顾客说明每餐后刷牙才是护齿的最好方法,如能增加顾客的刷牙次数,也就能增加顾客的购买量。

(2)争取竞争对手的顾客,使之转而购买本企业的产品。如提供比竞争对手更周到的服务或在市场上树立更好的产品形象。

(3)争取新的顾客。如采用分期付款或简化产品的某些功能来降低价格,使更多的消费者加入使用本企业产品的行列。

市场渗透战略实施的条件是:产品本身还没有达到成熟期,竞争对手相对较少;目标市场尚未饱和,还有较大的潜力。

(二)市场开发

企业寻找新的、有可能进入但还未进入的细分市场,建立相应的分销渠道或采取新的营销组合策略,打入这样的细分市场。如在城市市场电冰箱销量减少时,可将电冰箱销往农村地区,或者争取使现有产品能进入国际市场。市场开发的重点应放在市场调研、价格、渠道与促销四个方面。由于企业是为现有产品开辟新的市场,因此,对新市场的了解是必需的,在充分了解的基础上,企业可以在价格、渠道、促销等方面做出努力。

市场开发战略适应的市场条件是:现有目标市场趋于饱和,市场销售出现停滞,产品的品质仍有一定的优势,竞争对手相对较少。

(三)产品开发

产品开发战略是通过在现有的产品线上追加新的品种,增加产品项目中的产品系列,来扩大现有市场的销售额。产品开发有两种做法:一种是利用现有技术增加新产品;另一种是在现有产品的基础上,增加更多的花色品种或更多的规格。

二、一体化发展战略

一体化发展战略又分为纵向一体化和横向一体化两种。

（一）纵向一体化战略

纵向一体化战略是指向前和向后两个可能方向上，扩大企业现有经营业务的一种发展战略。前向一体化是企业自行对本公司产品做进一步深加工，或对资源进行综合利用，向产品的销售方向发展的一种战略。如钢铁公司自己轧制各种型材，并将型材制成各种不同的最终产品即是前向一体化战略。后向一体化战略则是指企业自己供应生产现有产品或服务所需要的全部或部分原材料或半成品，如钢铁公司自己拥有矿山和炼焦设施；纺织厂自己纺纱、洗纱等。

1. 纵向一体化战略的优点

（1）后向一体化可以使企业对其所需的原材料的成本、质量及其供应情况进行有效的控制，以便降低成本、减少风险，使生产稳定、正常地进行。

（2）前向一体化可以使企业能够控制销售和销售渠道，有助于企业更好地掌握市场信息和发展趋势，更迅速地了解顾客的意见和要求，从而增加产品的市场适应性。对一些原材料制造商来说，前向一体化进入产品制造领域，有助于实现更大的产品差异性，从而摆脱价格竞争中的不利因素。此外，由于从原材料供应到产品形成的深加工过程，也是价值不断附加的过程，所以，前向一体化能够给企业带来更多的利润。

2. 纵向一体化战略的风险

（1）纵向一体化战略的投资额比较大，而且一旦实施了一体化，就使企业很难摆脱这一产业；当产业处于衰退时，企业会面临巨大的危机。

（2）实行纵向一体化时，需要进入新业务领域，由于业务的生疏，可能导致低效率，而这种低效率又会影响原来业务本身的效率。

（3）一旦实现了纵向一体化，企业可能缺乏活力，因为这时的企业领导者往往过多地注意自成一体的业务领域，而忽视外部环境中随时可能出现的机会。

【延伸阅读】

百丽鞋业：赢在纵向一体化

百丽鞋业于1991年10月创立，主要从事订单加工及鞋类产品的制造，与现在的绝大多数订单生产企业并无两样。1997年，在鞋类制造方面积累了丰富经验后，百丽开始拓展全球零售网络，并开始打造自有品牌。之后几年，百丽女鞋逐渐成为中国市场同类产品中的领先品牌。为了进一步加强对零售终端的掌控力，2002年，百丽与分销商共同组建了百丽投资有限公司，以股权为纽带，将销售终端与百丽的发展捆绑在一起。

纵向一体化模式，是百丽在中国鞋企中脱颖而出的重要发展模式——从产品的设计到开发、生产、营销、推广、分销、零售等产业链上的各个环节，全部由百丽自己承担。在倡导产业链分工协作的今天，这种模式似乎有点另类。实际上，它是百丽获得高额利润的保证。在这种模式支撑下，百丽赚足了产业链上每一个关键环节的利润，企业的综合毛利率高于行业平均水平，比国内鞋业的其他优秀企业高出10个百分点左右。更重要的是，在瞬息万变的市场环境中，对零售网络的直接控制，使百丽在企业与消费者之间搭起了一个随处可见的高效运作平台，能够随时获得和掌控市场信息，把握市场趋势，在竞争中赢得主动。同时，这种模式还可以让百丽最大程度地控制供应链，使产品一开始就比在国外研发的产品提前4个月左右上市。

（资料来源：中国时尚品牌网，2009-03-09）

(二)横向一体化战略

横向一体化战略是指企业通过购买与自己有竞争关系的企业或者与之联合及兼并来扩大业务,获得更大利润的发展战略。该种战略的目的是扩大本企业的实力范围,增强竞争能力。

实行横向一体化的好处,首先是能够吞并和减少竞争对手;其次是能够形成更大的竞争力量去与别的竞争对手抗衡;再就是能够取得规模经济效益和被吞并企业的技术及管理等方面的经验。横向一体化的主要缺点是企业要承担在更大规模上从事某种经营业务的风险,以及由于企业过于庞大而出现的机构臃肿、效率低下的情况。实现横向一体化的主要途径是:

(1)联合。即两个或两个以上相互竞争的企业在某一业务领域进行联合投资、开发或经营,共同分享盈利,共同承担风险。

(2)购买。即一个实力雄厚的企业购买另一个与自己有竞争关系的企业。

(3)合并。即两个实力相当的有竞争关系的企业合并成一个企业。

(4)集团公司。即由业务相互关联、有竞争关系的一群企业共同以一定的契约形式组成具有经济实体性质的联合体,在这个联合体内部,经济关系的密切程度不一样,集团公司的主要任务是协调关系,发起一些单个企业无法进行或虽能进行但经济效果较差的项目,进行资源的合理调配、把握集团的最高发展方向等。

【延伸阅读】

"天一"合并意与"上汽"抗衡

中国"一汽"集团与天津汽车集团的并购重组,在有关部门负责人和在场的近300名记者的见证之下于2002年6月14日成为现实,"一汽"集团竺延风和"天汽"集团董事长张世堂当场宣布"天汽"并入"一汽"。据了解,本次重组采取股权转让方式:"天汽"集团将其持有的天津夏利股份有限公司84.97%股权中的60%即夏利公司总股本的50.98%股份转让给"一汽";与此同时,"天汽"集团将其下属华利公司所拥有的75%的中方股权全部一次性转让给"一汽"集团。

由此,汽车企业的四大龙头企业——"一汽""东风""上汽""天汽"为代表的全国汽车企业格局将发生一次不小的震动。在此之前,这4家资产超过200亿元汽车巨头中,"上汽"与大众、通用分别合作,旗下的产品已基本形成了从10万~40万元系列车型,桑塔纳、帕萨特、别克、赛欧在各个细分市场上都有出众的表现。加上今年刚刚上市的POLO,"上汽"集团在各个层次上都具备了很有竞争力的产品。柳州五菱进入"上汽"集团后,据说将会成为"上汽"生产10万元以下小型车的重要基地。而现在"一汽"这个以往的"老二"与"天汽"这个"老四"合并后资产总值超过800亿元,跃居第一。这给一直在华北地区,以及家用轿车市场处于劣势的"一汽"注入了新鲜的血液。"天汽"加入后,"一汽"已稳稳扎根华北,因为"天汽"在华北的市场占有率极高,营销体系也非常发达。并且"一汽"集团强项是中高档轿车,经济型轿车是空白,"天汽"并入"一汽",将使"一汽"车型体系更完整。

(资料来源:新华网,2002-06-21)

三、多样化发展战略

多样化发展战略又分为同心多样化发展战略和复合多样化发展战略。

（一）同心多样化发展战略

同心多样化发展战略是指以企业现有的设备和技术能力为基础，发展与现有产品或劳务相类似的新产品或劳务。比如某制药企业利用原有的制药技术生产护肤美容产品、保健产品等。

同心多样化发展战略的优点是利用了生产技术、原材料、生产设备的类似性，能够获得生产技术上的协同效果，风险比较小，容易取得成功。这种战略的缺点是实行同心多样化战略生产出来的新产品，有时在销售渠道、促销方面等与原有产品有所不同，企业往往无力同时兼顾。

（二）复合多样化发展战略

复合多样化发展战略是一种通过兼并、收买、合资以及自我发展，使企业增加与现有业务大不相同的新产品或新劳务的发展战略。如美国通用汽车公司除主要从事汽车产品的生产外，还生产电冰箱、洗衣机、飞机发动机、潜水艇等。这种战略通常适应于规模庞大、资金雄厚、市场开拓能力强的大型企业。

1. 复合多样化发展战略的优点

（1）它可以通过向不同的市场提供服务，来分散企业经营的风险，增加利润，使企业获得更加稳定的发展。

（2）它能够使企业迅速地利用各种市场机会，逐步向具有更大市场潜力的行业转移，从而提高企业的应变能力。

（3）它有利于发挥企业的优势，综合利用各种资源，提高经济效益。

2. 复合多样化发展战略的缺点

（1）导致组织结构的膨胀，加大了管理上的难度。

（2）一味地追求多元化，企业有可能在各种市场中都不占领先地位，当外界环境发生剧烈变化时，企业会受到来自各方面的压力，引发巨大的危机。

企业实施多样化战略时，必须至少利用下列三个基本要素之一：企业的生产能力、技术能力以及特定的市场分销渠道。企业必须正确评价自己实行多样化战略的能力，包括对企业现状及其可用于多样化的资源条件的分析，避免企业在多样化的过程中因超过自身的能力而导致失败。

四、防御战略

防御战略的目的不是寻求企业规模的扩张，而是通过调整来缩减企业的经营规模。防御战略是一个整体概念，它一般包括抽资转向战略、调整战略、放弃战略和清算战略等几种战略。

（一）抽资转向战略

抽资转向战略是指减少公司在某一特定领域的投资。这个特定领域可以是一个战略经营单位、产品线，也可以是特定的产品或型号。采用这种战略的目的是削减费用支出和改善公司总的现金流量。然后，把通过这种战略获得的资金投入到公司中更需要资金的新的或发展中的领域。执行这一战略时,这个特定领域的销售额和市场占有率一般会下降,但这种损失可以由削减费用支出去补偿。

(二)调整战略

调整战略是利用各种调整措施扭转公司财务状况欠佳的局面,提高运营效率,使公司能渡过危机,在情况发生好转时,再采用新的战略。公司财务状况出现下滑的一些主要原因可能是工资和原材料成本上升;暂时的需求下降或经济衰退;增大的竞争压力;或是公司管理不善。应针对不同的原因采用不同的调整措施。

(三)放弃战略

放弃战略是指卖掉公司的一个主要部门,它可能是一个经营单位,一条生产线,或者一个事业部。当抽资转向战略或调整战略失效时,通常采用放弃战略。

(四)清算战略

清算战略是指通过拍卖资产或停止全部经营业务来结束公司的存在。对任何公司的管理者来说,清算是最无吸引力的战略,只有当其他所有的战略全部失灵后才加以采用。然而,及早地进行清算较之追求无法挽回的事业对企业来说可能是较适宜的战略。

五、影响公司总体战略选择的因素

在战略选择中,如果经过检验能够确定出一个明显的最优战略,或者现行战略能够满足企业未来战略目标的要求,那么这种决策就比较简单,但这只是一种例外,决策往往是很难决断的。在企业战略决策过程中,决策者在经过综合评价分析后,经常面临多个各具优点的可行战略方案而决定不下来,这时,影响企业战略选择主要有以下几方面的因素:

(一)现行战略的继承性

企业战略的评价分析往往是从对过去战略的回顾、审查现行战略的有效性开始的,它对最后做出战略选择往往有相当大的影响。由于在实施现行战略中已投入了相当多的时间、精力和资源,人们对之都承担了相应的责任,而制定战略的决策者又多半是现行战略的缔造者,因而企业做出的战略往往接近于现行战略或只是对现行战略做局部的改变。这种现行战略的继承性或惯性作用有其优点,即便于战略的实施,但如果现行战略有重大缺陷濒于失败时,仍拘泥于此,则将是一种危险,应当对此倾向有所警惕,必要时应做出相应的人事调整以克服这种惯性。

(二)企业对外部环境的依赖程度

全局性战略意味着企业在更大的外部环境中的行为,公司必然要面对所有者、供应商、顾客、政府、竞争者及其联盟等外部因素,这些环境因素从外部制约着企业的战略选择。如果企业高度依赖于其中一个或多个因素,其战略方案的选择就不能不迁就这些因素。企业对外部环境的依赖性越大,其战略选择余地及灵活性就越小。例如,一个企业主要为另一个企业生产配套的协作件,则其经营战略就不得不适应该协作单位的要求。

(三)企业领导人的价值观及对待风险的态度

企业领导人的价值观及对待风险的态度对战略选择影响极大。甘冒风险、对风险持乐观态度的决策者有较大的战略选择余地,最后会选择风险较大、收益也较大的战略方案;相反,不愿冒风险,对风险持畏惧、反对态度的决策者,其战略选择余地较小,风险型方案就会受到排斥,最后会选择较为稳妥的收益适中或较小的战略方案。

（四）企业内部的人事和权力因素

许多事例说明,企业的战略选择更多的是由权力来决定的,而非理性分析决定。在大多数组织中,权力主要掌握在最高负责人手里,在战略选择中常常是他们说了算。而主要领导人倾向于选择某种战略时,其他决策者就会同意这种选择。还有另一种权力来源,人们称之为联盟,在大型组织中,下属单位和个人（特别是主要管理人员）往往因利益关系而结成联盟,以加强他们在主要战略问题上的决策地位,往往是企业中最有力的联盟对战略选择起决定的作用。在决策的各个阶段都有相应的政治行为在施加影响,不同的联盟有不同的利益和目标,政治行为在组织决策中是不可避免的。因此,战略的选择往往是一个协商的过程,是企业内部各方面人事及权力平衡的结果,而并不是一个系统分析的过程。

（五）时间因素

时间因素主要从以下几个方面影响战略的选择:第一,有些战略决策必须在某个时限前做出,在时间紧迫、来不及作全面的评价分析的情况下,决策者往往着重考虑采用某种战略方案产生的后果,而较少考虑接受这种战略方案的效益,这时往往选择防御性战略;第二,战略选择也有一个时机问题,一个很好的战略如果出台时机不当也会给企业带来麻烦,甚至是灾难性后果;第三,不同的战略产生的效果所需时间是不同的,如果经理人员关心的是近期的企业经营问题,他们就很难选择五年以后才产生效果的经营战略,即战略所需的时间长度同管理部门考虑的前景时间是关联的,企业经营者着眼于长远前景,则他们就会选择较长时间跨度的战略。

（六）竞争对手的反应

企业在做出战略选择时要全面考虑竞争对手将会对不同的战略做出哪些不同的反应,如果选择的是一种进攻型的战略,对竞争对手形成挑战的态度,则很可能会引起竞争对手的强烈反击,企业必须考虑这种反应,估计竞争对手的反击力,以及对战略能否取得成功的可能影响。

除上述六项因素外,企业在最后做出战略选择时,应采取权变的态度,如果企业的基本假设条件发生变化,就要调整或修改已经选定的战略。因此,暂时没有入选的战略方案也应当存档,在今后的战略调整或修改过程中仍会有较大的参考价值。

第三节 经营战略选择

经营战略所涉及的问题是在给定的一个业务或行业内,经营单位如何竞争取胜的问题,即在什么基础上取得竞争优势。在经营单位的战略选择方面,波特提出三种可供选择的一般战略:成本领先战略、差异化战略和集中化战略。

一、成本领先战略

成本领先战略又称低成本战略,即使企业的全部成本低于竞争对手的成本,甚至是同行业中最低的成本。实现成本领先战略需要一整套具体政策:经营单位要有高效率的设备、积极降低经验成本、紧缩成本开支和控制间接费用以及降低研究与开发、服务、广告等方面的成本。要达到这些目的,必须在成本控制上进行大量的管理工作。为了与竞争对手相抗衡,企业在质量、服务及其他方面的管理也不容忽视,但降低产品成本则是贯穿整个战略的主题。

成本领先战略的理论基石是规模效益(即单位产品成本随生产规模增大而下降)和经验效益(单位产品成本随累积产量增加而下降),它要求企业的产品必须具有较高的市场占有率。如果产品的市场占有率很低,则大量生产毫无意义;而不大量生产也就不能使产品成本降低。

成本领先战略的优点:(1)企业处于低成本地位上,可以抵挡现有竞争对手的对抗。即竞争对手在竞争中不能获利、只能保本时,企业仍能获利。(2)面对强有力的购买商要求降低产品价格的压力,处于低成本地位的企业在进行交易时握有更大的主动权,具有抵御购买商讨价还价的能力。(3)当强有力的供应商抬高企业所需资源的价格时,处于低成本地位的企业可以有更多的灵活性来解决困境。(4)企业已经建立起巨大的生产规模和成本优势,使欲加入该行业的其他企业望而却步,形成进入障碍。(5)在与代用品竞争时,低成本的企业往往比本行业中其他企业处于更有利的地位。

成本领先战略的风险:(1)生产技术变化或新技术的出现可能使得企业过去的设备投资或产品学习经验变得无效,变成无效用的资源。(2)行业中新加入者通过模仿、总结前人经验或购买更先进的生产设备,使得他们的成本更低,以更低的成本起点参与竞争,后来居上,这时企业就会丧失成本领先地位。(3)由于采用成本领先的企业其力量集中于降低产品成本,从而使他们丧失了预见产品的市场变化的能力。企业可能发现所生产的产品即使价格低廉,却不为顾客所欣赏和需要。这是成本领先战略的最危险之处。(4)受通货膨胀的影响,生产投入成本升高,降低了产品成本-价格优势,从而不能与采用其他竞争战略的企业相竞争。

二、差异化战略

差异化战略是企业使自己的产品或服务区别于竞争对手的产品或服务,创造出与众不同的东西。一般说来,企业可以在下列方面实行差异化战略:产品设计或商标形象的差异化;产品技术的差异化;顾客服务上的差异化;销售分配渠道上的差异化等。应当强调的是,产品或服务差异化战略并不是讲企业可以忽视成本因素,只不过这个时期主要战略目标不是低成本而已。

企业通过差异化战略可以建立起稳固的竞争地位,从而使得企业获得高于行业平均水平的收益。差异化战略的益处主要表现在以下几个方面:(1)建立起顾客对产品或服务的认识和信赖,当产品和服务的价格发生变化时,顾客的敏感程度就会降低。这样差异化战略可以在同行业竞争中形成一个隔离带,避免竞争对手的侵害。(2)顾客对商标的信赖和忠实形成了强大的行业进入障碍。如果行业新的加入者参与竞争,它必须扭转顾客对原产品的信赖和克服原产品的独特性的影响,这就增加了新加入者进入该行业的难度。(3)差异化战略产生的高边际收益增强了企业应对供应商讨价还价的能力。(4)企业通过差异化战略,使得购买商缺乏与之可比较的产品选择,降低购买商对价格的敏感度。另一方面,通过产品差异化使购买商具有较高的转换成本,使其依赖于企业。这些都可削弱购买商的讨价还价能力。(5)企业通过差异化战略建立起顾客对本产品的信赖,使得替代产品无法在性能上与之竞争。

与其他竞争战略一样,实施差异化战略也有一定的风险,主要表现在两个方面:(1)实行差异化战略的企业,其生产成本可能很高。因为它要增加设计和研究费用,选用高性能原材料等。如果采取差异产品成本与追求成本领先战略的竞争者的产品成本差距过大,可能会使得购买者宁愿牺牲差异化产品的性能、质量、服务和形象,而去追求降低采购成本。(2)随着企业所处行业的发展进入成熟期,差异产品的优点很可能为竞争对手所模仿,削弱产品的优势。而这时如果企业不能推出新的差异化,那么由于价格较高而处于劣势,产品差异化优势又不明显,企业就要处于非常困难的境地。

【延伸阅读】

农夫山泉的产品差异化

1997年5月,浙江养生堂推出的饮用天然水"农夫山泉"犹如一匹脱缰之马,在进入市场一年后即取代了"康师傅纯净水"水市老三的位置。该公司是如何在如此短的时间内,面对水市诸多强有力的竞争对手而使农夫山泉一举赢得消费者垂青的呢?

作为天然水,水源是农夫山泉一直宣扬的主题。天然水对水源的要求极为苛刻,它不像纯净水可以用自来水做原水经过净化后就能达到出售的标准,天然水的水源必须是符合一定标准的地表水、矿泉水,取水区域要求环境清幽、无任何工业污染。农夫山泉在早期的广告中就告诉大家"农夫山泉——千岛湖的源头活水"。因为国家一级水资源保护区"千岛湖"的水资源是独一无二的,而农夫山泉来源于千岛湖水面下70 m、pH值最适宜的那一层。因此,在农夫山泉红色的瓶标上除了商品名之外,又印了一张千岛湖的风景照片。与其他商品相比,差异性立刻凸显出来,无形中不但展现了来自千岛湖水源的纯净特色,红色亮眼的商标摆上货架的同时,立刻抓住了众人的目光。

同时,农夫山泉在其包装上做到了与众不同。公司经营者认为,如果一开始就推出普通包装的农夫山泉饮用水,那么它肯定会淹没于国内外众多品牌饮用水的汪洋大海之中。因此,必须首先在包装上能够吸引消费者的注意力。于是,1997年养生堂公司在国内首先推出了4 L包装的农夫山泉饮用水。这种包装新颖、独特,给人以水、油等价的感觉,在消费者心目中留下了农夫山泉比一般饮用水高档的初步印象。1998年初,养生堂公司继续推出运动型包装的农夫山泉,瓶盖的设计摆脱了以往的旋转开启方式,改用所谓"运动盖"——直接拉起的开瓶方法。当时,这在国内饮用水包装上是独一无二的。

(资料来源:http://www.marketing110.com,2011-06-12)

三、集中化战略

集中化战略是指企业的经营活动集中于某一特定的购买者集团、产品线的某一部分或某一地域上的市场。如同差异化战略一样,集中化战略也可呈现多种形式。虽然成本领先战略和差异化战略二者是在整个行业范围内达到目的,但集中化战略的目的是很好地服务于某一特定的目标,它的关键在于能比竞争对手提供更为有效和效率更高的服务。因此,企业既可以通过差异化战略来满足某一特定目标的需要,又可通过低成本战略服务于这个目标。尽管集中化战略不寻求在整个行业范围内取得低成本或差异化,但它是在较窄的市场目标范围内来取得低成本或差异化的。

同其他战略一样,集中化战略也能在本行业中获得高于一般水平的收益,主要表现在:第一,集中化战略便于集中使用整个企业的力量和资源,更好地服务于某一特定的目标。

第二,将目标集中于特定的部分市场,企业可以更好地调查研究与产品有关的技术、市场、顾客以及竞争对手等各方面的情况,做到"知彼"。第三,战略目标集中明确,经济成果易于评价,战略管理过程也容易控制,从而带来管理上的简便。根据中、小型企业在规模、资源等方面所固有的一些特点,以及集中化战略的特性,可以说集中化战略对中、小型企业来说可能是最适宜的战略。

集中化战略也有相当大的风险,主要表现在:第一,由于企业全部力量和资源都投入了一种产品或服务或一个特定的市场,当顾客偏好发生变化,技术出现创新或有新的替代品出现时,就会发现这部分市场对产品或服务需求下降,企业就会受到很大的冲击。第二,竞争者打入了企业选定的部分市场,并且采取了优于企业的更集中化的战略。第三,产品销量可能变少,造成生产费用的增加,使得采取集中化战略企业的成本优势得以削弱。

第四节 战略评价方法

在进行战略选择过程中,企业应借助于战略评价方法或工具达到选择理想战略的目的。目前,人们已经设计出多种战略评价方法,下面对几种重要的战略评价方法予以阐述。

一、增长率-市场占有率矩阵法

该方法首先由波士顿咨询公司(BCG)提出,因此亦称BCG增长率-占有率法。波士顿咨询公司主张,一个经营单位的相对竞争地位和市场增长率是决定整个经营组合中经营单位应当奉行什么样战略的两个基本参数。以这两个基本参数为目标,波士顿咨询公司设计出一个具有四象限的网格图,如图2.2所示。横轴代表经营单位的相对竞争地位,它以经营单位相对于其主要竞争对手的相对市场占有率来表示。相对竞争地位决定了该经营单位获取现金的速度。纵轴表示市场增长率。市场增长率代表着对一个经营单位来说市场的吸引力大小,也就是说它决定着投资机会的大小。

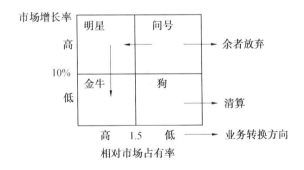

图2.2 增长率-市场占有率矩阵

一般来说,高市场增长率被认为是高于10%,而高与低相对市场占有率的分界线是1.5,也就是说,如果一个经营单位的销售额是其主要竞争对手的1.5倍或更多,则它被认为具有较高的相对市场占有率。然而,这种划分并非绝对,根据不同的行业的需要,可以采用不同的划分界限。

波士顿咨询公司认为,一个企业的所有经营单位都可列入任一象限中,并依据它所处的地位(相对市场占有率以及市场增长率)采取不同的战略。

(一) 金牛类

有较低的市场增长率和较高的相对市场占有率。较高的相对市场占有率带来高额利润和现金,而较低的市场增长率只需要少量的现金投入。因此,金牛通常产生大量的现金余额。这样,金牛就可提供现金去满足整个公司的需要,支持其他需要现金的经营单位。对金牛类的经营单位,应采取维持现有市场占有率,保持经营单位地位的维护战略;或采取抽资转向战略,获得更多的现金收入。

(二) 狗类

相对市场占有率和市场增长率都较低的经营单位。较低的市场占有率一般意味着少量的利润。此外,由于增长率低,用追加投资的方法来扩大市场占有率往往是不可取的。因为,用于维持竞争地位所需的资金经常超过它们的现金收入。因此,狗类常常成为资金的陷阱。一般采用的战略是清算战略或放弃战略。

(三) 问号类

相对市场占有率低而市场增长率却较高的单位。高速的市场增长需要大量投资,而相对市场占有率低却只能产生少量的现金。对幼童而言,因增长率高,一个战略是对其进行必要的投资,以扩大市场占有率使其转变成明星。当市场增长率降低以后,这颗明星就转变成金牛。如果认为某些幼童不可能转变成明星,那就应当采取放弃战略。

(四) 明星类

具有较高的相对市场占有率和市场增长率。因而,所需要的和所产生的现金流量都很大。明星通常代表着最优的利润增长率和最佳的投资机会。显而易见,最佳战略是对明星进行必要的投资,从而维护或改进其有利的竞争地位。

二、行业吸引力-竞争能力分析法

行业吸引力-竞争能力分析法是由美国通用电器公司与麦金西咨询公司共同发展起来的。根据行业吸引力和经营单位的竞争能力,它也用矩阵来定出各经营单位在总体经营组合中的位置,据此来制定出不同的战略,如图2.3所示。

	行业吸引力		
经营单位的竞争能力	高	中	低
高	A	B	D
中	C	E	G
低	F	H	I

图2.3 行业吸引力-竞争能力矩阵

经营单位所处行业的吸引力按强度分成高、中、低三等,经营单位所具备的竞争能力按大小也分成高、中、低三等。行业吸引力的三个等级与经营单位竞争能力的三个等级构成一个具有9象限的矩阵,公司中的每一经营单位都可放置于矩阵中的每一位置。但总的来说,公司内的所有经营单位可归纳为三类,而对不同类型的经营单位应采用不同的经营

战略:

(一)发展类

这类包括处于 A,B 和 C 位置的经营单位。对于这一类经营单位,公司要采取发展战略,即要多投资以促进其快速发展。因为这类行业很有前途,经营单位又具有较强的竞争地位,因此应该多投资,以便巩固经营单位在行业中的地位。

(二)选择性投资

这类包括处于 D,E 和 F 位置的经营单位。对这类单位,公司的投资要有选择性,选择其中条件较好的单位进行投资,对余者采取抽资转向或放弃战略。

(三)抽资转向或放弃类

这类包括处于 G,H 和 I 位置的经营单位。这类单位的行业吸引力和经营单位实力都较低,应采取不发展战略。对一些目前还有利润的经营单位,采取逐步收回资金的抽资转向战略;而对不盈利又占用资金的单位则采取放弃战略。

三、产品-市场演化矩阵法

该方法由查尔斯·霍福尔提出。产品-市场演化矩阵有 15 个区域(见图 2.4)。每一经营单位按产品-市场演化阶段(此为纵坐标)和竞争地位(此为横坐标)确定出它在矩阵中的位置。圆圈大小代表行业的相对规模,圆圈中阴影部分表示经营单位在行业中的市场占有率。竞争地位分为强、中、弱三等;产品-市场的演化过程划分为开发阶段、成长阶段、扩张阶段、成熟饱和阶段和衰退阶段。对图中每一经营单位可采取的战略方案,霍福尔提出以下几条有益的建议:

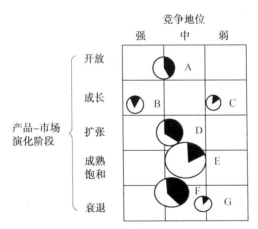

图 2.4 产品-市场演化矩阵

(1)经营单位 A 是一颗潜在的明星。相对较高的市场占有率、处于产品-市场演化的开发阶段、潜在的强大竞争力等因素,使它成为公司大力投资的理想对象。

(2)经营单位 B 有点类似 A,不过,对 B 的投资取决于它的特殊性质,即为什么它的市场占有率相对较低,而其竞争地位却较强。为使投资有益,必须制定一项战略来克服市场占有率过低的弱点。

(3)经营单位 C 属于一个处于成长阶段但规模较小的行业,不仅竞争地位弱,且市场占有率低。必须制定战略来弥补这两个不足之处,以便将来的投资有益。这也可能是放弃的合适对象,以便将其资源用于经营单位 A 或 B。

(4)经营单位 D 正处于扩张阶段,它的市场占有率较高,竞争地位较强。对它的投资应该用于维持其相对较大的竞争地位。从长远角度看,D 应该成为一头金牛。

(5)经营单位 E 和 F 都是公司的金牛,应成为公司资金的主要来源。

(6)经营单位 G 犹如增长率-市场占有率矩阵中的一条狗。如果可能的话,它在短期内应多收回资金,但长远的战略更可能是放弃。

不同的多业务的公司可能有不同的经营组合,但大多数组合都是三种理想模式的变形体。这三种理想模式为:成长型、盈利型和平衡型。

第五节 市场营销管理与市场营销组合

一、市场营销管理的一般过程

市场营销管理过程是企业为实现企业任务和目标而发现、分析、选择和利用市场机会的过程。它包括如下步骤:分析营销机会,设计营销战略,选择目标市场,制定营销组合策略,组织、执行和控制营销活动。

(一)分析营销机会

营销机会分析包括建立市场营销信息系统、环境分析、市场分析、竞争者分析等内容。

1. 建立市场营销信息系统

市场营销信息系统是由人、机和程序所构成的持续与相互作用的机构,由内部报告系统、市场营销情报系统、市场营销研究系统、市场营销决策支持系统等四个子系统构成。任务是收集、区分、分析、评估和分配那些适用、及时而准确的信息,以供市场营销决策者用来制订和改善市场营销计划。

2. 环境分析

企业总是运行在不断变化的社会环境中,营销人员应当采取适当措施监视和预测环境变化,识别机会和威胁,趋利避害地制定正确的市场营销决策。市场营销环境指影响企业市场营销活动的不可控制的参与者和影响力,参与者由企业、供应商、中间商、顾客、竞争者和公众构成,影响力指影响市场环境参与者的各种社会力量,如人口环境、经济环境、自然环境、技术环境、政治法律环境和社会文化环境等。

3. 市场分析

按照顾客购买用途的不同,企业的市场可分为消费者市场和组织市场两大类。消费者市场指由购买产品或服务供自己消费或赠送他人的个人或家庭所构成的市场。组织市场指企业或某种团体机构所构成的市场,包括工业市场、中间商市场、政府市场和非盈利组织市场。

(二)设计营销战略

营销战略是企业在营销活动系统中根据企业内部条件和外部市场机会,在企业发展目标、业务范围、竞争方式和资源分配等关系全局和重大问题上采取的决策。营销战略的内容包括:明确企业的任务和目的。比如,本公司的业务是什么? 本公司的顾客是谁? 本公司能为顾客提供什么价值? 本公司未来业务是什么等。

1. 制定企业市场营销战略目标

目标是企业任务和目的的具体化。市场营销战略目标通常包括社会贡献目标、企业发展目标、经济效益目标等。

2. 确定战略性业务单位

一个企业不仅仅经营一项业务,当它为不同的顾客提供不同的产品时,就形成了多项不同的业务。公司在制定经营战略中要分清自己的各项业务,把每项业务作为一个战略单位来管理。

3. 评估目前的业务投资组合

采用科学的方法对公司目前的各项业务进行分析和评价,以便决定哪些业务单位应当发展,哪些应维持,哪些应缩减或淘汰,把有限的资源和资金用到效益最好的业务上。

4. 确定企业的新业务计划

在公司的投资组合计划中,有些效益低下的业务要淘汰,这就要求公司发展新业务以代替旧业务。当公司现有业务投资组合计划中的销售额和利润达不到预期水平时,也必须发展新业务来弥补这一差距。

(三)选择目标市场

目标市场是企业决定进入的市场,或者说,是企业决定为之服务的顾客群体。市场需求是复杂多变的,企业不可能全部满足。只有在深刻了解市场需求的基础上把市场分为不同类型,结合企业自身资源和市场环境条件确定目标市场,才能充分发挥企业优势,增强竞争能力,在充分满足目标市场需求的条件下获得最大限度利润。目标市场选择包括以下工作:

1. 市场细分

把营销机会分析所显示出来的市场,依据顾客需求的不同特性,区分为若干部分即细分市场,并对各细分市场进行评价。

2. 市场选择

在市场细分和评价的基础上,结合企业自身资源和条件,决定企业欲进入的目标细分市场。

3. 市场定位

在拟定的目标市场上,为企业、产品或品牌树立一定的特色,塑造预定的形象,以突出和显示与竞争者之间的区别。

(四)制定营销组合策略

企业确定了目标市场以后,必须运用一切能够运用的因素去占领它。市场营销因素是企业在市场营销活动中可以控制的因素,分为产品因素、价格因素、分销渠道因素、促销因素四大类。营销组合指产品、价格、渠道、促销等所有营销因素综合协调地运用。企业通过有效的市场营销组合来吸引顾客,赢得竞争。市场营销组合的内涵和特点将在下面单独论述。

(五)组织、执行和控制营销活动

在设计营销战略的基础上,为各个经营单位以及不同的产品分别制订市场营销计划,并通过市场营销执行系统和控制系统将计划变成行动。

1. 营销组织

由于企业内部各部门往往强调各自业务的重要性并独立开展活动,因而会降低整体市场营销的效率。因此,必须设立一个能够有效执行市场营销计划的组织,实现各部门之间的协调统一。随着市场营销活动从简单营销活动发展成为复杂的整体营销活动,市场营销组织的发展经历了五个阶段:简单的销售部门、兼有营销功能的销售部门、独立的营销部门、现代营销部门和现代营销公司。

2. 营销执行

营销执行是将营销计划转化为行动和任务的部署过程和任务的完成过程,目的是实现营销目标。营销部门和营销人员必须有效地执行营销计划,把计划任务层层分解,落实到人,监督计划实施,检查完成情况。影响营销计划执行的因素有四类:发现和诊断问题的技能;对公司存在问题的层次做出评估;实施计划的技能;评价执行结果的技能。

3. 营销控制

执行营销计划的过程中可能有意料之外的情况发生,企业要制定控制措施来确保营销目标的实现。各部门经理除承担营销分析、规划和执行的职能外,还要承担控制的职能。市场营销控制通常可分为四种:年度计划控制、盈利率控制、效率控制和战略控制。

二、市场营销组合

(一) 市场营销组合的内涵

市场营销组合(marketing mix)是企业为了进占目标市场、满足顾客需求,加以整合、协调使用的可控制因素。美国的尼尔·鲍敦将这些因素确定为 12 个,并在 1950 年左右提出了市场营销组合的概念。理查德·克莱维特进一步把这些因素归纳为 4 大类型,即产品、价格、促销和渠道。1960 年,杰罗姆·麦卡锡又在文字上,将它们表述为产品(product)、价格(price)、地点(place)和促销(promotion),即著名的"4P"。以后,学术界又不断地提出了其他的"P"。目前,广为流传的仍然是 4 大类型的分法。

在市场营销组合中,产品通常是指企业提供给目标市场的货物、服务的集合。它不仅包括产品的效用、质量、外观、式样、品牌、包装和规格,还包括服务和保证的因素。价格指企业出售产品所追求的经济回报,内容有价目表价格(list price)、折扣(discount)、折让(allowance)、支付方式、支付期限和信用条件等,所以又称为定价(pricing)。地点通常称为分销(distribution)或渠道(channel),代表企业为使其产品进入和达到目标市场所组织、实施的各种活动,包括途径、环节、场所、仓储和运输等。促销则是指企业利用各种信息载体,与目标市场进行沟通的传播活动,包括广告、人员推销、营业推广与公共关系等。

产品、价格、分销和促销是市场营销过程中可以控制的因素,也是企业进行市场营销活动的主要手段。对它们的具体运用,则形成了企业的市场营销策略。它们之间不是彼此分离的关系,而是相互依存、相互影响和相互制约的。在市场营销过程中,企业要满足顾客,实现经营目标,不能孤立地只考虑某一因素或手段,必须从目标市场需求和市场营销环境的特点出发,根据企业的资源条件和优势,综合运用各种市场营销手段,形成统一的、配套的市场营销组合策略,使之发挥整体效应,争取最佳的效果。

(二)市场营销组合的特点

1. 可控性

构成市场营销组合的各种手段,是企业可以调节、控制和运用的因素。比如,企业根据目标市场的情况,能够自主决定生产什么产品,制定什么价格,选择什么销售渠道,采用什么销售方式。市场营销手段的这一特性,决定了市场营销组合的可能性。倘若这些因素不可控制,它们便是市场营销环境的内容,企业也就谈不上对它们的组合运用。市场营销管理过程的核心,正是企业通过艺术地运用其可控制因素,在动态适应市场营销中的不可控制因素的过程中,实现预期的目标。

2. 动态性

市场营销组合不是固定不变的静态组合,而是变化无穷的动态组合。组成特定市场营销组合的手段和因素,受到内部条件、外部环境变化的影响,必须能动地做出反应。比如,同样的产品、同样的价格和同样的销售渠道,企业根据需要改变了促销方式;或其他因素不变,企业提高或降低了产品价格等,都会形成新的、效果不同的市场营销组合。

3. 复合性

构成市场营销组合的四大因素或手段,各自又包括了多个次一级或更次一级的因素。以产品为例,它由产品质量、外观、品牌、包装、服务等因素构成,每种因素又由若干更次一级因素构成,如品牌便有多种。又如促销,包括人员促销、广告、公共关系和营业推广,其中,广告又有报纸广告、杂志广告、广播广告及电视广告等多种,每一种还可继续往下细分。市场营销组合不仅要求四种手段的协调配合,而且每种手段的组成因素之间、每个组成因素的更次一级组成单位之间,都必须协调配合。

4. 整体性

市场营销组合的各种手段及组成因素,不是简单地相加或拼凑集合,而应成为一个有机的整体,在统一目标的指导下,彼此配合,相互补充,能够求得大于局部功能之和的整体效应。

【本章小结】

明茨博格借鉴市场营销组合"4P"的提法,提出了战略是由 5 种规范的定义阐述的,即计划(plan)、计谋(ploy)、模式(pattern)、定位(position)和观念(perspective),由此构成了企业战略的"5P"。市场营销战略是涉及企业全局性发展方向的问题,一般有全局性、长期性、系统性、适应性、风险性等 5 个特点;一个企业的战略可划分为 3 个层次,即公司(总体)战略、经营(事业部)战略和职能战略;一个规范性的、全面的战略管理过程可大体分解为 3 个阶段,分别是战略分析阶段、战略选择及评价阶段、战略实施及控制阶段。但在进行战略分析以前,首先要确立或审视企业的使命。公司总体战略对公司发展具有重要影响,公司总体战略主要有密集性发展战略、一体化发展战略、多样化发展战略和防御战略等 4 种。公司在选择总体战略时的影响因素主要有现行战略的继承性、企业对外部环境的依赖程度、企业领导人的价值观及对待风险的态度、企业内部的人事和权力因素、时间因素、竞争对手的反应等。在总体战略方面,波特提出三种可供选择的一般战略:成本领先战略、差异化战略和集中化战略。市场营销管理过程是企业为实现企业任务和目标而发现、分析、选择和利用市场机会的过程。它包括如下步骤:分析营销机会,设计营销战略,选择目标市场,制定营销组合策略,组织、执行和控制营销活动。

【基本概念】

战略　总体战略　经营战略　战略选择　战略评价　增长率-市场占有率矩阵　行业吸引力-竞争能力分析法　产品-市场演化矩阵　市场营销管理过程　市场营销组合

【实训(练习)题】

1. 企业总体战略、经营战略与职能战略之间的关系。
2. 三种一般经营战略的特点和适用范围。
3. 选择公司总体战略时应考虑哪些因素？
4. 选择一般经营战略的原则。
5. 市场营销组合的内涵及特点。

第Ⅱ篇　市场分析

第三章　市场营销环境

【学习目标】

1. 营销环境的含义及市场营销环境的构成；
2. 市场营销宏观环境的构成；
3. 市场营销微观环境的构成；
4. 营销环境的分析以及运用。

【引例】

客户体验：哈雷-戴维森公司新的生财之道

在威斯康星州密尔沃基市(Milwaukee)的哈雷-戴维森公司(Harley-Davidson)是美国最大的摩托车制造商，在中兴摩托车销售榜上引领潮流。该公司是一家百年老企业，有9 000多名全职员工，全球1 500多名经销商每年售出的整车和零配件达到61亿美元。身穿一身皮夹克，脸色黝黑，一脸络腮胡子，一直是驾驶哈雷-戴维森摩托男士的典型标志，可是如今已经景色大变了。据该公司称，今天驾驶哈雷-戴维森摩托的女士已经是20年前的3倍之多；12%新客户是女性客户，而1990年只有4%，多年来，哈雷-戴维森公司以设计新产品，并瞄准35岁至55岁的男性市场为目标。现在，哈雷-戴维森希望越来越多的女性从摩托的后座上下来，坐到驾驶座上去。哈雷-戴维森公司女客户市场部经理莱斯利·普维什(Leslie Prevish)说道："几十年来，我们一直都在关注女性市场，最早针对女性消费者的广告可以追溯到1920年。但是在过去的5年里，我们加大了这方面的营销力度。"

公司面临的挑战是既要保留产品粗放、耐用的品牌形象，又要迎合女性消费者。公司产品依然要有阳刚的个性，不能把它打造成女性固有的"柔美"性格。普维什说道："女性驾驶员是多种多样的，有些喜欢黑色和银灰色，有的则喜欢紫色和粉色。我们对材料和设计的选择偏向性格强势、独立的女性，她们喜欢挑战和冒险。"

公司为获得女性客户的青睐，尝试了一系列新举措，如更改车体结构使其更适宜于女性的娇小身材、提供使用手册以及培训课程、教女性客户处理自己的坐骑。新骑手课程已经变成哈雷-戴维森公司拓展女性市场，鼓励女性涉足起驾运动的营销手段。公司营销部总经理肯·奥斯特曼(Ken Ostermann)说："当我们决定增加品牌对女性客户的吸引力时，对品牌做了一些微调，但是我们仍然会继续我们的品牌风格。"公司宣扬的品牌形象依然是：自由、独立、个性张扬。骑车人是男人还是女人并不重要，公司没有必要为了方便女人化妆而在车子上面增加一面大镜子。公司的目标只是想把哈雷摩托车卖给女性，卖给那些想要驾驶哈雷摩托车的女性。

第一节 市场营销环境概述

市场营销活动是在一定的环境下,通过发现机遇与威胁,不断调整企业行为,适应环境变化的过程。环境对企业发展形成了制约,也为企业发展提供了各种机遇。对市场环境变化进行动态的监控,分析市场环境要素的变化趋势对市场营销产生的影响,是市场营销不可或缺的内容。在市场经济条件下,市场营销环境总是不断发生着变化。市场营销环境作为影响企业营销活动的重要因素,已经被越来越多的企业所关注。

一、市场营销环境的含义

市场营销环境是指制约和影响企业营销活动的现实或潜在外部力量和相关因素的集合。从系统的角度讲,环境是系统以外、影响系统运行的制约性因素。市场营销环境必须是对企业营销产生影响的因素,而且是不可控制的。

市场营销环境是对市场营销具有直接和间接影响作用的因素,总体上来说包括宏观环境、微观环境。现代营销观念的核心是消费者,企业的营销活动必须以消费者的需求为出发点和最终归宿,也就是营销活动必须和营销环境相适应。企业市场营销人员的主要职责就是认清环境的变化趋势,跟踪发展趋势,寻找市场机会。企业通过系统的环境监测研究,制定和调整企业市场营销战略来迎接新的市场挑战,抓住新的市场机会。

二、市场营销环境的构成

市场营销环境由宏观市场营销环境和微观市场营销环境构成,市场环境系统的构成可以用图形表示,见图3.1。

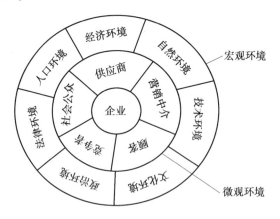

图3.1 市场营销环境系统

(一)微观市场营销环境

微观市场营销环境是指与企业紧密相连,直接影响企业市场营销效率、能力的各种因素和力量的总和。主要包括企业自身、竞争者、供应商、营销中介、顾客及社会公众。由于这些环境因素对企业的营销活动有着直接的影响,所以又称直接营销环境。

(二) 宏观市场营销环境

宏观市场营销环境是指企业无法直接控制的因素,是通过影响微观环境来影响企业市场营销效率、能力的各种因素和力量。它包括经济环境、人口环境、技术环境、政治法律环境、社会文化及自然环境等因素。由于这些环境因素对企业的营销活动起着间接的影响,所以又称间接营销环境。

宏观市场营销环境和微观市场营销环境之间不是并列关系,而是主从关系。微观市场营销环境中的所有因素均受到宏观市场营销环境中的各种因素和力量的影响。

三、市场营销环境的特征

市场营销环境对企业而言至关重要,它既关系到企业的目前状况,也关系到企业日后的长远发展。因为环境对企业既存在威胁又赋予机会,企业要在激烈竞争的市场中取得成功,就必须研究市场营销环境的特点。

(一) 市场营销环境具有动态性

随着社会经济和技术的发展,营销环境也一直动态地发展着,而且市场营销环境的变化速度正在呈现加快的趋势。市场营销环境是企业营销活动的基础和条件,但这并不意味着营销环境是静止的、一成不变的,所以,企业营销活动必须与营销环境保持动态的平衡,一旦环境发生变化,企业营销活动就必须积极地适应变化,以保持平衡。

(二) 市场营销环境具有差异性

市场营销环境的差异性表现为不同企业面临的环境不同,即使同一环境因素的变化对不同企业的影响也是不同的。它警示企业:即使是其他企业已经成功运用的营销战略对本企业也未必适用;不同企业在不同时期,甚至是在同一时期的不同条件下,也不应墨守成规。

(三) 市场营销环境具有相关性

市场营销环境有宏观、微观之分,每个环境因素都不是单一的,环境系统中的任何一个因素变化,都可能影响其他因素进而影响整个系统。例如,经济环境短时间内大震荡,国家在政策方面要做出相应调整,要影响市场价格的波动,等等。但这种相关性可以通过系统的调查、分析来预测,它警示企业不能片面孤立地去分析市场的某一因素。

(四) 市场营销环境具有复杂性

市场营销环境的复杂性主要表现在环境因素之间经常存在矛盾。如社会经济的迅速发展,使人们可支配的收入增加;消费者生活水平提高,对生活用品提出更高的要求;消费者对消费品数量的需求不断加大,这必然导致资源的紧张。这种环境企业既要不断开发产品,又要节约资源,政府则要出台各项措施,保护环境、保护资源,在促进经济发展和社会持续繁荣中做出选择。

(五) 市场营销环境具有不可控性和可影响性

一般来说,宏观营销环境是企业无法控制的,因为企业不能改变政治经济制度、人口因素、社会文化因素等。尽管宏观营销环境是不可控的,但并不意味着企业只能被动地迎合环境,企业可以通过调整经营策略、改善自身的条件,积极促进某些营销环境朝着有利于企业营销的方向转化。

(六)市场营销环境具有发展性

市场营销环境是由诸多因素构成的系统。科学技术进步和社会的发展使系统本身产生变动,而系统中的要素更是始终处于变动的状态。这种发展变化需要企业根据环境因素和各种变动及时调整其营销策略,更好地把握机会、规避风险。

第二节 市场营销的宏观环境

宏观环境包括经济环境、人口环境、自然环境、政治环境、技术环境、政治法律环境、社会文化环境等。企业市场营销的宏观环境具有强制性、不确定性和不可控性等特点。

一、经济环境

经济环境涉及一国经济总体发展状况、经济发展所处的周期阶段、产业状况、收入状况及消费结构等。企业营销经济环境包括如下内容。

(一)经济发展程度

经济发展程度决定一个国家的投资规模与水平、居民的收入、社会就业、社会消费……这些发展变化都体现在市场需求上。如果经济发展速度快,投资旺盛,市场对于投资品,如钢材、水泥、木材等的需求量就大;如果社会经济不景气,市场对物质的需求就会锐减。经济形势好,企业开工足,社会就业率高,人们可支配的收入增加,从而引起消费支出增加,消费品需求旺盛,生产消费品的企业便可以具有迅速发展的机会;反之,企业产品销售就要受阻,库存积压,市场渠道不畅。我国是具有13亿人口的发展中大国,平均年经济增长速度为7%~8%。持续、健康、稳定的发展是我国的长期国策。在市场经济迅速发展的21世纪,企业必须时刻关注社会经济的增长,时刻关注我国经济同国际经济一体化的进程。

(二)经济结构

经济结构包括地区结构及产业结构。地区结构就我国而言是东部经济发展地区与中部中等经济发展地区和西部经济落后地区的关系。产业结构是指产业间的比例和结合状况。联合国劳工组织按克拉克分类法将产业划分为:第一产业,包括农业、林业、畜牧业、渔业、采掘业等;第二产业,包括加工、建筑业、电力、煤气、自来水业等;第三产业,是为第一、第二产业提供服务的产业,包括交通运输业、批发零售业、旅游服务业、金融保险业、不动产、生产生活服务业、科学研究、文化教育、卫生保健、公共行政和国防等。克拉克认为随着社会经济发展,第一产业在国民经济中所占的比例是下降的,第二产业所占的比例上升,但上升幅度是递减的,第三产业在国民经济中所占的比例是持续上升的。目前发达国家经济中第三产业的比重已达60%以上,我国则不到40%。产业结构的调整升级将给企业的发展带来新的机遇,对有些企业则可能是威胁。

(三)收入与消费

个人收入分为经常性收入和偶然所得。经常性收入是稳定的,包括工资、奖金、津贴、利息、股息、红利、租金等货币形式表现的收入。偶然所得是非经常的偶尔货币收入。就消费而言,经常性收入的货币消费得较谨慎。在个人可支配收入中扣除投资储蓄及上缴税收,便构成个人可支配消费资金。对社会而言,个人收入分配形式除货币外,还有实物分配。其社会实物福利分配越多,对货币消费支出就会越少。对于一个国家,国民收入水平的提高可以使消费量增加,提高消费者对消费商品质量的要求,使物质消费含量下降,精神消费含量提高,并使国内消费转向国外。除此之外,还要研究社会收入分配结构。收入分配的形式在我国是多样的,有按劳分配、按资分配、按知识技术分配等。目前,我国收入分配总量急剧增长,但收入差距却越来越大,具体表现为个人收入在国民生产总值中比重扩大,工资外收入在个人收入中的比重扩大,居民收入差距加大,城乡收入差距加大,地区收入差距加大,行业之间职工收入差距加大,行业内、单位内职工收入差距加大,在职人员货币收入与离退休人员货币收入差距加大。这些差距为企业寻找目标市场,开展营销活动提供了依据。

(四) 消费与积累

国民收入经济分配,分别进入物质、非物质生产部门和居民个人手中,最终形成消费。积累与消费从长期看是正相关的,只有积累才能实现消费。因为消费可分为现实消费、潜在消费、期望消费等,每种消费最终都靠积累。但就某一具体阶段而言,消费与积累存在此消彼长的关系。而消费是受经济发展水平制约的,德国统计学家恩格尔在1857年以欧洲的英、法、德、比利时等国为例,统计得出收入与支出的关系,即著名的恩格尔定律(Engel's Law)。该定律指明家庭收入较少,在食品上的支出占收入总量比重就大,反之就小。恩格尔系数为

$$恩格尔系数(R1) = \frac{食品支出费用}{各项消费总支出费用} \times 100\%$$

此值越大表明消费结构的层次越低;越小说明消费结构层次越高。在家庭收入很低的时候,消费总支出基本等于家庭总收入,在收入提高时家庭总收入等于消费总支出与家庭储蓄之和。人们基于此认识提出恩格尔系数 R2。即

$$恩格尔系数(R2) = \frac{食品支出费用}{家庭总收入} \times 100\%$$

通常所说的恩格尔系数均指 R1,国际上一般用它来区分消费结构层次。联合国粮农组织以此作为划分国家经济发展程度的标准。恩格尔系数在50%~59%的国家为勉强度日,相当于我国的温饱型;在40%~49%的国家为小康水平;在20%~39%的国家为富裕消费水平;在20%以下的国家为极富裕型国家;在60%以上的国家为绝对贫困型国家。1992年美国的恩格尔系数为16.5%;1993年英国的恩格尔系数为20.56%;1992年法国的恩格尔系数为18.9%;1993年日本的恩格尔系数为24.3%;1990年发展中国家的泰国的恩格尔系数为31.04%;1991年新加坡的恩格尔系数为18.7%;1991年印度的恩格尔系数为54.1%。目前发达国家的恩格尔系数在20%以下。恩格尔系数对我国则不完全适用,原因主要有两个:一是我国有13亿人口,农村经济和农村人口占60%以上,大量的农村人口基本上都是以自给自足的自然经济为主;二是中国市场经济不发达,交易对消费的促进没有真正发挥作用,再加上实物分配上升,这都使恩格尔系数偏小。

(五) 社会失业及通货膨胀

经济学中的目标是经济发展、物价稳定、充分就业和内外平衡。社会失业率高,意味着经济状况不好,社会平均收入下降,社会购买力不足,企业营销困难较大。企业必须分析社会失业状况,判断失业的主流。对我国来说,在相当长的一段时期内社会失业主要表现为结构性失业和周期性失业。通货膨胀是指纸币发行量大于流通中的金属货币量,引起物价

上涨、货币贬值的现象。应当说,物价上涨是经济学中的正常现象,只要经济发展,物价必然上涨,因为经济发展意味着需求的增加。衡量通货膨胀的指标是物价指数,即本期物价加权平均数与基期的比较。

$$物价指数 = \frac{\sum p_t q_t}{\sum p_0 q_t} \times 100\%$$

式中,p 是价格;q 是商品量。

通货膨胀按发生程度可分为:饥渴性的通货膨胀,加速的通货膨胀,恶性通货膨胀和隐蔽性通货膨胀。通货膨胀不仅关系到企业产品的销售额,而且还涉及具体产品的定价、企业实际可获得的销售真实收入的多寡。

二、人口环境

人口是构成市场的基本要素。人口环境包括人口增长、人口的地理分布、人口的年龄、人口的性别等。

市场是由具有购买动机和购买能力的人构成的。而且这种人越多,市场的规模就越大。企业必须密切注意市场的人口环境方面的动向,及时捕捉人口变化带来的机会,同时避开人口变化带来的风险。人口因素分析主要考察以下几个方面:人口的年龄结构、地理分布、婚姻状况、出生率、死亡率、人口密度、移动趋势、人口的民族、种族及宗教结构、文化教育层次以及人口分布等。在人口因素分析中,要侧重于人口因素变化趋势分析,变化造就机会,机会造就市场。

从宏观上讲,中国的人口总数最多,人口总量过大给我们的经济发展带来了巨大的压力。可是从微观、从企业营销的角度看,人口多意味着潜在的市场大,商机多,对企业当然是好事。但是又要看到,人口总量大也并不是所有的企业都能发财,都一定能够有很好的市场回报。从人口因素上看,要想获得很好的市场回报,还要考虑人口的结构,能够从人口的结构中找到有针对性的营销机会。人口的结构有不同的划分标准。比如说,可以按年龄、收入、宗教信仰、职业特征分为不同的消费者群体,在不同的消费者群体中寻找商机。目前我国人口环境有如下特征。

(一) 人口老龄化进程加快

随着人民生活水平的提高和医疗保健制度的完善,我国人口死亡率逐年下降,居民的平均寿命延长。这意味着国家的人口正在趋于老龄化,也就意味着老年人的养老、保健市场潜力巨大。特别是由于我国实行计划生育政策,老龄化问题尤为严重,老年人养老市场前景无可限量。随着观念转变,我国家庭养老模式将逐步向社会化养老过渡,社会化养老已成为必然趋势。随着老龄化队伍的壮大,老年人市场的需求潜力无比巨大。

(二) 人口流动性增强

我国人口流动增强,人口流动具有两个明显的特征。

1. 从农村流向城市

随着社会分工和商品经济的发展,随着工业化和城市化的发展,人口必然不断从农村流向城市。

2. 从北方流向南方,从西部流向东部

由于东南沿海地区率先实行对外开放,并且具有发展经济的其他一些有利条件,因而东南沿海地区经济得到快速增长,吸引了大批专业人才和数以百万计的民工流向沿海地区,使得沿海地区人口密度进一步提高。

人口的流动造成了巨大的市场机会。如大城市的农民工市场亟待开发,他们的消费和生活方式,既不同于农村的农民,也不同于城市的市民,对商品和服务有着不同的要求。另一方面,农村人口流动的加快也带动了农村生活方式和消费习惯变革速度的加快。民工长期留居城市,接受了城市生活方式,频繁回家探亲交流,促进了农村的变革,农村生活方式城市化已是一个不争的事实。

(三)婴幼儿消费市场规模继续扩大

虽然人口出生率的下降导致了婴幼儿数量的减少,但随着人民生活水平的提高以及我国传统文化习惯的影响,对婴幼儿用品方面的消费需求依然在快速增长。许多婴幼儿用品由"自产自销"转向商品化,而且高档婴幼儿用品很快被消费者所接受。事实上,这种数量减少,质量提高的结构调整对婴幼儿食品、用品、服装及玩具等行业是一个相当好的机会。

(四)家庭结构趋于小型化

近几十年来,我国家庭结构趋于小型化,三口之家成为典型家庭结构模式。这种变化也带来了家庭生活方式和生活习惯的变化。以家庭为单位的消费品也随之发生相应的变化,市场对电视机、录音机、电冰箱、洗衣机以及家具等家庭用品的需求量大大增加,给经营这些家庭用品的行业提供了巨大的市场机会。

(五)非家庭住户迅速增加

随着观念的更新以及收入水平的提高,我国许多年轻人从走上工作岗位就具备了独立生活的能力和条件,再不像过去那样,一直要等到结婚才离开原来的老家庭,组成自己的新家庭,这就导致了非家庭住户迅速增加。所谓非家庭住户主要指未婚单身成年人住户、分居、离婚老住户和集体住户。离婚率上升是一个普遍趋势,而且很多人离婚后不愿再婚,因此市场上对住户和家庭用品的需求相应增加,所以,加快开发适应单身住户需要的家庭用品,是一个值得工商企业研究的课题。

三、自然环境

自然环境指自然物质环境,即自然界提供给人类的各种形式的物质财富,如土地资源、矿产资源、森林资源、水利资源等。自然环境能够影响社会生产过程,对企业经营的影响主要包括自然资源日益短缺,能源成本趋于提高,环境污染日益严重,政府对自然资源管理的不断加强,气候变动趋势及地理环境特点等,所有这些都直接或间接地给企业带来威胁或机会。企业是利用自身资源加工外界资源来服务或造福于社会的经济细胞。因而,企业必须分析社会资源的状况。

(一)自然资源的禀赋

资源具有稀缺性,大多数资源都是有限的,甚至是不可再生的。企业在获取这些资源时其丰富程度直接影响企业经济效益指标,如在中国26%品位的铁矿我们即可开采,26%以上品味的铁矿我们认为是富矿;而在澳大利亚26%以下的品位被认为是暂不具有开采价值的矿山。企业必须研究本身要获取的资源,如煤炭、矿产、石油、电力、粮食、棉花等,它们既能给企业营销造成威胁,也能提供机遇。

(二)资源的研究开发

因为资源的稀缺性,所以社会对资源的研究开发由来已久。企业必须关心所采用的原料使用的节约性:如何使用更少的资源耗费生产出更多更好的产品,如何开发替代资源;面对人类社会的四大危机(人口、资源、环境、生态),企业在生产过程中如何减轻对环境的危害,产品在使用中及使用后如何不产生新危害。面对社会的压力、政府的压力,走可持续发展(sustainable development)之路,企业必须认真研究两项内容:一是使用无公害的设备、生产无公害产品;二是如何根据市场的需求去创造营销机会。

四、技术环境

科学技术日新月异的迅速发展,使任何发现、发明转变成生产能力的周期缩短,市场上不断推出高科技含量的小批量产品。科学技术的发展意味着原有生产方式、生产工艺的落后或淘汰,意味着老的产品被取代,因而企业家必须高瞻远瞩,站在历史的高度来审时度势。企业必须关心技术的以下几个变化因素。

(一)行业技术寿命周期

行业同产品一样存在孕育、生长、成熟、衰退的周期。这样的发展同技术发展密切相关。有些产业技术发展节奏快,如电子、医药、材料、船舶等;而有些产业技术发展较慢,如纺织业、煤炭业等。

(二)新技术的发展、应用无穷无尽

马克思曾断言资本主义社会百余年的历史创造的财富超出了过去历史创造财富的总和,原因就在于产业革命。产业革命后的科学技术革命使今天成为知识经济的社会,新技术、高科技令人眼花缭乱,目不暇接,其应用更是无所不在。企业应关注外部的高技术、新技术,包括营销技术、方法等能否被本企业及时掌握应用。

(三)国际企业将 R&D 作为重要内容

因为市场不完善或存在缺陷,所以企业建立内部市场,可以解决技术不足和人力资源不足的问题。这在国际企业中表现得很明显:美孚石油公司1980年科研经费高达8.1亿美元,美国的柯达、IBM 等六大企业研究开发支出平均占销售额的5.7%。这些企业除自身投入巨资研究开发外,还与外界联合研究开发,甚至在发展中国家建立科研机构。

(四)新技术的发展直接冲击传统营销

新技术的发展冲击着人们的消费习惯,企业必须面对技术的发展,必须改变传统的营销方式,提高营销人员的素质。电子科技的发展不但出现了网上售货、网上服务等营销手段,而且国际上出现了网上医院等服务机构。

(五)政府对技术变革的规定增多

因为技术的发展,技术的复杂程度越来越高,政府对技术的认定检查力度开始加强,国家、国际技术标准更详尽、更完善。同时对科技成果的保护、科技成果的转化工作也更加重视。所以企业在营销中要考虑是否符合国家技术标准,是否存在侵权,如何利用法律来保护专有技术等。

五、政治法律环境

政治法律环境主要包括法律制度、方针政策、政治风险及国际关系等几个方面。在企

业的营销活动中,政治法律环境对企业的影响主要有三个方面:一是政治影响;二是法律的影响;三是相关群体的约束。

(一)政治环境

政治环境是指企业市场营销活动所处的外部政治形势的状况,一般分为国际政治环境与国内政治环境两部分。

对国际市场营销政治环境的研究,一般分为"政治权力"和"政治冲突"两部分。随着经济的全球化发展,我国企业对国际营销环境的研究将越来越重要。政治权力指一国政府通过正式手段对外来企业权利予以约束,包括进口限制、外汇控制、劳工限制、国有化等方面。政治冲突主要指国际上重大事件和突发性事件对企业营销活动的影响,内容包括直接冲突与间接冲突两类。

国内政治环境一般包括党和政府的路线和各项方针、政策的制定和调整,政治形势的变化等。企业除了要了解党在新时期的总任务、战略目标、重点部署外,还要了解和接受国家的宏观管理,研究党和政府在不同阶段的具体方针和政策及其变化的趋势,因为方针、政策要随政治、经济形势的变化而变化,具有较大的可变性,所以显然会对企业的营销活动产生直接或间接的重大影响。所有这些都为企业研究经济环境,调整自身的营销目标和产品结构提供了依据。

(二)法律环境

法律环境指国家主管部门及省、市、自治区颁布的各项法规、法令、条例等,法律是市场经济运行的边界。市场经济是法制经济,企业在参与市场营销活动的过程中,要以法律为边界,营销行为不能冲击法律,否则就会受到法律的制裁。

商品经济社会是法制社会,随着我国商品经济的发展,我国经济立法工作也在加快。诸如《中华人民共和国产品质量法》《中华人民共和国食品卫生法》《中华人民共和国商标法》《中华人民共和国价格法》《中华人民共和国反不正当竞争法》《中华人民共和国广告法》《中华人民共和国消费者权益保护法》《中华人民共和国专利法》《中华人民共和国中小企业法》等,每次新法令的颁布实施,都可能给企业经营带来机会和危机,所以,企业必须对此严加注意,事先考虑应对策略,研究适合新法律的措施。

(三)相关群体

公众利益团体是一种压力集团。影响企业市场营销决策的公众利益团体主要是保护消费者利益的群众团体以及保护环境的公众利益团体等。世界各国都陆续成立了消费者联盟,它们监视企业的活动,发动消费者与企业主的欺骗行为做斗争,给企业施加压力以保护消费者利益。因此,许多公司都设立法律和公共关系部门来负责研究和处理与这些公众利益团体的关系问题。

消费者协会,虽然不是立法机构,但作为一个中介组织,在维护消费者合法权益当中起着不可低估的作用。我国消费者协会于1985年1月在北京成立,其任务是:宣传国家的经济(特别是有关消费方面)方针政策,协助政府主管部门研究和制定保护消费者权益的立法;调查消费者对商品和服务的意见与要求,接受消费者对商品和服务的质量、价格、卫生、安全、规格、计量、说明、包装、商标、广告等方面的投诉。

从营销的角度分析,政治法律环境主要是培养企业对政治法律的敏感性,从而把握住环境给企业带来的机会。同时又要注意企业组织对法律、特别是政策的能动性,通过经济利益集团及早施加影响,使国家或地方的政策法律有利于企业组织的发展。另外还要注意政府执法机构及其人员的变动与消费者组织的崛起对企业营销活动的影响。随着消费者自我保护意识的增强和消费者组织力量的日益强大,消费者组织对企业经营的影响力也日趋增强。

六、社会文化环境

人类在长期探索实践中形成的知识、信仰、艺术、道德、法律、风俗习惯的总和构成社会文化环境。社会文化概念是人类学家泰勒(E. B. Tylor)在1871年给出的,他后来在其作品《人类学——人类和文化的研究入门》一书中把广义的生活艺术定义为文化,含语言、动作、生活用具、武器、住房、交换、货币、娱乐、艺术、科学、宗教、咒术、传说、神话、社会。

社会文化环境包括核心文化和亚文化。核心文化是人们持久不变的核心信仰和价值观,它具有世代相传、由社会机构予以强化和不易改变等特点。亚文化是按民族、经济、年龄、职业、性别、地理、受教育程度等因素划分的特定群体所具有的文化现象,它根植于核心文化,但是比核心文化容易改变。

(一)社会文化的特征

文化是一种历史现象,世界上有了人便有了人类文化。它也是一种生活方式,包括行为方式和思考方式。社会文化具有以下三个显著特征:

1. 社会文化具有普遍性

社会文化是在长期的生活实践中形成的,是人类在同环境的适应、抗争中所形成的。它是人类所共有的,具有一定意义的广泛适用性,也是人类维持社会生存和谋求全球发展的纽带。这种普遍性具有超越个性的一面,但它反过来又作用、影响个人的生活方式。

2. 社会文化具有整体性

社会文化是在地缘、血缘基础上形成的。它是一个民族的结晶和象征,是民族历史的产物,文化的整体性就是民族性。在世界文化史中,只有中国文化未曾中断延续至今,这反映出中国文化的独有魅力。社会文化有排他性和同化功能,优秀的文化必须是不断"扬弃"的。社会文化的整体性使民族特色突出、稳定,在一定时期内很难改变。

3. 社会文化具有变移性

社会文化具有发展变化性,这种变化有两个原因:其一是文化飘移(cultural drift)现象,使社会文化朝某个方向变移;其二是社会变迁引起的文化变移。社会文化的变移是通过社会成员共同遵守的社会规范和规范行为表现出来的。

(二)社会文化对营销的影响

社会文化对营销的影响表现在方方面面,其中较大的是价值观念和社会群体。营销人员对社会文化环境的研究,一般从以下几个方面入手。

1. 教育状况

通常分析教育状况可利用现成的统计指标,如某国家、地区的受教育程度,文盲率高低,在校大、中、小学生的人数和比率,受过教育人的性别构成等。

2. 宗教信仰

宗教对营销活动的影响可以从宗教分布状况、宗教要求与禁忌、宗教组织与宗教派别等几方面分析。

3. 审美观念

处于不同时代、不同民族、不同地域的人有不同的审美观念和美感,这将影响人们对商品及服务的看法。营销人员必须根据营销活动所在地区人们的审美观设计产品,提供服务。

4. 语言

企业在进行国际、国内营销活动时,要看到这种差异及其对消费者购买行为的影响,以针对不同的语言群体制定相应的策略。研究语言环境要做到:(1)顺利地与各方面沟通;(2)准确地翻译;(3)制定适当的策略。

5. 亚文化群

亚文化群(也叫次级文化)通常指在较大的社会集团中的较小的团体。亚文化群可以按地域、宗教、种族、年龄、兴趣爱好等特征划分。企业在用亚文化群来分析需求时,可以把每一个亚文化群视为一个细分市场,分别制订不同的营销方案。

第三节 市场营销的微观环境

市场营销的微观环境是指与企业营销直接相关的各种环境要素,对企业服务顾客的能力构成直接影响的各种力量,包括企业、资源供应者、营销中介、顾客和竞争者等,这些都会影响企业为其目标市场服务的能力,如图 3.2 所示。

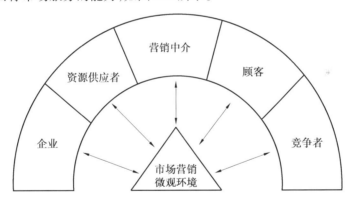

图 3.2 市场营销的微观环境

一、企业状况

(一) 企业战略目标

企业是以盈利为目的的经济实体。企业在 20 世纪 50 年代管理的中心是生产,60 年代的中心是市场,70 年代的中心是财务,80 年代以后西方企业管理的中心是战略。因而企业的市场营销活动必须符合企业的战略目标。日本学者伊丹敬之将战略要素的构成划分为:产品与市场群、企业业务活动领域、企业经营资源群。美国战略管理学家安索夫则将其分为产品与市场范围、竞争优势、增长向量和协同效应 4 个方面。企业的战略目标可以用以下内容设定:

(1)企业获利能力,利润、投资收益率、每股收益、销售利润率等;
(2)市场目标,市场占有率、销售额、销售量、市场地位、市场覆盖率、顾客服务等;

(3)生产目标,生产量、单位生产成本、平均员工产量等;

(4)产品目标,产品系列化、新产品研究与开发、产品水平、名牌塑造等;

(5)资金目标,资本构成、现金流量、流动资金、债资比例等;

(6)研究开发目标,研究开发资金、研究项目数、成功与失败比率等;

(7)人力资源目标,人员数量、人员文化水平、职称、专业技术人员比例、管理人员状况等;

(8)企业组织管理目标,企业规模、组织机构、体制目标、企业分支机构建立等;

(9)企业形象和对员工的报酬目标,员工工资水平、福利水平等;

(10)企业对社会贡献目标,企业对政府利税、解决就业、社会慈善事业、环保生态及资源维护等。

(二)企业的资源条件

企业从事生产经营活动或提供服务所需的人力、物力、财力、技术、组织管理能力及条件,制约着企业的营销活动,因而必须对资源条件进行分析。

1. 人力资源

人力资源包括企业拥有的员工队伍及其素质水平,企业高层领导的德、才、政、绩、能、效,科技人员比例及科研开发实力,企业的组织哲学与文化,企业中非正式组织的作用,人力资源开发与国内外企业的比较,企业在人力资源方面的政策及措施等。

2. 生产资源

生产资源包括生产工艺、生产能力、存货、产品质量、生产规模、生产成本、设备状况及价值、生产管理水平等。

3. 研究与开发

研究与开发包括实验室对产品的研究开发,也包括对产品包装改进的研究开发。具体指标有企业在研究开发方面与行业水平的比较、产品开发收益、研究开发已有的资源条件、研究开发与外界的沟通能力、研究开发方面成功与失败记录等。

4. 理财资源

理财资源主要涉及三方面问题,即投资决策、融资决策和利得分配。主要分析财务预算与整个战略计划是否确保支持关系,各部门预算同整个企业预算是否一致,对盈利、亏损、负债比例的预测等。

5. 营销资源

营销资源主要指对市场的调查,对信息的掌握程度,分析市场的理论及方法的可行性,市场营销的人力保证、物力保证、财务保证,市场开发成本费用的大小及政策,市场网络的完善程度,市场价格的把握程度,市场占有率,产品知名度、美誉度等。

(三)企业文化特征

市场营销是企业有组织、有目的的行为。这种行为是在一定背景下进行的,它离不开企业文化。表层的企业文化有企业形象、员工队伍、地理位置、口号、标语等,里层的有企业组织制度以及核心层的理念价值等,它们都直接影响企业营销战略的贯彻与实施。企业文化既有历史的继承性,也有环境的左右性,还有主要领导的观念及用人的策动性,企业激励机制的有效性。所以,要把市场营销搞好,不光要做好市场营销计划,还要利用企业文化中积极的因素,克服其陈旧、保守、落后的因素来实施计划。

二、供应者

供应者是指向企业和其竞争对手提供用于生产产品或服务的各类组织及个人。其提供的内容可能是原料、半成品、设备、能源、劳务、信息、资金、技术等。供应商的能力、水平、业绩、服务、信誉、抗风险能力等会直接关系着企业产品。如供应商产品价格的上涨就是原材料价格的上涨,其交货不及时就会影响生产,其产品质量的缺陷就会导致企业产品质量不合格,其信誉不良就会加大企业的风险等。

如果企业是资源型产品的企业,而这种资源是短缺的或垄断的,或被数家公司所掌握,企业就必须与之建立长期的供销关系,而且不仅要考虑资源充足期,还要考虑资源的匮乏期,以免因资源供给不足对企业造成不利影响。有些企业甚至出人力、物力、财力帮助供应商解决各种困难,或与之建立企业集团。

如果企业资源供给来源是丰裕的,那么企业讨价还价能力就强,就要与多家企业建立供销关系,从中选出信誉好、质量好、服务好的企业作为供给者。

由于资源的供给直接制约企业的发展,因而,有些规模大的企业会通过一体化方式建立自己的资源供给基地,以便使资源得到稳定性供应。如大型企业建立自备电厂,宝钢在澳大利亚建立矿山等。

三、营销中介

营销中介是指在产品分销、实体转移、促销、运输、仓储等给予企业协助、帮助的赢利性机构、组织及个人,包括批发商、营销商、外贸机构、调研公司、广告公司、银行、信托机构、保险公司等。

中间商是协助企业寻找顾客或直接与顾客进行交易的商业企业。中间商可分为两类:一类是代理商,仅获取佣金,为企业介绍客户,代为销售产品,根据其具体形式又分为一般代理、总代理和独家代理;另一类是中间经销商,它通过买断产品再销售的方式接受本企业的产品。经销还有展销、博览、寄售等形式。对中间商的选择是企业的重要事项,因为它们要为企业提供产品走向市场的渠道。各中间商的能力、专业、社会地位、商业信誉等都会对本企业产生重要影响。企业既要与中间商建立良好的关系,又要根据产品的特性、市场竞争状况、国家政策等因素同中间商的实力结合起来。对大多数企业,尤其是产品生产型企业来说,它们必须要充分调动中间商的积极性来开拓市场,增强其销售能力。

运输和仓储是市场营销产品运动的媒介和暂存地。运输方式包括公路、铁路、水运、空运、管道等,其服务水平和质量涉及产品的保管程度和交货期。仓储条件的好坏直接关系到产品的安全、运输的便利程度以及成本的大小,因而企业必须谨慎待之。

市场营销服务机构,是指为企业选择市场、帮助企业在市场营销过程中解除困难的盈利性机构,包括市场调研公司、广告商、市场咨询公司、策划公司、银行、信托机构、保险公司等。他们可以就某项问题向企业提供服务,解决企业不熟悉的或无力解决的技术问题、谋划问题、风险承受问题以及资金支持问题。在市场竞争日趋激烈的今天,企业越来越重视市场营销服务机构的作用。

四、顾客

顾客是企业营销服务的对象,是企业活动的出发点和归宿点,顾客是上帝,是企业的生命线,企业应努力与顾客建立良好的关系,并加深此关系。顾客的分类可按不同的标准划分,按购买动机,整个市场分为消费者市场、产业市场、中间商市场、政府市场和国际市场,每一市场中都有独立的顾客。

五、竞争者

企业在市场中为顾客提供产品和服务,时刻面临竞争者的威胁,企业必须充分研究竞争者的实力及竞争战略。从市场经济的角度研究,竞争分为完全竞争、寡头垄断、垄断竞争和独占;从消费需求角度划分,竞争者可分为愿望竞争者、平行竞争者、产品形式竞争者、品牌竞争者。其特点见表3.1、表3.2。

表3.1 不同市场类型竞争的特点

特点 \ 市场类型	完全竞争	寡头垄断	垄断竞争	独占
各企业产品独有特点	无	无	一些	唯一
竞争者数量	许多	少	由少到多	无
竞争者规模	小	大	由大到小	无
企业对价格的控制	无	有些	有些	完全

表3.2 不同竞争者的特点

竞争者	竞争者特点及举例
愿望竞争者	提供不同产品以满足不同需求。例如家电中电视机厂家的愿望竞争者是冰箱、洗衣机、空调等厂家,企业应促使消费者购买电视机而不是其他家电
平行竞争者	提供能够满足同一种需求的不同产品的竞争者。例如,满足穿衣需求的羊毛、棉布、亚麻、化纤之间存在竞争关系
产品形式竞争者	生产同种产品,但规格、型号、款式不同。例如,汽车颜色、型号、款式等的差别
品牌竞争者	产品相同,规格、型号也相同,只有品牌存在差异。例如,同种类型奶粉有大庆、红星、完达山等

企业在对竞争市场分析后,就要分析竞争者类型,从而确定主要竞争者的原料供应、生产能力、技术实力、资金实力、产品水平、市场营销方针战略等。既要分析市场现存竞争者,也要分析潜在竞争者,以及产品的替代者。通过分析竞争者做到知彼才能制定出切实可行的营销战略。

六、公众

公众是指在实现经营战略目标中对企业具有实际或潜在影响的组织和群体。公众包括政府公众、媒介公众、消费者协会、当地公众、内部公众和一般公众。政府公众是指政府部门。按克拉克产业结构划分,政府隶属于第三产业,政府的根本特性在于其权威性。政府既向社会(包括企业)提供各种服务,也通过有关职能维持市场秩序,出台各种产业倾斜政策。因而,企业必须时刻与政府保持某种良好的关系。在西方许多大企业都出钱出力帮助政府选举,派员工到政府任要职或在政府寻找代言人,其目的就在于此。

媒介公众指报社、电视台、广播电台、杂志等大众传播媒介。新闻的公开性、猎奇性使得企业及其产品服务几乎完全暴露于社会,所以,它们对企业形象、产品形象具有很大的影响。关系处理得当可少花钱甚至不花钱宣传美化企业;反之,则可能出现被动的报道。

消费者协会等群众团体组织对企业也有很大影响,社会发展对消费者权益保证的呼声不断加强。环境保护和生态平衡越来越受到社会的重视,这类团体组织对企业的作用也是时代的要求。

当地公众是企业所在地附近居民及社会组织。企业应与当地公众保持良好的关系,并尽可能为当地公众做出某些贡献。

内部公众是指企业内部成员,包括董事会、经理、高级职员及一般工人。内部公众对企业的营销影响是巨大的。如营销计划能否被董事会批准,是否能得到总经理的认可与支持,员工工作的积极性、主动性、创造性等都会影响企业营销。如何加强企业管理,做到有效沟通与激励员工始终是企业的目标。

一般公众是社会上一切了解、认识、关心、支持企业的公众。他们可能是产品的潜在购买者,也可能是企业股权持有者,或是企业债券购买者。他们的举动对企业形象、企业生产经营活动都会产生重要的影响,因而企业必须重视一般公众。

第四节 营销环境的分析

企业若要在市场上取得成功,就必须研究环境:一是不断对市场进行调查、分析、预测,掌握市场规律,预测变动趋势,为判断市场和策划市场做好准备;二是企业对环境的研究要结合自身的状况,既要适应环境的变化,又要改变创造环境;三是要有针对性地选择有利于企业发展的环境因素,把握市场中的有利时机开展经营活动,对市场中的不利因素应力争回避,克服市场不利因素,转化或降低风险。这便是市场营销环境分析的意义。企业可以应用以下方法分析营销环境,回避风险,寻求机遇。

一、兰德公司环境预测法

世界著名的咨询公司,美国兰德(Rand)公司提出预测环境的步骤方法:

(1)给出影响环境变化的各种因素。这项工作可以邀请行业内人士或专家来完成,各因素应全面,如经济、文化、教育、科技、社会、政治等各相关变量。

(2)将影响因素进行分类。首先,将固定不变的因素分离出来;其次,将变动因素分成两部分,即可预测因素和不可预测因素;然后是在不可预测因素中分选出"独立的"和"非独立的"因素;最后,在"独立因素"中分出"重要的"和"比较不重要的因素"。经过这样的分类得到五类因素,只保留"变动""不可预测""独立"而"重要"的因素,如图3.3所示。

(3)将各种选出的因素制成关系图,即将每一因素按情况定出"极可能""可能""不太可能"三种情况。

(4)对最极端及中庸状况,做出进一步的描述。

(5)不同情况下,分析竞争对手可能的反应,并进一步制定出单位、部门自身的策略。

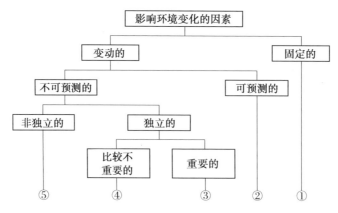

图 3.3 保留的影响环境变化的因素分析

二、企业外部战略环境分析技术

(一)外部环境扫描

外部环境扫描就是对外部环境进行检查,即收集信息活动。扫描模式的确立就是对外界的信息进行分析;理想模式就是要缩小理想同现实之间的差别,从而取得真正有价值的信息。扫描之后要进入决策,西蒙(H. A. Simon)认为决策由三个阶段构成:第一阶段,看准决策时机,找出创造决策条件的环境;第二阶段,找出若干可能行为的方案,展开分析;第三阶段,从决策方案中选出最佳方案,从备选方案中选择特定的行动方案。

外部环境扫描的基本方法有通查和精查两种。通查是信息收集者收集有关适用的一般信息;精查是扫描者通过集中调查研究特定信息以解决特定问题。

(二)竞争轮廓矩阵

对战略环境要素评价时可以建立矩阵模型,其方法是:

(1)给出企业的主要机会和存在的威胁;

(2)每一因素确定一个权数,权值按重要程度分配在 0.0~1.0 之间,权数总和为 1;

(3)采用 4 分制对每一因素打分,重大威胁 1 分,轻度威胁 2 分,一般机会 3 分,重大机会 4 分;

(4)每一因素的权数和分数相乘得到某一因素的加权分数;

(5)所有因素加权分数相加,得出企业的总加权分数。

模型中机会和威胁不论多少,企业加权分值最高为 4 分,最低为 1 分,平均是 2.5 分。外部因素评价模型中列举的机会和威胁一般控制在 5~20 个之间,表 3.3 为某一企业示例。财务地位权重 0.4,表明其是最重要的战略要素,产品方面评价值为 4,表明质量方面本企业最强。竞争者Ⅱ在财务地位与综合力量方面均最强,其分值分别为 4 与 2.8,竞争者Ⅰ则最弱。

竞争轮廓矩阵反映的是行业内竞争者竞争实力的强弱,以及各自的优势、劣势。面对企业外部环境要素的评价应用下面外部环境关键要素评价矩阵。

表3.3 竞争关键战略要素评价矩阵示例

行业关键战略要素	权重	本企业		竞争者 I		竞争者 II	
		评价值	加权评价值	评价值	加权评价值	评价值	加权评价值
市场份额	0.2	3	0.6	2	0.4	2	0.4
价格竞争	0.2	1	0.2	4	0.8	1	0.2
财务地位	0.4	2	0.8	1	0.4	4	1.6
产品质量	0.1	4	0.4	3	0.3	3	0.3
用户信誉	0.1	3	0.3	3	0.3	3	0.3
综合加权评价值	1		2.3		2.2		2.8

(三)外部环境关键要素评价矩阵

该矩阵主要反映行业前景及行业内企业面临的主要机会与威胁,如图3.4所示。

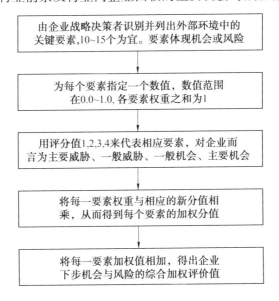

图3.4 外部环境关键要素评价矩阵

对于企业综合加权评价值介于1.0~4.0之间,平均值为2.5,计算值为4.0,说明企业行业最具吸引力,计算值为1.0,说明企业面临严重的外部威胁。表3.4为某一企业示例。

表3.4 企业外部环境关键要素评价矩阵示例

关键战略要素	权重	评价值	加权评价值
利率提高	0.3	2	0.6
人口增加	0.2	4	0.8
政府简政放权	0.3	3	0.9
信息处理计算机化	0.1	4	0.4
竞争对手扩张战略	0.1	1	0.1
综合加权评价值	1		2.8

根据矩阵分析,该企业主要威胁来自关键竞争对手扩张战略,其评价值为1,企业的两个主要机会是人口增加和信息处理计算机化,其评价值均为4,对企业影响最大的因素是政府放权和人口增加,其相应加权评价值为0.9和0.8,最后加权评价值为2.8,略高于行业回避风险和抓住机会的平均水平2.5。

三、内部环境分析法

(一) SWOT分析

SWOT分析包括企业的优势(strength)、劣势(weakness)、机会(opportunity)和威胁(threats)。SWOT分析实际上是将对企业内外部条件各方面内容进行综合和概括,进而分析组织的优劣势、面临的机会和威胁的一种方法。

通过SWOT分析,可以帮助企业把资源和行动聚集在自己的强项和有最多机会的地方。优劣势分析主要着眼于企业自身的实力及其与竞争对手的比较,而机会和威胁分析将注意力放在外部环境的变化及其对企业的可能影响上。在分析时,应把所有的内部因素(即优劣势)集中在一起,然后用外部的力量来对这些因素进行评估。

1. 机会与威胁分析(OT)

随着经济、社会、科技等诸多方面的迅速发展,特别是世界经济全球化、一体化过程的加快,全球信息网络的建立和消费需求的多样化,使企业所处的环境更为开放和动荡。环境发展趋势分为两大类:一类表示环境威胁,另一类表示环境机会。环境威胁指的是环境中不利的发展趋势所形成的挑战,如果不采取果断的战略行为,这种不利趋势将导致公司的竞争地位受到削弱。环境机会就是对公司行为富有吸引力的领域,在这一领域中,该公司将拥有竞争优势。

2. 优势与劣势分析(SW)

企业要定期检查自己营销、财务、制造和组织能力的优势与劣势。竞争优势是指一个企业超越其竞争对手的能力,竞争优势并不一定完全体现在较高的赢利率上,竞争优势可以指消费者眼中一个企业或它的产品有别于其竞争对手的任何优越的东西,可以是产品线的宽度,产品的大小、质量、可靠性、适用性,企业的风格和形象以及服务的及时与否、态度的热情与否等。虽然竞争优势实际上指的是一个企业比其竞争对手有更强的综合优势,但是明确企业究竟在哪一方面具有优势更有意义,只有这样,才可以扬长避短,或者以实击虚。

由于企业是一个整体,而且竞争性优势来源十分广泛,所以,在做优劣势分析时必须从整个价值链的每一个环节上,将企业与竞争对手做详细的对比。如产品是否新颖,制造工艺是否复杂,销售渠道是否畅通,以及价格是否具有竞争性等。如果一个企业在某一方面或几个方面的优势正是该行业企业应具备的关键成功要素,那么,该企业的综合竞争优势也许就强一些。企业在维持竞争优势过程中,必须深刻认识自身的资源和能力,采取适当的措施。

与很多其他的战略模型一样,SWOT模型也带有局限性。以前的企业可能比较关注成本、质量,现在的企业则可能更强调组织流程。SWOT没有考虑到企业改变现状的主动性,企业是可以通过寻找新的资源来创造企业所需要的优势,从而达到过去无法达成的战略目标的。

(二)"雷达图"分析法

"雷达图"分析法将企业内部条件按收益、成长、安全、流动、生产划分为 5 个区域,如图 3.5 所示,行业平均水平为标准线,标准线的 1/2 为同行业最低水平,标准线的 1.5 倍为同行业的先进水平。每个扇区各有若干个指标值。收益性区:①总资本利润率,②销售利润率,③成本利润率,④产值利润率,⑤资金利润率,⑥销售费用与销售额比率。成长性区:⑦销售额增长率,⑧产值增长率,⑨人员增长率,⑩总资本增长率,⑪利润增长率。安全性区:⑫利息负担率,⑬流动资金利用率,⑭固定资金利用率,⑮自有资金率,⑯固定资本比率。流动性区:⑰固定资金周转率,⑱应收账周转率,⑲盘存资产周转率,⑳流动资金周转率,㉑总资本周转率。生产性区:㉒全员劳动生产率,㉓工资分配率,㉔劳动分配率,㉕人均利润,㉖人均销售收入。

将企业的五类各项指标值落在图中各相应线上,用直线将结点连接起来形成雷达图。指标值处于标准线内,说明该指标低于同行业最低水平,需改进。越接近内圈,企业就越处于不良状态,是企业危险的标志。

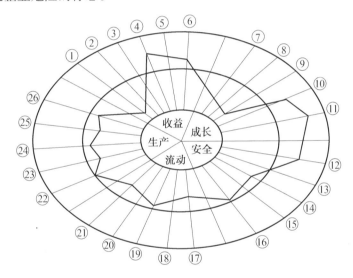

图 3.5 雷达分析法

【本章小结】

市场营销活动是在一定的环境下,通过发现机遇与威胁,不断调整企业行为,适应环境变化的过程。市场营销环境是指制约和影响企业营销活动可能结果的现实或潜在外部力量和相关因素的集合。从系统的角度讲,环境是系统以外的、影响系统运行的制约性因素。市场营销环境必须是对企业营销产生影响的因素,而且是不可控制的。总体上来说包括宏观环境、微观环境。微观市场营销环境是指与企业紧密相连、直接影响企业市场营销效率和能力的各种因素和力量的总和。主要包括企业自身、竞争者、供应商、营销中介、顾客及社会公众。

宏观市场营销环境是指企业无法直接控制的因素,是通过影响微观环境来影响企业市场营销效率和能力的各种因素、力量。它包括经济环境、人口环境、技术环境、政治法律环境、社会文化环境及自然环境等。微观环境中所有分子都要受宏观环境中各种力量的影响。

SWOT分析包括企业的优势(strength)、劣势(weakness)、机会(opportunity)和威胁(threats)。SWOT分析实际上是对企业内外部条件各方面内容进行综合和概括,进而分析组织的优劣势、面临的机会和威胁的一种方法。通过SWOT分析,可以帮助企业把资源和行动聚集在自己的强项和有最多机会的地方。优劣势分析主要着眼于企业自身的实力及其与竞争对手的比较,而机会和威胁分析将注意力放在外部环境的变化及其对企业的可能影响上。在分析时,应把所有的内部因素(即优劣势)集中在一起,然后用外部的力量来对这些因素进行评估。

【基本概念】

市场营销环境　宏观环境　微观环境　公众　竞争者　兰德公司环境预测法　SWOT分析　"雷达图"分析法

【实训(练习)题】

1. 市场营销环境分析的作用。
2. 市场营销宏观环境分析的主要内容。
3. 市场营销微观环境分析的主要内容。
4. SWOT分析法的基本内容。

第四章 市场营销调研与预测

【学习目标】

1. 了解市场营销信息系统的构成;
2. 掌握市场营销调查的方法;
3. 了解市场需求测量方式;
4. 掌握市场预测方法;
5. 能够独立完成特定营销项目的调研计划和调研实务,进行市场分析和预测。

【引例】

有三个人要被关进监狱三年,监狱长允许他们每人提一个要求。

美国人:爱抽雪茄,要了三箱雪茄。

法国人:最浪漫,要最美丽的女子相伴。

犹太人:他要一部与外界沟通的电话。

三年过后,第一个冲出来的是美国人,嘴里鼻孔里塞满了雪茄,大喊道:"给我火,给我火!"原来他忘了要火了。

接着出来的是法国人。只见他手里抱着一个小孩子,美丽女子手里牵着一个小孩子,肚子里还怀着第三个。

最后出来的是犹太人,他紧紧握住监狱长的手说:"这三年来我每天与外界联系,我的生意不但没有停顿,反而增长了200%,为了表示感谢,我送你一辆劳斯莱斯!"

这个故事告诉我们:我们要选择接触最新的信息,了解最新的趋势,从而更好地创造将来。

要管理好一个企业,必须管理它的未来,而管理未来就是管理信息。信息是市场的先导,是生产的前提。企业要想比竞争者更有效地满足市场需求,赢得竞争优势,从而取得合理的利润收入,就必须保持对环境变化的高度敏感,及时掌握有关的市场营销信息。市场营销信息系统及现代统计技术为企业了解市场信息、满足市场需求提供了便利条件,而市场调研则是企业了解目标市场需求和竞争对手的真正有效手段。在深入调研、掌握信息的基础上,科学的预测方法可以帮助营销管理者认识市场的发展规律,制定出科学合理的市场营销决策。

(来源于豆丁网)

第一节 市场营销信息系统

世界上许多发展迅速、效益卓越的企业,几乎都有一个高效的信息系统,随时把各种环境信息收集起来,经过处理和筛选后用于决策。由于收集、存储、交流和分析信息技术的进步,信息技术在营销领域的应用持续增长,从而大大促进了营销信息系统对企业营销活动效果的积极反馈和智能控制,为企业经营者及时掌握最新的营销信息,提高营销决策的效率做出了积极的贡献。随着计算机网络特别是 Internet 的普及使用,营销信息系统能够与企业业务完全融合。无论是营销经理还是业务人员,他们的营销决策和业务活动都离不开企业营销信息系统提供的信息,营销信息系统必将成为企业内部和外部运营管理以及为顾客提供服务的关键工具。

一、营销信息系统的定义和作用

为了满足管理者对营销信息的需要,企业需要设计和构建自己的营销信息系统。

(一)营销信息系统的定义

营销信息系统(marketing information system)是一个由人、机器和程序组成的相互作用的复合体,企业利用此系统来收集、挑选、分析、评估和分配恰当的、即时准确的信息,供营销决策者用于其营销计划的改进、执行和控制。

菲利普·科特勒教授提出的以上定义,既不单单从机器设备和计算机程序术语来解释,也不仅仅指对经过处理的营销信息的应用研究,他综合了以上两方面的内容,反映了以下三层含义:(1)营销信息系统是人、机器和程序的复合体;(2)这一系统提供适当、及时和准确的信息;(3)它的服务对象是营销决策者。

(二)营销信息系统的作用

一个设计合理的营销信息系统能够为管理层决策提供快速而完备的信息流,它的信息储存和再生能力可源源不断地提供各种不同信息,从而使营销经理能持续有效地控制产品、市场、销售人员以及其他营销组织的活动。实践证明,一个有效的营销信息系统将为企业带来下列利益:

(1)在有限时间内提供较多的信息,从而提高管理水平;
(2)对信息进行筛选、检索,使用者可以十分方便地取得他所需要或想要的信息;
(3)管理层可以及时获得有关信息,迅速了解发展中的趋势;
(4)可以对不同来源的信息迅速进行汇总,从而提高其利用效率;
(5)管理层可以及时注意到早期的预警信号,从而能更有效地控制营销计划;
(6)可以防止重要信息被积压或遗忘。

二、营销信息系统的构成

营销信息系统一般由四个子系统组成,分别是:(1)内部报告系统,是一个报告订单、销售、存货水平、投资、现金流量、应收应付账款等数据的系统;(2)营销情报系统,是一个为营销管理人员提供市场营销环境变化状况的系统;(3)营销调研系统,是一个针对特定营销问题或机会而设计、收集、分析有关资料并提出结论的系统;(4)营销分析系统,是一个由统计库和模型库等先进技术所构成的系统。

以上四个子系统构成了现代企业的"神经中枢",使企业营销管理人员与内、外部环境有机联系起来,有效地进行营销分析、计划、执行和控制。以下是市场营销信息系统示意图(见图4.1),它表示出了市场营销信息系统的四个组成部分及其有机联系。

图4.1左边的方框表示营销管理人员必须密切观察的市场营销环境的基本内容。营销环境的变化是通过构成营销信息系统的四个子系统被人了解的。这四个子系统即图4.1中

间框所示的内部报告系统、营销情报系统、营销调研系统和营销分析系统。从营销信息系统得出的信息流向营销管理人员,以帮助他们对营销工作进行分析、计划、执行和控制。而后,这些营销决策和信息又进一步会影响到营销环境。

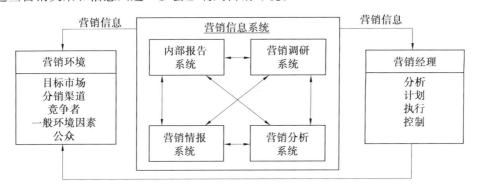

图4.1　市场营销信息系统

下面对营销信息系统的四个子系统分别说明如下:

(一)内部报告系统

内部报告系统(internal report system)是营销信息系统中最基本的子系统。该系统的核心是"订单-发货-账单"循环,它以企业内部会计系统为主,辅之以销售信息系统组成。

常规的操作程序是销售人员把订单送至企业,负责管理订单的机构把有关订单的信息送至企业内的有关部门,然后企业把账单和货物送至购买者的手中。

内部报告系统的作用在于报告订货、库存、销售、费用、现金流量、应收款、应付款等方面的数据资料。营销管理人员通过分析这些信息,可以发现营销中存在的问题和面临的机会,进而采取切实可行的改进措施。

【延伸阅读】

有效的内部报告系统

美国通用面粉公司的食品杂货事业部经理,每天都收到销售信息。各地带、地域和地区的销售经理每天早晨的第一件事,就是用电传打字机向总公司报告其所在地前一天的订单和装运情况。报告中还包括公司实际销售与预订目标的百分比及与上年的百分比的比率。而美国新利公司的经理则能在几秒钟的时间内对400家经销商的任何一家,检索其各种品牌和包装尺寸产品的现在和过去的销售额和存货数字。他们能测出销售落后于预期目标的所在地区。

美国米德公司的情况则更好一些。该公司的销售代表通过打电话给公司的计算机中心,能够当场获得纸张供应的情况并回答顾客提出的问题。计算机会确定在最近的仓库里是否有纸张可供应以及在何时能装运;如果没有存货,则计算机将继续检索附近的其他仓库,直到发现为止。如果任何地方的仓库都没有存货,计算机便决定在哪里和何时能生产这种纸张。由于销售代表在几秒钟内能得到答复,因此,他们在和竞争者的角逐中处于有利地位。

(资料来源:马连福等.现代市场调查与预测[M].北京:首都经济贸易大学出版社,2009)

(二)营销情报系统

如果说内部报告系统是为营销管理人员提供企业内部经营的"结果资料",营销情报系统则用于提供外部环境的"变化资料",帮助解释前者并指明未来的新机会及问题。

营销情报系统(marketing intelligence system)是指市场营销管理人员用以了解有关外部环境发展趋势的信息的一整套程序与来源。该系统通过对企业外部环境要素的观察、跟踪以及信息收集,为企业识别市场机会与环境威胁提供第一手材料。营销情报系统的信息收集工作主要包括:征询企业的顾客、公众、供应方、营销媒介等各方对企业营销策略及执行情况的意见与建议;收集本企业人员从市场上带回的信息;获悉竞争对手的营销活动意图,包括收集其对外宣传、新闻发布、企业报表、广告中所包含的信息;收集政府立法方面的信息;收集与本企业有关的科技工艺发展情况的信息;收集关于社会时尚、文化价值观念变化方面的信息;收集经济环境发展趋势的信息等。

企业要形成规范的营销情报系统,提高营销情报系统收集的信息质量,从而帮助企业在营销活动中及时采取措施,或防患于未然,或领先一步抢占市场。

(三)营销调研系统

除了内部信息和日常市场情报外,营销管理人员常常需要对某个特定问题或机会进行重点研究。市场营销调研系统(marketing research system)就是调查、收集与企业有关的某个特定营销问题的信息和提出研究结论。在营销环境瞬息万变的情况下,非常规决策总是居多数,故旨在解决某个特定问题而组织的营销调研运用十分广泛。常见的营销调研通常包括确定市场特征、估量市场潜力、分析市场占有率、销售分析、商业趋势研究、竞争产品研究、价格研究和现有产品测试等。

20世纪80年代中期,美国肯德基炸鸡公司在进入北京市场之前,广泛调查了中国人的口味、可接受的鸡块价格、快餐店的位置、餐厅的设计等有关情况,为日后成功落户北京打下了良好基础。

(四)营销分析系统

市场营销分析系统(marketing analysis system)由先进的统计程序和统计模型构成。该系统的作用是利用科学的技术、技巧来分析营销信息,从中得出更为精确的研究结果,以帮助决策者更好地进行营销决策,也称之为营销决策支持系统(marketing decision support system)。

第二节 市场营销调研

在营销信息系统的4个子系统中,营销调研系统具有特别重要的意义。它能针对目前出现的具体问题提供信息,这是营销信息系统中的其他组成部分所无法比拟的。它的启动只与某项特别的决策有关,所以它并不经常性地运行。

一、市场营销调研的含义和作用

(一)市场营销调研的含义

市场营销调研(marketing research)是指针对企业特定的营销问题,运用科学的研究方法,有组织、有计划、系统而客观地收集、整理和分析研究有关市场营销方面的信息,为营销管理者制定、评估和改进营销决策提供依据。

为了更好地理解上述定义,我们应当把握以下几个要点:第一,应当强调的是市场营销调研的科学性。科学的研究方法是采用观察、实验等获取资料,并通过比较分析、逻辑推断等获得新的知识的一类方法。所以,定义的科学性规定了市场营销调研的基本框架。第二,是市场营销调研的系统性。它是指对市场研究有周密细致的规划和安排,研究人员一般要遵循既定的研究程序和日程安排去进行。第三,就是市场营销研究的客观性。它要求研究人员在研究工作中不应受个人或其他权威人士的价值取向及信仰的影响,保持"中立"的态度。客观性是科学研究的精髓,市场营销调研就是科学方法在市场营销中的应用。第四,市场营销调研的针对性。它是指市场营销调研不同于企业营销信息系统中的情报系统等其他获取信息的功能。其他系统一般执行常规的、连续的信息收集和管理,而市场营销调研则针对企业特定的营销问题,如某产品销售量大幅度下降、新产品上市的定价问题和促销问题等。最后,要强调的是市场营销调研的辅助性和局限性。它只是信息管理的工具和手段,能够提供营销决策所需要的、必要的信息,减少信息的不确定性,降低营销决策的失误率,但是它不能保证决策的完全无误。

【延伸阅读】

凯斯公司倾听"消费者的呼声"

凯斯(Case)公司是一家建筑物和农场设备的制造商。1991年和1992年营业损失达到90万美元。1994年,公司聘用了一位新的首席执行官琼·皮埃尔·罗索(Jean Pierre Rosso)。他得知公司自20世纪80年代以来,从未将顾客意见纳入它的产品设计决策中。与之相反,产品是为适应工厂生产能力而发展起来的。这造成了产品滞销,比如一种新型拖拉机马力太低,不能满足消费者的需要。当经销商发现他们的凯斯产品库存积压时,交易关系恶化,这又进一步损害了销售。

首席执行官罗索认识到公司必须变为市场导向型。用文森特·巴拉巴的话来说,公司各部门的想法和消费者的想法应该有一个"会合"。于是,公司多次请教消费者,将凯斯的设备与其主要竞争者——约翰-迪尔和凯特皮斯的设备逐项进行比较。凯斯的工程师和市场营销人员对使用竞争者产品的客户和潜在客户进行访问,了解公司产品的特征、优势和问题。然后,把收集到的信息纳入新的产品设计中。罗索的营销调研信息改善了决策的制定。凯斯公司的净收入1994年翻了两番,销售增长了14%。1995年,收入达到42亿美元。1996年上半年,凯斯的收入和利润比1995年的收入高出20%。显然,凯斯通过营销调研来"倾听消费者的呼声"的决策是一个正确的战略。

(资料来源:阿尔文·C·伯恩施,罗纳德·F·布什.营销调研[M].2版.梅清豪,译.北京:中国人民大学出版社,2001)

(二)市场营销调研的作用

市场营销调研对于整个营销活动的开展发挥着极为重要的作用。主要表现在:

(1)有利于企业了解市场环境,把握市场机会;

(2)为制订营销计划、营销战略及策略提供科学依据;

(3)检验与矫正营销计划的贯彻执行情况,有利于提高营销效果;

(4)有利于提高企业的整体经营管理水平。

二、市场营销调研的内容

市场营销调研的内容非常广泛,涉及企业市场营销活动过程的各个方面,大体有以下几方面的内容:

(一)市场营销环境调研

企业的一切市场营销活动都要受到各种环境因素不同程度的制约和影响,这些环境因素对企业而言常常是多变的、不可控的,因此,市场营销环境调研是企业营销调研的主要和首要工作。

根据市场营销环境因素的性质不同,可以把市场营销环境调研分为微观环境调研和宏观环境调研。微观环境调研的对象主要包括企业自身、供应商、营销中介、顾客、竞争对手和公众,宏观环境调研的主要对象是人口、经济、政治法律、社会文化、科学技术、自然生态等因素。详见本书第三章"市场营销环境"。

(二)市场需求及供应情况的调研

市场需求,是指一定时期内,在某一个可能的价格水平上,消费者愿意并有能力购买的产品的数量,即有支付能力的产品需要。它所包括的内容有:

(1)产品需求总量调研。通过调研,掌握社会产品购买力水平。

(2)产品需求构成调研。通过调研,掌握消费者购买力投向的变化。

(3)需求趋势调研。通过调研,掌握消费者的潜在需求量及消费者对产品、价格、渠道、促销等方面的需求变化。

(4)消费者购买动机及购买行为的调研。通过调研,掌握消费者消费心理活动过程及采取的购买行动。包括消费者的欲望、动机、生活习俗、喜爱与禁忌、性格特征、意志倾向以及购买习惯等。

市场产品供应情况的调研主要包括:现有产品生产能力及生产情况的调研,产品新增生产能力以及产品进出口情况调研等。

(三)市场营销组合情况的调研

1. 产品调研

产品调研主要包括各产品项目过去几年的生产和销售情况;生产资源和生产潜力、新技术、新工艺、新材料和新产品发展趋势;该产品的生命周期;购买该类产品的决策者是谁;购买频率;季节因素;何种广告媒体最能有效地影响潜在顾客对产品采取购买行动,等等。

2. 产品价格调研

研究市场产品价格变动,有利于对消费者购买数量多少和不同产品的价格需求进行弹性分析。因此,对产品价格应主要调查:影响产品价格变动的因素是什么;市场供求情况的调查;运用价格变动促进销售的情况;新产品的定价策略和老产品的价格调整;零售价、批发价和优惠价的决定对销售的影响;产品经济生命周期不同阶段定价原则的研究;各种产品的差价、比价等专题调研。

3. 分销渠道调研

对分销渠道的调研应侧重:主要竞争对手采用何种分销渠道策略;是否采用人员直接推销;若有,使用程度如何;各主要市场的批发与零售商的数量;把货物运送到各主要市场,有哪些可以利用的运输工具;当地有关货栈或仓库等设施的情况,等等。

4. 促销情况调研

促销情况调研主要包括促销的方式是否为消费者所接受,并能否取信于消费者;广告信息的选择是否有针对性;广告媒体的比较和选择;广告费用与效果的测定;对企业形象设计和塑造的调研。

(四)市场竞争调研

企业进行市场营销活动需要用一只眼睛盯着市场(消费者或用户),而另一只眼睛盯着竞争者。为什么呢?因为企业通过市场营销活动,不仅要满足市场需求,还要比竞争对手更好地满足市场需求。只有这样,企业才能获得竞争优势。因此,对竞争对手的调研应包括:同类产品竞争者的数量、规模及种类;各主要厂商的市场占有率及其发展变化趋向;各竞争者推出的产品类型与售价;各主要竞争对手所提供的售后服务方式,顾客及中间商对此类服务的满意程度;各主要竞争对手所采用的渠道策略;各主要竞争者所使用的营销组织的形式、规模和力量;各主要竞争对手使用的广告类型及支出大小,等等。

三、市场营销调研的要求

市场营销调研是一项重要而又复杂的工作。市场营销调研的质量,直接关系到最终获得的市场信息的可靠性,进而影响到营销决策与营销活动的成功与否,这就对市场营销调研活动提出了一定的要求。

(一)科学的方法

由于市场营销调研工作的复杂性,它需要有一整套科学的调研方法作为成功的保证。可供选择的具体调研方法很多,但必须遵循科学的原则来运用这些具体的方法,即调研者必须贯彻实事求是的科学精神,保证调研结果的客观性,不可用主观臆测来代替对客观事实的观察。

(二)复合的方法

在市场营销调研中,调研者切忌过分地依赖某一种为自己所偏爱的调研方法。对同一问题采用不同的方法进行调查研究,可以将通过不同方法获得的调查结果互相验证和补充,提高调查结果的可靠性。此外,注意从多种渠道获取信息,也有利于提高调查结果的可信度。

(三)信息的价值与成本

市场营销调研获得的信息可以为企业带来价值,但是,进行市场营销调研也必然要费时费力,投入相当可观的成本。因此,企业在从事市场营销调研工作时,必须注意所获信息的价值-成本分析。这种价值-成本分析可以帮助调研者确定应当进行哪些调研项目,采用哪些调研方法,是否需要获得进一步的信息,等等。在一般情况下,市场调研的成本是不难确定的,困难在于估算调研成果的价值。调研成果的价值大小依赖于它本身的可靠性,它在营销决策中的作用,以及决策者是否乐于接受这一成果并据以采取行动。

(四)创造性的调查研究

市场营销调研应当是一种创造性的工作,它需要调研者具有强烈的创新精神。市场需求的主体是人,因而市场需求总是处于动态的发展过程之中。在进行市场营销调查时,调研者应当善于不断地发现问题、研究新问题,还应当从人们司空见惯的市场现象中发掘出对市场营销决策有积极意义的新因素。

四、市场营销调研的类型

市场营销调研可根据不同的标准,划分为不同的类型。如按调研的方法可分为定性调研和定量调研;按调研的目的与性质,可以分为探测性调研、描述性调研、因果性调研和预测性调研;根据调研的对象和特征不同,还可将其分为普查、典型调研、重点调研和抽样调研。对市场营销调研的分类,习惯上是按照研究的性质划分的,以下对这种分类加以详细阐述:

(一) 探测性调研(exploratory research)

探测性调研是企业在情况不明时,为找出问题的症结、明确进一步调研的方向与范围而进行的非正式的初步调研。比如企业产品的销量突然下降,是哪些原因造成的?是竞争对手发起了新的促销活动?还是经济形势变化的影响?或者是产品质量出了问题?这时企业通过探测性研究,如邀请一些用户座谈或是到零售商那里了解情况,就可以尽快查明原因,澄清问题。

探测性调研通常采用一些简便易行的调研方法,事先无须进行周密的策划,目的是要发现问题的症结所在,并明确地提示出来。

(二) 描述性调研(descriptive research)

描述性调研是通过详细的调研和分析,客观地反映市场情况,清楚地描述市场特征。市场营销调研中的许多内容都是描述性的,如调研某种产品使用者的年龄构成、地理分布,消费者对本企业产品和竞争产品的态度,竞争企业的规模、数量、效益水平等。

描述性调研的任务是寻找问题的答案,因此,人们在进行此类调研之前,必须制订详细的提纲和调查计划,搜集、整理、总结大量的信息和情报资料,并确保其准确性。只有如此,才能客观地反映问题所在。

(三) 因果性调研(causal research)

因果性调研是为了分析市场营销活动的不同要素间的关系,查明导致某些现象产生的原因而进行的调研。在描述性调研中,人们会发现一些因素之间相互关联,但究竟是哪个因素引起了或决定着其他因素的变化,还需要因果性调研来加以确定。比如,人们已发现某个产品在一个地区的人均消费量大于其他地区,而且该种产品在这个地区的销售网点密度也高于其他地区。如果企业仅根据这种现象就做出增加销售网点的决策,无疑是十分草率的;也许在过去的一段时间里,恰恰是由于这个地区高水平的人均消费促使其他厂家增加了销售网点。企业在决策之前,应该进一步调研影响这一地区人均消费水平的因素都有哪些,哪些因素起着主要作用。这些都属于因果性调研的范围。

因果性调研的目的是找出关联现象之间的因果关系。由于因果性调研常常用实验法来收集资料,它具有主动和动态的特点。

(四) 预测性调研(forecasted research)

预测性调研是为了推断和测量市场的未来变化而进行的调研。它可以通过综合专家和有经验人士的意见,对事物的发展趋势做出判断。预测性调研通常在描述性调研或因果性调研的基础上进行分析和计算,预测未来量的变化,其结论常常被直接用作决策的依据。

五、市场营销调研的程序

营销调研可以由企业自己的调研部门来进行,也可以借助其他专业的调研机构。不论是自己完成还是委托他人完成,营销调研都要遵循一定的程序。市场营销调研一般可分为确定调研的主题和目标、制订调研计划、实施调研计划、提出调研报告四个阶段。

(一)确定调研的主题和目标

在市场营销决策过程中,涉及的内容非常广泛,需要进行调研的问题也很多,不可能通过一次市场调研解决决策中所面临的全部问题。因此,在组织每次市场营销调研活动的时候,应当首先找出需要解决的最关键、最迫切的问题,即界定调研的主题,明确这次调研活动要完成什么任务,实现什么目标。

对调研主题的界定不能太宽泛。选题太宽,将会使调研人员无所适从,在大量的不必要信息面前迷失方向,难以发现真正需要的信息。当然,调研主题的界定也不能太窄、太细微。调研主题选得太窄,就不能通过调研充分反映市场营销的情况,起不到调研应有的作用。

在确定调研主题的基础上,还应提出特定的调研目标:探测性调研,其目标是在情况不明时收集初步信息,以进一步确定问题和建立假设;描述性调研,其目标是对客观事实资料进行详细的收集和整理,以描述实际的情况;因果性调研,其目标是检验假设的因果关系,以搞清问题的来龙去脉;预测性调研,其目标是估计未来的市场变化趋势,以掌握动态资料。

【延伸阅读】

可口可乐的新配方

20世纪80年代初,可口可乐面临市场份额不断下滑的严峻局面,从20世纪40年代的60%跌到1983年的23%,百事可乐的市场份额却在不断上升。通过一系列街头免费品尝的促销活动,百事可乐声称,双盲测试的结果表明,多数的消费者都认为百事可乐的味道更佳。面临百事可乐的严峻挑战,可口可乐公司决定调整可乐的配方。经过两年的时间,花费了400万美元进行了20万人次的口味测试,可口可乐公司确定了新的可乐配方。最后配方经过了3万人的双盲测试,其结果表明,60%的人喜欢新可乐胜过老可乐,52%的人喜欢新可乐胜过百事可乐。但是,该公司于1985年向市场推出新可乐的实际结果却与原来的预期相差甚远,迫使可口可乐公司于3个月后恢复了传统可口可乐。3年后新旧可乐的销量降为1:10,最后新可乐只好退出市场。可口可乐公司在其历史上的惊人错误,主要是由于将研究题目定义过窄,只考虑了口味儿而忽略了其他影响消费者选择的重要因素——品牌、历史、文化传统及形象等。现在人们已经普遍认识到,对于像可口可乐这种历史文化含量很高的饮料,口味不是影响消费者选择的唯一因素,甚至不是最主要的因素。

(资料来源:涂平.营销研究方法与应用[M].北京:北京大学出版社,2008)

在确定调研目标时,应当努力使需要调研的问题定量化,提出明确具体的数量目标。例如,若要调研公司产品的畅销情况,把调研目标定为"我们的产品是否畅销?"就显得过于模糊,缺乏量的概念。如果将调研目标定为"我们的产品达到年销售额为250万元的可能性是多少"就显得明确多了。当然,并非所有的调研项目都可以定量化。

(二)制订调研计划

调研主题与调研目标确定之后,市场营销调研人员就应当制订一份专门的调研计划。一份良好的营销调研计划通常应包含下列内容:

1. 资料来源

调研计划必须考虑资料来源的选择。调研资料按其来源可以分为第一手资料(primary data)和第二手资料(secondary data)。前者是指为了特定目的专门收集的原始资料;后者是已经存在的为其他目的而收集的资料。市场调研人员常常以查阅第二手资料的方式开始调查工作,因为二手资料提供了市场调研的起点。采集第二手资料还具有成本低、效率高的优点。但是,市场调研人员常常不容易找到现成的第二手资料,或者现成的资料已经过时,而且不精确、不完善,所提供的信息不可靠。在这种情况下,调研人员就不得不花费较多的时间与费用去采集更为准确、适用的第一手资料了。采集第一手资料常用的方法之一是直接与人们交谈,以获得对有关调研对象的意见和态度的直接印象。因此,第一手资料常常来自现场调查。

2. 调研方法

原始资料的采集可以借助于三种常用的调查方法:询问法、观察法和实验法。

(1)询问法(survey research)

询问法即访问调查,是指调查人员通过询问的方式向被调查者了解市场情况,收集市场信息的一种调查方法。它是收集描述性信息的最佳方法,通常用于了解人们的知识、态度、偏好或购买行为。

询问法根据和被调查者接触方式的不同,可细分为面谈调查法、电话调查法、邮寄调查法和留置调查法。

①面谈调查。它是通过与被调查者面对面地直接交谈,对有关问题提出询问,并及时记录被调查者提供的答案,从而获取资料的一种调查方法。可以个别交谈,也可以开调查会集体座谈。其主要优点是:灵活性较大;能相互启发;能直接听取意见并观察被调查者的反应,了解其真实思想,获取较真实的信息;问卷的回收率高。但该法费用支出较大,而且受调查人员工作态度、业务熟练程度和心理情绪的影响。

②电话调查。这是由调查人员根据抽样的要求,在样本范围内,用电话向被调查者提出询问,听其回答,从而获取所需资料的一种方法。此法的长处在于获取所需资料的速度快、效率高、成本低,并能以统一格式进行询问,所得资料便于统一处理。其局限性表现在:受地理范围和通信条件的限制;不便询问较复杂的问题;难以进行深入交谈;不易得到被调查者的合作等。

③邮寄调查。就是调查者将预先设计好的调查问卷,邮寄给被调查人,请他们按要求填妥后寄回,从而收集所需资料的方法。邮寄法的范围广,成本低,被调查者有充分的考虑时间。但这种方法所需时间较长,问卷的回收率低,被调查者有可能误解问卷的含义。此法一般较适用于有一定文化程度的调查对象和简单而易于做出明确答复的调查。

④留置调查。就是由调查人员将设计好的问卷当面交给被调查人,并说明回答要求,留给被调查者自行填写,然后由调查人员定期收回的一种调查方法。这种方法是面谈调查法与邮寄调查法的结合,其优缺点也介于面谈调查法和邮寄调查法之间。

(2)观察法(observational research)

观察法是指调研人员通过直接观察被调查者的行为来收集资料的一种调查方法。调研人员可耳闻目睹被调查者对市场的反应,或利用仪器设备(如照相机、录像机、摄像机等)直接记录所需资料。此方法最大的优点是从侧面观察被调查者的言行和反应,不直接向被调查者提问,被调查者不会感觉到自己正在被调查,故能获取准确性较高的第一手资料。其缺点是花费的时间较长、费用较高,通常只能观察到一些表面现象,难以发现事物的内在联系和问题的关键所在。观察法一般用于获取探测性信息。

按照观察的具体形式不同,观察法可以分为以下几种:

①人员观察。该方法是派调查人员到现场实地观察调查对象以了解情况的一种常用形式。例如,某调查公司为了了解某种牌号的微波炉市场销售情况,就可以派调查者到商场、经销店、门市部、各种展销会、交易会等现场,亲自观察和纪录顾客的购买情况、购买情绪、踊跃程度、同类产品竞争程度以及各种商品的性能、式样、价格、包装等。

②行为记录法。该方法是指用各种观察设备记录被调查者的行为。一般须得到被调查者的同意和配合。例如美国尼尔逊公司通过电子计算机系统,在全美各地1 250个家庭的电视机里装上电子监听器,每90秒钟扫描一次,每台电视机只要收看3分钟以上的节目,就被记录下来,这样就可以了解观众收看什么样的电视台和电视节目,确定广告播出的黄金时间。但这种方法由于一次性投资大,应用范围较小。

③痕迹观察法。该方法是指调查者不直接观察调查对象的行为,而是通过对自然物品、社会环境、行为痕迹等进行观察,以间接反映调查对象的状况与特征。例如,通过对洗衣机售后保修点的观察,了解不同部件的损坏率。损坏率高的部件,说明其设计或质量本身存在某种问题。

(3)实验法(experimental research)

实验法是一种最具科学性的调查方法。实验调查法的通常做法是,将调查对象随机地分成若干组,通过有意识地控制实验条件中的若干变量,以验证不同组的调查对象对实验条件变化的反应是否有差别,以及这种差别是否具有统计意义。实验调查法通过控制实验条件,可以排除不可控因素的干扰,查明事物的因果关系,因此,实验调查法被广泛地应用于因果性调研中。

实验法可以分为以下几种:

①实验室试验。该方法在研究广告效果和选择广告媒体时常采用。例如,公司可聘请若干工作人员,把事先设计好的广告稿分发给他们,测试哪种能获得最好的效果,以便为广告设计提供参考。

②区域实验。该方法多用于地区性试销。将产品投放于某些区域性市场销售,收集顾客反应,然后决定大量生产或全面上市的方案。

③模拟实验。该方法以市场的客观事实为前提,为某个目标建立假设的数学模型,通过电子计算机进行各种方案的比较。

【延伸阅读】

城门失火会殃及鱼池吗?

现在很多公司都喜欢用明星做广告,可是明星却常常爆出丑闻。明星的丑闻对所代言的广告会有负面影响吗? 为了回答这个问题,我们进行了一项实验,请60名大学生参与,报酬为每人20元人民币。

这些人被随机分成两组。每位得到一份小册子。第一页是一名虚构歌星的照片和简短介绍:"X 是一位国内的著名流行歌手,他于 1975 年出生在北京,20 岁时开始演艺生涯,已发行了 5 张个人专辑,曾两次获得'中国年度最佳流行歌曲奖'。专辑中有些歌曲是他自编自写的。"两组唯一的不同是其中有一组的小册子中的介绍还包括了负面信息:"……这位歌星经常因为酒后驾车和斗殴被拘留。最近,他被指控偷漏税达 100 万元。"

然后请每位参与者给这位明星的人品、所代言的广告和品牌打分,并给出购买其代言产品的意向。结果表明,有丑闻的明星所做广告的效果大打折扣。

(资料来源:丁夏齐,等.名人推荐者道德声誉对名人广告效果的营销:中国消费者的研究.中国市场调查协会第三届宝洁优秀论文奖获奖论文,2003)

3. 研究工具

调研人员在收集原始资料时,可以选择两种主要的调查工具:调查表和机械装置。

调查表又称调查问卷,是调查者根据一定的调查目的和要求,按照一定的理论假设设计出来的,由一系列问题、调查项目、备选答案及说明所组成的,向被调查者收集资料的一种工具。调查表的设计和制作需要非常认真仔细,并且在大规模使用之前应做测试和调整。调查表设计得科学与否,直接关系到收集信息的质量高低。

在准备一份调查表时,调研人员必须特别注意问题的内容、问题的类型、问题的措辞和问题的顺序。

问卷中要问的每一个问题都应加以核对,以确定它是否对研究目标有贡献,是否简明扼要,是否存在遗漏等问题。为了争取填表人的热心和合作,所提问题必须使被调查者能够回答、方便回答和愿意回答。因此,应结合调查对象的特点来确定问题的内容。

问题的内容确定后,问题类型的不同也会导致不同的调查结果。通常根据提问的形式分为开放式问题和封闭式问题两大类。

开放式问题是指调查表上没有拟定可选择的答案,而由被调查者根据自己的想法自由发表意见的问题类型。由于被调查者的回答不受约束,所以这种提问方式往往能提供更多的信息。

封闭式问题给出了备选答案,要求被调查者从中做出选择。显然,它所得到的结果比较容易解释和归类。具体的类型有:

(1)两项选择题 又称是非题,这类问题只设两个选项,要求被调查者回答"是"或"否","有"或"无"。例如:

您家有没有海尔电器?

有□　　　没有□

(2)多项选择题 多项选择题是对一个问题预先列出若干个答案,让被调查者从中选择一个或几个答案。这是各种调查表中采用最多的一种问题。例如:

您打算购买什么品牌的洗衣机?

海尔□　　小天鹅□　　金羚□　　荣事达□　　其他□

(3)排序题 这是在多项选择题的基础上,要求被调查者对询问的问题答案,按自己认为的重要程度和喜欢程度进行顺位排列。例如:

请你按购买电视机时考虑的主次顺序,以 1,2,3,4,5 为序填在下列□内。

品质□　　外观□　　品牌□　　价格□　　服务□

(4)程度评价题 即把问题的回答分成不同的程度供被调查者选择。例如:

实的回答,要协助解决可能发生的调查对象拒绝合作等问题;在进行实验调查时,要正确控制实验条件,保证获得的实验结果的客观性和可靠性。

采集到的数据资料必须经过科学的加工处理,才能做到去伪存真、去粗存精。数据资料的处理包括对调查资料的分类、综合与整理。如果采用电子计算机分析调查资料,还需将收集来的数据资料进行编码处理后输入计算机。数据资料加工处理中的关键是保证信息的精确性与完整性。如果在加工整理时发现数据资料不可靠,就需要利用不同的资料来源加以核实,剔除不可靠的部分。必要时,还要放弃已获得的数据资料,重新着手调研收集,以避免由于使用不可靠的数据资料而导致得出错误的结论。调研资料经过加工处理后,就可以对它进行分析,以获得调研结论。由于计算机技术的广泛应用,越来越多的企业借助数学分析方法对调研资料进行定量分析。利用先进的统计学方法和决策数学模型,辅之以经验分析与判断,可以较好地保证调查分析的科学性和正确性。目前市场上出现的一些商品化的电子计算机数据处理软件包,可供人们在调查分析中方便地处理信息量日益增多的市场营销调研资料。

(四)提出调研报告

在对调查资料分析处理的基础上,调研人员必须得出调研结论,并以调研报告的形式总结汇报调研结果。市场营销调研报告有两种常见的形式:一种是技术性报告,它着重报告市场调研的过程,其内容包括调研目的、调研方法、数据资料处理技术、主要调研资料摘录、调研结论,等等,主要供市场调研人员阅读;另一种是结论性报告,它着重报告市场调研的成果,提出调研人员的结论与建议,供营销决策主管人员参考。

第三节 市场需求的测量与预测

企业在市场营销过程中,有时会面临较多的市场机会,这就需要做出选择,确定自己的目标市场。在评价一个目标市场对企业是否具有吸引力时,两个最主要的标准是市场的规模(market size)和市场的增长(market growth)。因此,营销管理者需要对市场的规模及其未来的增长做出预测,以了解目标市场目前及未来一定时期内的规模,确定企业的销售潜力,从而制订企业的营销目标和营销计划,并据此分配企业的资源。

一、市场需求测量

进行市场需求测量之前,企业首先要确定自己研究的是哪一个市场。

(一)不同层次的市场

市场作为营销领域的范畴,是指某一产品的实际购买者和潜在购买者的总和。不同特征的市场包括潜在市场、有效市场、合格有效市场、目标市场和渗透市场,他们分别反映了购买者购买企业产品的不同程度的可能性和现实性。市场的规模是由某一特定产品的购买人数决定的。这些购买者具有兴趣、收入和市场进入这三方面的特性。

(1)潜在市场(potential market),指对某一特定产品具有某种程度兴趣的顾客群体。

(2)有效市场(available market),指对某一特定产品感兴趣、有足够的收入并可进入市场的顾客群体。

(3)合格有效市场,指对某一特定产品感兴趣、有足够的收入、可进入市场并有资格消你认为长虹电视的售后服务做得怎样？
很好□　　　好□　　　尚可□　　　不好□　　　很不好□

问题的措辞必须十分审慎。应使用简单、直接、无偏见的词句，避免使用含混不清、可做多种理解以及过于专业化的语句，以提高被调查者回答的准确性。

例如"你是否赞成让孩子喝昂贵的饮料？""昂贵的"带有偏见。"你的孩子在家里表现好吗？""表现"是相对笼统的概念。

问题的顺序安排应有逻辑性，要把较简明的、能引起被调查者兴趣的问题放在前面，把较难回答或私人性的问题放在后面，以免被调查者因产生厌烦情绪而中断回答。

仪器设备也是营销调研中常用的工具。例如，超市结账扫描器可以记录顾客购买情况，据此可以评价商品销量和商店业绩；刺激测量表可以测量人们对不同刺激物（例如广告或图像）的兴趣或情感反应；眼部摄像机则用来研究被调查者的眼部运动，据此可以确定人们的眼光首先注视什么，以及在不同项目上停留多少时间。

4. 抽样计划

在很多情况下，调研人员没有必要也不可能调查整个目标市场，因此需要从研究对象总体中抽取一部分单位构成样本进行调查，并用调查结果来推断总体。样本（sample）是从总体中选出并代表总体的，理想的样本能够代表并解释总体的情况，所以必须对样本进行认真的设计。在抽样计划中，样本设计需要确定三个问题：抽样范围、样本数目和抽样方法。

抽样范围是指抽取样本的总体构成。根据所研究问题的特性和要求，这个范围可以是划定的某一地理区域，也可以是具有某种特性的对象类型。不管是地理区域还是对象类型，都要求界定明确。

样本数目的确定对研究结果具有重要影响。一般来说，样本数目的大小与研究结果的准确性和调研费用支出成正相关关系。但是如果样本选择得当，较少量的样本也能提供可靠的答案。

抽样方法涉及怎样选择样本的问题。根据抽样规则的不同，抽样方法可分为概率抽样（probability sampling）和非概率抽样（non-probability sampling）两大类。

概率抽样是指按照随机性原则，从总体中抽取一定数目的单位作为样本进行观察，概率抽样使总体中每个单位都有一定的概率被选入样本，从而使根据样本所做出的结论对总体具有充分的代表性。概率抽样一般分为四种类型：简单随机抽样、分层随机抽样、等距随机抽样和分群随机抽样。

非概率抽样是从方便出发或根据研究者主观的判断来抽取样本。非概率抽样主要依赖研究者个人的经验和判断，它无法估计和控制抽样误差，无法用样本的定量资料来推断总体。但非概率抽样简单易行，尤其适用于做探测性研究。非概率抽样主要有四种：方便抽样、判断抽样、配额抽样和雪球抽样。

（三）实施调研计划

制订调研计划以后，下一步是将计划付诸实施。实施调研计划分为三个步骤：数据资料的收集、加工处理和分析。

在实施调研计划时，数据资料收集阶段往往是费用最高、也最容易出现错误的阶段，研究人员必须密切地监督调研现场的工作，防止调研中出现偏差，以确保调研计划的实施。比如，在进行询问调查时，要防止调研人员有意或无意地诱导调查对象做带倾向性的、费的顾客群体。

(4) 目标市场(target market),指企业决定要追求的那部分合格有效市场。

(5) 渗透市场(penetration market),指那些已经购买了企业某一特定产品的顾客群体。

例如,对企业销售的摩托车感兴趣的所有顾客构成潜在市场。其中有足够的收入买得起这个产品,并且能获得这个产品的顾客则是有效市场。由于政府禁止18岁以下未成年人驾驶摩托车,所以合格市场中18岁以上的成年人构成合格有效市场。如果企业偏向于吸引收入较高的青年人购买摩托车,则这部分青年人就成了目标市场。一旦企业售出一定数量的产品,购买这些产品的顾客就是渗透市场。把上述概念附上某些假定数字表现出来,如图4.2所示。

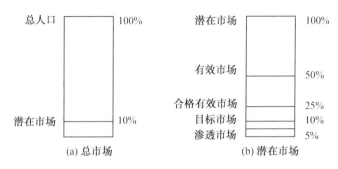

图4.2 市场的层次

上图说明潜在市场占总人口的10%,有效市场仅占潜在市场的50%,合格有效市场占潜在市场的25%。经过市场细分,企业选定合格有效市场的40%为目标市场,已经渗入的市场占目标市场的50%,即占潜在市场的5%。

关于市场的上述分解定义是营销计划工作中的有用工具。如果企业不满足现在的销售量,它可以考虑采取一系列措施来扩大销售。它可以努力使自己的目标市场吸引更大比例的购买者,也可以降低对潜在购买者的资格要求,还可以向其他目标市场扩张,或降低产品售价以扩大目标市场的规模。最后,企业还可以通过加强广告活动,将不感兴趣的消费者转变为有兴趣的消费者以扩大潜在市场的规模,许多成功的企业就是这样做的。

(二) 市场需求与企业需求

需求测量中的主要概念是市场需求和企业需求,与这两个概念相关,需要明确的还有需求函数、预测量和潜量。

1. 市场需求、市场预测量和市场潜量

一种产品的市场需求(market demand),是指一定的顾客群体在一定地理区域、一定时期、一定营销环境和一定营销努力下可能购买的该种产品总量。从这个定义来看,市场需求受到产品、总量、顾客、地域、时期、营销环境和营销活动等多种因素的影响,因而市场需求不是一个固定的数字,而是一个函数,称为市场需求函数或市场反应函数。假设产品、顾客、地域和时间这些因素已经确定,市场需求 Q 就可表示为营销环境 E 和营销活动(费用) M 的函数,即

$$Q = f(E, M) \tag{4.1}$$

在营销环境一定的情况下,市场需求量就只受营销费用的影响,即

$$Q = f(M) \tag{4.2}$$

通常情况是,企业即使不作任何营销努力,产品也会有一个基本的销售量,称为市场最

低量。当营销费用增加时,市场需求量也会增加,并且以先递增后递减的比率增加。在营销费用的增加超过一定水平后,就不能再进一步促进需求增长。因此,市场需求量有一个上限,称为市场潜量(market potential)。在市场最低量与市场潜量之间,与企业计划的一定营销费用水平相对应的市场需求量就是市场预测量(market forecast),如图4.3,4.4所示。

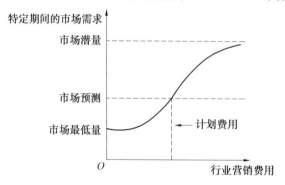

图4.3 市场需求与营销费用的关系

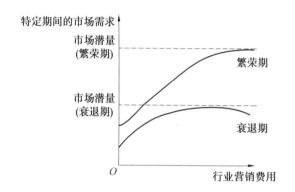

图4.4 市场营销环境对市场潜量的影响

市场最低量与市场潜量之间的距离表示需求的营销灵敏度,即表示行业市场营销对市场需求的影响力。市场有可扩张与不可扩张之分。可扩张的市场如服装市场、家用电器市场等,其需求规模受市场营销水平的影响很大。不可扩张的市场如食盐市场,几乎不受市场营销水平的影响,其需求不会因市场营销费用增加而大幅度增加。需要指出的是,市场需求函数并不反映市场需求与时间的关系,只表示当前各种营销努力与当前市场需求的关系。

对市场潜量而言,既定的环境是一个重要的限定条件。当环境因素发生变化时,市场需求函数也将发生变化。例如,对于某种产品来说,市场潜量在经济繁荣时期就比在萧条时期要高。这种关系可以用图4.4表示。企业一般无法改变市场需求曲线的位置,因为这是由市场营销环境决定的,企业只能根据自己计划的市场营销费用水平,确定市场预测在函数曲线上的位置。

2. 企业需求、企业预测量和企业潜量

企业需求(enterprise demand)是企业在市场需求中所占的份额。用公式表示为

$$Q_i = S_i Q \tag{4.3}$$

式中,Q_i 为企业 i 的需求;S_i 为企业 i 的市场份额;Q 为市场总需求。

与市场需求类似,企业需求也是一个函数,即企业需求函数或销售反映函数。该函数

由影响市场需求和企业市场份额的全部因素所决定。

通常认为影响企业市场份额的决定因素是营销努力,不同竞争者的市场份额与他们的营销努力成正比。用公式表示为

$$S_i = \frac{M_i}{\sum M_i} \tag{4.4}$$

式中,M_i 为企业 i 的营销努力;$\sum M_i$ 为全行业的营销努力。

如果考虑营销努力的效率,则式(4.4)应修正为

$$S_i = \frac{a_i M_i}{\sum a_i M_i} \tag{4.5}$$

式中,a_i 为企业 i 营销努力的效率;$a_i M_i$ 为企业 i 的有效营销努力。

企业预测(enterprise forecast)亦被称为企业销售预测,它是指企业在既定的营销环境中以其选定的营销计划所能达到的预期销售量。假定企业可做出不同水平的营销努力,企业就可得到不同水平的销售额预测值,以供企业管理者从中选择一个适当的水平。

人们往往颠倒了企业预测与企业营销计划之间的关系。常有人认为,企业应当在其销售预测的基础上制订营销计划。如果是对全国性的经济活动进行预测或者企业需求不再增长,这种从预测到计划的顺序是可行的。但是,如果市场需求可以扩展,或者是对企业销售进行预测,这样做就不妥了。企业销售预测并不是决定企业营销费用的基础,相反,销售预测是由拟定的营销费用计划决定的。

企业潜量(enterprise potential)是指企业的营销努力相对于竞争者不断增加时,企业需求所能达到的极限。如果企业能获得100%的市场份额,企业潜量就等于市场潜量,这意味着企业成为市场的独占者。在大多数情况下,企业潜量小于市场潜量,原因在于每一家竞争企业都会有一批忠实的购买者,他们对于其他企业促使其转向的努力没有明显的反映。

二、当前市场需求的测量

掌握当前市场需求及本企业的销售情况,是企业制订营销计划和开展业务活动不可缺少的前提。对企业的营销管理者来说,通常需要测量的是总市场潜量、地区市场潜量、行业销售额及市场占有率。

(一)总市场潜量

总市场潜量指一定时期内,一定环境条件和一定行业营销努力水平下,一个行业中所有企业可能达到的最大销售量。可用如下公式估计:

$$Q = nqp \tag{4.6}$$

式中,Q 为总市场潜量;n 为既定条件下特定产品的购买者人数;q 为每一购买者的平均购买数量;p 为单位产品的平均价格。

在公式(4.6)中,最难估计的是特定产品的购买者人数 n。在实际测量中,采用的方法是从总人口中剔除显然不会购买该产品的人数,将余下的人数作为潜在购买者数量来计算总市场潜量。

将上述公式变形可得到另一种估算市场潜量的方法,即连锁比率法。它实际上是以一个基数乘以几个修正率组成。假定一家饮料公司开发出一种新型营养果汁,估计其市场潜量时可用下式来进行估算:

新营养果汁饮料的需求量＝人口×人均可支配收入×可支配收入中用于购买食品的百分比×食品支出中用于饮料的平均百分比×饮料支出中用于营养果汁的平均百分比×营养果汁中用于该新型营养果汁预计百分比 (4.7)

(二) 地区市场潜量

企业面临的难题之一是选择最佳销售区域,并在每个销售区域中合理分配营销资源。因此,企业需要估计地区市场潜量。这里主要有两种方法可供选择:一种是适用于工业品市场的市场组合法,另一种是适用于消费品市场的多因素指数法。

1. 市场组合法(market-buildup method)

要求识别每一个市场上的所有潜在顾客并估计每个潜在顾客的购买量,然后计算得出地区市场潜量。如果企业能列出全部潜在购买者的名单,并能准确估计每个买主将要购买的数量,则此法无疑是简单而又准确的。问题是获得所需要的资料难度较大,花费也较大。目前我们可以利用的资料,主要有全国或地方的各类统计资料、行业年鉴、工商企业名录等。

2. 多因素指数法(market-factor index method)

多因素指数法也称为购买力指数法,指借助与区域购买力有关的各种指数来估算其市场潜量。例如,药品制造商假定药品市场与人口直接相关,某地区人口占全国人口的2%,则该地区的药品市场潜量也占全国市场的2%。但上例仅包含一个人口因素,而现实中影响需求的因素甚多,且各因素影响程度不同。因此,通常采用多因素指数法。其具体做法是:先识别影响消费品市场潜量的因素,然后分别给各因素一定权数,最后求出总和。计算一个地区的市场潜量常用美国《销售与营销管理》杂志上公布的购买力指数的计算方法,其公式为

$$B_i = 0.5y_i + 0.3r_i + 0.2p_i \quad (4.8)$$

式中,B_i为地区i的购买力占全国总购买力的百分比;y_i为地区i的个人可支配收入占全国的百分比;r_i为地区i的水平零售额占全国的百分比;p_i为地区i的人口占全国的百分比;0.5,0.3,0.2是三个因素的权数,表明该因素对购买力的影响程度。

购买力指数计算中所使用的权数具有一定的局限性,它们对廉价商品和高档商品是不适用的。如果要使估算更为准确,则还需要指定一些其他权数。此外,企业还应该为一些额外因素而调整市场潜量,如市场上竞争者的出现、地区促销费用、季节因素和地区市场特征等。

(三) 行业销售额和市场占有率

企业为识别竞争对手并估计它们的销售额,同时正确估量自己的市场地位,以利在竞争中知己知彼,正确制定营销战略,有必要了解全行业的销售额和本企业的市场占有率状况。

企业一般是通过国家统计部门公布的统计数字,新闻媒介公布的数字,也可通过行业主管部门或行业协会所收集和公布的数字,了解全行业的销售额。通过对比分析,可计算本企业的市场占有率,还可将本企业市场占有率与主要竞争对手比较计算相对市场占有率。例如,全行业和主要竞争对手的增长率为8%,本企业增长率为6%,则表明企业在行业中的地位已被削弱。

三、未来市场需求的预测

科学的营销决策,不仅要以市场营销调研为出发点,而且要以市场需求预测为依据。市场需求预测是在营销调研的基础上,运用科学的理论和方法,对未来一定时期的市场需求量及影响需求的诸多因素进行分析研究,寻找市场需求发展变化的规律,为营销管理人员提供未来市场需求的预测性信息,作为营销决策的依据。

(一)需求预测的步骤

除了一些需求绝对水平和发展趋势相对稳定的行业,以及不存在竞争关系(如公用事业)和处于完全垄断的市场,预测其产品的未来需求较容易外,在大多数产品市场上,总需求和企业需求都相当不稳定。因此,对未来需求的预测是否准确,就成为企业经营成败的一个关键。预测不准可能造成存货积压或脱销,或被迫降价销售,从而使企业蒙受重大损失。实际上,需求变化越大的产品,对预测准确性的要求也越高。

为了使预测结果准确可靠,市场需求预测必须有计划、有步骤地进行。市场需求预测一般包括确定预测目标、调查收集资料、选定预测方法、分析修订预测结果四个步骤。

1. 确定预测目标

进行市场需求预测,首先应当确定主题和项目,规定预测的具体目标,限定完成预测的时间,并提出预测结果的精确度要求。预测目标不同,使得需要的数据资料、预测模型和方法、预测值的精度要求也不一样。只有明确预测目标,才能根据目标要求制定预测工作计划和费用预算,组织力量实施预测。

2. 调查收集资料

任何预测都必须从已占有的资料出发,因此,调查收集资料是市场需求预测的基础。预测所需资料必须力求完备、准确、实用。数据资料的质量决定着预测的质量。在预测之前,必须对已有的资料进行筛选核实。对于那些不易直接取得的数据,有时可以通过换算间接地求得。

3. 选定预测方法

除了资料的可靠性之外,选用的预测方法和预测模型是否科学合理,也极大地影响着市场需求预测的准确性。应当根据预测的目标、资料的占有情况、预测值精确度的要求以及费用条件,选择合适的预测方法和预测模型。

4. 分析修订预测结果

市场需求预测是为市场营销决策服务的,它是对市场未来的不确定情况进行事先的预计和推测。由于人们对客观事物认识的局限性,预测的结果不可能与市场未来的发展完全吻合,即存在着预测误差。在一般情况下,如果能将预测误差控制在一定的范围之内,预测结果是可以接受的;如果预测误差太大,预测就失去了意义。因此,必须对预测的结果进行分析评价,找出预测中的误差及其产生原因,以便进一步修订调整预测值,将其误差控制在允许的范围之内。

(二)需求预测的方法

需求预测按其性质分为定性预测和定量预测。定性预测又称判断预测,它是在调查研究的基础上,由预测者依靠个人经验与分析综合能力对未来市场需求的发展趋势做出的直观判断,常用的有顾客意见调查法、推销人员意见综合法、经理人员评判法以及专家意见综合法。定量预测又称统计预测,它是借助于经济理论和数理统计分析模型对未来需求变化方向和幅度做出推算,常用的有时间序列预测法和因果关系分析法。

1. 购买者意向调查法

购买者意向调查法,是直接询问购买者的购买意向和意见,以预测未来销售情况的方法。如果购买者已经有了明确的购买意向,而且他们乐于披露自己的意向时,这种方法特别有效。但是,潜在购买者数量很多,难以逐个调查,故此法多用于耐用消费品、工业生产资料、按计划采购的商品以及新产品的销售预测。同时,购买者意向会随时间转移,故适宜作短期预测。借助购买者意向调查,企业不仅可以估计未来市场的销售量,还有助于促进企业与顾客的关系,改善企业在公众中的形象。调查购买者意向的具体方法比较多,如直接访问、电话调查、邮寄调查、组织消费者座谈会等。

2. 推销人员意见综合法

在无法对购买者进行询问的情况下,企业可要求它的推销人员对未来需求做出估计。推销人员意见综合法是由企业的推销人员分别预测未来一定时期内各自负责的地区或项目的市场需求量,然后由企业主管人员加以综合,经检查修正后做出预测的方法。由于推销人员处于销售第一线,比较熟悉顾客的需求和市场的动向,他们做出的估计有一定的可靠性。并且,让推销人员参与需求预测,还能够增强他们完成推销定额的信心。

但是,推销人员意见综合法也有较多的局限性。例如,推销人员天性乐观或悲观,会缩小或夸大未来的产品销售;由于近期的成功或挫折,使他们的推测可能走极端;由于所处地位的局限性,他们通常意识不到宏观经济形势的发展以及企业总体营销计划对未来市场销售的影响。为促使企业制定较低的销售定额,个别人也许会有意地对未来的销售作过于保守的估计。所以企业管理者要帮助和鼓励销售人员做出较为准确的估计,要注意识别各种预测偏差并做出修正。

3. 专家意见综合法

专家意见综合法是由有关专家集体对市场做出预测的方法。这些专家包括经销商、供应商、营销咨询机构及行业协会工作人员等。例如,汽车制造企业可定期要求它的经销商们对汽车市场的短期需求做出预测。采用专家意见综合法进行预测可以有三种不同的形式。

(1)专家个人估计汇总法。由各类专家分别提出自己的预测意见,然后由项目负责人将各种意见综合后形成一个统一的预测意见。这种形式通常用于小范围的需求预测,且要求专家是对所预测的需求问题有一定研究或较熟悉的人。

(2)专家小组会议法。邀请有关专家组成一个专门小组,召开会议,就某项需求预测互相交换意见,最后形成一个集体性的预测。该方法便于专家相互交流,全面考虑影响需求变化的各种因素,做出较准确的预测结果。但要注意避免个别权威人士对会议的控制,从而影响其他人正确意见的表达。

(3)德尔菲法。它是专家小组会议法的一种发展。具体做法是选择若干名专家(10~50人),以匿名和反复进行的方式轮番征询专家的意见,组织者对每一轮意见进行汇总整理,作为参考资料再分发给每个专家,供他们分析判断并提出新的预测意见。如此反复多次,直到形成一个被大家认可的预测结果。这种方法的最大优点是既借助了权威人士,又可避免专家会议的缺点。

4. 市场试验法

在购买者没有明确的购买计划或购买意向变化不定,并且销售人员和专家的意见也不十分可靠,就有必要进行市场试验,即把产品和营销方案在尽量符合市场实际的条件下进行销售试验,以观察市场反应,判断未来市场可能的销售趋势。在预测某种新产品的未来销售情况,以及现有产品在某一新市场或通过某种新渠道销售的前景时,市场试验法可取得较满意的效果。

5. 时间序列分析法

时间序列是指同一经济现象或特征值按时间先后顺序排列而形成的数列。例如,按年度顺序排列的历年销售量,就是一组时间序列。时间序列分析法就是运用数理统计学的方法找到某一时间序列发展变化的规律,并使其向外延伸,预测市场未来的发展趋势。其主要特点是把预测变量看作是时间的函数,假定未来一定时期内影响预测变量(如市场需求量)的各种因素不变。

一般说来,某产品销售量的时间序列(Y)通常由四个主要因素组成:

第一个因素是趋势(T),它是人口、资本积累和科学技术发展的结果。历年销售量的发展趋势表现为一条直线或曲线。

第二个因素是循环波动(C),表现为销售量的周期性起伏。销售量的周期性循环波动主要是受宏观经济周期波动影响的结果。在进行中长期预测时,周期性的循环波动是一个值得特别注意的因素。

第三个因素是季节波动(S),它反映了一年中销售波动的固有模式。季节波动并不仅仅表现为分季度的变化,它还可以指任何按月、星期、天甚至小时等重复出现的规律性变动。季节波动可能由气候、节假日、商业习惯等因素引起,它是短期预测中最不容忽略的因素之一。

第四个因素为偶然事件(E),如各种天灾人祸、流行时尚等不稳定因素的干扰。这些因素一般无法预测,根据历史资料进行销售预测时,应剔除这些偶然因素的影响。

在时间序列预测中,先把销售量的时间序列分解为发展趋势、循环波动、季节波动和偶然事件四个因素,然后再把这些因素重新结合在一起,用以预测未来的销售量。这些因素可组成加法模型:

$$Y = T + C + S + E \tag{4.9}$$

也可构成乘法模型:

$$Y = T \times C \times S \times E \tag{4.10}$$

在实际预测中,乘法模型应用比较普遍。

例如,某企业今年的销售额为 10 000 万元,已知长期经济增长率为 4%,则可估计明年销售额为 10 000×(1+0.04)= 10 400(万元)。但是,由于经济循环因素的影响,下一年度经济可能紧缩 5%,影响的销售额结果为 10 400×(1−0.05)= 9 880(万元)。这样,下一年度平均每月销售额为 9 880÷12=823.3(万元)。由于季节波动的影响,12 月份的销售额通常高于平均水平,其季节指数为 1.45。因此,下一年度 12 月份的销售额可能为 823.3×1.45 = 1 193.8(万元)。预计未来一定时期内出现偶然事件的可能性极低,可以忽略不计,则下一年度 12 月份的销售额预测值即为 1 193.8 万元。

上面的例子是以本年度销售额为基础预测下一年度的销售额。如果根据一年以上的时间序列进行预测,具体的预测方法有简单平均法、加权平均法、移动平均法、指数平滑法和季节指数法等。

6. 统计需求分析法

时间序列分析将过去及未来的销售变动都看做是时间的函数,而不是真正影响需求变化诸因素的函数。实际上,有许多因素在不同程度上影响产品的销售,这些因素主要有价格、收入、人口和促销活动等。需求统计分析就是在掌握历史资料的基础上,通过一系列统计分析,发现影响未来市场需求量的客观因素及其影响的数量关系,进而对未来一定时期的市场需求量做出预测。

统计需求分析法将需求量(Q)看做一个因变量,然后设法将它分解为若干独立变量的函数,即

$$Q = f(X_1, X_2, \cdots, X_n) \tag{4.11}$$

运用一元或多元回归分析的方法,将数据资料代入合适的方程式,就可以求得较理想的预测值。

【本章小结】

本章主要讲述了三方面的内容:市场营销信息系统、市场营销调查和市场营销预测。

市场营销信息系统是企业开展市场营销活动的基础,通过市场调查和市场预测,经过市场分析得到市场需求的准确信息,为后面的营销工作提供信息服务和营销支持。

市场营销调研是针对企业特定的营销问题,运用科学的研究方法,有组织、有计划、系统而客观地收集、整理和分析研究有关市场营销方面的信息,为营销管理者制定、评估和改进营销决策提供依据。市场营销调研的内容非常广泛,涉及企业市场营销活动过程的各个方面,大体有以下几方面的内容:市场营销环境调研、市场需求及供应情况的调研、市场营销组合情况的调研、市场竞争调研。市场营销调研可根据不同的标准,划分为不同的类型。如按调研的方法可分为定性调研和定量调研;按调研的目的与性质,可以分为探测性调研、描述性调研、因果性调研和预测性调研;根据调研的对象和特征不同,还可将其分为普查、典型调研、重点调研和抽样调研。营销调研可以由企业自己的调研部门来进行,也可以借助其他专业的调研机构。不论是自己完成还是委托他人完成,营销调研都要遵循一定的程序。市场营销调研一般可分为确定调研的主题和目标、制订调研计划、实施调研计划、提出调研报告四个阶段。

【基本概念】

营销信息系统　市场需求　市场调查　市场预测

【实训(练习)题】

1. 在学校内部自己确定一个调研项目,5 人一组做市场调查,并对该市场进行分析和预测。

2. 以个人熟悉的领域或产品为对象,做一份调研提纲并给出市场预测方法。

第五章 消费者市场与购买行为

【学习目标】

1. 熟悉消费者市场及其特点;
2. 了解消费者购买对象;
3. 掌握消费者购买行为及类型;
4. 熟悉影响消费者购买行为的因素;
5. 了解消费者购买的决策过程;
6. 能够针对特定的营销对象分析其购买行为。

【引例】

新兵保险

保险推销员亨曼先生被派到美国新兵培训中心推广军人保险。听他演讲的新兵100%都自愿购买了保险,从来没人能达到这么高的成功率。培训主任想知道他的推销之道,于是悄悄来到课堂,听他对新兵讲些什么。

"小伙子们,我要向你们解释军人保险带来的保障。"亨曼说,"假如发生战争,你不幸阵亡了,而你生前买了军人保险的话,政府将会给你的家属赔偿20万美元。但如果你没有买保险,政府只会支付6 000美元的抚恤金……"

"这有什么用,多少钱都换不回我的命。"下面有一个新兵沮丧地说。

"你错了,"亨曼和颜悦色地说,"想想看,一旦发生战争,政府会先派哪一种士兵上战场?买了保险的还是没有买保险的?"

于是新兵纷纷购买保险。

这个案例说明了什么?

(来源于捧腹网)

消费者是社会商品的最终购买者,他们从根本上影响着企业的生存和发展。他们的购买行为,不仅影响着企业的产品构成和价格的制定,而且还影响到销售渠道和促销方式的选择,制约着企业的一切营销活动。因此,企业必须认真研究消费者的市场需求、购买动机和购买行为,以便发现新的市场机会,占领更大的市场,促进企业的发展。

第一节 消费者市场

消费者市场是消费品生产经营企业市场营销活动的出发点和归宿点,也最终决定着工业品经营企业的市场需求水平。因而,研究消费者市场的特点、影响消费者购买行为的主要因素及其购买决策过程,对于开展有效的市场营销活动至关重要。

一、消费者市场的含义和特点

(一) 消费者市场的含义与分类

消费者市场,又称消费品市场或最终产品市场。它是指个人或家庭为满足自身的生活消费而购买商品与服务的市场。它是市场体系的基础。它的存在与发展,不仅直接影响人民群众的生活,而且制约着生产者市场、转卖者市场及政府市场的发展。因此,消费者市场是现代市场营销理论研究的主要对象。成功的市场营销者是那些能够有效开发对消费者有价值的产品,并运用富有吸引力和说服力的方法将产品有效地呈现给消费者的企业与个人。

消费者市场可从不同的角度进行分类。按消费品的性质与最终用途划分,可以分为工业品消费者市场、农产品消费者市场及旅游娱乐消费者市场,或分为耐用消费品市场与一般消费品市场,或分为日用消费品市场、选购消费品市场与特殊消费品市场;按消费者的不同情况划分,可分为老年、中年、青年、少年儿童市场,男性、女性市场,高、中低收入者市场等。消费者市场的正确分类,有利于市场营销人员深入分析消费者行为,有效地开展市场营销活动。

(二) 消费者市场的特点

1. 分散性

从交易的规模和方式看,消费者市场购买者众多,市场分散,成交次数频繁,但交易数量零星,绝大部分产品和服务都通过中间商销售,以方便消费者购买。因此,面向消费者市场的企业应特别注意分销渠道的选择、设计及管理。

2. 多样性

由于消费者在地理位置、民族传统、宗教信仰、文化水平、兴趣爱好、生活习惯、年龄性别、职业特点等方面存在着不同程度的差异,因而对产品和服务的需求无论从对象本身还是满足方式上都是不一致的,从而决定了消费者市场的多样性。认识消费者市场的多样性,企业应该注意开发在品种、规格、质量、色彩、式样、包装等方面千差万别的商品,以满足消费者不同的市场需求。

3. 层次性

消费者的市场需求,是受其货币支付能力和其他条件制约的。在各类条件一定的情况下,他们对各类消费资料的需求有缓有急,有弱有强,呈现出层次性。当低层次的基本生活需要满足以后,就会产生高层次的发展和享受的要求。虽然每一个消费者的需求在一定时期只处在一个层次上,但就全社会来说,则会同时存在着高、中、低档不同层次的需求。

4. 伸缩性

消费者市场的需求量,是由多种因素决定的。从外因来说,包括商品供应数量的多少、价格的高低、广告宣传的程度、销售服务的优劣等;内因则包括消费者取得该商品或服务的迫切性和自己的货币支付能力。因此,只要上述因素发生了变化,就会引起消费者市场需求的相应改变。这种改变既可能变多,也可能变少,从而表现出市场的伸缩性。消费者市场的伸缩性,在不同的产品上也不相同。一般说来,生活必需品的伸缩性小一些,而非生活必需品,尤其是高档消费品的伸缩性大一些。

5. 非专业性

从购买行为上看,消费者的购买行为具有很大程度的可诱导性。这是由于绝大多数消费者在商品购买上缺乏专门知识。在购买时要经历一个了解情况的过程,只要某种产品宣传得多,知名度高,即使质量与其他商品相同也会有人争购,这就决定了消费者市场的可诱导性。掌握消费者市场的这一特点,企业可以通过广告传播信息,帮助消费者学习、认识商品,引导消费者的需求欲望发生变化和转移,创造新的消费流行,并通过诱导,使消费者的消费向健康的方向发展。

【延伸阅读】

散户为什么亏损

中小投资者们(散户)有个最大的特点:赚钱的时候他们赚得不多,而亏钱的时候他们却能亏很多。他们对大的趋势视而不见,反而对那些日常扰动(噪音)非常感兴趣,总是想着预测明天后天股市会如何走势。

在中国中小投资者又被称之为"散户",然而散户向来是"形散而神不散",因为他们虽然人数众多,但思考问题的方式却非常类似,乐观的时候大家都无比的乐观,悲观的时候大家又无比的悲观。大盘一涨,就认为要破八千点,大盘一跌就认为要跌回两千点。

曾有研究指出,散户们在股价最高的时候,他们的净卖出很低;而在股价最低的时候,他们的净买入很低。言下之意就是,很多人在做"低抛高吸"的事情,而不是低价买入,高价卖出。情况为什么会这样呢?

据统计,散户最勤奋,亏损却最多。股市当中,盈利的股民不到6%,17人当中只有一个人少量盈利,85.7%的人亏损,难怪一些著名财经评论家说,股市不如赌场,赚钱的概率比赌场都要低,而且股市亏损的绝大多数都是散户。

(来源:杨欣 广州日报 2012-04-23,搜狐财经 2015-05-04)

6. 流行性

在一定的社会经济条件下,消费者对商品和服务的需求会产生一种"热潮"现象,即人们把购买某种式样、色彩、质量的产品或取得某种服务作为时尚,竞相购买,从而出现了消费流行。一段时间过后,这种商品或服务可能就不时兴了,而由另一种时兴的商品或服务所取代。例如,某种款式的服装流行,某种电子信息产品的流行,就是消费需求流行的例证。某种消费品在流行期间,其需求量大增;一旦过了流行期,尽管质量高,价格便宜也很少有人问津。因此,企业应十分注意消费需求的流行,重视广告宣传和培养商品购买带头人,以便成功地创造消费流行,有力地领导消费流行,扩大消费者市场的需求量。

7. 情感性

消费品有千千万万,消费者对所购的商品大多缺乏专门的甚至是必要的知识,对质量、性能、使用、维修、保管、价格乃至市场行情都不太了解,只能根据个人好恶和感觉进行购买,多属非专家购买,受情感因素影响大,受企业广告宣传和促销活动的影响大。消费者一旦对某种商品建立了感情,甚至会终生购买这种商品。因此,企业应通过提供质优价廉的产品、完善的售后服务、良好的品牌形象等,与消费者进行感情沟通,建立良好的客户关系,使消费者成为企业的忠实顾客。

除上述特点外,消费者的市场还具有便捷性的特点,即要求购买、使用、取得和服务方便;季节性的特点,即在需要季节才产生需求;连带性特点,即对连带使用的产品产生连带需求;替代性特点,即用途相近的产品可相互替代;地域性特点,即不同的地区有不同的需求,等等。企业应认真研究和掌握这些特点,并以此作为市场营销决策的依据,更好地满足消费者需求,扩大商品销售量,提高经济效益。

二、消费者购买行为模式

(一)消费者购买行为的含义

消费者的购买行为,是指消费者为满足自身生活消费需要,在一定的购买动机驱使下,所进行的购买消费品或消费服务的活动过程。消费者千差万别的购买行为,是以其千姿百态的心理活动作为基础的。消费者的心理活动,主要指消费者消费需求的产生与变化、购买动机的形成、购买决策的确定的思考过程。消费者购买行为是消费者心理活动的外在表现,是消费活动中具有决定意义的重要环节。研究消费者购买行为是极其困难而又有意义的事情。心理学与营销学专家为此做出了努力,他们在研究中归纳出以下七个主要问题:

(1)消费者市场由谁构成?(Who)
(2)消费者市场购买什么?(What)
(3)消费者市场为什么购买?(Why)
(4)消费者市场谁参与购买?(Who)
(5)消费者市场如何购买?(How)
(6)消费者市场何时购买?(When)
(7)消费者市场何地购买?(Where)

心理学与营销专家们提出的这"6W"与"1H"的研究内容,又可概括为购买者(occupants)、购买对象(objects)、购买目的(objetives)、购买组织(organizations)、购买方式(operations)、购买时间(occasions)、购买地点(outlets)的"7O"研究内容。营销人员在制定针对消费者市场的营销组合之前,必须采用正确的研究方法,全面把握研究内容,深入研究消费者购买行为,才能有效开展营销活动。

(二)刺激—反应购买模式

现代市场营销中,面对纷繁复杂的社会经济生活,虽然不同的消费者之间的购买目的、对象、方式、时间、地点各不相同,但仍然有着某种共同的带规律性的东西。营销学与心理学专家在深入研究的基础上,揭示了消费者行为中的共性或规律性,提出了消费者购买行为的标准模式,称之为刺激—反应购买模式,如图5.1所示。

从图5.1中可以看出,影响消费者购买决策过程的外部刺激因素有两大方面:一是企业市场营销制度,如产品、价格、渠道、促销等,这是企业精心策划的对购买者外部环境的刺激,既包括本企业的刺激,也包括其他企业的刺激,如本企业产品增加新功能、新式样,改变外观特色及包装形式,降价或提价促销等,均可视为对购买者行为的刺激;二是其他外部环境的刺激,包括企业不可控制的经济、政治、文化、科技等宏观环境的刺激。所有这些刺激进入购买者"暗箱"后,经过一系列的心理活动,产生了人们看得见的购买反应。消费者一旦决定购买,其反应便通过其购买决策过程表现在购买者购买选择上,如产品选择、品牌选择、经销商选择、购买时机与购买数量选择等。营销人员的任务就是要了解处于刺激与反应之间的购买者"暗箱"中所发生的内容,以使企业的各种营销刺激具有合理性与有效性。

购买外部刺激		购买者暗箱		购买者反应
营销刺激	环境刺激	购买者特征	购买者决策过程	产品选择
产品	经济的			品牌选择
价格	技术的	文化	认识需要	经销商选择
渠道	政治的	社会	收集信息	购买时机选择
促销	文化的	个人	选择评价	购买地点选择
		心理	决定购买	拒绝购买
……			购后感受	犹豫观望

图 5.1 消费者购买行为模式

这一"暗箱"由购买者特性与购买者决策过程的多因素,特别是心理活动因素所组成。尽管其主要内容具有隐蔽性与不可捉摸性,但营销人员仍然可以从各种各样的营销刺激对购买者行为所产生的反应中,推断出"暗箱"中的部分内容。

第二节 影响消费者购买行为的因素

消费者处于一个社会大环境之中,其购买行为是由各种因素决定的,这些因素的任何变动,都会对消费者的市场需求产生不同的影响,进而影响到消费者的购买行为。作为营销管理者,必须深入研究影响消费者购买行为的各种因素,以便在这些因素发生变化时企业的营销能做出相应的调整。

影响消费者购买行为的因素很多,有文化、社会、个人、风俗习惯及心理因素等。

一、文化因素

文化是指人类从生活实践中建立起来的价值观、道德、理想和其他有意义的象征的综合体。文化是人类欲望和行为最根本的决定因素。与低级动物受本能的控制相反,人类行为大部分靠学习获得。在社会中成长着的儿童借助于家庭和其他主要机构,在社会化的过程中学到了一套基本的价值观,知觉、偏好和行为方式。例如,在美国社会中长大的儿童和在中国社会长大的儿童,其价值观明显不一样。美国儿童较外向,较注重个人成就;中国儿童可能更内向,更注重社会性,这就是两国文化不同的结果。

【延伸阅读】

郑秉文:"以房养老"的最大障碍是传统文化

保监会近日公布了《中国保监会关于开展老年人住房反向抵押养老保险试点的指导意见》,北京、上海、广州、武汉将从 7 月 1 日起开始为期两年的试点。分析认为,"以房养老"作为一项新生事物,对完善我国养老体系可起到有益补充作用。不过,从指导意见公布至今,舆论的反应普遍并不积极:保险企业大都观望、超六成网友"不愿接受"、部分专家"唱衰",等等。

"以房养老"缘何在我国还未施行就已遇冷?如何让这个新事物更值得信赖?推广"以房养老",政府是在逃避养老责任吗?该如何看待国外施行"以房养老"的经验和教训?保监会给了四座城市两年的试点期,两年之内会是怎样的情况?

郑秉文说:目前最大的障碍,在于文化传统和思想观念。在这个方面,我们与西方相比,差别非常大。

我们的文化传统是什么呢?首先,中国人喜欢讲遗赠、讲家族,这个观念非常传统且明显,尤其是房产,这是最大的遗赠,是家族香火传递的一个载体;其次是,国人的父爱主义也远远比西方更明显,我们常讲"福荫子孙",能把房产传给下一代就是最大的父爱主义的表现;再次是我们传统的消费行为习惯,讲节俭、讲奉献,以房养老在一部分国人眼里显然太"奢侈"了;最后,中国人的孝道文化与以房养老也存在一些冲突,儒家文化讲究在家里养老,四世同堂最好。

美国西雅图一个非常著名的机构养老典范:佳木岭养老社区(Timber Ridge),参观之后最大的感触就是这个项目在中国很难做到这么好,因为文化传统和消费习惯存在巨大差别:与它同在一个山坡上不到一公里的地方,就有一个别墅小区,是商品房,平均一栋的售价是70万美元左右;而要进佳木岭养老社区,押金钱大约也是70万美元,重要的是,每个月老两口还要交月费4 500美元。这要在国内肯定就觉得不合适,划不来,与其这样,还不如直接在旁边买一个别墅。就是说,都是70万美元,几乎所有中国人都会毫不犹豫地拿着这笔钱去选择购买别墅,而绝不可能有人拿着它做押金去住佳木岭。

看了这个项目,我们几乎都认为,文化传统和思想观念这个"软环境"太重要了,它是养老方式的决定性因素,是养老消费行为的决定性因素,是以房养老的前途的决定性因素。除此之外,才是"70年有限产权"、资本市场的波动、房地产市场波动等"硬环境"的问题。

(来源2014年06月29日人民网(节选))

任何人都在一定的社会文化环境中学习和生活,他们认识事物的方式、观念及购买方式都会区别于不同的社会文化环境中的人们。现代社会的人们购买计算机,是因为现代的人们成长于一个高度技术化的社会,在现代社会中计算机是人们生活的必须,并成为人们价值观和消费体系的有机组成部分。换一种文化环境,如一个远离现代文明的土著部落,计算机就毫无价值可言,它仅仅被看成一件奇特的金属玩意,不会有一个买主。

1. 亚文化

每一文化都包含着较小的亚文化群体,这些群体能为其成员提供更为具体的认同感和社会化。亚文化群体共有四种类型。一是民族亚文化群。每个国家都存在不同的民族,每个民族都在漫长的历史发展过程中形成了独特的文化传统与风俗习惯及道德规范。二是宗教亚文化群。不同的国家存在不同的宗教。同一国家也往往同时存在互有区别的宗教。不同的宗教具有不同的教规或戒律,导致其信仰、习俗、禁忌与价值观各不相同,进而导致购买行为的差异。三是地理亚文化群。世界上处于不同地理位置的各个国家,同一国家内处于不同地理位置的各个省份和市县都有着不同的文化与生活习惯。四是种族亚文化群。一个国家可能有不同的种族,不同的种族有不同的文化传统与生活习惯。如白种人、黑种人、黄种人的文化差异较大,其购买行为也有较大差异。

2. 社会阶层

社会阶层是指社会成员按一定层次排列的较同质且特点不变的群体。一个社会阶层是由职业、收入、财产、教育等综合因素决定的。每一阶层的成员具有类似的价值观、兴趣和行为,同一阶层的人具有相类似的购买行为,不同阶层的人由于价值观、欲望目标、行为方式的不同,他们在消费取向、品牌偏好、产品选择等购买行为上有较大的区别。美国社会学家把美国社会阶层划分为七种,发现各社会阶层在诸如服装、家具、娱乐活动和汽车等领域显示出不同的产品和品牌偏好。一些营销人员只注意某一种社会阶层,如美国的四季饭店在上曼哈顿区只接待上等阶层的消费者,而下曼哈顿的乔斯饭店只接待低阶层的消费者。在新闻媒介的偏好上,各阶层也各不相同,高阶层消费者比低阶层消费者更喜欢报纸杂志。即使在同一种媒介中,每一阶层的偏好也截然不同,高阶层消费者喜欢时事评论和戏剧,而低阶层消费者则热衷于肥皂剧和猜谜游戏。此外各阶层也存在着语言差异。为了迎合各阶层消费者,广告制作商不得不为商业性电视广告制作各种不同的文稿和对话。

二、社会因素

(一) 相关群体

相关群体是影响消费者购买行为并与之相互作用的群体。一般分为三种类型:一是主要群体,即相对稳定地在一起工作、学习、生活的人形成的群体,例如,在同一个学校上学的同学,同一个工厂、商店、机关、学校等单位工作的同事,同一个部队的战友,同住一个居民区的邻居等。由于这些群体同消费者发生密切的面对面的关系,因而对其购买行为产生着直接影响。二是次要群体,即那些有共同的业务要求但接触较少的群体,如各种专业协会、学会、联谊会等。消费者虽然属于这些组织的成员,但由于接触的次数较少,只能对消费者的购买行为产生间接影响。三是具有共同志趣的群体,如电影明星、体育明星的崇拜者和追随者。这些人虽然没有正式的交往关系,但在某些方面对消费者的购买行为影响较大。

人们总希望自己富有个性和与众不同,然而群体的影响又无处不在。不管是否愿意承认,每个人都有与各种群体保持一致的倾向。相关群体对消费者的影响,通常表现为三种形式,即行为规范上的影响、信息方面的影响、价值表现上的影响。

(二) 家庭

家庭是社会组织的一个基本单位,对消费者的购买行为具有重要的影响。一个人在其一生中一般要经历两个家庭:第一个是父母的家庭,即从出生到父母养育长大成人的家庭;第二个是指一个人婚后所组成的家庭。当消费者做出购买决策时,必然要受到这两个家庭的影响。一般说来,家庭决策大致可分为多种类型:一是各自做主型。家庭无权威中心或较为民主,各成员可自主做出购买决策。二是丈夫支配型。家庭以丈夫为权威中心,家庭购买以丈夫为主决策,其他成员参与决策。三是妻子支配型。家庭以妻子为权威中心,家庭购买以妻子为主决策,其他成员参与决策。四是民主型。家庭购买由全家所有成员共同商量决策。五是家庭内部分工型。一般来说,日用生活消费品由妻子做主购买,贵重消费品由夫妻共同商量做出购买决策。据美国学者研究认为:汽车、电视机、人寿保险的购买,以丈夫决策为主;洗衣机、地毯、衣饰、餐具等商品的购买,以妻子决策为主;住宅、家具、度假和户外娱乐,夫妻双方共同决定。

【延伸阅读】

80 后家庭流行 AA 制

去年刚结婚的张先生生于 1980 年,他大学一毕业就找了份薪酬很不错的工作,高收入使他养成了消费大手大脚的习惯,他的妻子也是从小娇生惯养的独生女,为追求安逸生活,家务活基本都是请"钟点工"来做。三餐几乎在外面解决,两人每月的工资基本花光。特别的是,他们在家庭开支方面采取的是"AA 制"。"我感觉这样挺好,谁都不欠谁的。"张先生这样评价"AA 制",他已经打算着将这样的消费制进行到底。众多"80 后"的年轻人和他们不谋而合。AA 制的简单实用、公平合理颇受这群人欢迎。

如今"2+4"的婚姻模式已经成为众多"80 后"年轻人的范本,即 2 位独生子女共同赡养 4 位老人。按理说,负担重了受到的压力可想而知,他们婚后与长辈的关系颇为微妙,传统意义上的"婆媳""翁婿"关系已经不能适用,更像是和谐的朋友关系。

心理咨询师说,作为市场经济环境中长大的一代人,"80 后"更敢于挑战权威和传统理念。作为独生子女,他们所接受的良好的文化背景和经济基础,促成了他们婚姻状况更加民主,给传统生存方式和价值观念造成了强烈的冲击。

AA 制必备的条件:

收入相差不大。否则"AA 制"之后,双方实际生活质量相差较大,长此以往,弱势一方必定会心理失衡,导致家庭内部出现矛盾,有违实行"AA 制"的初衷。

教育程度持平。双方思想都比较开放,妻子具有相当的独立意识,不愿意成为依附丈夫的花瓶。丈夫反对大男子主义,对妻子的独立意识不但理解,而且欣赏。

具有合作意识。虽说表面上夫妻双方各负其责,但遇到重大投资决定时,还需要双方共同协商解决。

暂时没有孩子。凡是涉及孩子的花费一时不好定性,很难归属于两人之中谁的花费,并且只要涉及孩子的花费家长往往都会奋不顾身,即便出现盲目消费也不易察觉。

(来源于 2008 年 12 月 16 日牛城晚报(节选))

(三)身份与地位

一个人在其一生中会参加许多群体,如家庭、俱乐部及其他各种组织。每个人在各个群体中的位置可用身份与地位来确定。每个人在不同的群体中的身份是不同的。例如,某人在女儿面前是父亲,在妻子面前是丈夫,在公司是经理。每种身份都伴随着一种地位,反映了社会对他的总评价。消费者做出购买决策时,往往会考虑自己的身份与地位,企业将自己的产品调整为某一身份与地位的象征时,将会开拓某一特定身份与地位的目标市场。当然,人们以何种产品来表明某一特定身份与地位,会因社会阶层和地理区域的不同而不同。

三、个人因素

(一)年龄和性别

消费者的需求和购买行为与其年龄有关,不同年龄的人对商品与服务的需要各不相同。人们在一生中购买的商品与服务是不断变化的,幼年时吃婴儿食品,发育和成熟时期吃各类营养丰富的食品,晚年则吃各种低脂肪、高蛋白与高钙食品。同样,人们对衣服、家具和娱乐的喜好也同年龄有关。

男性和女性由于生理上的先天差别导致了不同的心理和行为,使消费产品及购买决策过程差异显著。男性消费购物目的明确,决策比较理性;而女性消费者购物目的不够明确,通常有更多的计划外购物,喜爱时尚可爱的商品,决策偏于感性,常常乐于货比三家,在商场里流连忘返。

(二) 职业

在市场调研中,职业是应用最广的一个指标。事实上,人们初次见面,总是以职业来评价和界定对方。每当遇到新知,人们总是在问"他是做什么的"。很显然,职业是我们判断一个初识的人最常用的线索。职业与教育、收入紧密地联系在一起,在很大程度上反映一个人的社会地位。在工业化社会,存在着数百种职业。人们常用不同的方法给职业评分或对职业声誉排序,最常用的方法是社会经济指数法(SEI)。它是以不同职业的人的受教育水平和收入为基础的一种评价方法。社会经济指数的每个组成部分都被赋予一定的权重,以使每个职业所得分数与公众对这个职业的地位评价标准相类似。一旦权重被确定,那么任何职业的等级就可评定出来。

职业不同的人,其消费行为也不同。个人的消费模式与购买行为受其职业的影响。例如,蓝领工人喜欢购买与自己工作性质相适应的工作服、工作鞋等有关用品,公司总经理喜欢购买高级住宅、轿车、昂贵的西服、旅游与度假的用品等,知识分子喜欢购买各类书籍与文化用品等,这些均是与职业有关的购买行为。企业营销人员应找出对自己产品与服务感兴趣的职业群体,根据其职业特点设计营销方案,开拓新的目标市场。

(三) 经济状况

消费者的经济状况包括消费者可支配的收入、储蓄与个人资产、举债能力等。消费者的经济状况决定着能否发生购买行为以及发生何种规模的购买行为,决定着购买商品的种类和档次。

1. 收入因素

人们的消费需求是通过利用手中的货币购买消费品来实现的。因此,在价格既定的情况下,货币收入的多少,就成为影响消费者市场需求的决定性因素。收入越多,对商品的需求量就越大。消费者的货币收入可以分为三个层次,即总收入、可供支配的收入和可供任意支配的收入。不同的层次对消费品需求产生着不同的影响。总收入是指劳动者每月得到的各项货币收入总额。从总收入中扣除应缴纳的税金,余下的就是可供支配的收入。在可供支配的收入中,有些是必须当月支付的,如房租、水电费、吃、穿、用等必需的开支,扣除这一部分,余下的为可以任意支配的收入,这一层次的收入是影响非生活必需品需求的最重要的因素。消费者的货币收入并不同时拿来购买商品,有的人要把货币收入的一部分用作非商品性支出,有的人则把一部分货币暂存起来为以后的购买作准备,也有的人把一部分货币用于投资。这样,就出现了货币收入同现实购买力的差别。直接影响消费需求的是现实的购买力。研究收入对消费者市场需求的影响,既要看收入总量,又要看家庭收入,还要看人均水平。总收入多,总需求就大;家庭收入和人均收入水平则直接影响消费需求的结构。人均收入水平较低时,人们只能购买生活必需品,收入提高后才能买其他产品。

2. 价格因素

居民的购买力,不仅取决于居民的收入水平,而且还取决于消费品的价格水平,即价格的高低。因为在收入水平既定的情况下,消费品的价格高,所买到的消费品数量就少;反之,消费品价格低,所买到的消费品数量就多。因此,价格水平就成为影响消费品需求的又一重要因素。价格对需求的影响总的表现为价格上升,需求减少;价格降低,需求增加。但对不同的产品其影响幅度存在很大差别,这是因为人们对不同消费品价格变动反应的灵敏程度不同,即存在着不同的需求价格弹性。

3. 边际效用递减规律

边际效用理论认为,消费者总会在自己的收入范围内做出最合理的购买决策,以实现效用的最大化。这样,对某种商品购买得越多,其欲望的满足程度就越大。但随着数量的增加,其边际效用(即多购的每一单位商品的追加利益)却是递减的,这种现象就是边际效用递减规律。正是由于边际效用递减,市场上任何一个消费者都不会把自己的钱仅用于购买一种商品或服务。同时,由于消费者的购买力是有限的,他总是把钱用在取得更大效用的商品上。只有当产品的价格下落或者产品得到改进时,用相同的货币可以得到更大的效用,才会刺激新的需求。因此,作为营销企业应该注意降低产品价格,增加产品功能,改进产品设计,以增加产品效用,扩大产品销售。总而言之,企业营销人员必须针对消费者的经济状况,开发适销市场的产品,吸引目标顾客。

(四)生活方式

生活方式是指一个人在生活中所表现出来的活动、兴趣和看法的生活模式。虽然有些人来自相同的亚文化群、社会阶层及同一职业,但却有着不同的生活方式,生活方式能勾画一个人在世上的所作所为。不同生活方式的人,对产品和服务的见解及对营销策略的反应差异很大,直接影响其购买行为。如英国研究者曾对15至44岁之间的英国妇女的生活方式进行划分,划分的依据是外表、时尚、运动、健康。根据消费者在这四个方面的态度和价值观,这些妇女被分为6个组。分析表明,在产品使用、购物行为、媒体使用模式等方面各个组存在着显著的差异,见表5.1。

表5.1 对英国化妆品市场的生活方式分析

化妆品市场生活方式细分
1. 自我意识型:关心外表、时尚,注意锻炼
2. 时尚导向型:关心时尚和外表,对锻炼和体育不甚关注
3. 绿色美人型:关注体育运动和健康,较少关心外表
4. 不在乎型:对健康和外表持中立态度
5. 良心惶恐型:没有时间从事"自我实现",忙于应付家庭事务
6. 衣冠不整型:对时尚漠不关心,对运动不感兴趣,穿着讲求舒服

(五)个性与自我观念

个性是一个人所表现出来的经常的、稳定的、实质性的心理特征,通常可用外向、内向、保守、开拓、固执、随和等性格特征来描述。消费者的个性差异导致购买行为的不同。例如,性格外向的人爱穿浅色与时髦衣服,内向的人爱穿深色与庄重的衣服。某些个性类型同产品或品牌选择之间有着密切的联系。例如,一个计算机公司可能会发现,许多潜在的主顾都有很强的自信心、支配欲和自主意识等个性特征,这就要求公司在做广告时必须能体现购买计算机的人的这些特征。

自我观念,亦称自我形象,它是与个性相关的观念。自我观念分为:实际自我观念,即某人实际如何看待自己;理想自我观念,即希望某人如何看待自己;他人自我观念,即认为别人如何看待自己。在营销学中的自我观念是指自己与别人如何看待自己,自己究竟是一种什么形象,并把购买行为作为树立自我形象的重要方式。在许多情况下,消费者购买产品不仅仅是为了获得产品所提供的功能效用,而是要获得产品所代表的象征的价值。购买"劳斯莱斯""宝马""奔驰",对购买者来说,显然不是购买一种单纯的交通工具。人们倾向于根据自己的拥有物来界定自己的身份。某些产品不仅是自我概念的外在显示,同时也是自我身份的有机组成部分。从某种意义上来讲,消费者是什么样的人是由其使用的产品来界定的。如果丧失了某些关键的拥有物,那么,他或她就不是现在的这个人了。成为自我概念象征品的产品应具有三个方面的特征:首先,应具有使用可见性。也就是说,它们的购买、使用和处置能够很容易被人看到。第二,应具有变动性。换句话说,由于资源禀赋的差异,某些消费者有能力购买,而另一类消费者则无力购买。如果每人都拥有一辆"奔驰"车,那么这一产品的象征价值就丧失殆尽了。第三,应具有拟人化性质,能在某种程度上体现一般使用者的典型形象。像汽车、珠宝等产品均具有上述特征,因此,它们很自然地被人们作为传递自我概念的象征品。

企业营销人员应深入研究目标市场上消费者的个性与自我观念,努力发展那些能实现消费者个性与自我观念的产品和服务,并通过广告宣传,使消费者感到企业的产品与服务符合自我形象,以扩大企业产品的销售。

四、心理因素

心理因素是影响消费者购买行为的内在因素,涉及动机、感觉和知觉、后天经验、信念与态度等方面。

(一)动机

人的行为是由动机支配的,而动机是由需要引起的。一个人在任何时候都有许多或多层次需要,包括生理与心理需要。一种尚未满足的需要,会产生内心的紧张或不适,当需要被激发到足够的强度时,便成为动机,或者说,动机是一种升华到足够强度的需要。人类关于需要与动机的理论有多种多样,其中有三种最为流行,即:弗洛伊德、亚伯拉罕·马斯洛和弗雷里克·赫茨伯格三人的理论,他们的理论对消费者分析和市场营销有各自不同的见解。

1. 弗洛伊德的动机理论

弗洛伊德假设,指导人们行为的真正心理压力大多是无意识的。他看到人们在成长和接受社会标准的过程中,往往得压制许多欲望,这些欲望从没有减少或得到了有效控制,在梦境中、脱口而出的话语中以及神经质的行为中常常会得到表现。因此,根据弗洛伊德的说法,一个人不会完全明白或了解自己的动机。如果王某想购买一台个人计算机,他会认为自己的动机是为了某种爱好或是推进事业的发展;进一步分析,他或许是为了引人注目;再进一步分析,他可能是想借助于购买一台计算机,从而找到现代、年轻、有力量的感觉。当王某观察具体的计算机品牌时,不仅对计算机展示的能力,而且包括一些别的细节,他都会有所反应。计算机的形状、尺寸、重量、材料、颜色和包盒等都会触发一定的情感,造型粗犷的计算机会使王某感到有男子汉的气概,因此,制造商在设计计算机时,应该知道视觉、听觉和触觉的特性对触发消费者的情感所具有的冲击力,而这种情感能够刺激或压制购买。

对消费者在特定购买行为中的想法,动机研究者提出了一些饶有趣味、偶尔是异乎寻常的设想,他们的想法是:

(1)消费者排斥梅干,因为它皱纹很多的外表会使人联想到老年。

(2)男人抽烟是未成年人吮指的变种,为了证明自己的男人魅力,他们喜欢自己的香烟有浓烈的气味。

(3)妇女更喜欢植物油,而不喜欢动物性脂肪。因为后者会引起一种残杀动物的罪恶感。

(4)妇女烘制蛋糕时很严肃,因为她们无意识地觉得正在做着象征生育的行为。她们不喜欢配制方便的蛋糕,因为轻便的生活会带来一种犯罪感。

2. 马斯洛的动机理论

美国心理学家马斯洛(A. H. Marslow)的需要理论在营销学中运用最为广泛。马斯洛认为,人的需要是以层次的形式出现的,按其重要程度的大小,由低级需要逐渐发展到高级需要,依次排列为:①生理需要,即获得维持和延续生命必需的食物、水、阳光、空气、保暖、避热、睡眠等基本生存资料的需要;②安全需要,即人们在满足生理需要之后,进一步要求保护人身财产安全,免受战争动乱与防备失业等方面的需要;③社交需要,即期望同他人平等相处与友好交往,获得友谊、爱情与好的归属的需要;④尊重需要,即实现自尊、获得好评与受到他人尊重的需要;⑤自我实现需要,即充分发挥个人能力与创造力,实现自我价值及理想与抱负,取得成就的需要,如图5.2所示。

图5.2 马斯洛的需要层次理论

马斯洛的需要层次论,揭示了人类的需要结构与需要变化的一般规律,可以帮助营销人员了解目标市场上消费者的多层次需要及需要发展的客观趋势,从而正确分析消费者的购买动机,制定合理的产品开发与优质服务计划,实现企业的营销目标。

3. 赫茨伯格的动机理论

赫茨伯格提出了关于动机的"两因素"理论,其要点是把动机与工作满足联系起来,提出工作满足与不满足两类因素,前者称为动机需要,后者称为保健需要。动机需要包括成绩、承认、工作本身、个人发展和提升,这些可推动员工努力工作,从工作中获得满足。保健需要包括与工作性质无关的一些因素,如工作条件、福利待遇、管理条例、公司的经营和政策等。动机需要与保健需要的关系是:如果保健需要得不到满足,就会导致工作不满足;但是仅仅满足保健需要却不能产生工作满足,只有动机需要和保健需要同时得到满足时才能产生工作满足。此理论用于市场营销,就是说一种产品要想让消费者满意,此产品必须同时满足消费者对该产品的保健需要和动机需要,否则消费者就会不满意,就不会购买该产品。

在现实生活中,由于消费者的需要层次、兴趣、性格、价值观各不相同,因而在具体购买时,其动机的心理表现就不一样。一般常有的购买动机主要有:

(1)求实购买动机。它是以追求商品的实用性为主要特征的购买动机,其核心是"实用"。具有这种动机的消费者,特别重视商品的质量、功能、经久耐用与使用方便等。

(2)求廉价购买动机。它是一种以追求商品的物美价廉为主要特征的购买动机,其核心是"经济"。这类消费者对价格反应敏感,喜欢购买价格优惠或折价处理的商品。

(3)求新购买动机。它是以追求新颖与时尚为主要特征的购买动机,其核心是"追求新奇"。具有这种动机的消费者特别注重产品的式样、功能、商标是否新颖,富有时代特色。

(4)求名购买动机。它是以追求名牌产品为主要特征的购买动机,其核心是"名誉、地位与炫耀"。具有这种动机的消费者,特别注重产品的商标、产地以及产品在社会中的知名度、美誉度与市场占有率。这也是消费者一种较普遍的心理动机,但社会地位与经济收入较高的消费者,所具有的这种动机更为突出,他们非名牌商品不买。

(5)求美购买动机。它是一种以追求商品的欣赏价值与艺术价值为主要特征的购买动机,其核心是"欣赏与美化"。具有这一动机的消费者,特别注重商品的造型、色彩、款式、艺术欣赏价值,以及对人体和家庭环境的美化作用。

(6)求安全购买动机。它是一种以追求产品使用安全、功能可靠为主要特征的购买动机。具有这一动机的消费者比较普遍。特别是在购买食品、药品、洗涤用品、卫生用品、家用电器、交通工具及外出旅游时,求安全的动机更为突出。

人们在现实的购买活动中,也许有时只有一种动机,但更多的情况下具有多元动机,也许上述六种动机全存在,甚至还超出这一范围。但在多元动机中总有一个占主导地位的动机。企业营销人员必须针对各类不同的动机,做好营销策划,开拓各类不同的目标市场。

(二)感觉和知觉

感觉和知觉均属于感性认识,是指消费者的感官直接接触刺激与情境地所获得的直观、形象的反映,这种认识由感觉开始,如某商品的形状、大小、颜色、声响、气味等,刺激了人们的视、听、触、嗅、味等感觉器官,使消费者感觉到它的个别性。随着感觉的深入,各种感觉到的信息在头脑中被联系起来进行初步的分析综合,使人们形成对刺激物或情境的整体反映,这就是知觉。但是,每个人都以自己的方式来吸取、组织和解释这种知觉信息。人们往往会对同一刺激物产生不同的知觉,这是因为人们会经历以下三种不同的知觉:

1. 选择性注意

在人们感觉到的刺激物中,真正引起人们注意的是少数,多数都被忽视掉了。有关调研结果表明,人们对以下三种刺激物较为注意,即与当前需要有关的刺激物、人们期待中的刺激物和非同寻常的刺激物。选择性注意表明市场营销人员不得不竭尽全力吸引消费者的注意力,但对于那些与其产品市场无关的大多数消费者来说,企业的营销信息会被忽视,甚至是目标市场上的消费者也可能会忽视这些信息,除非企业的信息在众多的刺激物中相当显眼。那些在尺寸上较大、使用四种色而不是常用的黑白两色,或是新奇的能进行对照比较的广告,往往更容易引起人们的注意。

2. 选择性曲解

人们倾向于对自己的先入之见,用支持而不是用挑战的方式来对信息做出阐释。每个人总想得到适合于他现有的思想形式的信息。选择性扭曲就是人们将信息加以扭曲,使之合乎自己思想的倾向。如某人已属意于联想电脑,他很可能扭曲营业员所说的要点,从而推论出联想电脑是最好的电脑。人们倾向于用对自己有利的方式来解释信息。

3. 选择性记忆

人们在生活中,往往容易记住那些与自己态度、信念一致的东西,而忘却与己无关的东西。例如,某人可能只记住 IBM 品牌计算机的优点,而忽略了其他竞争品牌的优点,原因就是存在选择性记忆。每当他想购买计算机时,他就会更多地想起 IBM 品牌的许多优点。

上述三种知觉因素——选择性注意、曲解、记忆,意味着营销人员必须刻苦工作,传递产品信息给消费者。这也有助于说明营销人员在向目标市场传递信息的过程中,为什么需要选用大量戏剧性手法和重复的方式。

(三)后天经验

后天经验是指人们通过自身的经历、感受与学习积累的经验。它能引起个人行为的变化。人类后天经验是通过驱使力、刺激物、提示物、反应与强化的相互影响而产生的,如图5.3所示。

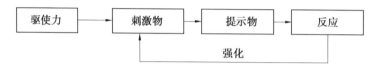

图 5.3　后天经验购买行为模式

这一模式中的驱使力是指人受本能或心理动机作用而产生购买商品的冲动力,刺激物是客观存在的能满足人购买需要的商品或劳务,提示物是加深对"刺激物"印象的刺激物,如广告宣传、商品的外观形态、陈列展览等,反应是指购买者对"刺激物"采取的购买行动,强化是具体行动后进一步加深对刺激物的印象,包括正强化与负强化。对营销人员来说,后天经验理论的实际意义在于掌握增强消费者对产品需求的途径,通过把后天学习与强烈驱使力联系起来,运用刺激性诱因、提供正面的强化手段等几种方式,达到促使和巩固消费者购买行为的效果。由于购买者大都容易把他对原先的品牌忠诚转向与之相类似的品牌,而不是转向与之相异的品牌,所以一家新公司能够采用跟竞争对手相同的驱使力、提供相似的诱因形式而进入市场。公司也可以设计引用一套不同的驱使力的品牌,并提供强烈的暗示诱导来促使消费者转向它的品牌。

(四)信念和态度

人们通过购买行动、后天学习及其经验,树立起自己的信念和态度,而信念和态度反过来影响人们的购买行为。信念是指一个人对某种事物所持的看法,不一定带有一种感情因素,如相信 IBM 品牌的计算机有较强的存储功能,海尔冰箱有较强的制冷与省电的功能。制造商应及时了解自己的产品与劳务在人们头脑中的信念,因为这些信念可以形成产品与品牌的形象。如果人们的信念是错误的,影响了产品的销售,制造商就应进行宣传与沟通,改变人们的信念,有效开展促销活动。

态度描述了一个人对某些事物或观念长期持有的好与坏的认识上的评价、情感上的感受和行动倾向。几乎对所有事物,人们都持有态度,比如宗教、政治、衣着、音乐、食物等。态度使人置身于对某一事物产生好感或恶感、亲近或疏远的情境之中。消费者可能持有这样的态度:"买最好的产品""IBM 公司制造了世界上最好的计算机"以及"创造力和自我表现是人生中最重要的事情"。于是,因为 IBM 公司同消费者既有的态度完全一致,该公司的计算机对消费者来说印象就最为深刻。调查人们对其调查的产品和品牌的各种态度是很重要的,有关公司定会从中得到极大的好处。对相似的事物,态度能导致人们产生相当一致的行为。人们不必对每种事物都用新的方式做出解释和反应,这样就可以节省精力和脑筋,基于此,态度是很难改变的。一个人的态度常呈现一种稳定一致的模式,要是改变一种态度,得在别的态度方面作大的调整。所以说,企业最好让自己的产品与人们的既有态度相一致,而不要试图改变人们的态度。当然,如果能支付改变一种态度所花费的昂贵费用,那又另当别论了。

本田摩托车进入美国市场面临一项重大选择,即究竟是把摩托车卖给少数已对摩托车有兴趣的人,还是增加对摩托车感兴趣的人?后者花费高。因为许多人对摩托车持否定态度,把它同黑夹克、弹簧刀、罪恶等联系起来。本田公司采取第二种方式,开展了大量以"骑本田者是最高尚的人"为主题的促销活动,此后许多美国人改变了对本田摩托车的态度。

现在我们已经知道众多影响消费者购买行为的因素。一个人的选择是文化、社会、个人和心理因素间复杂影响与作用的产物。其中许多因素是营销人员无法改变的,但是这些因素在识别出对产品有兴趣的消费者方面,还是有一些用处的。其他因素则是营销人员能够影响的,它们提示营销人员如何开发产品、制定价格、安排地点和进行促销活动,从而赢得消费者的购买行为。

第三节 消费者购买行为与决策过程

市场营销者不仅要分析影响消费者购买行为的主要因素,而且要研究消费者如何做出购买决策,包括决策的参与者、决策的类型与决策过程的主要步骤等方面。

一、消费者购买决策过程的参与者

消费者购买决策,往往有多人参与。以家庭购买汽车为例,购买汽车的建议可能出自年幼的孩子,邻居则推荐所购汽车的品牌,丈夫决定汽车的类型与式样,妻子对汽车外观有明确的要求,丈夫在与妻子商量后,做出最后决定,年长的孩子根据父母决策意图去采购,最后,由全家共同使用汽车。于是我们可以区分出人们在购买决策中所扮演的角色:

发起者——倡议者是首先提议或有意想购买某一产品和服务的人。

影响者——影响者的观点和建议在制定最后的决策中发挥一定的作用。

决策者——决策者是最终做出部分或全部购买决定的人,比如说"是否买,买什么,如何买,或在哪里买"。

购买者——购买者执行真正的购买。

使用者——使用者是指实际消费者或使用产品与服务的人。

企业需要区分出这些角色,因为这些角色在产品设计、信息确定和安排促销计划方面有一些联系。如果丈夫决定汽车的样式,于是汽车公司就将使大部分广告针对丈夫来做。同时汽车公司也会设计出一些相应的广告。明确主要的参与者以及他们所起的作用,这将有助于市场营销人员妥善调整营销计划。

二、消费者购买行为的类型

消费者的购买决策行为会随着购买决策类型的变化而变化。购买一支牙膏、一副网球拍、一台家庭用的计算机及一部汽车,其购买行为有很大的区别。复杂昂贵商品的购买决策,往往包括购买者的更多考虑与更多的人介入。根据参与者的介入程度和品牌间的差异程度,可将消费者购买行为分为四种类型,如表5.2。

表 5.2　消费者购买行为类型

品牌差异＼介入程度	低度介入	高度介入
品牌差异小	习惯性购买行为	化解不协调的购买行为
品牌差异大	寻求多样化购买行为	复杂购买行为

(一) 习惯性购买行为

对于价格低廉、经常购买的商品,消费者的购买行为最简单。这类商品的品牌差异小,消费者对其很熟悉,不需要花时间进行选择,也不需要经过搜集信息、评价产品特点与进行购后评价等复杂的决策过程,企业对这类产品的营销,可以采取广告宣传、有奖销售、实物展销、价格折扣或优惠来激励消费者多买与重复购买。

(二) 寻求多样化购买行为

有些产品品牌差异明显,但价格较低,消费者也不愿多花时间选择,而是不断变换所购产品的品牌。这样做并不是因为对产品不满意,而是为了寻求购买的多样化。针对这种购买行为,企业营销者应占据有利的货架位置、保证充足的多样化货源及采用销售促进等营销措施,才能有效吸引消费者购买。

(三) 化解不协调购买行为

有些商品品牌差异不大,但价格高,消费者一般不经常购买,购买时有一定的风险性。对这一类商品,消费者一般到多家商店看货、比较,然后再购买回家。购买以后,或使用一段时间后,消费者也许会感到有些不协调或不够满意,也许商品的某个地方不够称心,或听到别人称赞其他品牌的同类商品。为了证明自己购买决策的正确性,此时消费者一般会在使用过程中积极、主动地去了解更多有关情况,寻找种种理由来减轻、化解这种不协调。对于这类产品,一般如果价格合理,购买方便,机会合适,消费者就会决定购买。经营该类商品的企业,应运用价格策略与人员推销技巧,选择一个好的销售地点,及时向消费者提供商品信息与对商品的评价,使他们能光临选购,并相信其购买决定正确。

(四) 复杂购买行为

当消费者购买一件贵重、不常买、品牌差异大、有风险而又非常有意义的产品时,其购买决策的心理过程是十分复杂的。由于消费者对此类产品缺乏了解,需要一个学习过程。首先搜集信息,了解产品的性能、特点,通过分析、比较,从而对产品产生某种评价,最后才做出购买决策。针对这一复杂的购买行为,企业营销人员应采取积极有效的措施,及时帮助消费者了解本企业产品的功能、质量、外观特色等各种优势,用预期利益与销售促进的各种措施来激励消费者,做好销前、销中、销后的优质服务,扩大产品销售,提高产品的市场占有率。

三、消费者购买决策过程

在复杂的购买行为中,遵循一般规律,消费者要完成某一商品购买决策的全过程应经历以下五个阶段,如图 5.4 所示。

(一) 问题认知

购买过程开始于购买者对某一问题或需要认知。问题认知是指消费者意识到理想状

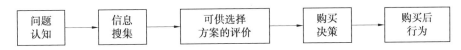

图 5.4　消费者购买决策过程的五个阶段

态与实际状态存在差距,从而需要采取进一步的行动。消费者在意识到某个问题以后,是否和采取何种行动取决于两个方面的因素:一是理想状态与感知的现实状态之间差距的大小或强度,二是该问题的相对重要性。举例来说,假设某位消费者希望拥有一套150平方米的住宅,而现在的住宅面积只有140平方米。此时,理想状态与现实状态之间虽然存在差距,但由于差距比较小,如果没有其他促动因素,这一差距可能不会导致消费者采取购买新住宅的决策行动。另一方面,即使现实状态与理想状态之间虽然存在较大差距,但如果由此引起的问题相对于其他消费问题处于较次要的位置,此时该问题也不一定会进入下一步的决策程序。比如,某位消费者希望拥有的是一台29英寸的彩色电视机,而现在使用的是一台18英寸的电视机。此时,理想状态与现实状态之间的距离是比较大的,但如果该消费者面临更为紧迫的消费支出,如负担儿子自费上大学的费用,该消费者恐怕只有将购买新电视机的计划暂时搁置起来。

影响问题认知的因素有营销因素和非营销因素。营销因素包括广告、促销活动等因素,通过营销因素激发消费者对问题的认知,促使消费者采取后续行动。非营销因素包括时间、环境的改变、产品获取与消费、个体差异等因素,通过非营销因素使消费者认识到现实与期望已发生变化,进而采取相应的行动。

营销人员需要了解引起消费者某种需求或兴趣的环境,营销人员也应该研究找出消费者感觉到的需求与出现的问题属于哪一种类型,是什么引发了这种需求与问题,它们又是如何引导到某一特定产品的。通过搜集来自众多消费者的信息,营销人员能识别出促使消费者对产品感兴趣的更多的常见刺激物,从而拟订出能促发消费者兴趣的营销策略。

【延伸阅读】

网 络 购 买

依据金山网络安全中心的安全威胁监测和统计,在2010年有超过1亿用户曾遭遇过至少一种针对网络购物的安全威胁,带来直接经济损失突破150亿元,网购用户的人均经济损失也由2009年的80元上升至150元左右。如何安全地进行网络购物?

(来源:金山安全研究中心,2010年12月23日)

(二)信息搜集

消费者一旦意识到某个需求问题的存在,并且感到有必要采取行动解决这一问题,那么,他就会开始搜集有关信息。信息搜集分为内部信息搜集与外部搜集。内部信息搜集是指消费者将过去储存在长时记忆中的有关产品、服务和购买的信息提取出来,以解决当前面临的消费或购买问题。内部信息搜集一般优于外部信息搜集,而且在不同类型的决策条件下,内部信息搜集的程度也存在差别,越是重要、复杂的购买问题,内部信息搜集范围越广泛。当消费者通过内部信息搜集未找到合适的解决办法时,那么,消费者就会进行外部信息搜集。外部信息搜集是指消费者从外部来源,如同事、朋友、商业传媒及其他的信息渠道,获得与某一特定购买决策相关的数据与信息。进行外部信息搜集,一方面是为了了解市场上有哪些可供选择的品牌,应当从哪些方面对这些品牌进行比较,另一方面是希望借此获得关于产品评价标准及各种标准的相对重要性的信息,以及不同品牌在各种产品属性上的差异性数据。

影响消费者进行信息搜集的因素很多。首先,是时间因素。可用于购买活动的时间越充裕,搜寻活动可能越多。其次,是消费者在从事购买活动前所处的生理、心理等方面的状态。一位被唤起需求的消费者不一定会搜集更多的信息。如果消费者的驱动力很强,可供满足的产品就在身边,那他就可能购买该产品。如果不是这样,消费者可能将内在需求保存在记忆中,不会进行进一步的信息搜集。再次,是消费者面临的购买任务及其性质。如果购买活动非常重要,比如是为一位要好的朋友购买结婚礼品,那么,购买将会十分审慎,并伴有较多的外部信息搜集活动。最后,是市场的性质。研究人员发现,随着备选品数量的增加,消费者会从事更多的搜寻活动。同样,如果出售同类物品的场所较多,而且彼此靠近,消费者也会进行更多的信息搜寻。总之,消费者从事信息搜集的程度依赖于他的驱动力的大小,依赖于他最初拥有的信息量,依赖于获取更多信息的难易程度,依赖于他对更多的信息量所持有的价值观,以及他从信息搜集活动中所获取的满意程度。通常当消费者从解决有限问题的决策状况下转向解决广泛的问题时,他们会相应增强信息搜集的活动。

营销人员的主要兴趣在于消费者所需要的各种主要信息的来源,他们也关心每种信息对今后购买决策的相对影响。消费者的信息来源可分为四种:

(1)个人来源——家庭、朋友、邻居、熟人;

(2)商业来源——广告、推销员、商人、包装、展览;

(3)公共来源——大众传播媒介、消费者评审组织;

(4)经验来源——处理、检查和使用产品。

随着产品种类和购买者特征不同,以上几类信息来源的相对影响也不同。通常,消费者关于一种产品的最多信息来自商业来源,也就是营销人员能控制的来源。另一方面,最有效的信息来自个人来源。在影响购买决策方面每一信息来源都起了某些不同的作用。商业来源通常起通知的作用,个人来源判断是否合理或起评价的作用。例如:内科医生通常从商业来源得知新药上市,但对于评价信息则须求助其他医生。

搜集信息的结果之一,就是消费者熟悉市场上的一些品牌和各自特色。在图5.5中最左边的方框表示某个消费者可能得到的所有电脑的品牌,消费者只能熟知其中一部分,我们称之为已熟知的品牌组。在这组中只有某些品牌能满足该消费者最初的购买标准,构成了可供考虑的品牌组。当该消费者对于这组品牌中搜集到更多的信息时,只有少数保留作重点选择,构成了选择组。以自己经历的决策评价过程为基础,该消费者最终在选择组中做出了最后的选择。

这个过程的实际意义在于,企业必须设计好自己的营销组合,从而使自己的品牌进入潜在消费者的熟知组、考虑组和选择组。如果企业的品牌没能进入上述各组,那么企业就失去了销售给消费者的机会。就消费者采用的信息来源来说,营销人员应该仔细区分它们,评价它们各自作为信息来源的重要性及相应的影响。

(三)可供选择的方案的评价

我们已经看出消费者是如何运用信息来实现最后一组的品牌选择的。问题是:在选择品牌组中众多可替换的品牌,消费者是如何选择的?营销人员需要了解消费者是如何处理信息才完成品牌选择的。目前还没有一种简明单一的信息评价程序能为所有消费者或是

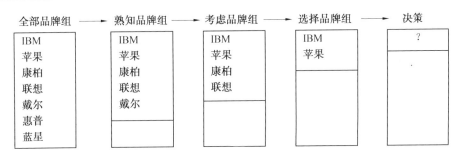

图 5.5　消费者的信息搜集的考虑过程

某位消费者在各种购买情况下使用。最流行的消费者评价过程是认识导向,即营销人员认为消费者对产品的判断大都建立在自觉理性的基础之上。以下一些基本概念有助于了解消费者评价过程。

第一,关于产品属性这一概念。我们假定每一个消费者都认为一个特定产品有一组属性,消费者感兴趣的一组熟知产品的属性是:

计算机——存贮能力、图像显示能力、软件的适用性;

照相机——图片清晰度、照相速度、相机的大小与价格;

旅馆——坐落位置、清洁程度、氛围、花费;

漱口水——颜色、功效、杀菌能力、价格、口味与香味;

唇膏——颜色、容器、乳油以及名望因素等,还有香味;

轮胎——安全、使用寿命、行驶质量、价格。

尽管上面所说的都是消费者感兴趣的一般产品的属性,但消费者对有关属性的考虑不尽相同,他们会更多地关心与自己需要有关的产品属性。根据各个不同消费群所主要关心的某一产品的属性,该产品的市场常常可以得到细分。

第二,消费品可能对相关属性赋以不同的重要性权数,产品的重要属性和它的特色之间有着区别。特色属性就是当消费者被问及一个产品的属性时首先进入他脑海中的属性。营销人员却不能据此认为这就是最重要的属性。属性中有些可能是特色属性,因为消费者或是在商业信息中得知它们,或是消费者的问题中牵涉它们,因此这些属性就有"很深的印象"。此外,一群非特色属性中的一些往往被消费者遗忘了,但一经提起,消费者会重新意识到它们的重要性。营销人员应该更多地注意属性的重要性,而不是属性的特色性。

第三,关于每一品牌具备的各自属性,消费者很可能会发展成一组品牌信念。某一品牌的一组信念被称为品牌形象。因为个人经验和选择性注意、选择性扭曲以及选择性记忆的影响,消费者的品牌信念可能与产品的真实属性并不一致。

第四,对于每一属性,消费者都被假定为有一种效用函数。效用函数说明了消费者所期望的产品满足是否随着产品属性的不同而发生变化的。例如,某位购买了计算机的消费者,其满足感也许是期望计算机能提高存贮能力、图像显示能力、软件的适用性,在价格上则希望降低些。如果我们连接最高效用时的指数水平,这就形成了该消费者理想中的计算机。市场中实际出售的计算机的期望效用将会不同程度地低于一台理想的计算机中推算出的最大效用。

第五,通过一些评价程序,消费者对于可供选择的品牌会有一些态度(判定、偏好)。在多重属性的产品之间,消费者会用不同的评价程序来做出选择。

假设某消费者对 A、B、C、D 四种品牌电脑的主要属性进行打分,如表 5.3 所示。

表 5.3 对主要属性进行打分

计算机品牌	属性及价格			
	存储能力	图像显示能力	软件适应性	价格
A	10	8	6	4
B	8	9	8	3
C	6	8	10	5
D	4	3	7	8
权重	0.4	0.3	0.2	0.1

注：对一属性的评分从 0 开始到 10，10 分表示最高水平，价格则以相反的方法加以表示。

假设某消费者心目中的权重系数是：存贮能力为40%，图像显示能力为30%，软件适用性为20%，价格为10%，消费者希望在每一个属性上都得最高分，则计算出每个品牌计算机在某消费者心目中的平均分值为：A 为 8 分，B 为 7.8 分，C 为 7.3 分，D 为 4.7 分。

计算过程如下：

计算机 A＝(0.4)×10＋(0.3)×8＋(0.2)×6＋(0.1)×4＝8.0；
计算机 B＝(0.4)×8＋(0.3)×9＋(0.2)×8＋(0.1)×3＝7.8；
计算机 C＝(0.4)×6＋(0.3)×8＋(0.2)×10＋(0.1)×5＝7.3；
计算机 D＝(0.4)×4＋(0.3)×3＋(0.2)×7＋(0.1)×8＝4.7。

根据以上计算，应选择的理想品牌为 A 品牌计算机，这是某消费者根据所获信息进行分析比较所得的结论。从中可知，企业应更多地关心属性权重与属性的平均值，提高产品的整体功能，满足消费者需要。

（四）决定购买

经过对商品的比较评价后，消费者对选择集合中的产品已排列先后顺序，形成一种购买倾向。正常情况下，消费者就会购买自己选择的理想品牌。但是，如果遇到意外情况，或受到他人态度的影响，消费者也许会修正、延期或避免做出购买决策。所谓意外情况，包括消费者工作地点变动、预期收入未能实现、发现其他开支更为急需、家庭出现灾祸，或其他未预期到的情况发生；所谓他人态度，包括家人、亲友、同事、邻居或其他消费者对产品的信念与态度。他人态度的影响力取决于以下因素：一是他人否定态度的强度；二是他人与消费者的关系；三是他人的权威。此外，消费者如有购买风险感觉，也会影响购买决策，其影响程度随风险感觉的大小而定，而风险大小又是随着购买代价、不确定属性比例、消费者自信程度的大小而变化。企业营销人员应针对这阶段的特点，积极采取营销措施。

（1）企业要向消费者提供更多的有关产品质量、功能等方面的信息，并与其他品牌进行对比分析，让消费者了解更多有利于我方产品销售的市场行情，以最大努力消除消费者对产品认识的不确定因素与购买风险感觉。

（2）企业要在各种销售服务如在收款、包装、送货、安装等环节上方便顾客，或使顾客感到在其利益方面获得实惠或优惠，来诱导消费者变购买意图为最后的购买决策。

（3）企业营销人员应掌握火候成交，既不能急于求成，也不能拖延时间，以免夜长梦多，使消费者发生意外，应抓住消费者心理变化中的机遇，促使尽快成交。

(五) 购后行为

消费者获得产品之后,可能马上使用该产品,也可能不使用该产品而将其保存起来,还可能将产品退还给卖主。对大多数购买来说,使用是一种更普遍的现象。很多产品尤其是耐用性消费品,需要安装调试才能使之处于可使用的状态。比如,空调机、计算机、热水器等,均需要进行某种程度的安装、调试工作。即使是那些对安装有较少要求的产品如儿童玩具,对很多消费者来说,"拼装"或"组装"仍是一项令人生畏的工作。很明显,消费者在使用前的准备阶段所获得的体验,对决定其满意状况具有十分重要的影响。因此,提供必要的安装服务和安装与使用说明,对提高消费者满意感大有裨益。

了解消费者如何使用和消费其产品对企业是非常重要的。例如,宝洁公司的设计人员长期认定消费者在厨房洗碗碟时,是先将洗洁精倒入盛满水的水池中,再用抹布将碗碟洗干净,然后再用清水漂。后来的调查发现,绝大部分消费者并不是如此行事。相反,他们先将洗洁精直接挤到要洗刷的碗碟上,用抹布将污渍洗掉后再用清水冲洗。这一调查结果对公司新产品的开发无疑大有帮助。例如,可以开发出浓度更低的洗洁精,这不仅可以降低产品成本,而且也可减少消费者的漂洗负担。在产品使用过程中,消费者可能采用创新性方式使用产品,或将产品使用到设计时所没有考虑到的场合。这会带来两个方面的后果,就积极方面而言,这将扩大产品的用途,从而增加产品的销售。如某公司的产品——酵母除了用于烹饪之外,还被消费者用于冰箱的清洗和除臭。发现这一新用途后,该公司利用各种媒体大做广告,由此使它生产的酵母销量大增。从消极层面或潜在的不利方面看,产品的某些超过设计范围的使用有可能给消费者带来伤害。例如,在美国,一些消费者将香水撒到点燃的蜡烛上,还有消费者将烘箱当凳子使用,由此带来了伤害,并引发诉讼。所以,企业在设计产品时不仅要确保在正常条件下的使用安全,还应合理预计消费者可能将产品作何种使用。对那些有可能导致身体伤害的使用应做出警告。如果企业发现消费者对正确使用其产品存在困惑,则应通过重新设计使产品更易使用,或对消费进行教育使其掌握正确的使用方法。

消费者购买的产品并非全部使用。产品的闲置或"不使用"是指消费者将产品搁置起来不用,或者相对于产品的潜在用途仅作非常有限的使用。据说,我国银行发行的信用卡数量不小,但使用者尤其是经常使用者寥寥。同样,在我国一些家庭,家里贮存的名酒尤其是洋酒多是作为摆设,并没有正常地被消费掉和经常予以补充。产品闲置的最主要原因是很多产品的购买决策与使用决策不是同时做出,两者之间存在一个时间延滞,在此时间段内一些因素会促使消费者推迟消费甚至决定将产品闲置不用。如消费者购买了运动器材,但总腾不出时间来使用;购买了跑鞋,但找不到穿出去运动的机会。产品闲置的另外一个原因可能是企业或营销者并没有为产品的使用和消费创造令人满意的条件与环境。前面提到的大量信用卡闲置不用,其原因恐怕主要是这些信用卡使用起来并不如获取时所想象的那么安全和方便。

产品的闲置不用,无论是对消费者还是对企业均是一种损失,前者浪费了金钱,后者无法获得重复购买,而且在产品闲置不用的情形下,企业往往很难找到对消费者施加有效影响的途径,因此,在某些情况下,企业应给消费者以提醒或促动以促进产品的消费。

(六) 购后感受

消费者购买商品后,往往会通过使用或他人评判,对其购买选择进行检验,重新考虑购买这种商品是否明智、合算、理想等,这就形成购后感受。检验购后感受,确认满意程度,可运用以下理论。

1."预期满意"理论

这一理论认为,消费者的满意感(S)是消费者对产品期望(E)与该产品可觉察到的效用(P)之间的函数,即$S=f(E,P)$。如果产品符合期望,即$P=E$,消费者满意;如果产品超过期望,即$P>E$,消费者就会非常满意;如果产品低于期望,即$P<E$,消费者就会产生不满意感,将很快做出各种不同的反应:退货或停止购买,甚至抱怨与投诉。由于消费者对产品期望的建立更多的是依据市场来源信息,因而根据上述理论,如何进行广告宣传,传播市场信息,是值得企业研究的重要问题。企业既要充分宣传、肯定自己产品的优点与功能,吸引消费者购买,又要实事求是,使产品的实际效用与消费者的期望相一致,才能确保消费者满意。

2."认识差距"理论

这一理论认为,不论企业怎样运作,消费者购后几乎都会产生不满意或不和谐感,原因在于市场上不存在与任何消费者的"理想产品"完全相一致的品牌。而那些不一致之处,尤其是低于基本要求的有关属性,便会被消费者当作"缺点",甚至主观上夸大这些"缺点",并在想象中不断完善未购买品牌的"优点",因此,消费者的不满意感就会增大。企业必须想方设法,使消费者的不满意感降到最低程度。

消费者对于产品的满意或不满意都会影响其随后的行为。如果消费者满意,在下一次购买时他们很可能继续购买该产品。满意的消费者也会和他人谈及该产品的优点,正如营销人员所说的"满意的顾客是我们最好的广告"。如果消费者不满意,他会提出投诉或者干脆不买该产品,或者他还可以在朋友和他人面前诋毁该产品,所有这些行为无疑会给企业带来损失。

营销人员应该采取措施减少消费者购买后的不满意程度。他们可以做一大堆工作,使得消费者对自己的购买行为感到满意。如计算机企业可以写信祝贺新买主挑选一台优良的计算机;他们也可以在广告中列出对该品牌满意的所有者;他们可以征求顾客的改进意见,向消费者列出维修服务处;他们可以撰写一些能减少顾客不和谐感的使用手册;他们还可以送给计算机持有者一份杂志,其中登载了操作新型计算机的各种文章。此外,营销人员可以为消费者提供良好的渠道,使消费者可以提要求,并迅速纠正自己的不满情绪。

【本章小结】

消费者市场是指所有为了满足个人消费而购买产品和服务的个人和家庭所构成的市场,它具有分散性、多样性、层次性、伸缩性、非专业性、流行性等特点。消费者购买决策在很大程度上受到文化、社会、个人和心理等因素的影响。人们在购买决策过程中可能扮演不同的角色,包括发起者、影响者、决策者、购买者和使用者。消费者购买行为包括习惯型、变换型、协调型、复杂型四种类型。消费者购买决策过程由问题认知、信息搜集、选择方案、购买决策及购买后行为五个阶段构成。企业营销管理的重点是针对购买决策过程中的不同参与者、消费购买行为的不同类型以及消费者购买决策过程中的不同阶段,采取不同的市场营销策略。

【基本概念】

消费者市场　文化　社会阶层　社会角色　刺激—反应购买模式　动机　选择性注意　习惯性购买行为　复杂购买行为　问题认知　信息搜集　决定购买　购买后行为

【实训(练习)题】

1. 消费者市场有哪些特点?
2. 试分析消费者购买行为的刺激—反应模式。
3. 影响消费者购买行为的文化因素有哪些?
4. 影响消费者购买行为的社会因素有哪些?
5. 影响消费者购买行为的个人因素有哪些?
6. 什么是动机?消费者购买行为的心理动机有哪些?
7. 消费者的购买行为有哪几种类型?各自的内容是什么?
8. 消费者购买决策过程包括哪几个阶段?各阶段的内容是什么?

第六章　组织市场及其购买行为

【学习目标】

1. 了解组织市场的概念、构成和特点；
2. 掌握产业市场购买行为的特点、过程及影响因素；
3. 熟悉中间商市场购买行为的过程及影响因素；
4. 熟悉政府采购行为的特点。

【引例】

由一起信息系统软件采购项目引发的思考

2月11日，某市政府采购中心受市城市管理中心委托，组织城市管理信息系统软件项目采购，这是该中心第一次进行此类项目的采购。

鉴于该项目的特殊性和复杂性，收到委托后，采购中心组织了设计方案的征集和评优活动，共有7家公司参与了此次活动，其中A公司的设计方案获得了第一名。在综合了各家方案的优点后，第三方项目咨询公司形成了网络建设方案，该方案经专家评审后，由采购中心进行了修改并形成最终稿。

2月17日，采购中心发布招标公告。3月14日，该项目开评标。在组建专家评标委员会的过程中，由于该市政府采购专家库中尚无熟悉此采购项目工作的专业人才，为了保证项目建设质量，采购人从住建部专家库成员中向采购办推荐了3名专家，经采购办同意后，采购中心从推荐的3名专家中确定了李某参与本项目的评标。

经过评标委员会的审核打分，A公司以领先第二名B公司16.67分的优势获得中标资格。3月15日，B公司就中标供应商的投标资格、专家组评委身份和评分结果向采购中心提出质疑，认为参与前期设计的A公司不能参加投标活动，同时李某不是通过随机抽取的方式确定的专家，而评标结果也不符合评标办法。

【分析】

本案中存在几个值得探讨的细节问题。第一，在本案中，参与方案前期设计的A公司是否可以参与投标活动？第二，采购人、操作机构是否有资格确定专家？第三，当项目评分被质疑时，相关部门应该审核哪些评分细节？评分细节是否可以公开？

（来源：中国政府采购报2014年05月13日09:46）

在社会化大生产和市场经济的条件下，各生产企业不仅要出售自己的产品，也要从事对生产资料的购买；商业部门为了满足市场需求而到生产企业购买商品；政府机构、学校等非营利组织要从事社会经济活动，也必须进行各种购买。但是，他们的购买是一种有组织的活动，体现着集体的意志，有着特殊的购买行为。因此，生产企业不仅要研究消费者的购买行为，还必须注意研究组织市场如何购买。

第一节 组织市场

一、组织市场的概念和类型

（一）组织市场的概念

组织市场指工商企业为从事生产、销售等业务活动以及政府部门和非营利组织为履行职责而购买产品和服务所构成的市场。简言之，组织市场是以某种组织为购买单位的购买者所构成的市场，是消费者市场的对称。就卖主而言，消费者市场是个人市场，组织市场则是法人市场。

（二）组织市场的类型

组织市场包括生产者市场、中间商市场、非营利组织市场和政府市场。

(1) 生产者市场，指购买产品或服务用于制造其他产品或服务，然后销售或租赁给他人以获取利润的单位和个人。组成生产者市场的主要产业有：工业、农业、林业、渔业、采矿业、建筑业、运输业、通信业、公共事业、银行业、金融业、保险业和服务业等。

(2) 中间商市场，指购买产品用于转售或租赁以获取利润的单位和个人，包括批发商和零售商。批发商是指为了转售而进行大宗商品买卖的经济活动组织。他们向生产企业购买商品（有的批发商要向其他批发商进货），再把这些商品转售给零售商、生产者或其他批发商。在我国，作为商品中间商的批发商业企业，按所在的地区划分，可以分为生产地批发商、接受地批发商、中转地批发商和销售地批发商；按业务范围划分，主要分为一级批发站、二级批发站和三级批发站。在西方资本主义国家，批发商分为两大类，取得商品所有权的叫独立批发商或商人批发商，不能取得商品所有权的叫代理批发商。零售商业企业是指为了向最终消费者（包括个人消费者和组织消费者）出售商品而进行买卖的经济组织。在社会经济活动中，中间商市场处于特殊地位。对于生产者来说，中间商既是商品的购买者，又是企业可供选择的销售渠道，从而使生产企业与中间商成为一种双向选择的关系。

(3) 非营利组织泛指所有不以营利为目的、不从事营利性活动的组织。我国通常把非营利组织称为"机关团体、事业单位"。非营利组织市场指为了维持正常运作和履行职能而购买产品和服务的各类非营利组织所构成的市场。

(4) 政府市场指为了执行政府职能而购买或租用产品的各级政府和下属各部门。各国政府通过税收、财政预算掌握了相当部分的国民收入，形成了潜力极大的政府采购市场，成为非营利组织市场的主要组成部分。

二、组织市场的特点

由于商品的经济用途与购买决策的差异，组织市场的需求与消费者市场的需求有着不同的特点，整体来说，具有派生需求、多人决策、过程复杂、专业性强等。不仅如此，在组织市场内部的各个市场之间，其需求也存在较大差别。

（一）生产者市场的特点

(1) 购买者数量少，购买规模大，购买者的地理位置相对集中。组织市场营销人员比消费品营销人员接触的顾客要少得多，发电设备生产者的顾客是各地极其有限的发电厂，大型采煤设备生产者的顾客是少数大型煤矿,某轮胎厂的命运可能仅仅取决于能否得到某家汽车厂的订单。组织市场的顾客每次购买数量都比较大,有时一位买主就能买下一个企业较长时期内的全部产量,有时一张订单的金额就能达到数千万元甚至数亿元。

购买者的地理位置相对集中。组织市场的购买者往往集中在某些区域,以至于这些区域的业务用品购买量占据全国市场的很大比重。例如我国的北京、上海、天津、广州、沈阳、哈尔滨、武汉、大庆、鞍山等城市和苏南、浙江等地的业务用品购买量就比较集中。

(2) 供需双方关系密切。组织市场的购买者需要有源源不断的货源,供应商需要长期稳定的销路,每一方对另一方都具有重要的意义,因此供需双方互相保持着密切的关系。有些买主常常在产品的花色品种、技术规格、质量、交货期、服务项目等方面提出特殊要求,供应商应经常与买方沟通,详细了解其需求并尽最大努力予以满足。

(3) 派生需求,需求弹性小,需求波动大。也称为引申需求或衍生需求。组织市场的顾客购买商品或服务是为了给自己的服务对象提供所需的商品或服务,因此,业务用品需求由消费品需求派生出来,并且随着消费品需求的变化而变化。例如,消费者的饮酒需求引起酒厂对粮食、酒瓶和酿酒调和的需求,连锁引起有关企业和部门对化肥、农资、玻璃、钢材等产品的需求。派生需求往往是多层次的,形成一环扣一环的链条,消费者是这个链条的起点,是原生需求,是组织市场需求的动力和源泉。

(4) 专业人员采购。组织市场的采购人员大都经过专业训练,具有丰富的专业知识,清楚地了解产品的性能、质量、规格和有关技术要求。供应商应当向他们提供详细的技术资料和特殊的服务,从技术的角度说明本企业产品和服务的优点。

(5) 影响购买的人多。与消费者市场相比,影响组织市场购买决策的人多,大多数企业有专门的采购组织,重要的购买决策往往由技术专家和高级管理人员共同做出,其他人也直接或间接地参与,这些组织和人员形成事实上的"采购中心"。供应商应当派出训练有素的、有专业知识和人际交往能力的销售代表与买方的采购人员和采购决策参与人员打交道。

(6) 直接采购。组织市场的购买者往往向供应方直接采购,而不经过中间商环节。价格昂贵或技术复杂的项目更是如此。

(7) 互惠购买。组织市场的购买者往往这样选择供应商:"你买我的产品,我就买你的产品",即买卖双方经常互换角色,互为买方和卖方。例如,造纸公司从化学公司大量购买造纸用的化学物品,化学公司也从造纸公司那儿大量购买办公和绘图的纸张。互惠购买有时表现为三角形或多角形。假设 A,B,C 三家公司,C 是 A 的顾客,A 是 B 的潜在顾客,B 是 C 的潜在顾客,A 就可能提出这种互惠条件:B 买 C 的产品,A 就买 B 的产品。

(8) 租赁方式广泛存在。组织市场往往通过租赁方式取得所需产品。对于机器设备、车辆等昂贵产品,许多企业无力购买或需要融资购买,采用租赁的方式可以节约成本。

(二) 中间商市场的特点

中间商市场的购买是为了出售,因而也是一种派生需求。但由于他们离消费者更近,其特点集中表现为要求"产品适销对路,进货渠道合理,交货时间性强,提供全面服务"。中间商不论购买什么产品,都是以能够卖出为前提的,因而要求产品必须适销对路。不同的进货渠道形成了不同的价格,而价格是竞争的重要手段之一,因而要求进货渠道合理。中间商的购买是随着消费者的购买而转移的,消费者购买的时间性强,使中间商产生了时间要求。中间商在销售产品的过程中,会碰到许多与产品有关的问题,要求企业为之提供全面服务。生产企业在向中间商市场提供产品时,必须注意满足上述要求。

(三)非盈利组织与政府购买市场的特点

非盈利组织与政府的购买大都是非盈利性的。为了完成工作任务,在购买上具有"稳定性、计划性和标准化"的特点。稳定性购买取决于其资金来源的稳定性;计划性购买是由其工作性质决定的;标准化购买取决于国家对社会集团工作的规范性要求。根据上述特点,生产企业要注意保证其产品的供应,以占领更大的市场。

从组织市场的构成可以看出,组织市场是一个综合性的市场。作为生产者市场,属于中间市场的范畴,因为它所购买的商品主要是一些中间产品——生产资料,这些产品要重新投放到生产过程中去,转化成其他产品再重新出售。作为中间商市场,虽然从其购买的产品来说主要是生活消费品,但其购买目的是为了销售,处于生产与消费的中间环节,因而也属于中间市场的范畴。作为非营利组织市场和政府市场,则属于终极市场的范畴,因为它所购买的商品主要是一些最终产品——生活消费品和服务性产品,这些产品不再进入生产过程,而要从事一些与人民生活直接相关的社会活动和公共消费。组织市场的这一特点决定了在组织市场中的各类购买者具有不同的消费行为和购买行为,并受到不同因素的影响和制约。

【延伸阅读】

政府采购助力小微企业

2012年8月,湖南省郴州市出台《关于进一步扶持小型微型企业健康发展的意见》,该意见提出,负有编制部门预算职责的部门,每年应当安排不低于年度政府采购项目预算总额25%的份额专门面向本市小型微型企业采购。在政府采购评审中,对本市小型微型企业产品可视不同行业情况给予6%~10%的价格扣除。

(来源:中华人民共和国财政部网站)

组织市场既要向生产企业提供生产资料以生产消费品,又要向商业企业提供消费品以满足消费者需要,还要向非营利组织和政府提供各类商品满足社会活动和公共消费需要,这就决定了组织市场在整个国民经济发展中居于重要地位,对于整个社会消费的发展起着决定性的作用,它的销售状况,直接影响着消费品市场的发展规模和速度。不仅如此,组织市场在整个商品市场中也居于主导地位,从数量上说,它超出消费者市场多倍,而且品种多,规模巨大。因此,开展对组织市场购买行为的研究,对于企业来说具有特殊重要的意义。

第二节 生产者市场和购买行为分析

在组织市场中,生产者市场的购买行为有典型意义,它与消费者市场的购买行为有相似性,又有较大的差异性,特别是在市场结构与需求、购买单位性质、购买行为类型与购买决策过程等方面。

一、生产者购买行为的主要类型

生产者是进行生产与再生产,以获取利润的单位和个人。根据购买对象的差别,生产者的购买行为分为三种类型：

（一）直接重购

即连续购买已购过的商品。实行直接重购的一般是一些质量、规格相同，又需要不断补充的商品，这是一种最简单的购买类型。直接重购的产品主要是原材料、零配件和劳保用品等，当库存量低于规定水平时，就要续购。采购部门对以往的所有供应商加以评估，选择感到满意的作为直接重购的供应商。当购买者选定供应商以后，就会定期、定量地购买该种产品，并且有可能使这种购买关系长期维持下去。在这种情况下，被选定的供应企业不再需要长年累月地进行新的推销活动，但必须保证一定的产品质量和服务水平，以维持已经建立起来的关系。作为未被选中的供应企业，则应千方百计、想方设法打开缺口，取得一些订单，以后逐步扩展，取得更大的成果。

（二）修订重购

即购买那些目前正在供应，但要求的质量、规格、数量及其他条件有所变化的商品。这种变更是由生产、销售和工作的需要引起的，例如，生产者要求设备进行部分更新。购买者会与原先的供应商协商新的供货协议，甚至更换供应商。原先的供应商感到有一定的压力，会全力以赴地继续保持交易，新的供应商则感到是获得交易的最好机会。变更购买是一种比较复杂的购买行为，买卖双方都有较多的人参与，需要考虑多种因素，其中价格是重要的因素之一，因为价格对于购买者来说就是购买成本，要进行更新选择就要考虑机会成本；由于部分更新，在使用和销售中也会发生开支的变化，因而还要考虑使用成本；由于变换产品的使用和销售，还要考虑因转换带来的损失，即转换成本。这种变更购买，对于过去未被选中的供应企业需要当机立断，迅速占领这一市场；而对于过去已被选中的企业来说则是一种威胁，这些供应企业要设法拉住已有的顾客，保护自己的既得利益。

（三）全新购买

即生产者用户第一次采购某种商品和服务。这是最复杂的购买类型。这种购买是由各单位的新任务所引起的，例如生产者准备投产一种新产品而购买新的设备。由于各单位过去从未买过这类商品，因而购买者特别谨慎小心，要求得到有关商品本身及使用商品方面的大量信息，以便进行比较选择。采购者要在一系列问题上做出决策，如产品的价格、购买数量、价格范围、交货条件及时间、服务条件、付款条件、供应商的选择等。所以，全新购买需要多人参与决策，并经过一个复杂的购买过程。作为产品的供应商，应及时向购买者发出自己产品的质量、价格、服务以及使用该产品的劳动效率和经济效益等信息，以促进购买者选购自己的产品。在全新购买中，由于购买者还没有一个确定的"供应商"名单，对所有的供应商都是机会，也是挑战。

二、生产者购买决策的参与者

生产者市场上价值以数亿计的商品和劳务，其采购业务由谁来完成呢？购买组织多种多样，从小的只有一两人组成的采购代理到大的由采购副总经理领导的采购部。某些情况下采购主管人员全权决定产品规格和供应商，另一些时候，他们只负责供应商的选择，有时甚至只担负下订单的职责。典型的情况是，对小项目他们拥有完全的决策权，而对主要的大宗商品他们只是去执行别的部门的要求和计划。

在生产者购买决策过程中，涉及如下成员：

(一)使用者

使用者是组织中将要使用产品或服务的成员。在很多情况下,由使用者首先提出购买建议并帮助确定产品规格。

(二)影响者

影响者是指那些能够影响购买决策的人。他们时常帮助确定产品规格,并且为评价待选商品提供信息。作为影响者,技术人员尤为重要。

(三)采购人员

采购人员拥有选择供应商并安排有关采购条款的正式职权。采购人员或许也帮助设计产品规格,但他们主要是在选择卖主和谈判方面发挥作用。在更复杂的购买中,采购人员里可能有参与谈判工作的高级官员。

(四)决定者

决定者指那些拥有选择或支持最终供应者的正式或非正式权力的组织成员。在日常购买中,采购人员往往是决定者,或者至少是支持者。

(五)把关人员

把关人员控制着信息的外流。例如,采购代理人通常有权阻止推销人员接触使用者和决定者。其他的把关人员包括技术人员,甚至包括电话总机接线员。

任何组织的采购中心,随着所采购商品级别的不同,其规模和构成也是变化的。购买一台计算机比购买电脑纸张参与决策的人更多。生产者市场营销人员不得不就以下问题做出判断:谁是主要的决策者?他们在哪些决策里施加影响?他们的影响相关度怎样?每一位决策参与者都应用什么评价标准?

生产者市场营销人员必须定期地审核他们就购买决策不同的参与者的作用和影响力所做出的推断,以适应变化了的环境。例如,长期以来,柯达公司向医院推销 X 光底片所采用的战略是通过放射室的技术人员推销。这家公司没有注意到医院购买 X 光底片的决策正逐渐地转变为由专业管理人员决定。当销售量下降时,柯达公司最终领会到医院购买中的这一变化并急忙改变他们的市场战略。

三、影响生产者购买决策的主要因素

生产购买者在做出购买决策时受到很多因素的制约。一些营销人员认为经济是最重要的影响因素。他们发现生产购买者总是选择那些价格最低或产品最好或服务最周到的供应商。这种观点意味着营销人员应把力量集中放在如何给购买者带来更高的经济利益上。另一些营销人员则发现购买者受一些个人因素,像偏好、注意或者风险回避的影响。

一项对 10 家大公司的购买者的研究表明:生产决策人员在他们办公时仍富有人情味。他们对"形象"有反应:他们从那些使他们感到"亲近"的供应商采购;他们倾向于那些对他们表示尊敬和关心并"为他们"做额外事情的供应商;他们对真实的或想象的怠慢都会有"过度反应",一般拒绝和反应迟缓或延期报价的供应商合作。因此,营销人员应首先注意购买时的个人和社会因素。实际上,生产购买者既受经济因素制约又受个人因素影响。在供应者提供的产品和服务大体相同的情况下,生产购买者的选择很少有理性因素。既然任何供应者都可以满足组织的目标,购买者就可以带进个人的因素。另一方面,在竞争性的

产品彼此差别很大时,生产购买者的选择会更小心,而且他们将更多地考虑经济因素。

我们可以将影响生产购买者的不同影响因素归纳为四类:环境因素、组织因素、人际关系因素和个体因素。这些因素在图6.1中得到显示并将在下面具体阐述。

环境因素	组织因素	人际因素	个体因素	
需求水平 经济前景 资金成本 技术变化率 政治与制度的发展 竞争发展	目标 政策 程序 组织结构 机制	职权 地位 神态 说服力	年龄 收入 教育 职位 个性 风险观	购买者

图6.1 影响生产者购买决策的主要因素

(一) 环境因素

目前和预期的经济环境,像基本需求水平、经济前景以及资金成本等因素对生产购买者的影响很大。经济因素是影响生产者购买的基本因素。经济衰退时,生产购买者减少他们在设备、厂房方面的投资并试图削减存货。在这样的环境里,营销人员在刺激购买方面难有作为。但是政府计划将减免投资税则会有所帮助。假如国家经济前景看好或国家扶持某一产业的发展,有关生产者用户就会增加投资,增加原材料采购和库存,以备生产扩大之用。

那些害怕主要原料短缺的企业愿意保持更多的存货。他们和供应者签订长期合同以确保这些原料的来源稳定。例如,杜邦、福特、克莱斯勒以及另外一些大公司将原料供应计划视为他们采购主管人员的一项主职责。生产购买者还受到环境中的政治、技术和竞争因素的影响。营销人员不得不对所有的环境力量进行观察,然后决定如何影响购买者,并努力实现购买者的购买。

【延伸阅读】

铁矿石价格

一直以来,在全球铁矿石贸易市场中,中国需求占据全球半壁江山,中国需求的变化被称为拉动全球铁矿石价格上行的主要原因。近期,淡水河谷前任CEO Roger Agnelli 还表示,未来10年中国铁矿石需求仍强劲。主要受到来自中国、亚洲其他国家及新兴国家的拉动,短期内铁矿石需求将上升。

不过,中国今后一段时期内,经济增长放缓对钢铁需求的拉动力度将明显减弱,钢铁行业每年10%甚至5%以上的增长都将很难实现。另外,钢铁产能严重过剩,决定了转型期内钢材市场将经受重大压力。而同期国际矿业巨头扩产计划不断推进,使得供求关系发生阶段性变化。实际上,从近两个月国际主要的铁矿石供应商积极加入中国铁矿石现货平台也体现出一种长期趋势。

2011年中国进口铁矿石6.87亿吨,2012年1~5月进口3.1亿吨,同比增长4.8%,均价为145美元,同比下降17.3%。2012年1~5月,国内原矿累计产量4.7亿吨,同比增长7.2%。

我的钢铁网在2012年7月初发布的下半年钢市展望报告认为,铁矿石价格总体将跟随钢价走势,预计今年全年均价比去年下降17%~20%。同时预计今年全年国内原矿产量在14.5亿吨左右,同比增长10.3%,进口量在7.2亿吨,同比增长4.8%。另外,从中长期发展看,废钢对铁矿石的替代效应将逐渐增强。

(来源:李晓辉,中国证券报,2012-07-18)

(二)组织因素

每一个购买组织都有自己特定的目标、政策、程序、组织结构和运行系统。营销人员对这些要有尽可能多地了解。主要是以下一些问题:多少人参与购买决策?他们是哪些人?他们的评价标准是什么?企业对其采购人员的政策和限制有哪些?

1. 采购部门的升格

尽管采购部门经营着公司一半以上的采购物品,却仍处于管理层的较低位置。然而,经济发展和资源短缺使许多公司提高了采购部门的级别。美国几家大公司已将采购部主任提到副总经理的水平。卡特皮勒和另外几家公司已把几项职能——诸如采购、存货控制、生产计划和运输——合并为一项更高的原材料管理职能。许多公司正在寻找高级人才,雇用MBA毕业生,并且提供优厚的待遇。这种趋势要求供应商必须相应地提高他们推销人员的级别以匹配新的购买者的才干。

2. 集中化的采购

在由多个事业部组成的公司里,由于各事业部的需求不一,因此采购工作多由各事业部单独执行。但最近各公司试图将一些采购工作再度集中起来。公司总部在协调好几个事业部的原料采购后,正考虑以某一中心进行集体采购的可行性。这将有利于公司减少采购成本。如果能找到更好的供应渠道,各事业部可以从别处采购,但一般来说,集中采购可以为公司带来大量的节约。对于营销人员来说,这种发展趋势意味着将与更少但素质更高的购买者打交道。销售商也许可以使用全国性大户销售队伍与购买者打交道,而不用在单个市场推销的区域性销售队伍。全国性大户推销富于挑战性,它要求有一支老练的推销队伍和良好的营销计划。

3. 长期协议

生产购买者正日益敏感于同供应商签订的长期协议。签订这种协议要经过充满技巧的谈判,因此购买者正充实一批专家到他们的编制中去。这样一来,企业营销人员在他们的队伍中将不得不相应地增加一些熟练的谈判人员。

4. 采购业绩评价

一些公司正建立一套激励系统以奖励那些有特殊业绩的采购部经理人员,奖励方式同销售人员因特殊的推销业绩而获取奖金是相一致的。这些激励系统将促使采购经理人员为获取最佳利益而向卖方施压。

(三)人际关系因素

企业采购中心通常由具有不同地位、职权和说服力的参与者组成。营销人员应当尽量了解每个参与者在购买决策中扮演的角色是什么、相互之间的关系如何,利用这些因素促成交易。

(四)个体因素

购买决策过程中的每一个参与者都会带有个人的动机、感觉和偏好。这三方面都要受参与者的年龄、收入、教育程度、职业身份、个性以及风险观的影响。不同的购买者会展示不同的购买风格。比如,有些年轻的、受过更好教育的购买者是"计算机迷",他们在选择供应商之前要对各种方案进行严格的分析;有些采购人员个性强硬,总是同供应商反复较量;有些采购人员对那些"不太顺从"或不太理想的供应商采取"惩罚"措施,如供应商涨价或者供货不及时等,他就会减少或停止采购。

营销人员必须了解他们的顾客并调整其策略以适应已知环境因素、组织因素、人际关系因素对购买状况的影响。

四、生产者的购买决策过程

生产购买者购买商品和服务并非是为了个人消费或使用。他们买东西是为了赚钱,或是为了降低经营成本、或是为了尽社会或法律义务。一家钢铁企业如果发现可赚更多的钱的机会,就愿意增置另一个设备,它对会计核算系统实行计算机管理以减少业务成本,它会为了满足法律上的要求增设控制污染的装置。

为买到所需的商品,生产购买者要经历一个采购或获取的过程。生产者购买过程一般可分为八个阶段,我们称之为购买阶段。这些阶段在表6.1中列出。所有这八个阶段都适用于新购的生产者购买类型,而对于另外两种购买行为类型,八个阶段中只有部分是适用的。我们将以典型的新购买状况为例来具体描述这八个购买步骤。

表6.1 生产者购买决策过程

购买阶段	购买类型		
	直接重购	修正重购	新购买
1. 认知需要	不适用	可能适用	适用
2. 确定需要	不适用	可能适用	适用
3. 说明需要	适用	适用	适用
4. 寻找供应商	不适用	可能适用	适用
5. 征求供应建议书	不适用	可能适用	适用
6. 选择供应商	不适用	可能适用	适用
7. 签订合约	不适用	可能适用	适用
8. 评定采购绩效	适用	适用	适用

(一)认知需要

当企业的某些成员认识到一个问题或一种需求可以通过获取某一商品或服务来解决的时候,购买过程便开始了。问题的认知可能来自内部或外部的启发。

从内部范围看,导致问题认知的最常出现的事件有以下几点:

(1)企业决定开发出一种新产品从而需要生产这种新产品的新设备、新材料;

(2)一台机器停止了运行,需要替换或增加新部件;

(3)已采购的原料使用结果证明不能令人满意,企业为此要寻找另一家供应商;

(4)某位采购经理人员感到有机会获取更有利的价格或更好的质量。

从外部范围看,购买者可能在一次展销会上产生一些新想法,或者看到一则广告,或者接到一位销售代表的电话得知他提供更好的产品或更低的价格。因此,营销人员可通过广告宣传、拜访可能的主顾等方式来促进问题或需要的认知。

(二)确定需要

认识到一种需要后,购买者接下来是决定所需产品或服务的总体特性和数量。就标准产品来说,这不是什么大问题。但遇上复杂的产品、购买者会与其他人包括工程师、使用者等一起工作以决定所需项目应有什么样的总体特征。他们将就所期望的可靠性、耐用性、价格和其他属性按重要程度进行次序排列。营销人员能给处于这一购买阶段的生产者提供帮助,购买者通常意识不到不同产品特性的价值所在,一位机敏的营销人员能帮助购买者界定他们企业的需要。

(三)说明需要

购买组织接下来是确定产品的技术规格,说明所购产品的品种、性能、数量和服务,写出详细的技术说明书。买方会委派一个价值分析工程小组来从事这项工作。由通用电气公司在20世纪40年代后期率先采用的价值分析工程,是降低成本的一种手段。在这一过程中,产品的部件得到仔细分析以决定它们能否重设计或标准化或由更便宜的生产方法制造出来。这个小组会检查某一指定产品的高成本部件——通常是20%的部件占用了80%的成本。这个小组还将寻找那些其设计寿命超过产品本身的部件。价值分析小组将确定最适宜的产品特性并说明它们。严格的产品规格书允许购买者拒绝那些不符合标准的商品。推销人员也可利用价值分析工具去敲开一家顾客的门,通过展示制造某一物品的更好方法,外在的推销人员可以将直接重购状态变成新购买状态,这样一来,推销人员的公司就获取了一次业务机会。

(四)寻找供应商

现在购买者要确定最适宜的卖主了。购买者可以查商业名录,或进行计算机查询,或给别的公司打电话征求建议。有些卖主由于它规模不够大不足以提供所需商品的数量,或者由于在运输和服务上信誉差而不在考虑的范围之内。最后,购买者会确定一个由小部分合格的供应商组成的目录。购买任务越新,所需物品越复杂昂贵,寻找合格的供应商所花费的时间就越多。调查表明,企业采购部门信息来源及其重要性的排列次序是:内部信息,如采购档案、其他部门信息和采购指南、推销员的电话访问和亲自访问;外部信息,如卖方的产品质量调查、其他公司的采购信息、新闻报道、广告、产品目录、电话簿、商品展览等。供应商们的任务是,使自己的名字列在主要的商业名录上,发起一个强有力的广告和促销计划,努力在市场上建立一个良好的信誉。

(五)征求供应建议书

购买者这时要请有资格的供应商呈送建议书。一些供应商只是送一本产品目录或派一位销售代表来。如果项目比较复杂或代价很大,购买者会要求每一位潜在的供应商提供详细的书面建议书。购买者在排除掉一些供应商后会请余下的供应商做正式的说明。因此,营销人员必须精于调查研究,善于撰写并解释建议书。他们的建议书不应仅仅是技术文件,而应当是营销文件。他们的口头说明应当能激起对方的信心。他们应当加强自己企业的能力和资源地位以便在竞争中出类拔萃。

(六)选择供应商

在这一阶段,采购中心的成员将审阅建议书并着手供应商的选择工作。他们为了选择供应商将要做卖方分析。他们不仅要考虑不同供应商的技术能力,也要考虑他们准时供货及周到服务的能力。采购中心常常列表显示期望的供应商的属性和相对重要性,如在选择一个化学品供应商时,某一个采购中心按它们的重要性列出了下面这些属性:(1)技术上的支持;(2)对顾客需要的迅速反应;(3)及时交货;(4)产品质量;(5)供应商的信誉;(6)产品价格;(7)品种齐全;(8)销售代表的素质;(9)卖方信贷;(10)个人关系;(11)印刷品文化手册。采购中心的人员根据这些属性评价供应者,他们将挑出最有吸引力的供应商。经研究发现,各种不同属性的相对重要性会随购买类型的不同而变化。对日常定购的产品来说,运输可靠性、价格和供应者信誉是相当重要的。至于那些解决工作程序问题的产品,如干燥复印机,三条最重要的属性是技术服务、供方灵活性和产品可靠性。最后,对于那些会激起竞争的新产品来说,最重要的属性是价格、供方信誉、产品可靠性、服务性及供方灵活性。

在做最后决策前,采购人员会设法同被考虑的供应商们就价格和其他条件进行谈判。最后,它会确定一个或几个供应商。许多购买者倾向于多方供应来源,其目的有两个:一是避免对某一供应商完全依赖以防出乱子;另一是引起卖方竞争,便于他们能比较不同供应商的价格和表现。购买者通常把订单上的多数份额交给某一位供应商,而只给别的供应商较少的份额。例如,一个利用三个供应商的购买者,可能从主要供应商那里采购所需商品数量的60%,而分别给另外两个供应商以30%和10%的份额。主要供应商努力保住其主导地位,次要供应商则努力扩展他们的供应份额。与此同时,外围供应商们会设法通过提供特别优惠的价格加入供应者行列,然后努力提高他们在购买者业务中的份额。

(七)签订合约

购买者现在要同选中的供方签下最后的订单,订单上列明技术规格、数量、预期交货时间、退货政策、担保单等事项。对于一个持续生产的企业来说,购买者日益倾向于采用长期而全面的合同形式而不用定期采购订单。每当库存需补充时便签一份新订单代价太大。购买者不想增加或减少每次定购的数量,因为这可能意味着更多的存货。一份总合同建立了一种长期的关系,供方答应在一个特定的时期里一旦购买者需要便以事先谈妥的价格供货。存货由卖方保管,因此被称作"无存货采购计划"。需要补充库存时,购买者的计算机会自动打印或电传一份订单给卖方。总合同导致更多的单一来源采购以及从这单一来源采购更多的货物。它把供方与买方紧紧联系在一起,外围供应商很难介入,除非购买者对原有供应商的价格和服务变得不满意。

(八)评价采购绩效

在这阶段购买者需要评价特定供应商的绩效。购买者可能与使用者联系,请他们评价满意程度。绩效评价可能导致购买者继续、修正或停止向卖方采购。评价方法是询问使用者或按照若干标准加权评估等。卖方的工作是密切注视着购买者是否使用同一标准进行绩效评价,以保证评价的客观性和正确性,同时确保自己向买方提供期待的满意产品或服务。

以上我们描述了在新购买状态下购买者的购买决策过程。在修正重购或直接重购状态下,这些阶段中有的将被压缩或省略。每一个阶段意味着可选供应商数目的减少。一个推销人员应当在早期的可能阶段便努力成为购买者采购过程的一部分。八段式的购买阶段模型显示了生产者购买过程的主要步骤,在真正的采购中,会出现更多的步骤。营销人员需要分别就每一购买状态建立模型,每一个购买状态包括一个特定的工作流程,并且这种购买流程可为营销人员提供许多线索,充分利用这些线索,营销人员接下来就能设计一个有效的营销计划,向顾客推销产品,提供服务。

第三节　中间商购买行为

中间商处于生产者和消费者之间专门从事商品流通,供应商应把中间商视为顾客的采购代理人而不是自己的销售代理人,帮助他们为顾客做好服务。

一、中间商市场的构成

中间商市场由所有那些获取商品是为了在获利基础上将其再售或租给别人的个人和组织构成。中间商不提供形式效用,只提供时间、地点和占有方面的效用。

中间商采购两类商品和服务,一类是为了再售,另一类是为了经营。后一类再卖者是以"生产者"的角色购买的。这里我们将讨论的范围限制在前一类商品,即为再卖而购的商品。中间商经营的产品种类繁多,事实上,除了少数几类产品由制造商直接卖给最终顾客外,绝大多数产品都由中间商经营,这些产品都是通过中间商或代理商,才被卖到最终购买者的手中的。供应商应把转卖商看作是他们顾客的采购代理人而不是代表他们供方的销售代理商,如果供应商能帮助转卖商更好地服务于他们所代理的购买者,那么这些供应商将是成功的。

二、中间商市场的购买类型

(一) 新产品采购

新产品采购指供应商向转卖商提供了一个新产品,转卖商将做出要或不要的回答,这取决于该产品看上去怎么样。即首先考虑"买"与"不买",然后再考虑"向谁购买"。中间商会通过对该产品的进价、售价、市场需求和市场风险等因素的分析后做出决定,这不同于制造商所面临的新购买状态,后者肯定要从某位供应商那里采购所需的产品。

(二) 最佳供应商选择

最佳供应商选择指转卖商需要一个产品,并且必须确定最好的供应商。这在两种情况下出现:转卖商没有条件经销所有可经销的品牌;转卖商寻求某制造商为自己生产一种品牌,如许多跨国性的零售商或连锁超市,相当数量的商品都是以自己品牌的名义销售的。这样一来,选择最佳的供应商就成为这些转卖商采购业务中的重要内容。

(三) 改善交易条件的采购

改善交易条件的采购指转卖商想从目前的供应商那里获取更好的交易条件,如更低的价格、更好的服务等。在美国,按照罗宾逊—彼特曼法案,禁止供应商给同一类的不同转卖商提供不同的供货条件,除非在成本不同、削价抛售或其他特殊情况下。然而,转卖商会通过引起竞争的方式,逼迫他们的供应商提供更优惠的待遇,诸如更多的服务、更宽松的卖方信贷条件以及更大幅度的折价。

(四)直接重购

直接重购指中间商按照过去的订购目录和交易条件继续向原先的供应商购买产品。转卖商会对以往的供应商进行评估,选择满意的供应商作为直接重购的对象,在商品库存低于规定水平时就按照常规续购。

三、中间商市场购买过程的参与者

谁为批发商和零售商这样的中间商做购买业务?在较小的"夫妻店"里,业主通常亲自从事商品选择和采购业务。在大公司里,采购是一项专门职能和一份专职工作。百货店、超级市场、药品批发商等,它们的购买方式各不相同,甚至在每一类企业的内部也可以找到不同点。

以超级市场为例。在一个超级市场连锁店的总部,专业了解情况者(有时称为商品经理)将负责拿出品牌产品组合方案并听取推销人员所作的新品牌产品介绍。在一些连锁店里,这些商品经理有权接受或拒绝新产品。然而在许多连锁店里,他们只能鉴别那些"显然可以拒绝的商品"和"显然可以接受的商品";而对于新产品,他们必须将其提交给连锁店的采购委员会作决定。经研究发现,采购人员的建议对采购委员会的决策有相当大的影响。但是,另一方面,即使一种商品被连锁店的采购委员会接受,连锁店的经理也可能不执行。按照一位超级市场连锁店的主管人员的说法:"不管销售代表卖什么或购买什么,对新商品的最终销售最具影响力的是连锁店经理。"在美国,连锁店和独立的超级市场,仓库里有2/3的新商品是连锁店经理自己决策订购的,只有1/3是采购委员会或公司总部强行推销的。

【延伸阅读】

超 市 买 手

他们有三寸不烂之舌,他们有火眼金睛,他们有杀价高招。在各大超市活跃着这么一批人,手握数亿采购大单,周旋于各供应商之间,与竞争对手展开厮杀。他们,就是超市里的"超级买手"。虽然顾客能买到什么样的商品,主要由他们来决定,但他们也有着常人难以承受的压力:搜集一切与商品有关的信息,每年保持销售额快速增长。马上快到年货季,面对琳琅满目的商品,哪些可以进入超市销售?哪些促销组合能卖得最好?他们才是打赢这场商超年货大战的幕后推手。

(来源:易恒信科技网站,2011.11.14)

四、中间商市场的购买决策过程

如同生产者用户一样,转卖商完整的购买过程也分为八个阶段,即认知需要、确定需要、说明需要、物色供应商、征求供应建议书、选择供应商、签订合约和绩效评价。改善交易条件的采购和最佳供应商选择可能跳过某些阶段,新产品采购则会完整地经历各个阶段。

(一)认知需要

指转卖商认知自己的需要,明确所要解决的问题。认知需要可以由内在刺激和外在刺激引起。

(1)内在刺激。是转卖商通过销售业绩分析,认为目前经营的品种陈旧落伍,不适应市场需求潮流,从而主动寻求购进新产品,改善产品结构。

(2)外在刺激。转卖商的采购人员通过广告、展销会、供应商的推销人员或消费者的途径了解到有更加适销对路的新产品,产生购买欲望。

(二)确定需要

指转卖商根据产品组合策略确定购进产品的品牌、规格和数量。批发商和零售商的产品组合策略主要有四种:

(1)独家产品。即所销售的不同花色品种的同类产品都是同一品牌或由同一厂家生产。比如某电视机商店专门经营王牌电视机。

(2)深度产品。即所销售的不同花色品种的同类产品是由不同品牌或不同厂家产品搭配而成。比如某电视机商店经营多种品牌的电视机。

(3)广度产品。即经营某一行业的多系列、多品种产品。如电器商店经营电视机、电冰箱、洗衣机、收录机、VCD、DVD等。

(4)混合产品。即跨行业经营多种互不相关的产品,如某商店经营电视机、电冰箱、服装、食品、鞋帽等。

(三)说明需要

说明所购产品的品种、规格、质量、价格、数量和购进时间,写出详细的采购说明书,作为采购人员的采购依据。转卖商为了减少"买进卖出"带来的风险,对产品购进时间的要求极其严格,或者要求立即购进以赶上消费潮流,或者把购进时间一拖再拖以看清消费趋向。转卖商决定购买数量的主要依据是现有的存货水平、预期的需求水平和成本/效益的比较。当大量进货能够获得较大折扣时,则大量进货;当小量进货能够减少库存成本时,则小量进货。供应商应了解转卖商的购买意图,采取相应的营销策略。

(四)物色供应商

采购人员根据采购说明书的要求通过多种途径收集信息,寻找最佳供应商。如果是新产品采购或所需品种复杂,这项工作的工作量就大些。

(五)征求供应建议书

邀请合格的供应商提交供应建议书,筛选后留下少数选择对象。

(六)选择供应商

采购部门和决策部门分析评价供应建议书,确定所购产品的供应商。转卖商的购买多属专家购买、理性购买,希望从供应商那里得到最大限度的优惠条件。选择供应商主要考虑的因素是:有强烈的合作欲望和良好的合作态度;产品质量可靠,适销对路,与商店的经营风格一致;价格低廉,折扣大,允许推迟付款;信用保证,减少转卖中间商进货风险,补偿因商品滞销、跌挫而产生的损失;交货及时;给予广告支持或广告津贴;提供完善的售后服务,有专门维修点,允许退换有缺陷破损的商品,遇有顾客投诉或产品质量事故无条件地承担责任。

(七)签订合约

转卖商根据采购说明书和有关交易条件与供应商签订订单,他们也倾向于签订长期有效的合同,以保证货源稳定,供货及时,减少库存成本。

(八)绩效评价

转卖商对各个供应商的绩效、信誉、合作诚意等因素进行评价,以决定下一步是否继续合作。

从上述购买过程可看出,对新的产品,转卖商的购买过程与生产购买者大体相同。如果是标准产品,转卖商不过是在存货水平降低时再次订购商品,订单将是与以往相同的一些供应商签订,只要他们的供货条件、商品及服务是令人满意的。如果购买者的利润因营运成本的上升而下降,他们会设法就价格问题与卖方重新谈判。许多零售企业的利润是很低的(例如,超级市场的销售利润率是1%~2%),以致需求突然减少或营运成本突然上升都会使利润变成赤字。

随着时间的推移,转卖商正逐渐提高他们的采购技能,他们正逐步掌握需求预测、商品选择、存货控制和商品陈列的一些基本原理。他们逐渐学会计算每平方米利润,而不仅仅是每件产品的利润。他们正扩大计算机的使用范围,用它来保持现行存货数量,计算经济订购批量,准备订单和打印出花在卖方和产品上的资金数额。他们能很容易地判别出经销某一特定的商品是否有利可图。由此观之,供应商正面临着转卖商那日益老练的采购技巧,而这一点也可用来解释为什么某些权利从制造商那里转移到了转卖商那里。卖方需要了解转卖商的不断变化的要求,并且推出一些富有吸引力和竞争力的商品,以帮助转卖商更好地服务于他们的顾客。

第四节 政府采购行为

一、政府市场及其购买行为

(一)政府购买者的购买决策

政府由那些为执行政府的主要职能而采购或租用商品的政府单位所组成。政府购买的基础是获取公民认为是达到公众目标所必需的产品和服务。政府采购的商品和服务的范围是惊人的,他们采购轰炸机、雕塑品、黑板、家具、卫生设施、衣物、材料控制设备、灭火器、机动设备及燃料,用于防御、公共福利、医疗保健、建造高速公路和自然资源开发,还有用于邮政服务、住房和城市改造等。不同类型的政府单位,其支出组合是不一样的。毫无疑问,对任何生产者或转卖商来说,政府市场是巨大的。

(二)政府购买过程的参与者

谁从事政府市场价值巨大的商品和服务的采购工作?国家中央机构和地方政府都有自己的购买机构,国家各部委及其代理机构组成了最为庞大的购买组织,它们各自都有标准化的采购程序。地方政府的采购代理机构包括学校、公路部门、医院、房产处以及许多其他机构。每一个代理机构都有它自己的采购程序,销售商必须掌握这一点。

(三)影响政府购买者的主要因素

政府购买者与生产购买者和中间商一样,也受到环境、组织、人际和个体因素的影响。但是,在以下方面有所不同:

1. 受到社会公众的监督

虽然各国的政治经济制度不同,但是政府采购工作都受到各方面的监督。主要的监督者有：

(1) 国家权力机关和政治协商会议，即国会、议会或人民代表大会、政治协商会议。政府的重要预算项目必须提交国家权力机关审议通过，经费使用情况也受到监督。

(2) 行政管理和预算办公室。有的国家成立专门的行政管理和预算办公室，审核政府的各项支出并试图提高使用的效率。

(3) 传播媒体。报纸、杂志、广播、电视等传播媒体密切关注政府经费的使用情况，对于不合理之处予以披露，起到了有效的舆论监督作用。

(4) 公民和民间团体。国家公民和各种民间团体对于自己缴纳的税负是否切实地用之于民也非常关注，通过多种途径表达自己的意见。

2. 受到国际国内政治形势的影响

比如，在国家安全受到威胁或出于某种原因发动对外战争时，军备开支和军需品需求就大；和平时期用于建设和社会福利的支出就大。

3. 受到国际国内经济形势的影响

经济疲软时期，政府会缩减支出，经济高涨时期则增加支出。国家经济形势不同，政府用于调控经济的支出也会随之增减。我国出现"卖粮难"现象时，政府按照最低保护价收购粮食，增加了政府采购支出。美国前总统罗斯福在经济衰退时实行"新政"，由国家投资大搞基础设施建设，刺激了经济增长。

4. 受到自然因素的影响

各类自然灾害会使政府用于救灾的资金和物资大量增加。由于开支决策受到审查，政府组织要做大量文书工作，而且，在采购获得批准之前必须填制和签发精心制作的表格。如果官僚主义盛行，营销人员就不得不去发现"穿越官僚程序"的近道。在政府采购中，非经济的评判标准扮演着越来越重要的角色。销售商在决定是否从事政府业务时需要牢记这些因素。

(四) 政府购买者的购买程序

政府采购程序分为两种类型：公开竞价和通过谈判达成协议。所谓公开竞价，也叫公开招标，就是政府的采购机构在报刊上登广告或发出函件，说明要采购的商品的品种、规格、数量等具体要求，邀请供应商在规定的期限内报价投标。供应商如果想做这笔生意，就要在规定的期限内填写标书（其格式通常由招标规定），上面填明可供商品的名称、品种、规格、数量、交货日期、价格等，密封送交政府的采购机构（招标人），这叫作投标。最后由政府的采购机构在规定的日期开标，选择报价最低的、最有利的供应商成交。政府的采购机构采取这种采购方法，无需与卖方反复磋商，而且处于比较主动的地位，但供应商（投标人）必然会进行激烈竞争。中标的供应商必须考虑自己能否满足规格要求和是否愿意接受交易条件。对普通商品或标准产品，如燃料或办公用品来说，规格要求不会成为一个障碍。然而，遇上非标准产品，规格问题就可能是个障碍了。在某些情况下，政府采办机构常常因为供应商的优质产品和良好信誉而要求提供折让。

政府采购的第二种方式是通过谈判达成采购协议，也即议订合同采购。所谓议订合同采购，就是政府的采购机构和一个或几个公司接触，最后只和其中一个公司谈判协商签订合同，进行交易。政府的某些采购涉及复杂的计划，有较大的风险，在这种情况下，政府往往采取议订合同采购。大公司取得合同后，往往把相当大一部分转包给一些小企业。因此，政府的采购活动往往会产生连锁反应，在产业市场上产生引申需求，促进经济发展。

由于一系列的原因,许多向政府推销的公司还没有显示出一种营销取向,所有政府开支由政府官员决定,而不是通过营销努力来开发市场的。由于政府的采购政策强调价格因素,所以供应商就将所有的努力放在技术上以求降低成本。如果产品的特性被具体限定了,那么产品差别化就不再是一个营销因素了。在公开竞价的基础上,广告和人员推销对竞价的成功也没有重大影响。许多公司正在建立独立的营销部门来指导以政府为方向的营销活动。

【本章小结】

组织市场既要向生产企业提供生产资料以生产消费品,又要向商业企业提供消费品以满足消费者需要,还要向非营利组织和政府提供各类商品满足社会活动和公共消费需要,这就决定了组织市场在整个国民经济发展中居于重要地位,对整个社会消费的发展起着决定性的作用,它的销售状况,直接影响着消费品市场的发展规模和速度。不仅如此,组织市场在整个商品市场中也居于主导地位,从数量上说,它超出消费者市场多倍,而且品种多,规模巨大。因此,开展对组织市场购买行为的研究,对于企业来说具有特殊重要的意义。

组织市场指工商企业为从事生产、销售等业务活动以及政府部门和非营利组织为履行职责而购买产品和服务所构成的市场。简直之,组织市场是以某种组织为购买单位的购买者所构成的市场,是消费者市场的对称。就卖主而言,消费者市场是个人市场,组织市场则是法人市场。

由于商品的经济用途与购买决策的差异,组织市场的需求与消费者市场的需求有着不同的特点,整体来说,具有派生需求、多人决策、过程复杂、专业性强等。不仅如此,在组织市场内部的各个市场之间,其需求也存在较大差别。

【基本概念】

组织市场 生产者市场 中间商市场 非营利组织 政府购买市场 重复购买 变更购买 全新购买 生产者购买决策过程 单个中间商 公开招标选购

【实训(练习)题】

1. 组织市场有哪些特点?
2. 生产者市场的购买类型有哪几种?
3. 分析生产者市场完整的购买决策过程。
4. 影响生产者市场购买行为的主要因素有哪些?
5. 中间商市场的购买类型对购买决策过程产生何种影响?
6. 单个中间商的采购风格对供应商的营销人员有何启发?
7. 非营利组织有哪些类型?主要购买方式有哪些?

第Ⅲ篇 市场营销战略

第七章 目标市场营销战略

【学习目标】

1. 了解企业进行市场细分的主要方法；
2. 掌握企业选择目标市场的主要方法及其特点；
3. 熟悉企业进行市场定位的方法。

【引例】

脑白金——吆喝起中国礼品市场

在中国，如果谁提到"今年过节不收礼"，随便一个人都能跟你过不去地说"收礼只收脑白金"。脑白金已经成为中国礼品市场的第一代表。

睡眠问题一直是困扰中老年人的难题，因失眠而睡眠不足的人比比皆是。有资料统计，国内至少有70%妇女存在睡眠不足现象，90%的老年人经常睡不好觉，"睡眠"市场如此之大。脑白金功能定位准确。然而，在红桃K携"补血"、三株口服液携"调理肠胃"概念创造中国保健品市场高峰之后，在保健品行业信誉跌入谷底之时，脑白金单靠一个"睡眠"概念不可能迅速崛起。

然而，作为单一品种的保健品，脑白金以极短的时间迅速启动市场，并登上中国保健品行业"盟主"的宝座，引领我国保健品行业长达五年之久。其成功的最主要因素在于找到了"送礼"的轴心概念。

中国，礼仪之邦。有年节送礼，看望亲友、病人送礼，公关送礼，结婚送礼，下级对上级送礼，年轻人对长辈送礼等等几十种送礼行为，礼品市场何其浩大。

脑白金的成功，关键在于定位于庞大的礼品市场，而且先入为主地得益于"定位第一"法则，第一个把自己明确地定位为"礼品"——以礼品定位引领消费潮流。

（资料来源：温韬.中国十大经典营销传播概念[J].销售与市场，2003年第24期）

目标市场营销即企业识别各个不同的购买者群体的差别，有选择地确认一个或几个消费者群体作为自己的目标市场，发挥自己的资源优势，满足其全部或部分的需要。目标市场营销是市场营销理论和实践的极有意义的进步，成为现代营销的核心战略。目标市场营销主要包含有三个步骤：市场细分（segmenting），目标市场选择（targeting），市场定位（positioning），所以又被称为STP战略。

第一节 市场细分

企业在其经营领域中不可能完全满足消费者的所有产品需要,如何选择目标市场是企业营销战略的关键问题。

一、市场细分的概念

美国著名的学者温德尔·史密斯在1956年发表的《市场营销战略中的产品差异化与市场细分》一文中,首先提出了"市场细分"的概念。市场细分就是营销者通过市场调研,依据购买者在需求上的各种差异,把某一产品的市场整体划分为若干购买者群的市场分类过程。在这里每一个购买群就是一个细分市场,亦称"子市场"或"分市场",每个分市场都是由具有类似需求倾向的购买者构成的群体。简单地说市场细分是一个意在整个市场寻找反应相似的子顾客群的过程。当顾客的需求和反应不同时,市场就可以进行细分。这个概念的提出是市场营销思想和战略的重大突破,为企业经营开拓了新视野。

正确理解市场细分概念要强调以下三点:

(1)市场细分的依据是消费者需求的差异。市场细分的客观基础是同一产品消费需求的多样性。即消费者对某种产品的材料、特性、规格、档次、花色、款式、质量、价格、包装等方面的需要与欲望是不相同的,或者购买行为和购买习惯等方面存在着差异。正是消费者需求的差异性,才使市场细分成为可能。

(2)市场细分的实质是细分消费者,而不是商品。企业进行市场细分,就是要发现不同消费者之间需求的差别,然后把需求基本相同的消费者归为一类,这样就可以把一个整体市场分成若干个细分市场。

(3)市场细分的目的是为了选择和确定目标市场,而不是为了细分而细分。消费需求客观存在差异,甚至很小的差异也被消费者所重视,在这种情况下,市场细分得越小越好,人们称之为"微细分"。如果需求差异意义并不大,市场分得太细,使产品设计、投产到销售都趋于复杂化,且成本增加,则不利于营销。

二、市场细分的意义

市场细分成为现代企业从事市场营销活动的重要手段,实践已证明,它是企业通向成功的阶梯。企业对市场进行细分的主要意义如下。

(一)市场细分有利于发现市场机会

市场机会是指市场上客观存在的未被满足或未被充分满足的消费者需求。通过市场细分,企业可以对每一个细分市场的购买潜力、满足程度、竞争情况等进行分析对比,从而进一步发现哪些消费群的哪些需求还没有得到满足或没将得到充分满足。在满足程度较低的市场部分,就可能存在着最好的市场机会。抓住这样的市场机会,结合企业自身条件,设计出最佳的营销决策,进行必要的产品技术储备,掌握产品更新换代的主动权,开拓新市场,以更好地适应市场的需要。

(二)市场细分有助于企业发现最佳的市场机会

企业利用市场细分就能及时、准确地发现属于自己的市场机会。因为消费者的需求是没有穷尽的,总会存在尚未满足的需求。只要善于市场细分,总能找到市场需求的空隙。独到的市场细分能为企业创造一个崭新的市场,百事可乐公司就是通过市场细分为自己发现了绝妙的市场机会,并在此基础上用一系列营销努力成功地改写了可乐市场上可口可乐一统天下的局面。当时可口可乐在消费者心目中几乎就是饮料的代名词,其他品牌的饮料根本无法与之相提并论。百事可乐首创不含咖啡因的"七喜",并用饮料中是否含有咖啡因作为标准,将饮料市场一分为二:含有咖啡因的饮料市场和不含咖啡因的饮料市场,并成功地让消费者认同可口可乐是前一个市场的霸主,七喜则是后一个市场的领导者。

(三)市场细分有助于企业确定经营方向,开展针对性营销活动

面对极其广阔的市场,任何企业都不可能囊括所有的需求,而只能满足其中的十分有限的部分。所以,慎重地选择自己所要满足的那部分市场,使企业的优势资源得以发挥是至关重要的。通过市场细分化,企业把市场分解开来,仔细分析比较,及时发现竞争动态,避免将生产经营过度集中在某种畅销产品上,与竞争者一团混战。选择有潜力又符合企业资源范围的理想顾客群作为目标,有的放矢地进行营销活动,集中使用人力、物力和财力,将有限的资源用在刀刃上,从而,以最少的经营费用取得最大的经营成果。

(四)市场细分有利于提高企业的竞争能力

通过市场细分,企业可以针对自己的目标市场,生产出适销对路的产品,满足市场需要的同时增加企业的收入。产品适销对路可以加速商品流转,降低企业的生产销售成本,有利于提高企业的经济效益,从而提高企业在目标市场上的竞争能力。与大企业相比,小企业的生产能力和竞争实力要小得多,它们在整个市场或较大的细分市场上无法建立自己的优势。借助市场细分化,小企业可以发现某些尚未满足的需要,这些需要或许是大企业忽略的,或许是极富特殊性,大企业不屑去为之专门安排营销力量的。无论何种情况,只要是小企业力所能及的,便可以见缝插针,拾遗补缺,建立牢固的市场地位,成为这一小细分市场的专家。小企业还可充分发挥"船小调头快"的优势,不断寻找新的市场空隙,使自己在日益激烈的竞争中生存和发展。

三、市场细分的原则

消费者需求的差异性是市场细分的依据,凡是构成消费者差异的因素都可以作为市场细分的标准,市场细分有以下原则。

(一)规模适度性原则

市场细分最终是为企业开展营销战略服务的,市场规模过大,企业的资源条件制约其完成;市场规模过小(市场过细)企业利润无法实现,因而,划分市场应考虑其可盈利的规模。

(二)可度量性原则

可衡量性指表明该细分市场特征的有关数据资料(如细分市场的规模及购买力)必须能够加以衡量和推算。例如:市场规模、市场潜力、购买力水平、销售增长率、成本利润率等;在重视产品质量的情况下,有百分之多少的人更注重价格,有百分之多少的人更注重外观,或者兼顾几种特性。将这些资料进行量化是比较复杂的过程,必须运用科学的市场调研方法。

（三）可识别性原则

不同细分市场在概念上应是可以区分的，营销者在不同市场中应有不同的表现。以某种标准进行细分后的各个子市场范围清晰，其需求程度和购买力水平是可以被度量的，并同其他子市场有明显差异。这里特别要强调的是，所选择的标准必须使细分后的市场是有意义的，细分市场中的特定需求确实存在，且不可替代。这样才可能使企业能通过对特定需求的满足来达到对该细分市场的控制。

（四）可进入性原则

细分市场的任务是为了进入市场、占领市场。细分后的市场不能进入或无法进入则失去其细分的任何意义。可进入性是指企业对该细分市场能有效进入和为之服务的程度。市场细分后，至少其中的部分子市场必须是企业有可能进入并能占有一定的份额。如果细分的结果发现已有很多竞争者，自己无力与之抗衡，无机可乘，或虽有营销机会，但企业因缺乏原材料或技术，货源无着，难以生产经营。或受政策、法律限制无法进入，则这样的市场细分对该企业来说就没有现实意义。

（五）可盈利性原则

可盈利性即以某种标准进行细分后的各个子市场拥有足够的潜在需求，能使企业有利可图，实现其利润目标。也就是说，子市场应该是值得企业为之设计专门的有效规划方案的尽可能大的同质消费者群体。如果市场容量太小，销量有限，则不足以成为细分依据。此外，预期市场细分所得收益应大于因细分市场而增加的生产成本和销售费用，否则也不可细分。

（六）稳定性原则

有效的市场细分所划分的子市场必须具有相对稳定性。如果市场变化太快，变动幅度又很大，企业还未来得及实施其营销方案目标市场就已面目全非了，则这样的细分也是毫无意义的。

四、市场细分的主要变量

选择市场细分的变量对细分市场至关重要，变量过少会丢掉市场，变量过多会费时耗力，或掩盖市场的差异，起不到应具有的效果。

（一）消费者市场细分的主要变量

对消费者市场细分的主要变量选择有两种方法：一种方法是按消费者的个性特征来细分市场，如地域、年龄、性别、职业等个人特征，知觉、动机、价值取向、人生意义等心理特征，相关群体组织、家庭等社会特征，民族历史、社会阶层、文化背景、宗教信仰等文化特征。然后研究这些个性特征细分后的各细分市场中消费者购买决策行为的差别。变量选择的另一方法是先研究消费者的决策行为，然后再考察其在各个细分市场中消费者的个性差异，再细分市场。例如，购买空调时消费者最关心"质量"，企业就先研究"质量"，然后研究地域分布、消费者个人购买行为及心理特征等的差异。市场细分要求营销者具有商品学、心理学、社会学、统计学等综合知识与能力。表7.1是细分市场常见变量的参考因素。

表7.1 消费者市场的主要细分变量

变量	内　　容
1.地域变量	
地区	国际:欧洲、北美、东南亚、拉美、非洲;国内:东南沿海、中部、西部、东北、华北、华中
城市区域	5万人以下,5~10万人,10~25万人,25~50万人,50~100万人,100~400万人,400~1 000万人,1 000万人以上
气候条件	热带、亚热带、温带、寒带、湿度大、干旱区、海洋气候
人口密度	都市、市郊、农村;交通发达、较发达、欠发达;人口流动力量及常驻
2.人口统计变量	
年龄	幼儿、婴儿、6~9岁、9~11岁、12~19岁、20~24岁、25~35岁、36~49岁、50~60岁、61~65岁、65岁以上
性别	男性、女性
家庭周期	青年独居、新婚、满巢Ⅰ、Ⅱ、Ⅲ、空巢、年老夫妻、孤居、其他
职业	军人、农民、工人、经理、职员、公务员、医生、主妇、工匠、技术人员、离退休人员、学生、无业者、手工业者、失业者、官员
教育程度	博士、硕士、大学、中专、高中、初中
收入(月)	500元以下,500~1 000元,1 000~2 000元,2 000~4 000元,4 000~6 000元,6 000元以上
宗教信仰	无神论、佛教、天主教、伊斯兰教、基督教、犹太教等
国籍	中国、美国、日本、欧共体等国、拉美集团、非洲等国、以色列、埃及等
种族	白人、黑人、东方人种、混血统人
文化背景	东方文化、西方文化
3.心理变量	
社会地位	上层社会、中层社会、下层社会
生活方式	奢华、简朴、时髦流行、传统古典、高雅气派、舒适安稳
个性特征	独来独往、爱交际、欲望强烈、独裁、武断、融合谦虚
4.行为变量	
使用地点	一般场合、特殊场合
追求利益	经济、实惠、质量、服务、身份地位、心理满足
使用情况	从未使用、曾使用、正在使用、经常使用、偶尔使用、某阶段使用、将来使用
使用率	轻度、中度、重度
忠诚	无、一般、强烈、绝对
准备阶段	不注意、注意、知道、了解、有兴趣、想买、准备买
对产品态度	热心、肯定、无视、否定、敌视、厌恶

(二)产业市场细分的主要变量

对消费品市场细分的变量选择也适用于经营者市场,即产业市场(Industrial markets)。

它是为了生产和销售其他的产品或服务购买产品或服务的市场。其特点表现如下：

（1）购买集中度高。购买者通常集中在一个或几个地点，集中在一定时间季节采购。

（2）每次购买量大。生产用品要求具有一定规模，故每次成交量大。

（3）支付方式不以现金为主。

（4）购买者通常是某种类商品的行家或具备专门知识的人才。

（5）在对购买商品进行决策时，往往首先关注于产品的技术指标，然后才是价格、服务等。

（6）由于生产者定期使用产品，因而其购买的重复性强，购买具有规律性，购买批量在一定时期内基本稳定。

表7.2给出产业市场细分的主要参考变量。

表7.2　产业市场细分的主要变量

变量	内容
行业类型	企业重点放在购买本产品的哪些行业
地理位置	国际企业、国内企业具体集中在哪个地区
公司规模	企业产品的重点放在什么规模程度的公司，大、中、小
产品用途	主要原料、辅助原料、必备原料、无替代原料
使用情况	经常使用、偶尔使用、首次使用、从未使用
技术	企业重点应放在顾客关注的哪些技术环节上
采购量	大、中、小
顾客能力	将重点放在需要很多服务者身上，还是只需少量服务者身上，其信誉如何
采购组织	采购组织是高度集中的，还是分散的
采购标准	质量、价格、交货期、信贷条件
权力分配	应侧重技术占主导地位的公司，还是财务占主导地位的公司
顾客关系	选择同我们有牢固关系的公司，还是追求理想的公司
个人特征	年龄、职业水准、道德水准、风险态度、忠诚程度、自信心、价值取向

五、市场细分的步骤

市场细分没有统一的模式，通常是先确定细分市场的依据，根据依据对市场进行划分，针对划分的市场进行研究最终确定目标市场。美国营销学家伊·杰·麦卡西（E. J. Mccarthy）提出了细分市场的七个步骤，其对市场细分具有普遍的指导意义。

（一）根据企业总体经营战略来确定产品市场范围

企业战略的构成要素包括四个方面的内容，即产品和市场范围、增长向量、竞争优劣和协同效应。企业的自身竞争条件决定其能否生产出来产品，市场范围是根据市场需要而不是产品特性来确定的。企业在确定自己的任务和目标时必须确定其产品的市场范围。产品包括现有产品或服务和正在开发的产品以及相关产品，市场包括现有市场和新开发市场。

(二)分析潜在顾客的基本需要

消费者购买产品是为满足其某种需要,企业在掌握产品能够满足消费者的某些需求功能基础上,根据地理变量、行为和心理变量等分析消费者的需求,对市场需求的类型做出判定。例如,消费者购买住房的需要有:宽敞舒适、起居方便、安全、经济实惠、环境幽雅、商业氛围浓厚、子女上学方便、管理维护服务好、有停车场地、交通便利、内部装饰高档、建筑风格独特等。

(三)分析潜在顾客的不同需要

顾客对产品的基本需要是一般性的需要,企业必须研究消费者有哪些不同的想法和要求,哪些需求对他们来说更重要。比如,计算机对高校学生而言,主要是学习的辅助工具、网上寻求信息开拓视阈的伙伴;对企业而言主要是用于管理;对高级知识分子而言主要是工作、设计、网上查询交流;而对美国士兵而言则主要是模拟战争的训练工具。这样就出现了不同的细分市场。

(四)去掉潜在顾客的共同需要

各个市场消费者共同需要的东西固然是重要的,它是生产设计的重要基础条件,但作为细分市场时要把它舍去,舍去后企业就会发现具有相互区别的需要类型,即需要差别,这些差别即成为产品设计和营销组合的依据。例如,20世纪80年代日本电视机在中国销售,人们购买电视机无非是接视频信号,中国信号发射系统功能不如西方国家,因而,日本着重加大对中国出口电视机的信号接收系统功能。

(五)为各细分市场命名

在没有进行市场检验前,细分是否正确暂不能确定,企业为确认市场,要为可利用的市场命名,从而使基本轮廓市场清晰。例如,租房市场中的家庭住房、学生用房、商服租房、青年独居、度假旅游、老年用房、新婚用房等。

(六)确认细分市场的特点

企业对所命名的细分市场进行调查确认,借助市场分析工具,通过对消费者的访问、历史资料统计研究等,寻找哪些因素才是最恰当的细分市场,这些市场有何特点,可否进行营销设计,其设计的可行性程度。

(七)测量各子市场的潜力

在充分调查的基础上,需要确定每个子市场的购买量。这种购买量有现实的,也包括潜在的。根据市场的潜力,市场环境的变动因素,竞争者状况,结合企业的实际资源情况,最终选定目标市场。

第二节 目标市场的选择

一、目标市场的概念

目标市场(target market)是企业为满足现实或潜在的消费需求而运用产品(服务)及营销组合准备开拓的特定市场。目标市场选择(targeting)则是在诸多细分市场中选择最为合适的细分市场作为目标市场的过程。我们可以从三个方面去认识目标市场营销的理论依据：

首先是企业资源的有限性。除了自然垄断、国家垄断的行业以及少数市场面极其狭窄的行业之外，对于大多数行业而言，一个企业是很难去满足其全部市场需求的，因为会受到企业资源和能力的限制。也就是说，企业只能去满足该市场上一部分消费群体的需求。

其次是企业经营的择优性。既然企业只能去满足市场中的一部分消费群体，那么，他就会面临两种选择：一是不加区分地任意满足其中的一部分，从策略上讲就是广泛营销。其结果是，由于没有针对性，市场群体的满意度就不会很高，从而企业的市场竞争力也就不会很强；二是寻找到同其资源相匹配的，有可能充分发挥企业特色和优势的一部分市场群体，有针对性地去加以满足。这样就可能既使这部分市场群体的满意度大大提高，又使企业的核心竞争力充分发挥。毫无疑问，只要有可能，企业都会选择后者。

再次是市场需求的差异性。在各种因素的影响下，市场消费群体之间存在很大的差异性，从而构成了一个又一个在需求上各不相同的市场群体。从而就为企业有针对性地选择其目标市场提供了前提。

二、目标市场选择的原则

目标市场的选择是企业整个营销战略最重要的事情，因为目标的失误就是企业营销方向的失误。偏离方向最终目的就很难或无法实现。一般而言，目标市场的选择应遵循以下原则：

（1）目标市场的选择必须符合企业的总体战略。企业的存在宗旨、企业的使命以及企业对象是企业选择目标市场的先决条件，目标市场是实现企业宗旨目标的渠道途径。

（2）目标市场的选择要与企业拥有的资源相匹配。企业选择目标市场就要从事营销战略行动。目标市场范围过大，企业拥有的资源无法满足，最终结果当然不能实现；若目标市场远小于企业所拥有的资源，势必形成资源闲置浪费的现象，企业发展的速度就会减慢。

（3）目标市场必须具备潜在效益，营销是企业的手段方法，企业必须关心从企业销售收入、销售成本中谋取效益，片面追求市场规模、市场销售额，而忽视成本，最终企业的利润就无法保证。

（4）目标市场必须具有吸引力。美国哈佛大学教授波特认为决定或影响一个细分市场长期盈利性的因素有五个，即行业竞争者，潜在竞争者，产品替代者，购买者和供应者。如果某个细分市场的竞争者过多，而且竞争者的规模相当，这说明此市场的竞争是异常激烈的，一般不应将其定为目标市场，除非企业真正具有独特的优势能从竞争对手的市场中赢得消费者。

三、目标市场范围的选择策略

目标市场范围的确定实质上就是确定企业究竟将目标定在哪一级细分的特定市场上。企业对此应根据自身的资源条件选择。通常有五种目标市场范围策略供企业选择，如图7.1所示。

（一）产品—市场集中化

企业根据自身条件，选择一个细分市场，提供一种产品或服务，采取一个特定的营销组合，以取得某一特定市场的优势。该策略通常是小企业或弱企业的选择，如图7.1(a)所示。

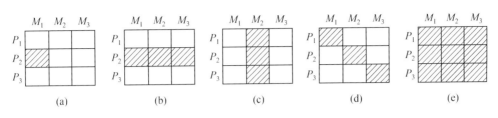

图 7.1 目标市场范围策略

(二) 产品专业化

企业提供一种产品,以此种商品去满足各种不同的顾客需要。其策略的好处是有利于生产成本的降低和产品质量的提高,因为有规模经济效益存在,但市场的差别需求没有考虑,如图 7.1(b) 所示。

(三) 市场专业化

企业向某一类顾客群提供各种不同类型的产品或服务,消费者在不同产品间选择自己的产品,如图 7.1(c) 所示。

(四) 选择性专业化

企业确定几个不同的子市场同时进入,解决不同类型顾客的产品或服务需求,以此能根据市场空白,寻求机会,谋取发展,如图 7.1(d) 所示。

(五) 整体市场

企业为市场上的所有消费者提供所需的各种产品或服务,其进入市场是全方位的,这样的企业通常是资金、技术、营销网络以及管理等的实力非常雄厚,在市场中处于领导地位或垄断地位,如图 7.1(e) 所示。

四、目标市场营销战略

企业在目标市场上需要确定营销战略,通常的营销战略有三种类型:

(一) 无差异性营销

无差异性营销战略不考虑市场消费者的潜在差异,不对市场细分,将整个市场视为目标市场。企业只生产和推出一种(类)产品或服务。有些企业不具有现代市场营销观念,单纯从生产者利益出发,忽视消费者的不同需求时通常采用此策略;有些企业面对的市场是同质无差别市场,企业只考虑市场的相同点而不需顾忌细分市场,只推出一种产品。无差异营销简单,管理容易,产品单一,容易形成规模化生产经营,产品成本较低,但消费者的需求不能很好地满足,通常表现为较大细分市场竞争激烈,产品可能供过于求,但在较小细分市场上却不能得到很好地满足,即存在"多数谬误"。

无差异市场营销策略曾被当作"制造业中的标准化生产和大批量生产在营销方面的化身"。其最大的优点在于成本的经济性,单一的产品降低了生产、存货和运输的成本,统一的广告促销节约了市场开发费用。这种目标市场覆盖策略的缺点也十分明显,它只停留在大众市场的表层,无法满足消费者各种不同的需要,面对市场的频繁变化显得缺乏弹性,企业在生产观念时期常采取此方法,如早期的美国福特公司的口号是:不管消费者需要什么汽车,本公司只生产一种T型的黑色汽车。可口可乐公司凭借其独有的技术和强有力的广告在很长一段时期只经营一种口味、一种包装的饮料。

(二) 差异性营销

企业对市场进行细分，根据不同的目标市场，为其设计生产不同的产品或服务，每个目标市场采取各自的营销策略。此策略一般会比无差异性营销创造更大的销售额，根据各目标市场进行小批量多品种的生产经营，其具有机动灵活性，企业的针对性强、风险性低，能更好地满足消费者需求。缺点是目标多使企业精力分散，生产不能充分展示其规模经济效益，营销在一定程度上也受到制约，如广告分类使成本增加等。

差异性市场营销策略的优点很明显，企业同时为多个细分市场服务，有较高的适应能力和应变能力，经营风险也得到分散和减少；由于针对消费者的特色开展营销，能够更好地满足市场深层次的需求，从而有利于市场的发掘、提高销售总量。这种策略的不足在于目标市场多，经营品种多，管理复杂，成本大，还可能引起企业经营资源和注意力分散，顾此失彼。

(三) 集中性营销

对于资源受条件限制的企业，采取集中性营销策略应是明智的选择。企业只选一个或很少的几个细分市场，使用特定的营销组合，即实行专门化的生产和销售，企业不追求在大的市场范围内占有小的份额，而是追求在小的市场范围内占有大的或绝对多的份额。其好处是目标集中，企业能更好地发挥人力、物力、财力、信息等资源优势，降低成本、提高效益。此战略若获得成功便是今后发展壮大的突破点，但因其市场面狭窄，一旦市场出现大滑坡使价格暴跌，出现销路不畅、销量锐减、政府阻挠等情况，企业将面临致命的打击或风险。企业在选择此战略时应慎重行事，或留有余地，或选几个目标市场来分散风险。

五、目标市场战略选择的影响因素

上述三种策略各有优缺点，企业在抉择时通常要考虑如下因素：

(1) 产品条件。企业应首先研究生产经营的产品是同质产品还是异质产品，某些产品消费者对其有大体相同的需求特征，消费者在质量和价格上更关心后者，这种产品宜采取无差异策略。而服装、家用耐用器、化妆品消费者的需求则存在较大差异，这些产品适宜选取差异性营销策略。

(2) 企业资源。若企业资源具有优势，可以采取差异性目标市场或无差异性目标市场策略。若企业资源条件不充分，则应考虑集中性目标市场策略。

(3) 产品的生命周期。一般而言，新产品初次投入市场，或产品处于生长期时宜采取无差异性目标市场策略。因为市场销售额增长大，能节约市场开发费用，市场竞争不太激烈。产品进入标准化阶段时，企业要不断开拓新市场，同时又要巩固老市场，因而宜采取差异性目标市场策略。产品进入衰退期时，企业应尽可能减少各种开支，目标应侧重于少数利润相对丰富的市场，因而宜采取集中性目标市场的策略。

(4) 竞争者的战略。若主要竞争对手实施无差异性营销策略时，企业采取差异性营销或集中营销，很有可能会取得成功；若主要竞争对手实施了差异性营销或集中性营销策略时，企业也必须在两者中进行选择，如不加选择地采取无差异营销策略，势必被竞争对手击垮。

(5) 市场状况。企业要研究市场竞争对手的多少，研究竞争对手的实力悬殊程度。如果竞争对手实力弱，企业可以采取无差异性营销策略。市场竞争中企业面对的市场应理解为是无限的,企业应尽可能避免企业间的正面直接冲突,以免出现两败俱伤的恶果。

第三节 市场定位

一、市场定位的含义

"定位"这个词是由艾尔·里斯(Al Ries)和杰克·屈劳特(Jack Trout)于1972年提出来的,他们说:"定位并非对产品本身采取什么行动,而是针对潜在顾客的心理进行的创造性活动。也就是说,将产品在潜在顾客的心目中确定一个适当的位置。"通常,消费者对市场上的产品有着自己的认识和价值判断,提到一类产品,他们会在内心按自己认为重要的产品属性将市场上他们所知的产品进行描述和排序。例如,提到汽车,卡迪拉克(Cadillac)以其豪华、宝马(BMW)以其功能、沃尔沃(Volvo)以其安全性而著称。随着市场上商品越来越丰富,与竞争者雷同、毫无个性的产品,无法吸引消费者的注意。为使自己的产品获得竞争优势,企业必须在消费者心目中确立自己产品相对于竞争者产品而言的独特的品牌利益和鲜明的差异性,使消费者感到自己的产品与众不同,即与竞争者有差异,并且偏爱这种差异。

市场定位是指根据竞争者现有产品在细分市场上所处的地位和顾客对产品某些属性的重视程度,塑造出本企业产品与众不同的鲜明个性或形象并传递给目标顾客,使该产品在细分市场上占据有力的竞争位置。市场定位也被称为产品定位或竞争性定位。

从结果来看,定位就是要通过在消费者的心理阶梯上占据首位,使品牌能够成为购买的首选,以先入为主的效果实现营销的目标。产品的特色或个性可以从产品实体上表现出来,如形状、成分、构造、性能等;也可以从消费者心理上反映出来,如豪华、朴素、时髦、典雅等;还可以表现为价格水平、质量有限等。

二、市场定位策略

(一)主导市场定位策略

企业根据自身的实力,抢占较佳的市场位置,在市场上占支配地位。这种定位策略具有一定的风险性,企业要能比竞争者生产出更好的产品;该产品市场容量大,能吸纳两个以上竞争者的产品;本企业所拥有的资源高于竞争者,该市场定位与企业的特长和信誉相适应,企业有较好的竞争信誉。

(二)挑战定位策略

这种定位策略就是将竞争者赶出原有位置,并取而代之。企业要实施这种定位策略,必须比竞争对手有明显的优势,提供比竞争者更加优越和有特色的产品,并做好大量的推广宣传工作,提高本企业产品的形象和知名度,冲淡顾客对竞争者产品的印象和好感。

(三)与竞争者并存式定位策略

并存定位策略是将本企业的产品位置确定与目标市场上现有竞争者的产品并存。一些实力不太雄厚的中小企业大都采用此策略,用这种策略企业可仿制竞争者的产品,向市场销售自己品牌的产品。由于竞争者已开发这种产品,本企业可节省大量研究开发费用,降低成本,由于竞争者已为产品进行了推广宣传、市场开拓,本企业可节省推广费用,减少风险。

（四）补缺式定位策略

补缺式定位策略是一种避开强有力的竞争对手，不与竞争者直接冲突，将企业产品定位在目标市场的空白处，去开拓新的尚未被占领但为许多消费者所重视的潜在市场的策略。如"金利来"进入中国内地市场，这种定位策略的使用有两种情况：一是这部分潜在市场即营销机会尚未被发现，在这种情况下，企业容易取得成功；二是有企业发现了这部分潜在市场，但无力去占领，这就需要有足够的实力才能取得成功。

（五）重新定位策略

企业产品的市场定位，不是一成不变的，随着市场情况的变化，有些产品就需要重新定位，即对产品进行再次定位。需重新定位的情况一般是：当本企业产品定位附近有了强大的竞争者，导致本企业的产品销售量及市场占有率下降时；顾客的消费观念、消费偏好发生变化，由喜爱本企业产品转向竞争者产品时；本企业产品在目标市场已逐步走向产品生命周期的衰退期，企业要转移到新的市场时。在重新定位前，企业应慎重考虑和评价，企业改进产品特色和转移到另一种定位时，所付出的代价是否小于在此新市场上的销售收入，以保证产品重新定位后有利可图。

三、市场定位的步骤

（一）调查竞争者的定位状况

了解竞争者正在提供何种产品，这些产品在顾客心目中的形象如何，并估测其产品成本和经营状况。在市场上，顾客最关心的是产品本身的属性（质量、性能、花色、规格等）和价格。因此，企业要确认竞争者在目标市场上的定位，将此作为确立自己的市场定位的重要基础。

（二）了解目标顾客对产品的评价标准

了解购买者对其所要购买产品的最大偏好和愿望以及他们对产品优劣的评价标准。例如，对服装，目标顾客关心的是式样、颜色还是质地、价格；对饮料，是重视口味、价格还是营养、疗效。企业应努力搞清楚顾客最关心的问题，以此作为定位决策的依据。

（三）明确企业自身核心竞争优势

核心竞争优势是指企业在人力资源、产品研发、生产制造、服务质量、销售能力、品牌知名度等方面与主要竞争对手相比，在某一个或某一些方面占据明显优势，并因此可获取明显的差别利益。企业要明确自身核心竞争优势，首先要研究主要竞争者的优势和劣势；其次，应把企业的全部营销活动加以分类，并将主要环节与竞争者相应环节进行比较分析，以识别和形成核心竞争优势。

（四）制定发挥核心竞争优势的战略

企业通过制定明确的市场战略，发挥核心竞争优势。企业根据顾客需要、竞争市场的状况，以及自身的条件设计开发产品。企业除产品定位外，还有企业形象定位，即企业在社会和消费者中留下的印象及人们对其评价。它包括企业价值观念及使命、企业实力、企业外观和企业信誉。企业形象是企业的无形资产，它具有核聚变的功能，既可使消费者重复消费，也可以引导其他消费者消费，同时也是企业生产经营其他产品进入新的领域的基石。

企业形象定位就是企业为实现特定目标,根据市场需求、竞争对手状况和自身条件,在目标用户中树立塑造的形象,确定最终位置。包括企业自身的特征与行为、传播过程和公众。集中表现为企业的知名度、美誉度,对员工和社会的贡献,等等。一个出色的企业必须是时刻注重自身形象建设的企业。

(五)确立并准确地传播企业的定位观念

企业在做出市场定位决策后,还必须大力开展广告宣传,把企业的定位观念准确地传播给消费者,逐渐形成一种鲜明的市场概念。这种市场概念能否成功,取决于它是否与顾客的需求和追求的利益相吻合。在广告宣传过程中,应避免给消费者造成三种误解:一是产品档次过低,没有自己的特色;二是产品档次过高,名不副实;三是混淆不清,在消费者心目中难以达成共识。避免由于定位宣传失误所致,导致给企业形象和经营效果造成不利影响。

四、差别化市场定位战略

差别化是市场定位的根本战略,具体表现在以下四个方面:

(一)产品差异化战略

产品差别化战略指企业从产品质量、产品款式、产品功能等方面寻求与竞争对手的产品有所不同来实现差别。产品质量是指产品的有效性、耐用性和可靠程度等。质量方面拉开与竞争对手的距离,有助于企业获得竞争优势。产品款式是产品差别化的一个有效工具,对汽车、服装、手机等许多产品尤为重要。对服装而言,款式是决定其能否良好销售的关键因素之一;而对电子产品而言,不断推出新型产品是赢得竞争的关键,企业若能开发出功能别具一格、填补市场空白且符合消费者需求的产品,就可能获得成功。

(二)服务差别化战略

服务差别化战略是指向目标市场提供与竞争者不同的优异服务。企业的竞争力越能体现在顾客服务水平上,市场差别化就越容易实现。如果企业把服务要素融入产品的支撑体系,就可以在许多领域建立"进入障碍"。因为,服务差别化战略能够提高顾客总价值,保持牢固的顾客关系,从而击败竞争对手。例如,IBM"蓝色快车"服务,海尔的"红地毯"服务都深入人心,良好的服务赢得了消费者的信赖,也提高了产品的价值,并成为企业核心竞争力的一个不可或缺的有机组成部分。服务差别化战略在很多市场状况下都有用武之地,尤其在饱和的市场上。对于技术精密产品,如汽车、计算机、复印机等服务战略的运用更为有效。

(三)人员差别化战略

人员差别化战略是指通过聘用和培训比竞争者更为优秀的人员以获取差别优势。市场竞争归根结底是人才的竞争。一个受过良好训练、具有较高素质的员工可以帮助企业赢得消费者的青睐。

(四)形象差异化战略

形象差异化战略是指在产品的核心部分与竞争者类同的情况下,塑造不同的产品形象或企业形象以获取差别优势。联想公司的"人类失去联想,世界将会怎样"、海尔公司的"真诚到永远"、美的公司的"原来生活是可以更美的"等广告,成功地塑造了这些企业与众不同的形象。此外,"伊莱克斯冰箱,可以听的冰箱",塑造了不同于其他品牌的冰箱的产品形象。这些都为相应的企业带来了很好的营销业绩。

【本章小结】

目标市场营销即企业识别各个不同的购买者群体的差别,有选择地确认一个或几个消费者群体作为自己的目标市场,发挥自己的资源优势,满足其全部或部分的需要。目标市场营销是市场营销理论和实践的极有意义的进步,成为现代营销的核心战略。目标市场营销主要包含有三个步骤:市场细分(segmenting)——目标市场选择(targeting)——市场定位(positioning),所以又被称为STP战略。

市场细分就是营销者通过市场调研,依据购买者在需求上的各种差异,把某一产品的市场整体划分为若干购买者群的市场分类过程。在这里每一个购买群就是一个细分市场,亦称"子市场"或"分市场",每个分市场都是由具有类似需求倾向的购买者构成的群体。简单地说市场细分是一个意在整个市场寻找反应相似的子顾客群的过程。对消费者市场细分的主要变量选择有两种方法:一种方法是按消费者的个性特征来细分市场,如地域、年龄、性别、职业等个人特征,知觉、动机、价值取向、人生意义等心理特征,相关群体组织、家庭等社会特征,民族历史、社会阶层、文化背景、宗教信仰等文化特征。另一种方法是先研究消费者的决策行为,然后再考虑其在各个细分市场中消费者的个性差异,再细分市场。

目标市场是企业为满足现实或潜在的消费需求而运用产品(服务)及营销组合准备开拓的特定市场。目标市场选择则是在诸多细分市场中选择最为合适的细分市场作为目标市场的过程。企业在目标市场上需要确定营销战略,通常的营销战略有三种类型,包括无差异性营销、差异性营销和集中性营销战略。

市场定位是指根据竞争者现有产品在细分市场上所处的地位和顾客对产品某些属性的重视程度,塑造出本企业产品与众不同的鲜明个性或形象并传递给目标顾客,使该产品在细分市场上占据有力的竞争位置。市场定位也被称为产品定位或竞争性定位。

【基本概念】

市场细分　市场定位　目标市场　无差异市场营销　差异市场营销　集中市场营销
补缺定位　重新定位

【实训(练习)题】

1. 市场细分的含义及意义是什么?
2. 市场细分的原则有哪些?
3. 市场细分的主要变量有哪些?
4. 目标市场选择的原则是什么?
5. 目标市场范围选择的策略有哪些?
6. 市场定位的策略和步骤是什么?

第八章 市场竞争战略

【学习目标】

1. 了解竞争者分析的具体步骤;
2. 理解竞争者评估及其战略的判断;
3. 掌握判断竞争者的反应模式;
4. 掌握企业选择竞争对策时要考虑的因素;
5. 了解企业的基本竞争战略;
6. 理解处于不同市场地位的企业所采取的竞争战略。

【引例】

森林里两个猎人遇到了一只老虎。其中一位马上低下头去系鞋带。另一个人就嘲笑:"系鞋带干什么? 你跑不过老虎的!"系鞋带的猎人说:"只要我跑得比你快就行!"选择不同的竞争对手就会导致不同的行为和结果:猎人的竞争者不是老虎,而是他的同伴。如果认为自己在同老虎赛跑,那么注定要失败。商战也一样!

宝钢获知一个汽车制造企业计划采购生产保险杠原材料的信息后积极准备,参与投标。在收集材料的过程中发现,作为招标者的选择可能有以下几种(见下表):

可选择的产品	利益点
1. 宝钢或国内外其他同层次的钢铁厂	加工技术与概念都很成熟,质量可靠
2. 江西新余钢铁厂等那样小型的钢铁厂	价格比宝钢具有优势
3. 购买铝材来替代	质量轻、价格比钢材便宜
4. 购买工程塑料来替代	质量轻、价格最便宜

请分析:谁对宝钢的威胁最大? 谁是宝钢主要的竞争对手?

(资料来源:http://www.koduo.com/guanli/jingzheng/1074.html)

市场经济条件下,所有企业都处在激烈竞争的环境中,其竞争对手既有显而易见的竞争者,也有潜在的竞争者,因此在顾客购买力有限的条件下,企业所面临的竞争状况将直接影响企业的赢利水平和未来的发展。在现代激烈竞争的市场环境下,企业必须透彻研究竞争者的战略,分析竞争者及自己的优势与劣势,评估自己的机会与威胁,在此基础上制定适合自己的竞争战略,只有这样才能在竞争中生存和发展。

第一节 竞争者分析

对竞争者进行分析是企业制定竞争战略的基础。企业在进行竞争者分析中要明确:谁是自己的竞争对手,竞争对手的营销目标是什么,竞争对手的战略如何,竞争对手的优势和劣势是什么,竞争对手对本企业竞争的反应模式如何。对竞争对手分析的步骤如图8.1所示。

图8.1　竞争对手分析步骤

一、竞争对手识别

对于竞争对手的识别如果只盯住那些经营范围类似、规模相当的企业,这样就会犯"竞争者近视病",从而有可能忽视了那些大小不一、现实或潜在的竞争对手,这对企业的发展将是最致命的打击。

对于竞争对手的分析可以从两个方面进行:一是从行业的角度看,那些生产同种类型或功能相近、在使用价值上可以相互替代的产品的同行业企业是自己的竞争对手。如一汽大众和上海大众汽车制造商就是互为竞争对手、苏宁电器和国美电器也是互为竞争对手。二是从市场或顾客的角度看,凡是为满足相同顾客需要或服务于同一顾客群的公司也互为竞争对手。如公共汽车和出租车、高铁和飞机、铁路运输和公路运输等都是为满足顾客交通及运输方便的需要,提供这些产品和服务的企业互为竞争对手。识别竞争对手的关键就是从行业和市场两个方面将产品细分和市场细分结合起来,进行综合考虑。

二、了解竞争者的目标

企业的竞争对手确定之后,还要系统深入了解竞争对手在市场上追求的目标是什么。通常企业都会认为竞争对手在追求利润最大化、市场占有率和销售增长,并据此采取行动,而实际情况并非如此。一般情况下每一个竞争对手都同时追求一组目标,如企业的获利能力、市场占有率、现金流量、技术领先、服务领先等,并且各目标之间有轻重缓急、侧重点不同,因此企业要了解竞争对手的重点目标是什么,只有真正了解了竞争对手的重点目标后,才能准确估计竞争对手对不同的竞争行为将如何做出反应。如对以"低成本领先"为主要目标的竞争对手,它对其他企业在降低成本方面的技术突破反应要比对增加广告预算的反应强烈得多。在美国,因为当前企业的经营绩效决定着股东满意度和股票价值,因此美国的企业更重视短期利润最大化的模式经营,而日本公司由于贷款利率低、资金成本低,所以对利润的要求也较低,其更重视最大限度扩大市场占有率的模式经营,在市场渗透方面显示出更大的耐心。

竞争对手的目标由企业的规模、历史、经营管理状况、经济状况等多种因素决定,因此进行竞争对手目标分析时一定要系统、全面。

三、竞争者评估及其战略判断

（一）竞争者的优势与劣势评估

竞争者能否执行和实现其战略目标,取决于其所拥有的资源和具有的能力。在激烈的市场竞争中,每一个企业都需要分析其竞争者的优势与劣势,只有做到知己知彼才能有针对性地制定自己正确的市场竞争战略,以规避竞争者的锋芒,攻击竞争者的弱点,充分利用竞争者的劣势来争取市场竞争的优势,从而来实行企业的营销目标。

企业要评估竞争者的优势和劣势就要了解竞争者的战略是否达到了预期的目标等各种战略情报,因此就要收集竞争者过去的销售额、市场占有率、利润率、投资收益、现金流量、发展战略等资料。这些资料的获取可以通过二手资料、别人介绍等间接方式获得。也可以通过对中间商和顾客进行直接调查的方式获得一手资料。通过对获得的竞争对手的一手和二手资料的分析,发现对方的劣势,出其不意地对其进行打击。

(二)竞争者战略判断

各企业间采取的战略越相似,则他们之间的竞争就越激烈,因此要对竞争者的战略进行识别和判断。根据企业采取主要战略的不同,可以将竞争者划分为不同的战略群体,而企业最直接的竞争者就是那些处于同一行业同一战略群体的企业。战略群体指在某特定行业内推行相同战略的一组企业。如在美国主要电器行业中,通用电气公司、惠普公司和施乐公司都提供中等价格的各种电器,因此可以将他们划分为同一战略群体。企业采取的战略其差别主要表现在目标市场、产品档次、性能、技术水平、价格、销售范围等方面。

一个企业要想进入某个战略群体,必须要注意两点:一是进入各个战略群体的难易程度不同。一般来讲,小型企业比较适合进入投资和声誉门槛较低的群体,因为这类群体的竞争相对比较弱;实力比较雄厚的大型企业可以考虑进入竞争性比较强的群体,因为其拥有雄厚的人财物等资源与竞争对手进行竞争。二是当企业决定进入某一战略群体时,首先要明确谁是主要的竞争对手,然后确定自己的竞争战略,并且其战略必须具有优势,否则很难吸引相同的目标顾客。

四、判断竞争者的反应模式

企业所采取的战略和战略行动必然会引起竞争对手的某种反应。企业必须能够事先较准确地估计到竞争者的反应,才能有针对性地采取适当措施来保证自身战略目标的顺利实现。竞争者的反应模式受竞争者的目标、战略、优势和劣势的影响,同时也受竞争者自己的经营哲学、企业文化、传统信念等因素的影响。比较常见的竞争者反应类型可以归纳为以下四种:

(一)从容不迫型竞争者

这种类型的竞争者对某些特定的攻击行为没有反应或者反应不强烈,其原因:可能是由于竞争者没有做出强烈反应所需要的资源实力;也可能是对自己经营前景和顾客的忠实性充满了信心;也可能是对竞争对手重视不够,而没有发现对手采取的新措施。

(二)选择型竞争者

这种类型的竞争者可能仅对某些方面的攻击行为反应比较强烈,而对其他方面的攻击不予理会。如有些企业对产品创新反应强烈,而对产品削价竞争不予理会;而一些企业则对产品削价竞争反应强烈,但对广告费用的增加不作反应。他们可以认为这些对自己不会构成威胁。

(三)强劲型竞争者

这种类型的竞争者对任何方面的进攻都会做出迅速而强烈的反应,这类企业一般都具有非常雄厚的实力,其激烈的反应也是为向竞争者表明它坚定的态度,迫使这些企业不敢轻举妄动,向自己发起挑战。如美国的保洁公司就是一个强劲型的竞争者,其一旦受到挑战就会立即发起猛烈的全面反击,因此同行企业都尽量避免与之进行直接的交锋。

(四)随机型竞争者

这种类型的竞争者对进攻的反应具有随机性,他们对进攻的反应难以琢磨,而且无论根据其资源实力、历史或其他方面情况,都很难预见其如何反应。一般情况下,许多小企业都属于这种随机型竞争者。

五、企业选择竞争对策时要考虑的因素

企业辨明了主要的竞争者并分析了它们的优势、劣势和反应模式之后,就要决定自己应采取的对策。企业自己要进攻谁,要回避谁,可根据以下几种情况做出决定:

(一)竞争者的强弱

一般情况下,多数企业认为应该以较弱的竞争者作为进攻目标,这样可以节省企业的时间和资源,可以达到事半功倍,但是该策略使企业的获利较少;相反,也有些企业认为应该以较强的竞争者作为进攻目标,这样可以提高自己的竞争能力并使企业获得较大的利益。

(二)竞争者与本企业的相似程度

一般情况下,大多数企业都主张与相近似的竞争者展开竞争,但同时又要避免摧毁相近似的竞争者,因为摧毁相近似的竞争者很可能反而对自己不利。如美国博士伦眼镜公司在20世纪70年代末与其他同样生产隐形眼镜的公司展开竞争,并大获全胜,导致竞争者完全失败,而这些相近似的竞争者相继并入竞争力更强的大公司,从而使博士伦公司最终面对更强大的竞争者,致使博士伦公司的处境更加困难。

(三)竞争者表现的好坏

有时竞争者的存在对企业是必要的,也是有益的,并且具有一定的战略意义。因为:(1)竞争者可能有助于增加市场总需求;(2)竞争者可以分担市场开发和产品开发的成本,并有助于新技术的推广和合法化;(3)竞争者为吸引力较小的细分市场提供产品,可导致产品差异性的增加;(4)竞争者还可以使企业减少触犯反垄断法的风险,并可提高企业同政府管理者谈判的力量。

但企业不能把所有的竞争者都看成是对企业有益的,因为每个行业中的竞争者通常都有表现良好和极具破坏性两种类型。一般来讲,表现良好的竞争者按行业规则经营,按合理的成本对产品和服务定价,有利于行业的稳定和健康发展;表现良好的竞争者会激励其他企业降低成本或增加产品的差异性;表现良好的竞争者接受合理的市场占有率与利润水平。而具有破坏性的竞争者则不遵守行业规则,他们常常不顾一切地冒险,或用不正当手段(如收买、贿赂买方采购人员等)扩大市场占有率等,从而扰乱了行业的正常秩序和均衡。因此企业应该支持表现良好的竞争者,而攻击那些具有破坏性的竞争者。

第二节 基本竞争战略

企业制定竞争战略的实质就是与其所处的环境建立联系。环境中的关键部分主要由企业所在的相关行业、行业结构以及行业竞争状态等构成。迈克尔·波特在20世纪80年代初提出了企业战略制定的五力模型,认为行业内部的竞争状态取决于供应商讨价还价能力、购买者讨价还价能力、潜在进入者的威胁、替代品的威胁以及现有厂商间的竞争这五种基本的竞争势力。迈克尔·波特认为成本领先战略、差异化战略和目标集聚战略可以使企业成为行业中的佼佼者。成本领先战略也称为低成本战略,是指企业通过有效途径降低成本,使企业的全部成本低于竞争对手的成本,甚至是在同行业中最低的成本,从而获取竞争优势的一种战略。

一、成本领先战略

采取成本领先战略的企业主要依靠追求规模经济、专有技术和优惠的原材料等因素,以低于竞争者或低于行业平均成本来提供产品或服务,从而获得较高的利润和较大的市场份额。成本领先战略要求企业全力以赴降低成本,最大限度地减少研发、服务、推销、广告等方面的成本费用。虽然质量、服务以及其他方面也不容忽视,但成本领先战略的主题就是使企业的成本低于竞争对手。

(一)成本领先战略优势

在激烈的市场竞争中,即使处于低成本地位的企业仍然可以获得高于行业平均水平的收益。成本优势可以使企业在与竞争对手的斗争中受到保护,当其他企业在竞争中失去利润时,采取低成本的企业仍然可以获取利润,因为买方最多只能将价格压到效率居于其次的竞争对手的水平,因此有利于企业在强大的买方压力下保护自己;低成本有利于企业抵御来自供应商的威胁,使企业应对供应商产品涨价具有较高的灵活性;导致低成本地位的各种因素通常以规模经济或成本优势的形式产生进入障碍,提高了进入壁垒,削弱了新进入者的竞争力;低成本企业可以通过降价的方式保持和维护现有消费者,提高消费者使用替代品的转化成本,从而降低替代品对企业的冲击,为企业赢得反应的时间。因此成本领先战略可以使企业在面临波特的五种竞争力的威胁时处于相对主动的地位,从而实现有效保护企业的目的。

(二)成本领先战略潜在的风险

实施成本领先战略的企业,为了占有较高的市场份额,通常会购买先进设备,从而导致前期高昂的投资和初期的亏损。当新的具有破坏性的变革技术一旦出现,并在生产中被应用,则使企业成本方面的高效率优势不复存在,其前期高额投资的收益率就会急剧下降,同时也会给竞争对手造成以更低成本进入该市场的机会。因此采用成本领先战略的企业必须时刻注意这种潜在的风险,加强对外部技术环境方面的认识和了解,尽最大可能降低因技术发展而产生的投资风险;有些实施低成本企业将注意力过多地放在了成本控制上,而忽视了客户需求的变化,没有很好地进行技术开发,不能生产出符合消费者需求的产品,从而无法使顾客满意,这对企业发展也非常不利。如果采取低成本策略企业的产品与竞争对手的产品相比不能被顾客所接受,其为了销量而被迫削价以至于远低于竞争者的价格来吸引消费者,其结果是抵消掉其理想的成本地位所带来的收益,甚至收益为负,这样的结果在激烈的市场竞争中很可能被淘汰出局。成本领先战略也有一定的使用范围,产品或服务的市场需求具有较高的价格弹性,并且产生差异化的途径比较少,价格是构成市场竞争的主要因素,在这种情况下企业可以考虑采取成本领先战略。

(三)成本领先战略实现途径

1.实施规模经济

根据经济学原理,当超过一定规模之前,产量越大,产品的单位平均成本越低。要想实现成本领先,必须采取成本领先战略,企业通常应该选择那些同质化程度高、技术成熟、标准化的产品进行规模化生产,从而获得成本优势。

2. 做好供应商营销

供应商营销就是与上游的原材料、能源、零配件等供应商建立起良好的协作关系,以此获得更加廉价、稳定的上游资源,并能够在一定程度上影响和控制供应商,对竞争者建立起资源性的壁垒,有效阻止现有竞争者及潜在竞争者进入该市场。企业在获取供应成本优势的同时,一定要与供应商建立起平等互利的长期战略合作伙伴关系,实现双赢,这样才能确保自己的长期成本优势。

3. 塑造企业成本文化

实施成本领先战略的企业,应该努力塑造企业精打细算、讲究节俭、严格管理、以成本为中心的企业文化。企业在塑造成本文化的过程中,既要关注企业外部成本,又要重视企业内部成本;既要把握好企业的战略性成本,也要控制好企业的作业成本;既要考虑企业的短期成本,也要兼顾企业的长期成本。

4. 做好生产技术创新

企业降低成本的最好方法就是进行生产技术创新。一场技术革命或革新可以大幅度降低企业的成本,如福特汽车公司通过传送带实现了流水生产方式,从而大幅度提升了企业的生产效率,降低了企业的生产成本,实现了让汽车进入千家万户的梦想。

二、差异化战略

差异化指企业就消费者广泛重视的某些方面在行业内独树一帜,使企业产品、服务或形象与众不同,以一种独特的定位满足客户的需求。企业通过产品的独特性来获得溢价的报酬。企业可以通过产品特色、产品设计、产品风格、性能质量、可维护性、品牌形象等来实现差异性。最理想的情况是企业在产品、服务、人员、营销渠道和形象等几个方面都能够实现差异化,这样企业才能更好地享有品牌溢价能力所带来的丰厚收益。但差异化战略并不意味企业可以忽略成本,只是成本在这里不是企业的首要战略目标。

(一)差异化战略优势

差异化战略主要是利用顾客对企业产品特色的偏爱和忠诚,降低了顾客对产品价格的敏感性,使企业可以避开价格竞争,从而在相关领域获得持续经营的优势,使企业利润增加却不必追求低成本。企业通过顾客的偏爱和忠诚构成了较高的进入壁垒,其竞争对手要战胜企业的这种"独特性"需要付出很大的代价。产品的差异给企业带来较高的边际收益,企业可以凭借产品的差异来应对供方威胁;由于顾客缺乏选择余地,从而降低其对产品价格的敏感性;差异化也有效缓解了企业面对买方的压力。通过采取差异化战略而赢得顾客忠诚的企业,在面对替代品威胁时,其所处地位要比其他竞争对手更为有利。

(二)差异化战略潜在的风险

企业为了实现产品差异,有时会与其争取占领更大的市场份额相互矛盾,企业实施差异化战略通常与其提高市场份额两者之间不可兼顾。一般情况下,企业实现产品差异化意味着要以高成本为代价,因为企业要进行广泛的调查和研究,要使用高质量的材料,要为顾客提供周到的服务等,所以实行差异化战略的企业的产品价格一般要比行业的平均价格高。因为不是所有的顾客都愿意或有能力支付企业因其独特性所要求的较高价格,从而导致目标市场较为狭窄,无形中扩展了竞争对手的市场空间和价格优势,所以采取差异化战略的企业要特别注意这个问题。

(三)差异化战略实现途径

竞争性差异化是指企业通过创造一系列有意义的差异,使企业的产品或服务等与竞争者的产品或服务相区别的行为。竞争性差异化主要包括产品差异化、服务差异化、人员差异化、营销渠道差异化和形象差异化。

三、目标集聚战略

目标集聚战略是指企业在详细分析外部环境和内部条件的基础上,针对某个特定的顾客群、产业内一种或一组细分市场开展生产经营活动,充分发挥企业资源效力,为这个市场的消费者提供量体裁衣式的服务,赢得竞争优势。

(一)目标集聚战略优势

企业通过实施目标集聚战略可以划分并控制一定的产品势力范围,在此范围内的其他竞争企业不容易与其进行竞争,从而使企业的市场占有率比较稳定。企业通过目标细分市场的战略优化,从而使企业可以围绕一个特定的目标进行密集性的生产经营活动,使企业可以更好地了解不断变化的市场需求,能够比竞争对手更快、更好地为消费者提供有效的产品和服务,为消费者提供更高的顾客价值和更好的消费者满意,从而使企业获得那些以更广泛市场作为经营目标的企业所不具备的竞争优势。从整个市场的角度看,目标集聚战略不一定能使企业获得低成本和差异化优势,但该战略确实能够使得实施的企业在其选定的细分目标市场中获得一种或两种优势地位。目标集聚战略比较适合中小企业利用较小的市场空隙谋求生存和发展,使企业能够以小搏大,在小市场上做成大生意。

(二)目标集聚战略潜在的风险

企业在选择实施目标集聚战略时,常常需要放弃规模较大的目标市场,否则竞争对手就会从企业目标市场中划分出更细的市场,并以该目标市场来实施目标集聚战略,从而使企业在该市场的竞争优势全部丧失;如果企业所选定的目标集聚市场非常具有吸引力,那么也会导致众多竞争对手蜂拥而入来瓜分这一市场的利润,也会使实施目标集聚战略的企业付出较高的代价,甚至导致企业的集聚战略失败;如果细分市场之间的差异性减弱,将会降低该目标市场的进入壁垒,从而削弱实施目标集聚战略企业的竞争优势,将使其面对更为激烈的竞争。

(三)目标集聚战略实现途径

企业实施目标集聚战略可以采取两种形式:一种是企业寻求目标市场上的成本领先战略,也就是成本集聚战略;另一种是企业寻求目标市场上的差异化优势,称为差异化集聚战略。虽然成本领先与差异化战略都是要在行业范围内实现其目标,但集聚战略的整体却是围绕着为行业内某一特定目标服务而建立,并以这一目标为中心。

企业究竟要选择哪种战略,必须基于行业的特点、企业拥有的资源能力、相关的限制条件以及竞争的具体状况等。企业要想成功地实施一种竞争战略要投入不同的资源、力量、组织安排以及管理风格,只有选择适合本企业实际情况的战略才能使企业获得成功。

第三节　市场地位与竞争战略

在市场竞争中,由于不同企业所处的地位不同,并且处于不同竞争地位的企业在战略目标、企业实力等方面会有很大的差别,因此这些企业所采取的竞争战略也存在很大的差异。除了要系统地分析和认识竞争对手外,企业还必须对自己在行业中的竞争地位有一个准确的了解和评估,并以此作为制定具体竞争战略的依据。根据企业在竞争中的不同地位,可以将所有竞争企业划分为市场主导者、市场挑战者、市场追随者和市场补缺者4种类型,并与之相对应,可以采取以下四种竞争战略。

一、市场主导者战略

市场主导者是指在相关产品的市场上占有率最高,并在新产品开发、定价、促销力度、分销网络等方面处于支配地位,并为同业者所公认。市场的主导者也是行业内部和外部其他企业挑战、效仿或回避的对象。一般情况下,很多行业里面都有一家企业被公认为市场的主导者,如在美国汽车行业的通用汽车、计算机行业的 IBM 公司、电脑软件行业的微软、快餐行业的麦当劳、软饮料行业的可口可乐;在中国家电行业的海尔集团、电脑行业的联想集团、电子商务行业的阿里巴巴、图书行业的当当网等。处于主导者地位的企业,其主导地位是在竞争中自然形成的,但那些处于非主导地位的企业也不甘落后,会不断地向处于主导地位的企业进攻,所以市场主导者的地位不是固定不变的。

市场主导者所具备的优势主要包括消费者对品牌的忠诚度高、营销渠道稳固高效和营销经验丰富三个方面。市场主导者面临着众多竞争者的挑战,必须采取适当的战略来维护自己的主导地位,可以从扩大整体市场规模,保持市场占有率,提高市场占有率三方面努力。

（一）扩大整体市场规模

市场主导者的销售额与行业整体市场的规模密切相关,当整个市场需求扩大时,受益最多的首当其冲是处于主导地位的企业,因此市场主导者最有热情去扩大市场整体需求的规模。企业可以从开发产品的新用户,寻找产品的新用途和增加顾客使用量三个方面来扩大市场的需求。

1. 开发新用户

每种产品都有吸引新用户,增加用户数量的潜力。对于一种产品,有的消费者可能不了解,有的消费者可能认为价格不合理,有的消费者可能认为产品性能有缺陷,对于这些问题企业只要找出其具体原因并加以解决就会获得新的用户,从而扩大市场规模。企业可以通过市场渗透方式开发新用户,即说服那些尚未使用本产品的人开始使用,把潜在顾客转变为现实顾客。

2. 开辟新用途

就是设法找出产品的新用法和新用途,以此扩大需求量并使产品经久不衰。如,汪氏蜜蜂园的蜂四宝膏在具有口服延缓衰老的用途之外,又开辟了外用作为面膜实现美容护肤的用途;美国的小苏打制造厂阿哈默公司发现有些顾客把小苏打当作冰箱除臭剂使用,因此对小苏打的这种功能进行大规模的广告宣传,使美国1/2的家庭把装有小苏打的开口盒子放进了冰箱。

3. 增加使用量

促进用户增加使用量是扩大产品需求的重要手段。增加使用量可以通过两种途径实现：一是提高使用频率，即企业应设法使顾客更频繁地使用产品，以增加销量。如，果汁营销人员应说服人们不仅在待客时才饮用果汁，平时也要饮用果汁以增加维生素，保持身体健康；二是增加每次使用量，以增加总的使用量。如很多生产牙膏的企业将牙膏管口径扩大，使消费者在每次挤出同样长度牙膏的情况下增加了总的使用量，从而实现增加牙膏销售量的目的。

(二) 保持市场占有率

占据市场主导者地位的企业必须时刻注意防备竞争者的挑战，保卫自己的现有市场不被竞争者入侵。如，可口可乐公司要时刻防备百事可乐公司；国美电器要时刻警惕苏宁电器；淘宝网要重视京东商城；肯德基要当心麦当劳的进攻，等等。这些挑战者实力都非常强大，主导者稍有疏忽就可能被取而代之。因此市场的主导者任何时候都不要满足现状，必须在服务创新、产品创新、成本降低和分销渠道优化等方面下功夫，使企业真正处于行业的主导地位。主导企业要时刻做好防御工作，在巩固自身优势的同时，最好的防御方法就是针对竞争者的弱点主动发起进攻。"进攻是最好的防御"这是军事上的一条原则。主导企业可以选择以下几种战略进行防御：

1. 阵地防御

主导企业围绕其目前的主要产品和业务建立牢固的防线，根据竞争者在产品、价格、渠道和促销方面可能采取的进攻战略而制定自己的预防性营销战略，并在竞争者发起进攻时坚守原有的产品和业务阵地。这种防御是一种静态的防御，一般情况下有效，但单纯依赖这种防御则会导致"市场营销近视症"，使企业无法长期发展，因此主导企业应重视新产品开发、技术创新和扩展业务领域，以避免当年亨利·福特固守 T 型车阵地的悲剧重演。

2. 侧翼防御

主导企业在自己主阵地的侧翼建立辅助阵地以保卫自己的周边，并在必要时作为反攻基地。20 世纪 70 年代美国各大汽车公司的主要产品是豪华型轿车，都没有注意到小型省油车这一侧翼产品，从而受到日本汽车制造商的小型省油车的攻击而失去了大量市场。

3. 以攻为守

以攻为守指在竞争对手还没有对企业构成严重威胁或者还没有向企业发起攻击之前，主导企业抢先主动对竞争企业进行攻击，以削弱或挫败竞争对手。这是一种先发制人的防御，也是最好的防御策略。如，有的企业在竞争对手推出新产品或推出重大促销活动前抢先推出自己的新产品、宣布新产品开发计划或开展大张旗鼓的促销活动，以压制竞争对手。

4. 反击防御

市场主导者受到竞争者攻击后采取反击措施，但要注意选择反击的时机。如果竞争对手的攻击并未造成本企业市场份额迅速下降，可采取延迟反击，否则要采取迅速反击。不管是采取迅速反击还是延迟反击策略，首先都要弄清楚竞争对手发动攻击的意图、战略、效果和其薄弱环节，然后再采取有针对性的策略进行反击，不能打无把握之仗。反击战略主要有：正面反击，就是与竞争对手采取相同的措施以迎击其正面进攻。如竞争对手采取大幅度降价和大规模促销活动，那市场主导者也采取降价和促销活动以有效打击对手；攻击侧翼，就是通过选择竞争对手的薄弱环节进行攻击。某电器公司的电冰箱受到竞争对手的削价竞争，但其洗衣机质量和价格比竞争对手更有优势，通过对洗衣机进行大幅度降价促销,促使竞争对手忙于应付洗衣机市场而削弱其对冰箱市场的进攻;钳形攻势,就是市场主导者同时实施正面攻击和侧翼攻击。如 2011 年当当与京东的价格战,京东向当当的图书市场发起进攻,当当则在图书市场向京东发起进攻的同时还在计算机(computer)、通信(communication)和消费类电子产品(consumer electronics),即"3C 产品"市场上向京东发起进攻;退却反击,就是在竞争者发动进攻时我方先从市场退却,避免正面交锋的损失,待竞争者放松进攻或麻痹大意时再发动进攻,以收复市场,从而以较小的代价取得较大的战果。比如,某洗涤剂公司在竞争者开展大规模促销活动时偃旗息鼓,使竞争者对促销的效果估计过高。待竞争者结束促销活动后,该公司又强化促销,并在不提价的情况下增加包装内的商品分量,迅速夺回市场,并使竞争者怀疑原先的促销效果,放弃以后的攻击行动。

5. 机动防御

机动防御指市场领导者不仅要固守现有的产品和业务,还要扩展到一些有潜力的新领域,以作为将来防御和进攻的中心。

6. 收缩防御

收缩防御指企业主动从实力较弱的领域撤出,将力量集中于实力较强的领域。当企业无法坚守所有的市场领域,并且由于力量过于分散而降低资源效益的时候,可采取这种战略。其优点是在关键领域集中优势力量,增强竞争力。如 2013 年华为正式宣布告别过去手机行业所信奉的"圈地时代"的规模战,下半年其手机的机型数量将会减少 80% 以上,只有几款手机,华为未来将更专注手机的品牌和利润,对于一些运营商渠道的超低端产品将会放弃。

(三)提高市场占有率

市场主导者设法提高市场占有率,也是增加收益,寻求进一步扩大市场占有率,保持市场领先地位的一个重要途径。在一些规模较大的市场上,每提高一个百分点的市场占有率就意味着增加一大笔销售收入。而且研究表明,提高市场占有率与增加利润率有对应关系。许多企业都致力于提高市场占有率,以取得第一或第二位的市场支配地位,否则就退出该市场。

市场主导者在追求提高市场占有率的同时必须认真筹划,以免发生成本上升过快,而导致市场占有率上升,但利润却下降的问题。同时,企业还要避免触犯《反垄断法》。许多国家为了保护公平竞争,防止出现市场垄断,以法律的形式规定,当某一公司的市场份额超出某一限度时,就要强行地分解为若干个相互竞争的小公司。西方国家的许多著名公司都曾经因为触犯了这条法律而被分解。如果占据市场领导者地位的公司不想被分解,就要在自己的市场份额接近于临界点时主动加以控制。

在现有市场上扩大市场占有率,实际上意味着要向其他企业发起进攻,虽说是处于市场领导地位的企业,但也须引起足够重视。

二、市场挑战者战略

市场挑战者是指在行业中占据第二位以及以后位次的企业,其有能力对市场领导者和其他竞争者采取进攻行动,期望夺取市场主导者地位的企业。如软饮料市场的百事可乐公司、中国电子商务市场上的京东商城。这些处于次要地位的企业可以采取两种战略:一种是争取市场领先地位,向比自己强大的竞争对手发起挑战,即市场挑战者;另一种是安于次要地位,在共处的状态下求得尽可能多的收益,即市场跟随者。居于市场次要地位的企业要根据自身的实力和环境提供的机会与风险,决定自己是采取挑战还是跟随战略。市场挑战者在向市场主导者和其他竞争者发起挑战,首先必须确定自己的战略目标和挑战对象,然后要选择适当的进攻战略。

(一)确定进攻对象与目标

市场挑战者发动进攻的总目标是扩大自己的市场占有率及提高收益率。确定的战略目标与进攻对象密切相关,但因进攻对象不同而有所差异。一般情况下,挑战者可以从下列三种情况进行选择。

1. 攻击市场主导者

市场主导者是比自己强大的竞争对手,因此攻击风险非常大。当然高风险伴随着高收益,如果攻击就会获得巨大成功。进攻战略:一是开发出比市场主导者企业的产品品质、性能更优的新产品或新服务;二是寻找主导企业在经营活动中为满足消费者的需求、令顾客不满意的地方,及其内部存在的劣势及不足等,将这些弱点、不足及存在的问题作为进攻的突破口。

2. 攻击与自己实力相当者

挑战者对那些与自己实力相当,但由于经营不善或资源不足而出现问题的企业作为进攻对象,以争夺它们的市场份额。

3. 攻击地方性小企业

挑战者可以攻击那些经营不善、财务困难的地方性小企业,可以夺取他们的顾客,甚至兼并他们。如青岛啤酒集团公司就是通过夺取一些地方性小啤酒企业的顾客以及对他们实施兼并,从而发展成目前的规模。

(二)选择进攻战略

市场挑战者在确定了自己的目标和进攻对象以后,就要考虑采取什么样的进攻战略。一般借用军事战略中常用的术语,将进攻战略归纳为以下5种形式。

1. 正面进攻

正面进攻就是挑战者集中全力向对手的主要市场发动攻击,即进攻对手的强项而不是其弱点。挑战者有更强的实力,以更低的价格、更好的产品以及更大规模的广告等向竞争对手进行攻击。正面进攻的成功与否取决于谁的力量更强大。如果挑战者的实力远远弱于竞争对手则无异于飞蛾扑火,自取灭亡。

2. 侧翼进攻

侧翼进攻就是挑战者集中自己的优势资源攻击对手的弱点。一般情况下,挑战者都喜欢采取侧翼进攻,选择对手的弱点,以己之长,攻彼之短,采取这种战略的成功率非常高。侧翼进攻战略可以分为两种情况:一种是地理性侧翼进攻,通过寻找对手力量薄弱的地区以发起进攻。如沃尔玛成立之初就是通过占领对手没有开发的农村市场从而逐渐发展壮大而获得成功;第二种是细分性侧翼进攻,就是通过寻找对手还没有提供服务的子市场,填补这些细分的小市场,从而获得成功。随着企业在这些细分市场上销售的增长,逐渐削弱竞争者的市场而战胜竞争对手。侧翼进攻战略是一种比较有效且非常经济的进攻战略,比正面进攻有更多成功的机会,是大多数挑战者喜欢的进攻战略。

3. 包围进攻

包围进攻是一种全方位、大规模的进攻战略。挑战者拥有优于竞争对手的资源,在多个领域同时发动进攻以夺取对手的市场。采取包围进攻战略应符合的条件:一是通过市场细分未能发现对手忽视或尚未覆盖的细分市场,补缺空当不存在,因此无法采用侧翼进攻;二是与对手相比拥有绝对的资源优势;三是要制定周密可行的进攻方案,并相信包围进攻能够足以打垮对手。

4. 迂回进攻

迂回进攻是一种最间接的进攻战略。挑战者通过完全避开对手现有业务领域和现有市场,进攻其尚未涉足的业务领域和市场,以此壮大自己的实力。实行该战略主要有3种方法:一是进入与竞争者不相关的行业,发展与其无关的产品,实行产品多元化;二是用现有产品进入竞争者没有进入或列入经营区域的地区市场,实行市场多元化;三是发展新技术、新产品以取代竞争者的现有产品。迂回战术可以帮助企业逐渐增强自己的实力,并在时机成熟时,即可实施包围进攻或者正面进攻以获取更多胜利。

5. 游击进攻

游击进攻主要适用于规模较小、力量较弱的企业的一种战略。这在军事上是以小胜大,以弱胜强的有效战略,在市场营销上也不例外。实施该战略主要是向竞争者的不同领域或不同部位发动小规模、时断时续的攻击,干扰竞争对手,使之不得安宁,疲于应对,最终逐渐被削弱和瓦解。如在某一地区突然加大促销强度或者在某个特定时点降低商品价格等。该战略非常适合弱者向强者发动进攻,以较小代价耗费对方资源,但要想击败对手,最终还需要正面进攻或包围进攻做后盾,因此游击进攻战略是强大进攻前的准备阶段。

以上5种进攻战略都可供挑战者选择,挑战者可以选择一种进攻战略,也可以同时选择几种,但每种进攻战略各有优缺点,也同时存在风险,因此若挑战者没有做好充分准备,最好不要贸然发起攻击,特别是不要实施正面进攻和包围进攻。

三、市场跟随者战略

市场跟随者是指那些在产品、技术、价格、渠道和促销等大多数营销战略上模仿或跟随市场主导者的企业。企业如果能够成功地采取跟随者战略也能获得高额利润,因此许多居于领导者位次后面的公司往往选择跟随。因为一种新产品的开发者要花费大量投资才能获得成功,并获得市场领先地位,而跟随者企业通过模仿或改进主导者企业推出的新产品,并大量推向市场,虽未夺得行业第一,但也能从中获得很好的利润,因为它们不必承担用于创新的高额费用,也用不着冒创新的风险。

市场追随者不同于挑战者,其目的不是向市场主导者发动进攻并图谋取代主导者,而是跟随在主导者之后自觉维护共处的局面,因此实施市场跟随者战略的企业其核心是寻找一条避免触动竞争者利益的发展道路,在不刺激强大竞争对手的同时保护好自己。

根据跟随者"跟随主导者的紧密程度"将跟随者战略划分为三大类:

(一)紧密跟随战略

紧密跟随战略就是企业尽可能在各个细分市场、产品、价格、广告以及营销组合等各个方面模仿市场主导者的战略。采取该战略的企业自己不进行任何创新,尽可能仿效主导者。由于他们是利用市场主导者的投资和营销组合战略去开拓市场,自己跟在后面分一杯羹,因此被看作是依赖市场主导者生存的寄生者。有些紧密跟随者甚至发展成为"伪造者",专门以仿造假冒名牌为生的"追随者"在国际上大量存在,对创新的主导者企业造成极大威胁,是一种违法的不公平竞争,因此应该加以取缔。

(二)距离跟随战略

距离跟随战略就是在目标市场、产品创新、价格水平和分析渠道等主要方面模仿主导者,但是在包装、广告等一些次要方面又与主导者保持一定差异。如果跟随者不对主导者发起挑战,主导者一般不会介意。在钢铁、肥料、化工等同质产品行业,不同公司的产品相同,服务相近,不易实行差异化战略,因此各公司常常模仿市场主导者,采取较为一致的产品、价格、服务和促销战略,使市场份额保持着高度的稳定性。

(三)选择跟随战略

选择跟随战略就是在某些方面紧跟市场主导者,但在某些方面又自行其是,并且有时还发挥自己的独创性,但仍避免刺激主导者。他们会有选择地改进领导者的产品、服务和营销战略,避免与领导者正面交锋,选择其他市场销售产品。实施选择跟随战略的企业以后有可能发展成挑战者。

四、市场补缺者战略

在现代市场经济条件下,每个行业都有很多小企业,他们专注于市场上那些被大企业忽视的细小市场,在大企业的市场夹缝中生存和发展。这种有利的市场位置在西方被称为补缺基点。

(一)市场补缺者的含义与利基市场的特征

1. 市场补缺者含义

市场补缺者指专门为规模较小或大企业不感兴趣的利基市场提供产品和服务的企业。市场补缺者的作用是拾遗补缺,虽然在整体市场上仅占有很少的份额,但是补缺者比其他企业更充分地了解和满足某一细分市场的需求,能够通过提供高附加值而得到高利润和快速增长。规模较小且大企业不感兴趣的细分市场称为利基市场。

2. 利基市场的基本特征

具有市场潜量和购买力;利润有增长的潜力;对主要竞争者不具有吸引力;补缺企业具备向这一市场提供优质产品和服务的资源和能力;补缺企业在顾客中的良好声誉足以抵御竞争者入侵。

(二)市场补缺者战略选择

选择市场补缺基点时,多重补缺基点比单一补缺基点更能减少风险,增加补缺者的保险系数,成功率更好。因此,企业一般情况下会选择两个或两个以上的补缺基点,以确保企业的生存和发展。市场补缺者取得补缺基点的主要战略是专业化市场营销,也就是在市场、顾客、产品或渠道等方面实行专业化。可供选择的专业化市场补缺战略有以下几种。

(1)最终用户专业化。企业专门致力于为某一种类型的最终用户提供服务。如,航空食品公司专门为民航公司的乘客生产提供航空食品。

(2)垂直专业化。企业专门致力于分销渠道中的某些层面。如,铝制品厂专门生产铝锭、铝制品或铝质零部件。

(3)顾客规模专业化。企业可以专门为某一规模(大、中、小)的顾客群提供服务。如有些小企业专门为那些大企业忽略的小规模客户群体提供服务。

(4)特定顾客专业化。企业专门为一个或几个主要客户提供服务。

(5)地理区域专业化。企业专门为国内外某一地区或地点范围内提供服务。

(6)产品或产品线专业化。企业只经营某一种产品或某一大类产品。如,某造纸厂专门生产水泥包装纸。美国的绿箭公司专营口香糖。

(7)产品特色专业化。企业专门经营某种类型的特色产品。如,有的书店专门销售"古旧"图书,有的出租公司专门对外出租儿童玩具。

(8)客户订单专业化。企业专门按客户订单生产预订的产品。

【本章小结】

本章主要涉及竞争者分析、基本竞争战略和市场地位与竞争战略三个方面的主要内容。在竞争者分析中,主要阐述了如何识别竞争对手,了解竞争者的目标,对竞争对手进行评估及其战略的判断,判断竞争者的反应模式,以及企业选择竞争对策时要考虑的因素;在基本竞争战略中,主要阐述了成本领先战略、差异化战略和目标集聚战略;在市场地位与竞争战略中,主要阐述了市场主导者战略、市场挑战者战略、市场跟随者战略和市场补缺者战略。

【基本概念】

成本领先战略　差异化战略　目标集聚战略　市场主导者　市场挑战者　市场跟随者

【实训(练习)题】

1. 比较常见的竞争者反应类型有哪些?
2. 企业选择竞争对策时要考虑哪些因素?
3. 请阐述利基市场的基本特征。

第九章 新产品开发战略

【学习目标】

1. 掌握新产品的概念及分类;
2. 了解新产品开发的过程;
3. 熟悉新产品的采用与扩散过程。

【引例】

新产品是决定电视台发展的关键,由于关系到电视台的生存和繁荣,几乎所有的电视频道都将新产品开发视为发展焦点,电视节目新产品开发也无可厚非地成为必不可少且被严格要求的一环。总结湖南卫视霸气的电视节目积累过程,我们会发现这些创新电视节目引领中国电视时尚,是因为它善于制造有独特气质的"芒果产品"。以《快乐大本营》《玫瑰之约》等为代表的创新电视栏目,提倡快乐理念;以《快乐女声》等电视节目为代表的节目引领中国电视进入选秀时代;以《天天向上》等为代表的"芒果三代"节目,提倡公益道德,提升了电视节目品味;2012 年,湖南卫视推出了《平民英雄》《芒果大直播》《向上吧、少年》《完美释放》等一系列关注社会热点的节目,给电视行业输送了大量新鲜血液,构建了芒果台新产品的民生特质,其中的代表作,就是刚刚完成第一季的《完美释放》新节目。2013 年,又推出了真人秀《爸爸去哪儿》节目,获得了收视长虹。

在市场的搏杀中,湖南卫视受到了来自其他省级卫视的强烈冲击。这也让湖南卫视深刻体会到这样一个道理:在电视节目市场,"创新就是灵魂",没有创新,就没有进步,迟早会被淘汰出局。我们可以用营销学的产品开发理论来分析湖南卫视的节目开发策略。

案例思考:湖南卫视为什么能在激烈的竞争中立住脚跟,保持较高的收视率?

(案例来源:部分节选于《电视节目新产品开发策略——以湖南卫视为例》,欧阳杰群,2008 年第三期,节目栏目)

第一节 新产品开发战略选择

在当前瞬息万变的市场环境下,高科技产品层出不穷,产品的生命周期日趋缩短,使消费者对于产品的要求越来越高,其更加乐于接受和使用新产品。因此,开发新产品对企业来说,是应对各种挑战与变局,维护企业生存和发展的重要保证。

一、新产品的概念及分类

就市场营销学观点而言,所谓新产品,是指与旧产品相比,具有新的功能、新的特征、新的结构和新的用途,能满足顾客新的需求的产品。

(一)按照创新的程度分类

1. 全新产品

全新产品是通过应用科学技术而研制成功的新发明,具有新的原理结构、新的技术和新的材料等特征,且市场上从未有过的新产品。如蒸汽机、电灯、收音机、电视机、计算机、抗生素、塑料和原子能等第一次出现的产品,都属于全新产品。一项科技从发明到科技成果转化为产品,需要花费很长的时间和巨大的人力、物力、财力,绝大多数企业很难提供这样的全新产品。

2. 换代产品

换代产品是对原有产品全部或部分采用新技术、新材料、新结构而制造出来的新产品。这种换代产品比原有产品增添了新的功能,给顾客带来了新的利益。如彩色电视机是黑白电视机的换代产品;数控机床是自动机床的换代产品。

3. 改进产品

改进产品是对现有产品的结构、造型、质量、性能、特点、花色、款式、规格进行改进的产品,或是由基本型派生出来的产品。如各种不同型号的电冰箱,二合一洗发香波等,或是只对原有产品做很小改进,突出了产品的某一个特点,使用一种新牌子、新包装的新产品,如××牌水果香型牙膏。

(二)按照创新的范围分类

1. 国际性的新产品

又称世界性的新产品,在世界上是独一无二的。

2. 全国性的新产品

即这种新产品在世界上其他国家已经生产并投放市场,而在本国则是第一次开发生产并投放市场的产品。

3. 本地区的新产品

即在国内其他省、市、县等地区已生产并投放市场,而本地区则是第一次开发生产投放市场的新产品。

4. 本企业的新产品

即在其他地区或本地区其他企业已生产并投放市场,本企业则是第一次生产并投放市场的产品。

二、新产品开发的必要性

根据产品生命周期理论,世界上没有一个企业的产品能永久畅销,迟早要被市场所淘汰。因此企业应积极开发新产品,促进企业的生存和发展,推动社会经济不断进步,这是企业经营策略中的一项重大决策。

(一)产品生命周期理论要求企业不断开发新产品

如果企业不开发新产品,则当产品走向衰落时,企业也同样走到了生命周期的终点。相反,企业如能不断开发新产品,就可以在原有产品退出市场舞台时利用新产品占领市场。一般而言,当一种产品投放市场时,企业就应当着手设计新产品,使企业在任何时期都有处在不同周期的各个阶段的产品,从而保证企业利润的稳定增长。

(二) 消费需求的变化需要不断开发新产品

随着生产的发展和人们生活水平的提高,消费需求也发生很大变化,方便、健康、轻巧、快捷的产品越来越受到消费者的欢迎。消费结构的加快变化,使消费选择更加多样化,产品生命周期日益缩短。这给企业带来了威胁,一方面企业不得不淘汰难以适应消费需求的老产品,另一方面为企业提供了开发新产品以适应市场变化的机会。

(三) 科学技术的发展推动着企业不断开发新产品

科学技术的迅速发展导致许多高科技新型产品的出现,并加快了产品更新换代的速度。如光导纤维的出现,对电报、电话、信息处理设备的更新换代发挥巨大的推动作用。科技的进步有利于企业淘汰陈旧的产品,生产性能更优越的新产品,并把新产品推向市场。企业只有不断运用新的科学技术改造自己的产品,并开发新产品,才不至于被挤出市场的大门。

(四) 市场竞争的加剧迫使企业不断开发新产品

现代市场上企业之间的竞争日趋激烈,企业要想在市场上保持竞争优势,只有不断创新,开发新产品,才能在市场上占据领先地位,增强企业的活力。另外,企业定期推出新产品,可以提高企业在市场上的信誉和地位,并促进新产品的市场销售。

因此,在科学技术飞速发展的今天,在瞬息万变的国内国际市场上,在竞争越来越激烈的环境下,就企业而言,开发新产品是应付各种突发事件,维护企业生存与长期发展的重要保证。

三、新产品开发战略的选择

企业的新产品开发战略,依据其资源及所处市场竞争地位可以有两种选择:领先型新产品开发战略和跟随型新产品开发战略。

(一) 领先型新产品开发战略

领先型新产品开发战略是指企业首先研制、开发新产品,并率先将产品投入市场,从而在行业中占据技术领先和产品领先地位的战略。其具有以下优点:

(1) 成功的新产品开发,使企业对新技术成果享有独占权,能够较早地建立起现实及潜在竞争对手进入市场的技术壁垒,并在新产品市场上处于主动地位。在这一阶段,企业不存在竞争者威胁,一方面可凭技术领先、理念领先等优势树立企业及产品品牌形象;另一方面可以占有尽可能多的市场份额,并采取撇指定价策略,赚取高额市场利润。

(2) 企业在新产品生产、管理方面拥有的丰富经验和不断扩张的市场需求,有利于企业扩大生产规模,提高产品质量,降低生产成本,取得剩余后进入市场者的竞争优势。此外,企业还可以在认为必要时,采取出售产品生产许可证的方式,从技术转让中获利。

但是,采用领先型新产品开发战略也面临着一些风险,主要是投入大、成本高、开发周期长,由于市场的瞬息万变和研发的高风险性,新产品开发的结果难以预料。一旦开发失败,往往会给企业造成巨大的损失,挫伤员工士气。

(二) 跟随型新产品开发战略

跟随型新产品开发战略是指企业密切关注市场上刚出现的新产品,一旦发现新产品获得成功,便立即组织力量通过某种方式生产出类似产品以进入这一市场的战略。其具有以下优点：

（1）风险较小。由于采用领先型新产品开发战略的企业，已经解决了产品创新过程中一系列的技术难题，特别是实践证明，市场对这一新产品具有较好的反应，这样跟随企业就可以大大减少技术开发与市场开发中的失误和风险，避免可能出现的巨额损失。

（2）投资少、成本低。跟随企业在跟进新产品时，新产品概念开发方面的成本已经由领先企业承担，跟随企业可以享受领先企业开辟市场所产生的外部效益；同时，跟随企业可以通过观察领先企业的创新行为进行技术的学习和模仿，不需要进行耗费巨大的技术探索研究，因此其新产品开发比领先企业投资少，开发周期短，生产成本较低。

（3）开发的产品可能更具竞争力。领先企业开发的新产品，通过消费者的使用，一定会体现出有待改进之处。跟随企业可以在充分了解消费者需求和期望的基础下，分别从若干方面对领先企业的产品再予以修正、改进，从而生产出更具竞争力的产品，获得良好的市场反应。

跟随型新产品开发战略的主要缺点是跟随型企业几乎在同一时期进入市场，导致市场竞争比较激烈，因此跟随型企业的产品必须比已有产品的性能和品质更高一等，或者营销实力更为雄厚，否则很难取得市场份额。

第二节 新产品开发过程

新产品开发的组织机构确定后，新产品开发工作就需按照一定的科学程序来进行。新产品开发程序一般可分为八个步骤：构想→筛选→产品概念的形成与测试→初拟营销规划→商业分析→新产品研制→市场试销→正式投放市场，如图9.1所示。

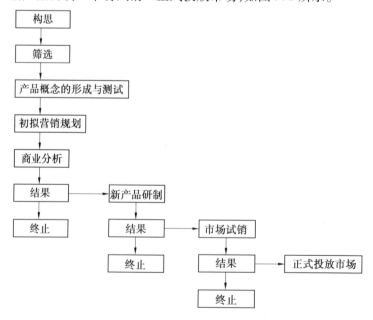

图9.1 新产品开发管理的程序

一、构想

构想是指对拟开发的新产品的构思与设想。任何一种产品的开发，都是从构想开始的。没有构想也就没有新产品的开发。一个好的构想等于新产品成功的一半。

企业在广泛收集构想之前,有关领导应首先确定新产品开发的目标和要求,如准备开发什么新产品,准备进入哪些市场,期望达到什么目标等。只有这样,工作人员才能有的放矢地收集构想。

新产品构想的来源有:

1. 企业内部

企业内部包括设计开发人员、销售人员、生产人员及其他部门的职工。据国外的一项调查表明,在新产品的开发构想中,有55%的开发构想来自企业内部。内部渠道来的构想,其特点是了解企业的实际情况和能力,使构想与企业实际情况不致严重脱节。

2. 顾客

顾客是新产品开发的源泉和动力,故顾客是征集新产品开发构想的主要来源。据国外的一项不完全统计发现,消费者提出的产品开发构想,被企业采纳的占28%。

3. 竞争者

企业在开发新产品时,应密切注视竞争者的动向。据统计,企业有27%的产品开发构想是在对竞争对手的产品加以分析后萌发的。方法是:收集购买竞争者的产品目录、使用说明书、广告宣传品;通过购买竞争者产品,剖析其性能及优缺点;可向购买竞争者产品的用户和向销售竞争产品的经销商收集其对产品的意见和看法等,以便研究或改进本企业新产品的开发构想。

4. 经销商

向经销商了解顾客对现有产品的意见和想法以及对未来产品的要求等。

5. 其他

包括政府机关、大专院校、科研机构、市场调研机构、广告公司、学术会议、技术鉴定会议、展销会、报纸杂志、文献资料专利及国外的样品等。

此外,还可从现有产品所存在的问题中得到新产品构想,对现有产品结构作进一步分析,如结构是否可以改变,大的能否变成小的,重量能否减轻,上下左右能否颠倒,或是两个部件能否分开,或是组合在一起等等,从中得到新的构想。例如组合音响、游戏机等。

二、筛选

这一步骤主要是对从各个渠道收集得来的开发构想,进行筛选,对哪些构想应保留,哪些构想应该剔除,做出认真决策,从中选出具有开发价值的构想。

筛选应遵循如下标准:(1)市场成功的条件。包括产品的潜在市场成长率,竞争程度及前景,企业能否获得较高的收益。(2)企业内部条件。主要衡量企业的人、财、物资源,企业的技术条件、销售条件及管理水平是否适合生产销售这种产品。

在筛选过程中要注意避免两种失误,一种是误舍,将一些具有开发前景的产品构想筛选舍弃掉;另一种是误用,将一个没有发展前景的产品构想盲目上马付诸实现,结果投入市场后遭到失败,造成人力、物力、财力和时间上的损失。

为避免出现以上失误,要求企业领导干部和有经验的专家对每一项新产品构想的性能、质量、技术先进程度、市场需求、市场竞争能力、原材料供应、设备和劳动力利用、制造成本以及经济效益等因素进行评定审核,做出最终抉择。为提高评估的科学性,可运用多因素综合评估方法,首先确定各评定因素,并根据各因素重要程度不同分别给予不同权重

(A),并对各因素进行评分(B),记入新产品构想评估表(见表9.1),然后汇总,即将(A)×(B)的得数相加,最后根据预先确定的评估标准确定每一新产品构想的优劣。选出那些符合本企业发展目标和长远利益,并与企业资源相协调的产品构想,剔除那些可行性小或获利较少的产品构想。

表9.1 构想评估表

评价项目	权重(A)	评估(B)											评估分数
		0.0	0.1	0.2	0.3	0.4	0.5	0.6	0.7	0.8	0.9	1.0	
质量													
技术水平													
市场规模													
竞争状况													
预计收益													
原料供应													
开发能力													
生产能力													
销售能力													
合计	1.00												

三、产品概念的形成及测试

经过筛选后的产品构想仍需进一步形成完整的产品概念。产品概念是指已经成型的产品构思,方法是用文字、图像、实体模型等予以清晰的阐述,说明产品的特性、用途、外观、包装和价格等,使之在顾客心目中形成一种潜在的产品形象。一个新产品构想可衍生出许多具体的产品概念。例如某酒厂提出拟利用橘子为原料开发橘子酒的新产品构想,这一构想可转化成如橘子啤酒、甜型橘子酒、干型橘子酒等产品概念。因为顾客要购买的不是产品构想(橘子酒)而是橘子啤酒、甜型橘子酒、干型橘子酒等产品概念,企业需要开发具体的产品。所以要把产品构想转化为产品概念。

企业对每种产品概念都要从销售量、生产条件、产品质量、产品价格、销售对象、市场地位、收益率等方面加以评估比较,再把选定的可行产品概念提交给一组消费者,请他们参与测试,听取和收集他们的意见。请消费者针对此概念回答有关问题,如与同类产品相比,该产品有何特点? 这种产品能否满足其需求,对产品的外观、品质、性能、价格、包装等方面有何改进的建议,估计哪些顾客会购买本产品等。通过产品概念的测试,有助于完善产品概念,并选出最佳产品概念作为新产品开发目标。

四、初拟营销规划

企业选择最佳的产品概念之后,必须制订把这种产品引入市场的初步市场营销计划,并在未来的发展阶段中不断完善。初拟的营销计划包括三个部分:

(1)描述目标市场的规模、结构、消费者的购买行为、产品的市场定位以及短期(如三个

月)的销售量、市场占有率、利润率预期等;

(2)概述产品预期价格、分配渠道及第一年的营销预算;

(3)分别阐述较长期(如3～5年)的销售额和投资收益率,以及不同时期的市场营销组合等。

五、商业分析

商业分析就是在初拟营销规划的基础上,对新产品概念在经济效益方面是否符合企业目标进行分析。包括两个具体步骤:预测销售额和推算成本与利润。

预测新产品销售额可参照市场上类似产品的销售发展历史,并考虑各种竞争因素,分析新产品的市场地位、市场占有率等。

六、新产品研制

新产品研制主要是将通过商业分析后的新产品概念,交送研究开发部门或技术工艺部门试制成为产品模型或样品,同时进行包装的研制和品牌的设计。这是新产品开发的一个重要步骤,只有通过产品试制、投入资金、设备和劳力,才能使产品概念实体化,发现不足与问题,并改进设计,才能证明这种产品概念在技术、商业上是否具有可行性。应当强调,新产品研制必须使模型或样品具有产品概念所规定的所有特征。

七、市场试销

市场试销是新产品生产后,为了解市场需求情况所作的试探性销售。新产品试销应对以下问题做出决策:

(1)试销的地区范围:试销市场应是企业目标市场的缩影。

(2)试销时间:试销时间的长短一般应根据该产品的平均重复购买率决定,重购率高的新产品,试销的时间应当长一些,因为只有重复购买才能真正说明消费者喜欢新产品。

(3)试销中所要取得的资料:一般应了解首次购买情况(试用率)和重复购买情况(再购率)。

(4)试销所需要的费用开支。

(5)试销的营销策略及试销成功后应进一步采取的战略行动。

八、正式投放市场

新产品试销成功后,即可将新产品正式推向市场。这时,企业要支付大量费用,而新产品投放市场的初期往往利润微小,甚至亏损,因此,企业在此阶段应对产品投放市场的时机、区域、目前市场的选择和最初的市场营销组合等方面做出慎重的决策。使新产品顺利地进入市场,并尽可能缩短投入期,早日进入成长期。

第三节 新产品的采用和扩散

一、新产品采用过程

所谓新产品采用过程,是指消费者个人由接受创新产品到成为重复购买者的各个心理阶段。美国著名学者埃佛里特·M·罗杰斯在1962年出版的《创新扩散》一书中,把采用过程看成是创新决策过程,并据此建立了创新决策过程模型。他认为,创新决策过程包括五个阶段,即认识阶段、说服阶段、决策阶段、实施阶段和证实阶段。这五个阶段又受到一系列变量的影响,它们不同程度地促进或延缓了创新决策过程。

(一)认识阶段

在认识阶段,消费者要受个人因素(如个人的性格特征、社会地位、经济收入、性别、年龄、文化水平等)、社会因素(如文化、经济、社会、政治、科技等)和沟通行为因素的影响。他们逐步认识到创新产品,并学会使用这种产品,掌握其新的功能。研究表明,较早意识到创新的消费者与较晚意识到创新的消费者有着明显的区别。一般的,前者较后者有着更高的文化水平和社会地位,他们广泛地参与社交活动,能及时、迅速地收集到有关新产品的信息资料。

(二)说服阶段

有时,消费者尽管认识到了创新产品并知道如何使用,但一直没有产生喜爱和占有该种产品的愿望。而一旦产生这种愿望,决策行为就进入了说服阶段。在认识阶段,消费者的心理活动尚停留在感性认识上,而在说服阶段,其心理活动就具备影响力了。消费者常常要亲自试用新产品,以避免购买风险。不过,即使如此也并不能促使消费者立即购买,除非营销人员能让消费者充分认识到新产品的特性。这包括:

(1)相对优越性,即创新产品被认为比原有产品好。应该着重指出的是,相对优越性是指消费者个人对创新产品的认识程度,而不是产品的实际状况。在某些情况下,一个确实属于创新的产品若不被消费者所认识或认可,便失去了其相对优越性。

(2)适用性,即创新产品与消费者行为及观念的吻合程度。当新产品与消费者的需求结构、价值观、信仰和经验相适应或较为接近时,就较容易被迅速采用。

(3)复杂性,即认识创新产品的困难程度。创新产品越是难以理解和使用,其采用率就越低。这就要求企业在新产品设计、整体结构、使用维修和保养方法等方面与目标市场的认知程度相接近,尽可能设计出简单易懂、方便实用的产品。

(4)可试性,即创新产品在一定条件下可以试用。汽车的测试、免费赠送样品等都是为了方便消费者对新产品的试用,减少购买风险,提高采用率。

(5)明确性,指创新产品在使用时,是否容易被人们观察和描述,是否容易被说明和示范。创新产品的消费行为越容易被感知,其明确性就越强,采用率也就越高。

总之,在说服阶段,消费者对创新产品将有确定性认识,他会多次在脑海里"尝试"使用创新产品,看看它是否适合自己。而企业的广告和人员推销将会使消费者提高对产品的认知程度。

(三)决策阶段

通过对产品特性的分析和认识,消费者开始决策,即决定采用还是拒绝采用该种创新产品。他可能决定拒绝采用,此时又有两种可能:一是以后改变态度,接受了这种创新产品;二是继续拒绝采用这种产品。他也许决定采用创新产品,此时也有两种可能:一是在使用之后觉得效果不错,继续使用下去;二是使用之后发现令人失望,便中断使用,可能改用别的品牌,也可能干脆不使用这类产品。

(四) 实施阶段

当消费者开始使用创新产品时，就进入了实施阶段。在决策阶段，消费者只是在心里盘算究竟是使用该产品还是仅仅试用一下，并没有完全确定。到了实施阶段，消费者就考虑"我怎样使用该产品"和"我如何解决操作难题"等问题了。这时，营销人员就要积极主动地向消费者进行介绍和示范，并提出自己的建议。

(五) 证实阶段

人类行为的一个显著特征是，人们在做出某项重要决策之后总是要寻找额外的信息来证明自己决策的正确性。消费者购买决策也不例外。为了说明问题，这里借用一下不和谐理论中的认识不和谐概念。

认识不和谐是指两种或两种以上的认识互不一致，或者其中某种认识与一个人的行为相抵触所产生的紧张不安的心理状态。这些认识包括人们对周围事物所持的观念、情感和价值取向等。只要这些认识相互不一致，或者某种认识与一个人的行为不相吻合，不和谐就产生了。不和谐是一种心理不平衡状态，它会造成心理紧张，而心理紧张又促使人们去努力消除这种紧张，从而使心理状态由不平衡（或不和谐）转向平衡（或和谐）。

在创新之后存在的不和谐，称为决策后不和谐。由于消费者面临多种选择方案，而每一种方案又都有其优点和缺点，所以只要消费者选择其中的一个方案，不和谐就会发生。在决策之后，消费者总是要评价其选择行为正确与否。在决策后的最初一段时间内，消费者常常觉得有些后悔，会发现所选方案存在很多缺陷，而认为未选方案有不少优点。事实上，如果再给一次机会，就有可能会选择其他方案。不过，后悔阶段持续时间不长便被不和谐减弱阶段所代替。此时，消费者认为已选方案仍然较为适宜。

在整个创新决策过程中，证实阶段包括了决策后不和谐、后悔和不和谐减弱三种情况。消费者往往会告诉朋友们自己采用创新产品的明智之处，倘若无法说明采用决策是正确的，就可能中断采用。

二、新产品扩散过程

所谓新产品扩散，是指新产品上市后，随着时间的推移，不断地被越来越多的消费者所采用的过程，也就是说，新产品上市后逐渐地扩张到其潜在市场的各个部分。扩散与采用的区别，仅仅在于看问题的角度不同。采用过程是从微观角度考察消费者个人由接受创新产品到成为重复购买者的各个心理阶段，而扩散过程则是从宏观角度分析创新产品如何在市场上传播并被市场所采用的更为广泛的问题。

(一) 新产品特征与市场扩散

(1) 创新产品的相对优点。新产品的相对优点越多，在诸如功能、可靠性、便利性、新颖性等方面比原有产品的优越性越大，市场接受得就越快。

(2) 创新产品的适应性。创新产品必须与目标市场的消费习惯以及人们的产品价值观相吻合。当创新产品与目标市场消费习惯、社会心理、产品价值观相适应或较为接近时，则有利于市场扩散，反之，则不利于市场扩散。

(3) 创新产品的简易性。这是要求新产品设计、整体结构、使用维修、保养方法必须与目标市场的认知程度相适应。一般而言，只有新产品的结构和使用方法简单易懂，才有利于新产品的推广扩散，消费品尤其如此。

(4)创新产品的明确性。这是指新产品的性质或优点是否容易被人们观察和描述,是否容易被说明和示范。凡信息传播较便捷、易于认知的产品,其采用速度一般比较快。例如,流行服装不用说明,即可知晓,因而流行较快;反之,某些除草药剂,因不能立刻看到效果如何,所以市场扩散就会比较慢。

(二)消费者采用新产品的程序与市场扩散

人们对新产品的采用过程,客观上存在着一定的规律性。美国市场营销学者罗杰斯调查了数百人接受新产品的实例,总结归纳出人们接受新产品的程序和一般规律,认为消费者接受新产品一般表现为以下五个重要阶段:认知→兴趣→评价→试用→正式采用。

(1)认知。这是个人获得新产品信息的初始阶段。新产品信息情报的主要来源是广告,或者通过其他间接的渠道获得,如商品说明书、技术资料等。显然,人们在此阶段所获得的情报还不够系统,只是一般性的了解。

(2)兴趣。指消费者不仅认识了新产品,并且产生了兴趣。在此阶段,消费者会积极地寻找有关资料,并进行对比分析,研究新产品的具体功能、用途、使用等问题,如果满意,将会产生初步的购买动机。

(3)评价。这一阶段消费者主要权衡采用新产品的边际价值。譬如,采用新产品获得的利益和可能承担风险的比较,从而对新产品是否具有吸引力做出判断。

(4)试用。指顾客开始小规模地试用新产品。顾客通过试用,顾客评价自己对新产品的认识及购买决策的正确性如何。企业应尽量降低失误率,详细介绍产品的性质、使用和保养方法。

(5)采用。顾客通过试用达到理想的效果,放弃原有的产品,完全接受新产品,并开始正式购买、重复购买。

(三)顾客对新产品的反映差异与市场扩散

1.新产品采用者类型

在新产品的市场扩散过程中,由于受个人性格、文化背景、受教育程度和社会地位等因素的影响,不同的消费者对新产品接受的快慢程度不同。罗杰斯根据这种接受快慢的差异,把采用者划分成五种类型,即:创新采用者(可简称为"创用者")、早期采用者、早期大众、晚期大众和最晚采用者(如图9.2所示)。同时,从新产品上市算起,采用者的采用时间大体服从统计学中的正态分布,约有68%的采用者(早期大众和晚期大众)落在平均采用时间加减一个标准差的区域内,其他采用者的情况类推。尽管这种划分并非精确,但它对于研究新产品扩散过程有着重要意义。

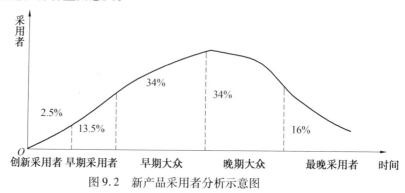

图9.2 新产品采用者分析示意图

(1)创新采用者。该类采用者处于距离平均采用时间两个标准差以左的区域内,占全部潜在采用者的2.5%。任何新产品都是由少数创新采用者率先使用,因此,他们具备如下特征:极富有冒险精神;收入水平、社会地位和受教育程度较高;一般是年轻人,交际广泛且信息灵通。企业市场营销人员在向市场推出新产品时,应把促销手段和传播工具集中于创新采用者身上,如果他们采用效果较好就会大肆宣传,影响到后面的使用者。不过,找出创新采用者并非易事,因为很多创新采用者在某些方面倾向于创新,而在别的方面可能是落后采用者。

(2)早期采用者。早期采用者是第二类采用新产品的群体,占全部潜在采用者的13.5%。他们大多是某个群体中具有很高威信的人,受到周围朋友的拥护和爱戴。正因如此,他们常常去搜集有关新产品的各种信息资料,成为某些领域的舆论领袖。这类采用者多在产品的介绍期和成长期采用新产品,并对后面的采用者影响较大,所以,他们对创新产品扩散起着决定性影响。

【延伸阅读】

苹果口碑式营销

苹果的产品通常将两类对口碑营销最为敏感的人群定为目标群体:一种是所谓的"先锋",他们是那些年轻的、躁动不安的、充满好奇心、喜欢尝鲜的消费者;另一种是"早期用户",即那些总是寻找新产品来提高自己个人及商务生活水平的消费者,该群体的规模要比第一种更大,同时也充当着产品与"早期大众用户"之间的桥梁。

(资料来源:http://www.jiaoyanshi.com 2012-9-11)

(3)早期大众。这类采用者的采用时间较平均采用时间要早,占采用者的34%。其特征是:深思熟虑;态度谨慎;决策时间较长;受过一定教育;有较好的工作环境和固定收入;对舆论领袖的消费行为有较强的模仿心理。他们虽然也希望在一般人之前接受新产品,却是在早期采用者认可后才购买,从而成为赶时髦者。由该类采用者同后面的晚期大众一起占有68%的市场份额,因而,研究他们的消费心理和消费习惯,对于加速新产品扩散有着重要意义。

(4)晚期大众。这类采用者的采用时间较平均采用时间稍晚,占采用者的34%。其基本特征是多疑,他们的信息多来自周围的同事或朋友,很少借助宣传媒体,其受教育程度和收入状况相对较差,所以,他们从不主动采用或接受新产品,直到多数人都采用且反映良好时才行动。显然,对这类采用者进行市场扩散是极为困难的。

(5)最晚采用者。这类采用者是采用创新产品的落伍者,占采用者的16%。他们思想保守,拘泥于传统的消费行为模式。他们与其他的落后采用者关系密切,极少借助宣传媒体,其社会地位和收入水平最低。因此,他们在产品进入成熟期后期乃至进入衰退期时期才会采用,与一般人存在着社会经济地位、个人因素和沟通行为等三个方面的差异。

新产品的整个市场扩散过程,从创新采用者至落后购买者,形成完整的"正态分布曲线",这与产品生命周期曲线极为相似,为企业规划产品生命周期各阶段的营销战略提供了有力的依据。

2. 舆论领袖和口头传播对扩散的影响

前面提出,扩散过程是新产品不断地被更多消费者采用的过程。对于企业而言,它总是希望产品扩散越快越好,消费者接受的越快越好。因此,缩短消费者由不熟悉新产品到采用新产品所花费的时间就成为企业市场营销目标之一。前面对采用和扩散过程的分析,不同程度地解决了这个问题,这里再从信息沟通角度进行研究。

在新产品扩散过程中,有关信息和影响是怎样从市场营销人员那里传递到目标市场的呢?最初,人们认为信息和影响是借助宣传媒体的力量直接传递到消费者那里的,这就是一级流动过程。即从宣传媒体到消费者。后来,研究者们发现,信息的流动并非经过一级,而是两级。他们认为,新产品常常是从宣传媒体到舆论领袖,然后再从舆论领袖流向追随者,追随者受舆论领袖的影响远远超过宣传媒体的影响。这叫作两级流动模型。在这里,宣传媒体是主要的信息源,追随者是信息受众,而舆论领袖则对信息受众接受信息有着重要作用,他们依靠自身的威信和所处的位置,加速了信息的流动。

他们的主要作用:告知他人(追随者)有关新产品的信息;提供建议,以减轻别人的购买风险;向购买者提供积极的反馈或证实其决策。所以舆论领袖是一个告知者、说服者和证实者。不过,舆论领袖只是一个或几个消费领域的领袖,他们仅仅在这一个或几个领域施加自身的影响,离开这些领域,他们就不再是领袖,也就没有影响了。同时,每一个社会阶层都有舆论领袖,大多数情况下,信息是在每一个阶层内水平流动而不是在阶层之间垂直流动的。舆论领袖同其追随者有着显著不同的特征:(1)舆论领袖交际广泛,同宣传媒体和各种交易中间商联系紧密;(2)舆论领袖容易被接触,并有机会、有能力影响他人;(3)具有较高于其追随者的社会经济地位,但不能高出太多,否则,二者就难以沟通;(4)更乐于创新,尤其处于整个社会倡导革新时期。

三、新产品失败的营销原因

新产品开发结束后,在扩散过程中许多营销因素都值得特别注意,许多营销因素都能导致新产品扩散的失败。

(一)差异点传递不明晰

新产品想要打败竞争产品,其关键在于与众不同的差异点,即能给使用者带来独特利益的卓越特性,并且企业将该特性成功传达给消费者。

(二)产品开发之前市场与产品的界定不完整

在新产品开发之前,就需要明确地识别出目标市场、顾客需要与新产品特性。没有明确的界定,研发就成了为虚幻的市场设计一种模糊的产品,就会浪费大量的资金。

(三)市场吸引力太小

市场吸引力是指每个新产品经理都想在努力寻求的理想状态:高速增长且具有实际购买需求的大型目标市场。但是现实中,目标市场的规模往往太小或者竞争激烈,从而无法保障必需的投资回报。

(四)名称、包装、定价、促销和分销等营销组合实施不力

再好的设计、扩散计划都需要强有力的实施作为保证,营销计划实施过程中的缺陷是造成新产品扩散失败的重要原因。

(五)时间安排不合理

时间安排不合理会成为新产品推出的噩梦,产品推出的时间过早、过迟或者正好赶上

消费者需求急剧改变的时候都会对新产品的推广造成致命的打击。现实生活中,有些小成本制作的电影故意避开暑期、春节等大片上映时间推出,就是为了选择一个好的推广时间。

(六)渠道成本过高

如今,在广告、分销渠道与货架空间方面的竞争十分激烈,因此,争取性价比较高的销售渠道对新产品推出十分重要。

【本章小结】

新产品可分为全新产品、换代产品、改进产品三种。产品生命周期的客观存在,消费需求的不断变化,科学技术的不断发展,市场竞争的日益加剧,都使得企业必须高度重视新产品开发。新产品开发过程分八个阶段,构想、筛选、产品概念的形成与测试、初拟营销规划、商业分析、新产品研制、市场试销、正式投放市场。所谓创新,是指被人们认为是新事物的思想、活动、产品或服务。所谓新产品采用过程,是指消费者个人由接受创新产品到成为重复购买者的各个心理阶段。创新决策过程包括五个阶段,即认识阶段、说服阶段、决策阶段、实施阶段和证实阶段。新产品采用与新产品扩散的区别,仅仅在于看问题的角度不同。

【基本概念】

创新　全新产品　换代产品　改进产品　新产品采用过程　新产品扩散

【实训(练习)题】

1. 在新产品的批量上市阶段,企业高层领导者应该做哪几方面的决策?
2. 为了说服消费者,企业应该从哪些方面来介绍自己新产品的特性?
3. 不同类型的新产品采用者分别具有什么特点?

第Ⅳ篇　市场营销策略

第十章　产品策略

【学习目标】

1. 掌握产品的概念；
2. 了解产品组合及产品策略；
3. 理解产品的生命周期理论及相关内容；
4. 掌握产品包装的策略；
5. 了解针对服务特性的服务策略。

【引例】

"眠之夜"磁带产品

人人都讨厌听废话，"耳朵都听出老茧来了"这句话形象地表达了人们的这种厌烦感觉。但日本的东芝依艾姆公司却从中发现了商机，并成功将产品推向市场，获得了极大的成功。东芝依艾姆公司生产了一种录满废话的录音磁带，这种磁带产品被命名为"眠之夜"，而且非常畅销。这种畅销的废话磁带，就是"创新求奇"的产物，专门向失眠者提供，磁带上面录着"一只羊过去了，两只羊过去了……"一直到"一千只羊过去了"。在电子合成器的伴奏下，这种单调的话语每隔五秒钟就出现一次，使听者渐渐地全身都浸浴在"倦怠"感之中。这项产品一反治疗失眠症吃安眠药，用电刺激等常规的思路，几乎未花宣传费用就成了畅销产品。畅销的原因是"它可以使失眠者听着入睡，且没有副作用"。

第一节　产品及产品组合

企业市场营销活动的目标是满足目标市场上顾客的需求，而顾客需求的满足要通过一定的产品来实现，产品是联结企业和市场的纽带，是市场交易活动的基础。因而正确制定企业的产品策略是制定其他市场营销策略的基础。

一、产品整体概念

现代市场营销学中的产品概念外延宽广，并且内涵及其深刻和丰富。产品是指能够提供给市场且用于满足人们某种欲望和需要的任何事物，包括实物、服务、场所、组织、思想、主意等。从市场营销的角度来看，产品的概念是多层次的。学术界认为产品整体概念包含核心产品、有形产品和附加产品三个层次。

(一)核心产品

核心产品是指消费者购买某种产品时所追求的利益,是顾客真正要买的东西,因而在产品整体概念中是最基本、最主要的部分。从本质上讲,消费者购买某种产品并不是为了占有或获得产品本身,而是为了获得能够满足其某种需要的效用或者利益。如人们购买洗衣机是为了清洁衣物,而不是为了获取洗衣机的外壳及其内部的各个电器零部件。因此企业提供给消费者的每一种产品,实质上都是为解决消费者的问题而提供的服务,如果其提供的产品没有效用和使用价值,不能解决消费者的问题,那其产品就不会有市场。

(二)有形产品

有形产品是指核心产品的载体,即向市场提供实体和服务的可识别的形象表现。有形产品由五个特征构成,即品质、式样、特征、品牌及包装。产品的基本效用必须通过某些具体的形式才能得以实现,市场营销人员必须着眼于顾客购买产品时所追求的效用和利益,应努力寻求顾客利益得以实现的形式,更好地进行产品设计,以求更好地满足顾客的消费需求。

(三)附加产品

附加产品是指顾客购买有形产品时所获得的全部附加服务和利益,包括提供信贷、免费送货、保险、安装和售后服务等。附加产品的概念主要来源于对市场需求的深入认识,因为购买者购买的产品目的是满足其某种需要,因而他们希望得到与满足该项需要有关的一切附加服务和利益。如顾客购买了冰箱,如果销售方不负责送货,顾客就不会购买其冰箱,而是向提供送货的商家购买冰箱,因为自己把冰箱运回家非常费事。所以,如今企业在市场上的竞争不是发生在工厂生产什么产品方面,而是发生在其产品能够提供哪些附加利益方面,这些附加利益包括包装、广告、服务、融资、顾客服务、仓储、送货及其他有价值的形式。

产品整体概念的三个层次清晰地体现了以顾客为中心的现代营销理念,产品整体概念的内涵和外延都以消费者需求为标准,由消费者的需求决定,没有产品整体概念,就不可能真正贯彻现代市场营销观念。

二、产品组合

(一)产品组合概念

在市场经济和现代社会化大生产的条件下,大多数企业都生产和销售多种产品。产品组合是指某一个企业所生产或销售的全部产品大类、产品项目的组合。产品大类又称为产品线,是指产品类别中具有密切关系(或者是经由同种商业网点销售,或者同属于一个价格幅度)的一组产品,一个企业可以生产经营一条或几条不同的产品线。产品项目又称产品品种,是指某一品牌或产品大类内由尺码、价格、外观及其他属性来区别的具体产品。

产品组合有一定的宽度、深度和关联度。产品组合的宽度是指一个企业有多少产品大类。企业的产品大类越多,说明该企业的产品组合宽度越大。产品组合宽度反映了一个企业市场服务面的宽窄程度和承担投资风险的分散能力;产品组合的深度是指每条产品线上的产品项目数,也就是产品大类中每种产品有多少花色、品种、规格。产品线中包含的产品项目越多,产品组合深度越深。产品组合深度反映了一个企业在同类细分市场中,满足顾客不同需求的程度;产品组合关联度是指一个企业的各个产品大类在最终使用、生产条件、分销渠道等方面的密切相关程度。其关联程度越密切,说明企业各产品线之间具有关联性,反之缺乏关联性。产品组合的关联性越强,越有利于企业的经营管理,越容易取得好的经济效益;反之,则经营管理难度大,不容易取得好的经济效益。企业可以根据战略决策和管理水平高低的实际情况对企业产品组合的关联性进行调整。

产品组合的宽度、深度和关联度在市场营销战略上具有重要的意义。企业拓展产品组合的宽度,也就是企业通过扩大经营范围,增加产品大类,跨行业经营等策略,可以充分发挥企业的特长,充分利用企业资源和技术,开拓新市场,拓展服务面,分散投资风险,提高经济效益;增加产品组合的深度,也就是通过增加产品项目,增加产品的花色、式样、规格等,可以满足广大消费者的不同需要和爱好,以招徕、吸引更多顾客,从而扩大总销售量;增加产品组合的关联度,可以充分发挥企业现有的生产、技术、分销渠道和其他方面的能力,提高企业的竞争力,增强企业在某一地区、某一行业的市场地位,从而降低企业经营的风险。

(二)产品组合调整

企业产品组合状况直接关系到企业的销售额和利润水平,因此企业必须对现行产品组合进行优化和调整,使企业能够最大限度地提高其经济效益。企业对产品组合进行优化和调整时,可以根据不同情况采取不同的对策。

1. 扩大产品组合策略

由于企业的一些产品的销售形势好,企业可以采取扩大产品组合的策略,来满足这些产品的市场需求。该策略就是通过扩大产品组合的广度和深度,也就是通过增加产品线和产品项目,增添生产经营产品品种和扩大经营范围,从而提高经济效益。扩大产品组合策略主要有以下三种策略:

(1)垂直多样化策略。垂直多样化策略是指不增加产品线,只是进行产品线的深度发展,增加产品线的长度。垂直多样化实现方式具体包括:

向上延伸。如某企业原来定位于只生产经营低档产品,现在决定增加生产经营高档产品。企业采取向上延伸的目的:可能是高档产品销售形势好,利润高。也可能是高档产品市场上的竞争者实力较弱,容易被击败。还可能是企业本身想发展成品类齐全的企业。企业采取向上延伸策略的风险主要包括:一是顾客可能不相信企业能生产高档产品;二是竞争者可能进行反击,进入低档产品市场;三是企业尚需培训人员为高档商品市场服务;四是企业的销售代理商和经销商没有实力经营高档产品。

向下延伸。如企业原来定位于只生产经营高档产品,现在觉得增加生产经营低档产品。企业采取向下延伸策略的原因可能是:高档商品市场增长缓慢,不得不采取向下延伸策略。高档产品市场竞争激烈,通过进入低档产品市场进行反击竞争者。利用高档商品树立企业品牌和形象,以吸引消费者,扩大市场范围。或是为了填补低档产品的市场空隙,防止竞争对手进入低档产品市场对企业造成威胁。采取向下延伸策略可能面临的风险:原来是生产高档产品的企业,现在又生产低档产品,可能会破坏高档产品的品牌形象。企业原来生产高档产品,现在进入低档产品市场,可能会激怒低档产品的企业向高档产品市场进攻。企业原有高档产品经销商可能不愿意经销低档产品,因为其利润比较低。

双向延伸。如企业原来定位于生产经营中档产品,并且已经掌握了中档产品市场的优势后,决定向产品大类的上下两个方向延伸。既增加高档产品,也增加低档产品,从而实现扩大市场范围,开拓新市场,获得更多的顾客及获取更大的利润。企业采取双向延伸策略可能面临的风险:一是面临生产经营低档产品的企业的反击,导致生产低档产品的企业进入中档产品市场。二是面临生产高档产品的企业的反击,导致生产高档产品的企业进入中档产品市场。从而受到来自生产经营高档和低档产品的企业的两面夹击,使企业处于危险境地。

(2)相关系列多样化。根据产品组合的关联性原则,可以通过增加相关的产品线来实现扩大产品组合。如企业在肥皂产品线外,增加洗衣粉,清洁剂两条产品线;汽车制造企业除了生产卡车外,增加旅游客车、小轿车、农用车等的生产。企业通过扩大相关产品以扩大市场范围,满足顾客的不同需求,争取更大的利润。

(3)无关联多样化。无关联多样化是指拓展产品线时,不考虑产品关联性原则,通过增加与原产品线无关的产品,以此来开拓新市场,创造新需求。如一些餐饮企业进军文化产业;一些酒类企业进军汽车行业等。

2. 缩减产品组合策略

在市场繁荣时,较长、较宽的产品组合能为企业带来较多的盈利机会。但当市场不景气、原料及能源等涨价时,通过缩减产品可以提高企业的盈利能力和总利润。因此企业应该随着科学技术的发展,市场需求的变化,以及企业内部条件的转变,主动减少、合并一些销售困难,不能为企业创造利润的产品线和产品项目,集中企业的优势资源来生产经营那些市场需求较大,且能为企业获取预期利润的产品。

3. 淘汰产品策略

淘汰产品策略是指企业对一些已经确认进入衰退期的老化产品线和产品项目所采取的策略。这些衰退期的产品已经不能满足市场需要,因此不能为企业带来经济效益,所以企业果断做出决定,淘汰和放弃这些产品以免企业遭受更大的损失。

(1)立即放弃策略。立即放弃策略就是企业立即停止生产已进入衰退期的产品,转为生产其他产品。采用该策略的原因:一是确认该产品已经进入衰退期,已经没有发展前景;二是该产品继续存在会危害其他有发展前景产品的发展;三是该产品的市场售价已不能补偿成本。在上述情况下,企业应该果断采取措施,立即淘汰这些产品。

(2)逐步放弃策略。采取逐步放弃策略是为了避免立即放弃衰退期产品给企业造成巨大损失,并给顾客造成被突然抛弃的印象。通过采取逐步放弃策略,有计划地逐步减产直到淘汰该产品,使顾客的使用习惯能逐步适应企业生产经营战略,企业的资源有计划地逐步转移,在生产和财务管理上能平稳过渡,不致造成企业经营效益大起大落。

(3)自然淘汰策略。自然淘汰策略是指企业不主动放弃产品,而是将产品留在市场上,直至产品销售完全衰竭而被市场淘汰为止的策略。企业通过对竞争形势的分析,利用部分企业退出市场的机会,留在市场继续满足部分顾客的需要。通过采取自然淘汰策略可以使企业在短时期内仍然获得一定的销售量和利润,但同时也面临着丧失市场机会,蒙受损失的风险。

第二节 产品生命周期

如同所有的生物有机体一样,产品也有生命,并经历了从诞生到衰亡的整个过程。研究产品生命周期的发展和变化,可以使企业掌握各个产品的市场地位和竞争动态,为制定产品策略提供科学依据,对增强企业的竞争力和应变能力具有重要意义。

一、产品生命周期概念

产品生命周期是指产品从进入市场开始,直到最后退出市场为止所经历的市场生命循环过程。产品只有经过研究开发、试销,然后进入市场,其市场生命周期才算开始。产品退出市场,标志着其生命周期的结束。在现代市场经济条件下,企业不能只考虑销售和生产目前已经有的产品,而必须时刻关注市场的变化,必须随着产品生命周期的发展变化来随机应变地调整市场营销方案,并要重视新产品开发,不断开发出适应市场需求的新产品,并及时用这些新产品来代替衰退的老产品。

二、产品生命周期阶段

产品生命周期一般可以划分为导入期(投入期)、成长期、成熟期和衰退期四个阶段。产品的生命周期可以用一条曲线来表示,该曲线就是产品生命周期曲线(如图10.1)。

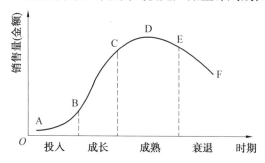

图 10.1　产品生命周期曲线

产品生命周期不是产品的使用寿命,而是指产品的市场寿命,是研究产品的市场销售情况及其获利能力在时间上的变化规律(如图10.2)。

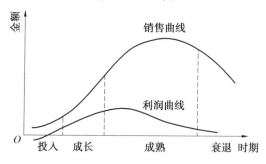

图 10.2　产品生命周期与销售利润曲线

产品生命周期受国民经济、科学技术、市场竞争、政治法律、供求情况、顾客需求爱好等因素的影响。

(一) 导入期

企业将新产品投入市场,该产品便进入了市场导入期。导入期是指新产品投入市场的初级阶段。在该阶段,由于消费者对产品还不太了解,只有少数追求新奇特的顾客可能购买,因此产品的销量很小。企业为了扩宽新产品的销路,需要大量的沟通和促销费用的投入,让更多的消费者了解该产品。在产品导入期,由于市场及技术等方面的原因,新产品不能大批量生产,因此新产品的成本比较高,新产品销售额增长缓慢,企业不能获得高额利润,还有可能产生亏损。

(二)成长期

随着宣传、促销等活动的开展,大量消费者已经了解了新产品,并开始大量购买,则新产品的销售量开始迅速增长,企业也开始盈利,新产品的导入期结束,进入到成长期。在产品的成长期,已经具备了大批量生产的条件,产品的生产成本相对降低,企业的销售额迅速上升,利润也迅速增长。在该阶段,竞争者看到有利可图,纷纷进入市场进行竞争,使同类产品供给量增加。需求的迅速增长使产品价格维持不变或略有下降,市场竞争逐渐加剧。

(三)成熟期

产品经过成长期以后,市场的需求趋于饱和,潜在的顾客已经很少,销售额增长缓慢,直至转入下降,标志着产品已经进入成熟期。产品的成熟期时间一般长于导入期和成长期,并给市场营销管理层带来最难应对的挑战。在成熟期产品销售增长率开始下降,销售额增长缓慢,大多数潜在消费者已经试用过该产品,竞争空前激烈,顾客开始转向其他产品或替代品。

(四)衰退期

随着科学技术的发展,新产品或新的替代品出现,使顾客的消费习惯发生改变,从而转向其他产品,致使原来产品的销售额和利润额都开始迅速下降,两者的增长率已为负值,说明产品已经进入衰退期,直至产品退出市场。

三、产品生命周期的其他形态

在理论上,产品生命周期曲线与正态分布曲线相似,它反映了产品生命周期变化的基本形态。但实际上,由于产品不同,市场环境因素不同,企业采取的营销策略不同,以及其他因素等的影响,产品生命周期曲线形态并不遵循上述规律,会出现各种变异。具体表现如下:

(1)有的产品投入市场后,发展很快,销售量迅速增长,一开始就跳过投入期直接进入成长期,或是投入期很短,迅速进入成长期。

(2)有的产品投入市场后,迅速进入成长期,但好景不长,销售量又迅速下降,越过成熟期,立即进入衰退期。这类产品是快上快下的成功产品。

(3)有的产品在投入市场后,经过漫长的投入期,才缓慢地进入成长期。

(4)有的产品刚进入市场不久,就被市场淘汰,由投入期立即进入衰退期,这类产品是失败产品。

(5)有的产品刚进入成长期,销售量就一直没有迅速上升,而趋于平稳,由成长期迅速进入了成熟期。

(6)有的产品呈现连续增长的扇形状态曲线,使成长期不断延长。

(7)有的产品呈波浪形发展的曲线,也就是产品进入成熟期后,又进入第二个成长期,造成产品生命周期曲线上下波动,呈波浪式发展。

四、产品生命周期各阶段特点及策略

产品生命周期各阶段都有其不同的特点,因此企业可以根据这些特点来制订相应的市场营销组合策略。

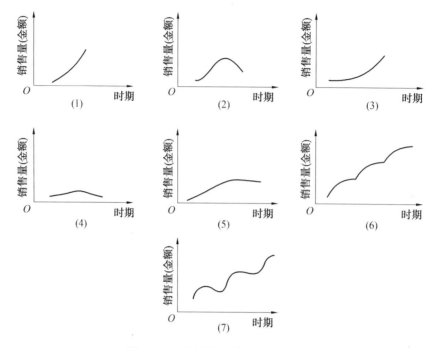

图 10.3 不同形态的产品生命周期曲线

（一）导入期市场营销策略

导入期的主要特征是新产品刚进入市场，顾客对产品缺乏了解，市场销售渠道少，产品扩散慢，产品销售量上升缓慢；产品生产批量小，生产成本和促销费用较高，且利润低，甚至利润为负值；产品市场竞争不激烈。根据新产品的这些主要特点，企业的主要任务是建立完善的分销渠道，加大促销力度来吸引消费者试用，设法使市场尽快接受新产品，缩短投入期，更快地进入成长期。导入期可以采取的市场营销组合策略有以下几种。

1. 产品策略

企业投入市场的新产品要有特色，应与老产品有所不同，并注意完善产品的质量、性能以取得顾客的信任。

2. 价格策略

投入市场的新产品要尽量符合顾客要求，并制订顾客满意的价格；企业也可以根据市场需求以及企业的目标，采取高价策略或者低价策略。

3. 渠道策略

企业可以自行销售新产品或者与中间商建立联系，选择愿意经销本企业新产品的中间商进行销售。

4. 促销策略

企业新产品投入市场，不论采取高促销费用还是低促销费用策略，都要将促销重点放在宣传介绍新产品的性能、用途和特点上，吸引顾客购买，以求打开局面，并在短时间内迅速进入和占领市场。

（二）成长期市场营销策略

产品成长期的主要特征是市场局面已经打开，顾客增多，顾客消费习惯形成并重复购买，分销渠道畅通，销售量增长迅速，几乎呈直线上升；产品已经定型，工艺基本成熟，可以大批量生产,生产成本降低,利润大幅度上升;市场竞争渐趋激烈。针对产品成长期的特点,企业为维持市场增长率,延长获取最大利润的时间,可以采取以下策略:

1. 产品策略

在产品成长期,企业要狠抓产品质量,完善产品质量保证体系,并将良好的包装与完善的服务相配合,争创优质名牌产品。

2. 价格策略

企业在系统分析市场价格趋势和竞争者的价格策略以后,针对市场价格和竞争者价格策略,保持产品原有价格或对价格进行适当调整。

3. 渠道策略

企业为了进一步扩大销售网点,可以通过渗透市场和开拓市场等方式,以适应广大顾客的需要,增加销售量。

4. 促销策略

企业可以通过加强广告宣传,并从介绍产品转向树立产品及企业形象,加强销售服务,进一步扩大产品知名度,争创名牌。

(三) 成熟期市场营销策略

产品的成熟期一般比较长,在该阶段产品销售总量大,但销售增长速度缓慢;随着市场需求渐趋饱和,销售增长率甚至呈现下降;产品生产批量大、生产成本低、利润总额高;产品普及率高,市场需求减少,行业内生产能力开始出现过剩,市场竞争激烈,利润开始下降。针对这些特点,企业主要任务是集中一切力量,尽可能延长产品生命周期,扩大市场,增加销量以取得良好的经济效益,为企业积累更多的资金,可以采取以下策略:

1. 产品策略

在产品成熟期,企业要保持和提高产品质量,力创名牌产品或保持名牌产品称号,开展优质服务,提高产品声誉;开辟产品的新用途,吸引新顾客,增加销售量,改革现有产品,发展变型产品,满足顾客的不同需求等。

2. 价格策略

企业产品生产成本大幅度降低,因此可以通过适当调低价格来吸引老顾客购买,同时争取新顾客。

3. 渠道策略

企业可以通过有选择地扩大产品销售渠道,如增加销售网点等方式促进销售。

4. 促销策略

企业通过宣传产品的新用途,介绍变型产品的性能和特色,以开拓新市场。

(四) 衰退期市场营销策略

产品衰退期的主要特征是产品老化,陷于被市场淘汰的境地;产品销售量和利润急剧下降;企业生产能力过剩;市场上以价格竞争作为主要竞争手段,努力降低售价,回收资金;一些企业纷纷退出市场,转入研制开发新产品,一些企业的新产品已上市。企业在产品衰退期的主要任务是要做好研制开发新产品或转入新市场。如根据调查研究,选择新的目标市场,由国内转向国际市场,由城市转入乡村市场等。企业要有计划地撤退,要有预见地转换,要有目标地进攻,这是在产品衰退期企业制订策略的关键,可以采取以下策略:

1. 产品策略

企业缩减产品生产量,逐步有计划地撤出市场淘汰的老产品;根据新的目标市场需要,组织生产,占领新市场,延长产品生命周期;组织新产品开发和生产。

2. 价格策略

企业适当降低产品售价,但不宜不顾一切地降价,力争取得边际利润;老产品进入新的目标市场和新产品投入市场时,可根据具体情况定价。

3. 渠道策略

企业减少销售网点;注意加强与新目标市场的中间商联系,以开拓新市场。

4. 促销策略

企业在即将退出的市场中,不宜加大投入广告宣传费用,努力降低销售费用,节省开支;而在新的目标市场上要加强广告宣传,设法开拓市场,占领新市场。

第三节 包装策略

一、产品包装层次

产品包装是指设计并生产容器或包扎物的一系列活动,这种容器或包扎物被称为包装。产品包装可以分为三个层次:第一层次的包装是指最接近产品的容器。如装有"五粮液酒"的瓶子是最接近产品的包装。第二层次的包装是指保护第一层次包装的材料,当产品被使用时,即被丢弃。如用来包装五粮液酒瓶的硬纸板盒就属于第二层次的包装,它为产品提供了进一步的保护和促销机会。第三层次的包装是指产品储存、辨认和运输时所必需的包装。如装有 12 瓶五粮液酒的纸箱就是运输包装。此外,标签化也是包装的一个组成部分,它由表明该产品印制好的信息所构成,出现在包装物上面或与包装物合为一体。

二、产品包装意义

在现代激烈的市场竞争中,包装已经成为产品市场营销的强有力手段。设计良好的产品包装不仅能为消费者创造方便价值,同时也能为生产者创造促销价值。由于绝大多数产品都在超级市场里、折扣商店里以及自动售货机里以自助的形式出售,所以包装必须执行许多推销任务,包装在市场营销上具有多方面的意义。

(一)保护商品,便于储运

产品包装的最基本功能是保护商品,便于存储和运输。有效的产品包装可以起到防潮、防热、防冷、防挥发、防污染、保鲜、防易碎和防变形等一系列的保护作用。因此在产品包装时要注意对产品包装材料的选择以及包装的技术控制。

(二)包装能为消费者提供足够的信息

新颖、精致的产品包装能吸引消费者的注意力,也能够表明产品的特色,给予消费者购买信心,形成一个对产品有利的总体印象。随着消费者生活水平的日益提高,消费者愿意为良好包装带来的方便、外观、可靠性和声望等多支付一定的钱款。目前,绝大多数企业已经意识到设计良好的产品包装会对营销产生巨大的作用,它有助于消费者迅速识别出生产产品的企业或产品的品牌。如,人们可以从红色的饮料瓶包装上立即识别出是可口可乐饮料;而从蓝色的饮料瓶包装上立即识别出是百事可乐饮料。

(三)包装可以提供创新的机会

包装的创新给消费者带来巨大好处的同时,也给生产者带来了利润。1899年,尤尼达饼干公司创造了一种具有保鲜装置的包装,使饼干的货架寿命长于饼干盒、饼干箱和饼干桶。克拉夫特食品公司开发了听装混合乳酪,从而延长了乳酪的货架寿命,并使公司赢得了良好的声誉。国内的一些商户给阳澄湖大闸蟹穿上了金马甲,从而吸引了一大批客户,也为公司赢得了丰厚的收益,当然这种包装有悖于目前的社会潮流,应该予以避免。

三、产品包装的基本原则

(一)适用原则

产品包装的主要目的是保护商品,因此,首先要根据产品的不同性质和特点,合理地选用包装材料和包装技术,确保产品不损坏、不变质、不变形等,要尽可能使用符合环保标准的包装材料;其次要合理设计包装,要方便储存和运输等。

(二)美观原则

产品的包装在销售过程中具有美化商品的作用,因此在设计上要求产品包装的外观新颖、时尚、美观、大方,具有较强的艺术性,让人看了赏心悦目。

(三)经济原则

产品的包装在符合营销策略的前提下,应尽量降低包装成本,以降低企业的生产成本,提高企业的盈利水平。

(四)环保原则

产品包装要符合环境保护的要求,不应对自然环境造成污染。尽量使用那些可以回收或者有多重用途的包装材料,使得包装材料可以多次重复使用,以实现资源的循环利用。

四、产品包装策略

(一)类似包装策略

类似包装策略就是指企业所有产品的包装,在图案、色彩等方面,均采用统一的形式。企业采取这种包装策略可以降低产品包装的成本,并能提升企业的影响,特别是在企业推出新产品时,通过类似包装使新产品营销可以利用企业的声誉,使顾客首先从包装上辨认出生产产品的企业及其品牌,打消购买的疑虑,利于迅速开拓市场。

(二)组合包装策略

组合包装策略就是把若干有关联的产品,包装在同一容器中。如化妆品晚霜、日霜、洗面奶、爽肤水等的组合包装;茶叶、茶叶罐的礼品盒包装等,都属于组合包装方法。组合包装不仅能促进消费者的购买,而且也有利于企业推销产品,特别是推销新产品时,可将其与老产品组合出售,创造条件使消费者接受并试用。

(三)附赠品包装策略

附赠品包装策略的主要方法是在包装物中附赠一些物品,从而引起消费者的购买兴趣,有时还能使顾客产生重复购买的意愿。如儿童食品袋中附赠一些卡通人物图片,集齐一组后便可兑换奖品。

（四）再利用包装策略

再利用包装策略就是包装物在产品使用完以后，还可做别的用处，从而使购买者可以得到一种额外的满足，从而激发其购买产品的欲望。如设计精巧的罐头瓶，在罐头吃完以后还可以作茶杯之用。包装物在继续使用过程中，实际还起了经常性的广告作用，增加了顾客重复购买以及宣传产品的可能。

（五）分组包装策略

分组包装策略就是对同一种产品，可以根据顾客的不同需要，采用不同级别的包装。如用作礼品，则可以精致地包装；如果是自己使用，则只需简单包装。对不同等级的同种产品，也可采用不同包装，对于高档产品，要包装精致，以此提高产品的身份；对于中低档产品，则包装可以简洁些，以减少产品的成本。

（六）改变包装策略

企业的产品由于某种原因致使产品市场声誉跌落，销量下降，这时企业可以在改进产品质量的同时，改变产品包装的形式，从而使产品以新的形象出现在市场上，以此改变产品在消费者心目中的不良地位。改变包装策略有利于企业迅速恢复声誉，重新扩大市场份额。

五、产品包装说明

包装说明是产品包装的重要组成部分，其在宣传产品功效、争取消费者了解、指导消费者正确消费以及消费者教育方面具有重大作用。

（一）包装标签

包装标签是指附着或系挂在产品销售包装上的文字、图形、雕刻及印制的说明。标签可以是附着在产品上的简易签条，也可以是精心设计的作为包装一部分的图案。标签可能仅标有品名，也可能载有许多信息，能用来识别、检验内装产品，同时也可以起到促销作用。

一般情况下，产品标签主要包括：制造者或销售者的名称及地址、产品名称、商标、成分、品质特点、包装内产品数量、使用方法及用量、编号、贮藏应注意的事项、质检号、生产日期和有效期等内容。那些印有彩色图案或实物照片的标签有明显的促销功能。

（二）包装标志

包装标志是在运输包装的外部印制的图形、文字、数字以及它们的组合。包装标志主要包括：运输标志、指示性标志和警告性标志三种。运输标志是指在产品外包装上印制的反映收货人和发货人、目的地或中转地、件号、批号和产地等内容的几何图形、特定字母、数字和简短的文字等；指示性标志是根据产品的特性，对一些容易破碎、残损和变质的产品，用醒目的图形和简单的文字做出的标志。指示性标志指示有关人员在装卸、搬运、储存、作业中引起注意，常见的有"易碎""此端向上""由此吊起""小心轻放"等。警告性标志是指在易燃品、易爆品、腐蚀性物品和放射性物品等危险品的运输包装上印制特殊的文字，以示警告。常见的有"爆炸品""有毒品""易燃品"等。

第四节 服务策略

市场营销学界与经济学界对于服务的研究不同,市场营销学者把服务当作一种产品来进行研究。美国市场营销协会在1960年,系统研究了服务,认为服务是指用于出售或者是同产品连在一起进行出售的活动、利益或满足感。

一、服务的特点

为了将服务同有形的商品区别开来,市场营销学界的许多学者从产品特征的角度探讨了服务的本质。对于大多数服务来讲,其都具有如下的一些共同特征。

(一)无形性

服务的无形性是指与有形的消费品或产业用品相比较,服务的特质及组成服务的元素往往是无形的,我们不能触摸或者不能凭肉眼看见其存在;服务的无形性还指服务不仅具有无形的特征,甚至也很难察觉使用服务以后的利益,或者要等一段时间以后,享受服务的人才能感觉到利益的存在。因此人们不可能在购买服务之前去看、听、嗅、触、尝到服务,而是必须参考许多意见、态度以及各方面的信息。当人们再次购买服务时,则是依赖以前的经验。

(二)相连性

由于服务本身不是一个具体的物品,而是一系列的活动或者过程,因此在服务的过程中消费者和生产者直接发生联系,所以说服务生产的过程就是消费的过程。服务人员为顾客提供服务的同时也是顾客消费服务的时刻,服务和消费两者在时间上不可分离,顾客必须参与到服务的生产过程才能最终消费服务。但随着信息技术的飞速发展,服务的相连性已经不再是其普遍特性,服务提供和消费者消费服务出现了分离的情境,也就是在服务产生的时候,消费者并不在现场。如顾客通过电话或者网络向中介购买外卖,中介机构向指定的餐厅购买食品时顾客并不在现场。这种服务与消费的分离使顾客获得了更多的便利,但顾客的感知风险也随之上升。

(三)易变性

易变性是指服务的构成成分及其质量水平经常变化,很难统一界定。服务业是以人为核心的产业,由于人类个性的存在,使得对于服务的质量检验很难采用一个统一的标准。一方面是由于服务人员自身(如心理状态等)因素的影响,即使是同一个服务人员所提供的服务也可能会有不同的水平;另一个方面是由于顾客直接参与服务的生产和消费的过程,因此顾客本身的知识水平、爱好和兴趣等因素也直接影响服务的质量和效果。

(四)时间性

服务的无形性以及服务的生产与消费同时进行,使得服务不可能像有形的消费品那样被存储起来以备将来出售,而且消费者在大多数情况下也不能将服务携带回家。当然,提供服务的各种设备可能会提前准备好,但生产出来的服务如果不当时消费,就会造成损失。如飞机、火车、轮船等的空位,如果不在规定的时间消费就会造成损失。当然这种损失不像有形产品的损失那么明显,其只表现为机会的丧失和折旧的发生。因此服务的时间性特点要求服务企业必须解决由于缺乏库存所引致的产品供求不平衡问题。

二、服务市场营销与产品市场营销的差异

由于服务具有无形性、相连性、易变性和时间性等特点,服务的这些特点决定了其市场营销与产品市场营销有着本质的不同,主要表现在以下几个方面:

(一)产品特点不同

有形产品是一个我们看得见摸得着的一个物体或者一样东西,而服务则表现为一种行为、绩效或者努力。

(二)顾客参与服务的生产过程

由于顾客直接参与服务的生产过程,因此如何管理顾客成为服务管理的一个重要内容。

(三)人是服务的一部分

服务的过程就是顾客与服务提供者之间进行广泛接触的过程,服务绩效的好坏不仅仅取决于服务提供者的素质,也与顾客的素质、行为等密切相关。如不同知识背景及不同身份地位的人对同样的服务的感受及满意度是不同的。

(四)质量控制问题

由于人直接参与服务,是服务的一部分,服务的质量很难仿效有形产品,用一个统一的标准来衡量,因此服务的缺点和问题就不容易被发现,也不容易被纠正和改进。

(五)服务无法存储

服务具有无形性以及其生产与消费同时进行,所以服务具有无法储存的特性,只能即时生产即时消费。

(六)服务的时间因素非常重要

在服务市场上,由于服务的消费和生产过程是由顾客和服务提供者面对面进行的,因此服务的供应就必须及时、快捷,以缩短顾客等候服务的时间,提高顾客的满意度。

(七)服务的分销渠道不同

一般情况下,服务企业不像生产企业通过物流渠道将产品从工厂运送到顾客手里,而是借助广播、电视、网络、电话等电子渠道提供服务,或者是将生产、零售和消费的地点连在一起,共同为其提供服务。

三、服务策略

针对服务产品所具有的无形性、相连性、易变性和时间性四个方面的特点,可以对服务产品的市场营销采取以下策略:

(一)针对服务的无形性,企业可以采取的营销策略

1.服务有形化

服务有形化是指服务机构有策略地提供服务的有形线索,帮助顾客识别和了解企业所提供的服务,以此促进服务营销。服务的有形线索就是指在服务的过程中,那些能被顾客直接感知和提示服务信息的有形物,具体可以包括服务环境包装、服务品牌等。服务环境包装就是指在服务营销中,那些使消费者通过接触服务环境来识别和了解服务理念、服务

质量和服务水平等的信息,从而促进消费者购买服务或交易。如宾馆、饭店干净、整洁的环境向消费者表明认真、严谨的服务态度,温暖且宜人的气温、柔和的灯光和音乐提示温情细腻的服务;建设企业服务品牌,服务品牌也是服务的有形线索,服务品牌能向消费者提示服务特色、质量以及服务企业的信誉,有利于消费者对服务的识别和了解。

2. 服务技巧化

服务技巧化是指培养和增强服务人员的技能,利用服务技能来吸引和满足顾客,充分发挥技能在服务营销中的作用。尤其对于一些富有服务技巧或技能的服务产品,服务企业可以尽量争取,将消费者原本看不到的服务过程展现在消费者面前,提升服务的技能化和吸引力,这些技能化的服务,有时会成为吸引消费者购买服务的亮点之一。如在全国开设连锁店的山西面馆"九毛九",将一部分厨房建成开放式厨房,面点师傅在消费者面前现场做面,将富于制作技巧的各种地方面食的制作过程呈现在消费者面前,成为吸引消费者进行消费的一大亮点。

(二)针对服务的不可分离性,企业可采取的营销策略

1. 服务可分化

服务可分化是指在服务过程中,服务生产者与服务消费者之间实行部分分离。就是通过采取服务渠道化、服务自助化等方式实现服务与消费的适当分离。服务渠道化就是服务生产者将服务或部分服务通过服务渠道商提供给服务消费者,使服务生产者与服务消费者间具有一定程度的分离,这种方式既有利于减轻服务生产者的负担,又有利于降低服务成本;服务自助化就是服务生产者向消费者提供某些服务设施、工具或用品,使部分服务由顾客自行完成,服务生产者一定程度地"离开"服务消费者,提高了服务效率。如银行信用卡就是服务可分化的一个典型案例,借钱还钱服务都由消费者自行完成,银行不参与其中的过程。

2. 服务关系化

服务关系化就是服务生产与消费不可分,可以通过服务组织化方式实现。服务组织化就是通过某种形式将分散的顾客组织起来,使服务机构与顾客的关系更加紧密、稳定,以便于管理,同时赋予顾客特殊角色和利益,增加服务人员的服务热情以及顾客的角色归属感。如经常被服务行业采用的"俱乐部""会员制"等形式。

(三)针对服务质量差异性,企业可采取的营销策略

1. 服务规范化

服务规范化就是指在服务过程中通过建立的服务规范来规范引导、约束服务人员的心态和行为,以保持服务质量的稳定性。可以通过服务理念化、服务标准化等措施促使其实现。服务理念化是指服务机构通过已经建立的理念来约束和规范服务人员的心态和行为。服务企业的服务理念是指可以通过语言这种信息的有形线索的形式向消费者传达,有助于加强消费者对服务企业所提供服务的认识,同时也可以引导服务人员依照服务理念从事服务;服务标准化就是指服务企业通过建立系统的服务质量标准,并用其来规范服务人员的行为。服务产品的质量尽管无法像有形产品那样用严密精确的质量标准来衡量,但可以通过控制服务过程中服务的提供方式来保证服务产品质量的稳定化。为确保服务产品的质量,对于服务中可采取精确计量的部分一定严格实施量化标准。如麦当劳的"汉堡包大学"为麦当劳的服务质量制定了严格的标准,其面包厚度为17 cm,因为这个厚度入口味道最

美;薯条预先炸3分钟,出售时再炸2分钟,使得薯条的口感最好。服务的标准化使麦当劳可以始终为消费者提供全世界都一样的美味食物。

【延伸阅读】

麦当劳汉堡大学确保服务产品质量

麦当劳汉堡大学是麦当劳的全球培训发展中心,旨在为员工提供系统的餐厅营运管理及领导力发展培训,确保麦当劳在运营管理、服务管理、产品质量及清洁度方面坚守统一标准。麦当劳汉堡大学于1961年创立,最初位于伊利诺伊州爱尔克格拉乌村(Elk Grove Village)一家餐厅的地下室内,后迁至美国芝加哥橡溪镇(Oak Brook)麦当劳总部。

1961年2月24日,麦当劳汉堡大学的第一批14名学员毕业。如今,每年有超过5 000名学员接受麦当劳汉堡大学的培训。自1961年起至今,全球有超过125 000名餐厅经理、中级经理和运营商毕业于麦当劳汉堡大学。目前共有7所麦当劳汉堡大学遍布世界各地,包括美国、日本、澳大利亚、巴西、英国、德国和中国。

在培训方面,麦当劳致力于成为最佳的人才培养中心,为企业培训和发展一批具有极高忠诚度的优秀人才,以贯彻执行麦当劳的核心价值——质量、服务、清洁和物超所值。

2. 服务差异化

有形产品质量的标准化尽管保证质量,但限制产品的多样化特性的发展,不容易满足顾客的个性化需求。而服务的易变性则有利于使服务提供者非常容易根据消费者的具体需求来调整服务,为顾客提供具有针对性的服务。可以通过服务特色化和变通化两种途径实现。服务特色化就是服务企业或人员可以向顾客提供具有专业特色、环境特色、顾客特色、地域特色和人员特色等独特的、体现自己个性的服务;服务变通化就是服务企业或服务人员针对不同的环境以及环境变化等为消费者提供不同的服务,体现出较强的服务应变性、灵活性和创造性。

(四)针对服务质量不可存储性,企业可采取的营销策略

1. 服务可调化

服务不可储存性使得服务业难以像制造业那样用产品库存来平衡供求矛盾,克服的方法就是对服务时间、服务地点加以调整和对服务供求加以调节,解决供求矛盾,实现服务的可调化。具体方法包括服务时间或地点可调化、服务供求可调化。服务时间可调化,顾名思义就是服务机构通过对服务时间的调整,来满足服务需求和平衡服务供求矛盾,例如,可以通过延长营业时间、提供预约服务等进行服务营销。服务地点可调化是指服务机构通过对服务地点的调整来满足服务需求和平衡服务供求的矛盾,例如,增加服务网点、利用其他服务行业的服务网点等。服务供求可调化是指服务机构通过对服务供给和需求的调节来实现二者之间的平衡,即当服务需求大于供给时,采用增加供给的办法实现供求平衡;而当服务需求低于服务供给时,采用刺激需求的办法实现供求平衡。航空业在其消费的淡旺季采取截然不同的票价方案就是服务业调整供求的典型案例。

2. 服务的效率化

因为服务具有不可储存性,所以可以客观地给服务企业或人员造成一种压力,促使他们珍惜时间资源和空间资源,重视服务的时间效率和空间利用率,从而可以实现服务的效率化。服务效率化可以通过服务实效化和服务多功能化来实现。服务实效化就是服务企

业以速度取胜,如餐饮业的快餐、邮政业的特快专递等服务就是通过效率取胜;服务多功能化就是服务企业对同一个顾客提供多种不同但相互关联的服务,从而为顾客节省时间和成本,以提高服务企业的服务效率。如很多传统百货商场已经转变了营销策略,除了供应传统日常生活用品外,还增加了超市、餐饮、休闲娱乐、健身房、电影院等许多服务功能,将其定位由传统百货转变为"购物休闲中心",实现了消费者的"一站式"消费,深受消费者欢迎。

【本章小结】

本章主要涉及产品及产品组合、产品生命周期、产品包装策略和服务策略四个方面的主要内容。在产品及其组合部分,主要阐述了产品整体概念及产品组合的相关策略;在产品生命周期部分,主要阐述了产品的概念,产品的不同生命周期阶段的特点及其各阶段的策略;在产品包装策略中,主要阐述了产品包装的层次、产品包装的意义、原则及策略;在服务策略中,主要阐述了服务的特点、服务市场营销、产品市场营销的差异以及针对服务特点的服务策略。

【基本概念】

产品概念　产品整体含义　产品组合概念　产品生命周期概念　产品包装概念
服务概念

【实训(练习)题】

1. 阐述产品延伸策略的好处。
2. 阐述产品延伸策略的风险。
3. 阐述产品包装的层次。
4. 阐述产品包装的意义。
5. 阐述产品整体概念的含义。
6. 阐述扩大产品组合多样化策略。
7. 阐述产品包装策略。

第十一章　品牌策略

【学习目标】

1. 掌握品牌及品牌资产的概念；
2. 理解品牌的整体含义；
3. 了解品牌的作用及品牌资产量化方法；
4. 掌握品牌的策略；
5. 掌握品牌资产构成要素及品牌资产管理方法。

【引例】

北京一家品牌管理研究机构为一个知名度不太高的白酒做过一个有趣的品牌心理测试实验。他们将该品牌的空酒瓶里面装上五粮液酒，再将五粮液空酒瓶里面装上该品牌的白酒，然后请马路上过往的行人免费品尝。当他们品尝该品牌酒瓶内装的五粮液酒时，大多数人都说不好喝，味道不正宗，并且其中一个品尝者还当场将酒吐出。当他们品尝用五粮液酒瓶装的该品牌白酒时，却都说"这个酒好喝，味道正"。当被问到"你喝过五粮液吗"，品尝者都说喝过。这个结果表明消费者受品牌影响非常大。在随后的测试中，组织者把瓶子上的标签全部去掉，从外包装上已经分辨不出两种酒了，这时参与品尝的大部分人都失去了对酒的判断力，分不清哪个是五粮液，哪个是该品牌的白酒。

上述案例说明：决定消费者成为哪个品牌的忠实消费者的关键因素并非产品的独特性，而是品牌所赋予产品无法取代的精神属性，满足消费者的情感和精神寄托。

品牌是整体产品的重要组成部分，品牌策略也是产品策略的重要内容。品牌对于生产者、经营者和消费者都具有重要作用，掌握制定和实施产品品牌及品牌资产管理的原理与方法，有利于优化产品组合和市场营销组合，提高企业营销效益。

第一节　品牌综述

一、品牌概念

目前，越来越多的企业已经意识到品牌的重要性，品牌意识已经深入人心，对于品牌的概念也有多种不同的理解。本书中品牌的定义，采用美国市场营销协会对于品牌所下的定义。品牌是一种名称、术语、标记、符号或设计，或是它们的组合，其目的是借以辨认某个销售者，或某群销售者的产品及服务，并使之与竞争对手的产品和服务区别开来。品牌是一个集合概念，包括品牌名称和品牌标志。品牌名称是在品牌中可以称呼的部分，其基本功能就是区别不同的产品或服务，防止发生混淆，便于消费者选购，如海尔、联想、奔驰、苹果、奥迪、三星和诺基亚等；品牌标志是在品牌中易于识别，但无法以口语称呼的部分，包括记号、颜色、图案等。如相连着的四环是奥迪的品牌标志，大写的字母 H 是本田的品牌标志，

"两只小鸟依偎在巢旁"的图案是雀巢公司的品牌标志。

品牌不单单是一种名称、术语、标记、符号或设计,或它们的组合运用,品牌最持久的含义是其所传递的价值、文化和个性,它们确定了品牌的基础,构成了品牌的实质。

二、品牌的作用

(一) 品牌对消费者的作用

1. 有助于消费者购买商品

品牌是一个整体概念,它代表着产品的品质、特色和服务,在消费者心目中成为产品的标志,有助于消费者识别产品的来源或产品制造厂家,以及产品或服务的质量。消费者对品牌的了解可以减少搜索购买信息的成本,这样就缩短了消费者识别产品的过程和购买的时间。在这个信息爆炸的今天,品牌有助于减少快节奏生活人员的时间压力,降低他们购买商品所付出的精力,有助于消费者做出购买的决策,提高消费者的购买效率,从而有利于消费者选购商品。

2. 消费者可以得到优质服务

品牌代表了产品的高质量和优质的服务,所以借助品牌,消费者可以得到相应的便利和优质服务。如产品的维修、零部件更换和保修等优质服务。

3. 有利于保护消费者权益

企业为了维护自己品牌形象,都十分注重保持同一品牌商品,在质量水平、服务水平及其他指标的一致性,避免消费者上当受骗,从而有利于保护消费者权益。

4. 有助于消费者规避购买风险

消费者购买商品一般有两种方式:一个是从众,别人买什么我也买什么;另一种就是购买品牌产品,由于消费者经过学习获得经验,对品牌积累了一定的知识,他们很容易辨别哪类品牌适合自己,进而购买该品牌产品,从而达到规避购买风险的目的。

5. 品牌有利于消费者形成品牌偏好

消费者已经了解了购买该品牌所能带来的好处或利益,他们愿意购买,并且以后也会继续购买,认为值得购买,并且能从购买品牌中获得一种满足。而且品牌是有个性的,当这种个性与消费者个性相对一致时,消费者就愿意购买该品牌商品,并且认为该品牌成为他们生动形象的一种象征性标志,可以获得消费同种产品的消费者群体的认同,或产生与自己喜爱的产品或公司交换的特殊感情,从而形成消费偏好。

(二) 品牌对生产者的作用

1. 有助于促进产品的销售

品牌代表了特定的产品质量和产品特色,因此品牌成为企业促销的基础。消费者借助品牌了解品牌下属的产品,并记住了这些产品。企业品牌形成一定的知名度和美誉度后,企业就可以利用品牌优势来扩大市场,培育消费者品牌忠诚,而品牌忠诚可以使销售者在竞争中得到一定的保护。

2. 有助于减少未来的经营风险

由于品牌具有排他性,在激烈的市场竞争中,一个强有力的知名品牌可以为消费者在产品信息的海洋中指明方向,因此消费者愿意为品牌多付出代价。品牌具有不可替代性,是产品差异化的重要因素,可以减少价格对需求的影响程度,从而实现稳定品牌产品的价格,减少价格弹性,保证厂家不用参与价格战就能保证稳定的销售量,可以减少企业未来经营的风险。

3. 有助于市场细分

品牌都有自己的独特风格,因此有利于企业进行细分市场和市场定位。企业可以在不同的细分市场中推出不同的品牌,以适应消费者的个性化需求,更好地满足消费者的消费需求。在世界上很多公司都采用多品牌战略,给每项或每种产品分别命名,并制定相应的品牌。企业根据产品的特性、品质、功能等多种因素,使每个品牌在消费者心里占据一个独特、适当的位置。根据品牌进行市场细分,在不同细分市场中推出不同品牌,尽管会增加公司运营成本,但对不同细分市场推出不同品牌,可以最大限度地达到顾客满意的目的。

4. 有助于新产品开发

一个新产品进入市场风险相当大,而且投入成本也相当大,但是企业可以通过品牌延伸,借助那些已经成功或成名的名牌,利用这些品牌的知名度和美誉度推出新产品,以扩大企业的产品组合或延伸产品线。采用品牌延伸,可节省新产品广告费,因为在一般情况下,使消费者熟悉一个新品牌需要花费相当多的费用。研究表明,创造一个新品牌,一年至少需要2亿美元的广告投入费,且成功率不足10%。目前,我国一些知名企业大都采用品牌延伸策略,如"娃哈哈"这一品牌就延伸到该公司的八宝粥、果奶和纯净水等许多产品系列上。品牌延伸策略给企业节省费用的同时,也存在着巨大的风险,因为新产品推出不成功,可能使消费者失望,并破坏企业其他产品的信任度。如果企业推出的新产品与已有产品关联度低,可能还会使原有名牌失去它在消费者心目中的特定定位。所以企业采用品牌延伸策略时,必须考虑原有品牌产品与新产品关联度如何,以免造成两败俱伤。

5. 有助于企业保持竞争优势

新产品一经推出,进入市场,如果畅销,很容易被竞争者模仿。由于品牌是企业特有的无形资产,企业可以通过注册得到法律保护。品牌忠诚是竞争者通过模仿无法达到的,当市场趋向成熟和市场份额相对稳定时,品牌忠诚是抵御同行竞争者攻击的最有力武器。另外,品牌忠诚也为其他企业进入构筑了壁垒。所以品牌是企业保持竞争优势的一种强有力工具,有助于企业保持竞争优势。可口可乐公司总经理伍德拉夫扬言,既使我的工厂在一夜之间烧光,只要我的品牌还在,我就能够马上恢复生产。可见,品牌价值如此之大。

第二节 品牌策略

科学、合理地制定品牌策略是企业品牌运营的核心内容,也是依靠品牌运营的主要作业环节。品牌策略主要包括品牌有无策略、品牌归属策略、品牌统分策略、品牌扩展策略及品牌更新策略。

一、品牌有无策略

(一)有品牌策略

在现代市场经济条件下,品牌是产品质量、产品服务及企业信誉的保证,因此大多数企业都在创立自己的品牌,拥有自己的品牌。企业如果拥有自己的品牌,要付出品牌包装费用、法律保护费用等相应的费用,因此也增加了企业的运营成本。如企业的品牌不受欢迎,将会影响企业产品的市场销售,因此企业也要承担一定的市场风险,但品牌给使用者或营销者带来巨大益处不言而喻,这也是企业建设品牌和拥有品牌的重要原因。品牌可以给拥有者带来的好处主要有:便于企业管理订货,有助于企业进行市场细分,有助于企业吸引更多的品牌忠诚者,有助于企业树立良好的形象,企业进行商标注册可以使企业的产品特色得到法律保护,防止别人模仿和抄袭。

(二)无品牌策略

有些企业为了降低成本而采取无品牌策略。无品牌策略就是指企业不用将品牌产品推向市场,以节省销售费用。尽管品牌能够给品牌所有者,其使用者带来很多好处,但并不是所有的产品都必须要有品牌,要由品牌运营的投入产出测算来决定。有的营销者为了节约包装、广告等费用,凭借降低产品价格,以吸引低收入者的购买力,提高市场竞争力,也常采用无品牌策略。

二、品牌归属策略

确定产品应该有品牌以后,就涉及如何抉择品牌归属问题。对于品牌归属问题,企业有三种可供选择的策略。

(一)制造商品牌策略

制造商品牌策略就是制造商建设自己的品牌,使用属于自己的品牌,将产品推向市场进行销售。一般情况下,国内外市场上绝大多数的商品都使用制造商品牌。制造商使用自己的品牌销售产品可以建立自己的信誉,打响自己品牌的知名度;制造商拥有的注册商标和品牌是工业产权,可以租借、转让、买卖,其价值由商标和品牌信誉的大小决定;企业的产品、零部件等全部使用制造商品牌,可以和购买者建立更密切的关系,有利于制造商品牌的建设和发展。

(二)中间商品牌策略

中间商品牌策略是企业将其生产的产品销售给中间商,由中间商使用其自己的品牌将产品转卖出去。制造商决定使用中间商品牌策略的主要原因:制造商要在一个不了解本企业产品的新市场上推销产品;本企业的商誉远不及中间商的商誉。如广东的大部分家具企业都是做贴牌生产的公司,采用的都是中间商品牌策略,就是基于以上原因。中间商发展和使用自己的品牌,尽管会增加投资和费用,并承担一定风险,但也会给中间商带来很多利益:中间商因制造商减少了宣传费用,可以获得较为便宜的进货价格;便于树立自己的信誉,有利于扩大销售;可以不受制造商货源限制,加强对制造商产品价格的控制。所以在国内外市场上,中间商品牌发展非常迅速。

(三)制造商品牌和中间商品牌混合使用策略

制造商和中间商品牌混合使用策略主要有三种形式:(1)制造商为了既扩大产品销路又保持本制造商品牌的影响,通常在部分产品上使用自己的品牌进行销售,另外一部分产品出售给中间商,由中间商使用其自己的品牌进行销售;(2)在制造商的产品进入一个陌生的新市场时,制造商先用中间商的品牌销售产品,待产品打开销路,并拥有了一定的市场地位后,再改用制造商品牌进行销售;(3)制造商品牌和中间商品牌同时使用,这样可以兼收两种品牌单独使用的优点,即可以增加信誉,又可以促进产品销售,这种混合策略非常有助于产品进入国际市场。

企业选择用生产者品牌还是中间商品牌,要综合分析利益得失,最关键的是看生产者和中间商,在产品分销链上谁处于主导地位、拥有更好的市场信誉和拓展市场的潜能。如果生产者的市场信誉好、企业实力强、产品市场占有率高,那么应该采用生产者的品牌;反之,应以中间商品牌为主,或全部采用中间商品牌。如果中间商在某目标市场上,拥有较好的品牌忠诚度及庞大完善的销售网络,即使生产者有自营品牌的能力,也应该考虑采用中间商品牌。

三、品牌统分策略

不管品牌归属生产者还是中间商,或者两者共同拥有品牌使用权,都必须考虑对所有产品如何命名的问题。是全部或大部分产品都使用一个品牌,还是各种产品分别使用不同的品牌,如何决策事关品牌运营的成败,通常可以采取以下四种策略。

(一)统一品牌策略

统一品牌策略是指企业所有的产品都使用一个品牌名称。如佳能公司生产的照相机、传真机、复印机等所有产品,都统一使用"Canon"品牌;美国通用电气公司的所有产品都使用"GE"品牌名称。企业采取统一品牌策略的优点:可以降低企业新产品宣传及推广的费用。如果企业的知名度高、信誉好,可以促进其产品的销售。采取统一品牌策略可以彰显企业实力,塑造企业形象。企业采取统一品牌策略的缺点是:如果企业的某种产品出现质量等问题,就可能株连到其他种类的产品,以至于影响到企业的全部产品。统一品牌策略容易出现产品档次相互混淆等问题。

(二)个别品牌策略

个别品牌策略是指企业对各种不同的产品分别使用不同的品牌。这种品牌策略可以保证企业的整体信誉不会受其他品牌商品声誉的影响,如企业的某个品牌的产品出了质量、安全等问题,不会影响企业的其他品牌;便于消费者识别不同质量、档次的商品;有利于企业产品向不同细分目标市场渗透,如企业原来生产某种高档产品,后来推出低档产品也不会影响企业高档产品品牌的声誉。个别品牌策略存在的问题是,产品的促销费用较高,因为每个品牌都独立销售。

(三)分类品牌策略

分类品牌策略指企业对所有产品,在分类的基础上各类产品使用不同的品牌名称。企业使用分类品牌策略,一种情况是企业生产销售许多不同类型的产品,如果统一使用一个品牌,很容易造成不同类型产品的混淆,因此分别对不同类型产品,赋予其不同的品牌名称及品牌标识;另一种情况是企业虽然生产或销售同类产品,但为了区别不同的质量水平和用途,往往也分别使用不同的品牌名称及品牌标识。如宝洁公司生产的洗发水,根据其不同的功能用途,分别采用海飞丝、潘婷、沙宣等品牌。

(四)企业名称加个别品牌策略

企业名称加个别品牌策略就是,企业对其各种不同的产品分别使用不同的品牌,但在各种产品品牌前面冠以企业名称。如美国通用汽车公司生产的各种类型的汽车,其品牌都是公司名称(GM)加上各种不同的品牌名称。这种策略的好处是,可以使企业的新产品享受企业的整体信誉,利于新产品市场推广,并能降低宣传推广费用;各种不同的新产品分别使用不同的品牌名称,又能体现出不同的新产品的突出特色。

四、品牌扩展策略

品牌扩展策略就是指企业利用其成功品牌的声誉,来推出改良产品或新产品。品牌扩展策略,可以使新产品借助成功品牌的市场信誉,在节省促销费用的情况下顺利地占领市场。如中国海尔集团成功地推出了海尔(Haier)冰箱之后,又利用这个品牌成功地推出了洗衣机、电视机等新产品,如果海尔集团不利用已经成功的"海尔"品牌及其商标推广其洗衣机和电视机,这些新产品就不一定能快速地被市场接受。品牌扩展策略也是一把双刃剑,若利用已成功的品牌开发和推广的新产品存在问题,则不被消费者认可,那也会影响该品牌的信誉。品牌扩展策略主要有产品线扩展策略、品牌延伸策略、多品牌策略、新品牌策略和合作品牌策略。

(一)产品线扩展策略

产品线扩展策略就是指企业使用同一品牌,当增加该产品线的产品时,仍然沿用原有的品牌。新产品一般是对现有产品的局部改进,如增加新的功能、包装、款式和风格等。产品线扩展策略可以充分利用过剩的生产能力,满足新的消费者需求;可以填补市场的空隙,与竞争者推出的新产品进行竞争。产品线扩展策略的利益:扩展产品的成活率高于新产品;完整的产品线可以防御竞争者的竞争;可以满足不同的细分市场需求。产品线扩展策略的风险:可能使品牌名称丧失名称原有的特定意义,淡化原有品牌的个性和形象,增加消费者产品选购的难度;容易造成新老产品的自相残杀。

(二)品牌延伸策略

品牌延伸策略是指将一个现有的品牌名称,应用到一个新类别的产品,或修正过的产品上的一种策略。品牌延伸策略是实现品牌无形资产转移和发展的有效途径,品牌延伸一方面在新产品上,实现了品牌资产的转移,另一方面又以新产品的形象延续了品牌的寿命。

1.品牌延伸策略的优缺点

(1)品牌延伸策略的优点。品牌延伸可以加快新产品的定位,保证新产品投资决策的快捷准确;有助于减少新产品的市场风险;有助于强化品牌效应,增加品牌无形资产的经济价值;能够增强核心品牌形象,提高整体品牌组合的投资效益。

(2)品牌延伸策略的缺点。品牌延伸不当或新产品出现问题会损害原有品牌形象;品牌延伸到与原有市场不相容或不相干的产品上时,会给消费者造成心理障碍,有悖于消费者的心理定位;容易造成消费者品牌认知模糊;原有产品或新产品出现问题都会产生新老产品相互株连的问题;成功的品牌在消费者心目中都有特殊的形象定位,如果新产品和老产品是相差无几的同类产品会淡化品牌特性。

因此品牌延伸策略要紧密结合品牌延伸的优点和缺点,对品牌资产和新产品的适应性进行系统的分析。

2.品牌延伸方式

(1)品牌专业化延伸。品牌专业化延伸是指品牌延伸的新领域与其原有领域处于同一行业,并有一定的关联性,在专业技术、目标市场和销售渠道等方面具有共性。该品牌延伸方式可以使企业充分利用原有品牌的声誉吸引消费者选择新产品,从而节约新产品进入市场的成本。如"哇哈哈"从儿童营养口服液起家,逐步延伸到果奶、八宝粥和纯净水等产品。

【延伸阅读】

999 品牌盲目延伸遭致失败

我国的三九集团以"999"胃泰起家,企业的品牌经营非常成功,消费者已经把"999"视为胃泰这种药物的代名词,这正是品牌定位追求的最高境界。然而,三九集团随后进行了品牌扩张,企业把"999"延伸到感冒灵,消费者尚可接受。后来又把"999"延伸到啤酒上,结果造成消费者认知混淆。虽然广告上说"九九九冰啤酒,四季伴君好享受",但消费者喝"九九九"啤酒时的第一个潜意识反应就是联想起"999"胃泰这种药,因为饮酒过量会伤胃,所以喝带有"心理药味"的酒自然不是一种享受。"999"胃泰是治疗胃病的,而该品牌的啤酒广告却分明在劝人喝酒,所以让消费者产生认知混淆,不知所措。

(2)品牌一体化延伸。品牌一体化延伸是指品牌向原有领域的上游延伸、下游延伸或者上游和下游同时延伸。品牌延伸使得品牌的成长空间更为广阔。中档产品品牌沿产业链向上延伸可以进入高端产品市场,如丰田在其轿车享誉全球后又推出雷克萨斯作为更加高端的轿车品牌;反之进入低端产品市场,扩大市场占有率;也可以向高端和低端市场进行双向延伸。若企业的品牌一体化延伸策略不当,也会给企业造成致命的伤害。

【延伸阅读】

"派克"品牌向下延伸遭致失败

早年,美国的"派克"钢笔质优价贵,是身份和体面的标志,许多社会上层人物都喜欢带一支派克笔。然而,1982年新总经理上任后,把派克品牌用于每支售价仅3美元的低档笔上,结果派克公司非但没有顺利打入低档笔市场,反而丧失了一部分高档笔的市场。其市场占有率大幅下降,销售额只及其竞争对手克罗斯公司的一半。

(三)多品牌策略

多品牌策略即是指企业同时为一种产品设计两种或两种以上互相竞争的品牌的做法。多品牌策略由宝洁公司首创并获得了成功。宝洁公司的洗发液产品在中国市场上实施的就是多品牌策略,并取得了巨大的成功。其在中国的洗发液市场有海飞丝、潘婷、飘柔、沙宣等不同的品牌。

企业实施多品牌策略可以在产品分销过程中占据更大的市场空间,进而压缩或挤占了竞争对手产品的市场,为获得较高的市场占有率奠定了基础;多种不同的品牌代表了不同的产品特色,多品牌可吸引多种不同需求的顾客,提高市场占有率。

企业多种不同的品牌同时并存必然增加企业的广告宣传费用和促销费用等,而且还存在企业各品牌之间自身竞争的风险,所以企业在运用多品牌策略时,要注意各品牌市场份额的大小及变化趋势,适时撤消市场占有率过低的品牌,以免造成自身品牌的过度竞争和浪费宣传推广费用。

(四)新品牌策略

新品牌策略是指为新产品设计新品牌的策略。当企业在新产品类别中推出一个产品时,发现与原有的品牌名称不匹配,或者对新产品而言有更合适的品牌名称,这时企业就要设计新品牌。如原来生产保健品的养生堂,在开发饮用水时,觉得原来的品牌名称不适合饮用水的推广,所以设计了更好的品牌名称"农夫山泉"。

(五)合作品牌策略

合作品牌也称为双重品牌,是在一个产品上两个或更多的品牌联合起来。采取合作品牌策略的企业都希望另一个品牌能强化产品整体的形象或者强化消费者购买意愿。合作品牌有多种形式:中间产品合作品牌,如知名的汽车品牌沃尔沃汽车公司在其广告中明确声称其使用的是米其林轮胎,因为米其林轮胎是著名品牌的轮胎产品,以此可以进一步提升沃尔沃汽车的质量;同一企业合作品牌,如摩托罗拉公司的一款手机使用了摩托罗拉掌中宝,掌中宝也是摩托罗拉公司的一个注册商标;合资合作品牌,如日立公司生产的一种灯泡使用了"日立"和"GE"联合品牌。

五、品牌更新策略

品牌更新策略主要包括形象更新、定位修正、产品更新和管理创新四个方面。

(一)形象更新

形象更新就是品牌不断创新其形象,以适应消费者的心理变化,从而在消费者心目中形成新的印象的过程。当消费者的消费观念发生变化时,企业应该积极调整其品牌策略,重新塑造企业的新形象,以适应消费者的新消费观念。如随着人们环保意识的增强,人们开始把绿色、环保的产品作为自己的首选产品,这时企业就要重新塑造产品形象,使其符合环保的要求。

(二)品牌重新定位

品牌重新定位策略也称再定位策略,就是指企业全部或部分调整,或改变品牌原有市场定位的做法。即使企业品牌在市场上的最初定位很好,但随着时间的推移也需要对品牌进行重新定位,因为竞争者推出了与本企业相近的品牌,侵占了本企业品牌的一部分目标市场;消费者的偏好发生了变化,他们原来喜欢本企业的品牌,现在喜欢其他企业的品牌。上述情况的变化都要求企业重新进行品牌定位。

(三)产品更新换代

随着社会的发展,科学技术已经成为企业发展的基础,已经成为竞争的第一要素。科学技术也是企业品牌竞争实力的基础。企业品牌要想在激烈的市场竞争中处于不败之地,也要充分利用和重视技术创新,不断地应用新技术进行产品创新。

(四)管理创新

企业与其品牌紧密结合在一起,企业的兴盛发展必然推动品牌的成长与成熟。而企业品牌的维护是企业管理的一项重要内容,因此企业必须不断进行管理创新,来指导品牌的维系和发展。企业管理创新的观念创新、技术创新、制度创新以及管理过程创新等都与品牌密切相关。

第三节 品牌资产管理

20世纪80年代,"品牌资产"一词被广泛使用,将品牌思想推向了一个新的高度。品牌资产是一种无形资产,是品牌知名度、品质认知度、品牌联想度以及品牌忠诚度等各种要素的集合体。

【延伸阅读】

中华老字号及其品牌资产变化

中华老字号大部分是1956年以前形成,有的甚至已经存在几百年之久,积淀着中国传统文化的优秀民族品牌。中华老字号品牌由于历史、环境的变迁以及自身经营的原因,衰退现象十分严重,很多老字号品牌已经逐渐退出了市场;目前存在的大部分老字号处境也很艰难,只有少数几家发展良好。中国品牌研究院的调查结果表明:建国初期全国中华老字号企业大约有16 000家,涉及食品、餐饮、医药、零售、烟酒、服装等行业。到1993年经国家商业主管部门评定的中华老字号只有1 600多家,仅是建国初期总数的10%,并且这1 600多家老字号企业中的70%的品牌经营困难,20%能够勉强维持经营,只有10%发展态势良好。2006年中国商务部在国内各行业再次认定中华老字号时,只剩下了430家企业。中国品牌研究院2007年对这些老字号的品牌价值进行了评估,评估结果显示:品牌价值超过100亿元的只有茅台和五粮液两个品牌,超过1亿元的有117家,绝大部分老字号品牌价值不到1亿元,还有的老字号品牌甚至出现贬值。面对中华老字号品牌发展萎缩,且品牌资产不断流失的局面,维护与提升老字号品牌资产、复兴老字号品牌已经变得十分迫切和必要。

一、品牌资产含义

加利福尼亚大学伯克利分校的戴维·A·艾克(David A. Aaker)认为,品牌资产是一种能为企业和顾客提供超出产品或服务本身利益的价值;同时品牌资产又与某一特定的品牌相联系;品牌的文字、图形如作改变,附属于品牌之上的财产将会部分或全部丧失。

品牌资产能给企业带来附加利益的根本在于品牌对消费者的吸引力和感召力。品牌资产实质上反映的是品牌与顾客也包括潜在顾客之间的某种关系或是一种承诺。品牌与顾客的这种关系是一种长期的动态关系。像那些能够增加消费者购买信心的记忆、印象和体验,以及在此基础上形成的看法与偏好等都是构成品牌资产的重要组成部分。

表11.1　2013(第19届)中国最有价值品牌(前10名)　(单位:亿元(人民币))

排序	公司名称	品牌	品牌价值	主要业务
1	海尔集团公司	海尔	992.29	家用电器
2	国美电器有限公司	国美	716.02	电器零售
3	四川省宜宾五粮液集团有限公司	五粮液	701.58	白酒制造
4	中国第一汽车集团公司	中国一汽	684.19	汽车制造
5	美的集团有限公司	美的	653.36	家用电器
6	TCL集团股份有限公司	TCL	639.16	电视机
7	北京金融街投资(集团)有限公司	金融街	413.05	金融中心区
8	贵州茅台酒股份有限公司	茅台	383.79	白酒制造
9	重庆长安汽车股份有限公司	长安	382.02	微型轿车
10	青岛啤酒股份有限公司	青岛	349.72	啤酒制造

资料来源:睿富全球排行榜资讯集团与北京名牌资产评估有限公司共同研究结果,北京名牌资产评估有限公司是中国最早,也是持续时间最长的关于品牌价值研究的专业研究机构。

二、品牌资产构成

品牌资产是一个系统的概念,由品牌名称、品牌标识物、品牌知名度、品牌联想、品牌美誉度和品牌忠诚度等一系列相关要素构成。

(一)品牌知名度

品牌知名度是指某品牌被公众了解、知晓的程度,其表明了品牌被多大比例的消费者所了解。品牌知名度是评价品牌社会影响大小的指标,品牌知名度的大小是相对的,名牌就是知名度相对较高的品牌。

1. 品牌知名度的层级

一般情况下,品牌知名度分为无知名度、提示知名度、未提示知名度和顶端知名度四个层次。对品牌的管理一般只考虑提示知名度、未提示知名度和顶端知名度三个方面。

(1)无知名度。无知名度指消费者对品牌没有任何印象,造成这种结果的原有可能是消费者从未接触过该品牌,或者是该品牌没有任何特色,无法让消费者记住该品牌。无知名度的品牌,消费者一般不会主动购买该品牌的产品。

(2)提示知名度。提示知名度指消费者经过提示或某种暗示以后才能想起某一品牌,并能说出该品牌的名称。如当被问及洗衣机中有哪些品牌时,他可能说不出什么品牌,但经过提示"海尔"后能够给出肯定的回答,那在这里"海尔"就具有一种提示知名度。该层次是品牌传播的第一个目标,对顾客购买商品选择品牌非常重要。

(3)未提示知名度。未提示知名度是指消费者不需要任何提示就能够想起某种品牌,也就是能正确区别以前所见过或听说过的品牌。具有未提示知名度的某类产品,往往不是一个品牌,而是一串品牌。如对于手机品牌,某消费者可能会说出苹果、诺基亚、三星、联想、中兴和海尔等很多品牌,尽管有的品牌不是第一个被想到的品牌,但也非常重要。

(4)顶端知名度。顶端知名度指消费者在没有任何提示的情况下,所想到或者说出的某类产品的第一个品牌。如提到手机产品,首先想到"苹果",提到快餐首先想到"肯德基",提到烤鸭首先想到"全聚德"。在每一个产品领域,都有一个具有顶端知名度的品牌,具有顶端知名度的品牌是市场的领导者,顶端知名度往往也是消费者在商店首选购买的品牌。产品经理的任务之一就是让本企业的品牌具有顶端知名度。

2. 品牌知名度的资产价值

品牌知名度的资产价值主要体现在以下几个方面:

(1)有助于人们产生品牌联想。品牌名称就像装在人脑中的一个特殊文件夹,里面装着所有与品牌相关的事实和情感,当消费者做出购买决策时,这些信息就会被消费者提取,并辅助其做出购买决策。如提到知名度很高的"海尔"品牌,人们就会联想到其优质的服务和良好的产品质量。

(2)有助于引起消费者好感。品牌知名度高就是消费者比较了解该品牌,就像人们喜欢和熟悉的人打交道一样,消费者也喜欢购买自己熟悉的品牌。因为熟悉可以拉近距离,减少不安全感,所以消费者对熟悉的产品会产生好感,并愿意购买。

(3)向消费者暗示某种承诺。品牌的知名度反映了产品或服务的质量,以及企业的实力等信号,特别是对于耐用品的购买者和大宗工业品购买者非常重要,因为人们认为知名度高的品牌其产品或服务质量一定高,企业的实力一定雄厚。

(4)有助于成为选购的对象。人们购买某种商品,首先会考虑其头脑中的一组备选品牌,品牌知名度高低决定了其是否能进入消费者的头脑中,并成为其备选的品牌。人们认为知名度高的品牌其产品质量和服务都好并愿意购买,所以对于日常消费品而言其品牌知名度非常重要。

(5)弱化竞争者品牌的影响。消费者对于信息的吸纳要经过一个过滤的环节,只有那些对消费者有用、新鲜和有特殊意义的信息才能被其接受,才能作为长期记忆被存储起来。品牌知名度越高表明消费者对该品牌印象越深刻,竞争对手的品牌越不容易给消费者留下印象。

(二)品牌美誉度

品牌美誉度是指某品牌获得公众信任、支持或赞许的程度。如果把品牌知名度看作是一个量的指标,那品牌美誉度就是一个质的指标,其反映了某品牌社会影响的好坏。

品牌美誉度的资产价值主要体现在口碑效应上,通过消费者的口碑相传引发源源不断的销售。消费者通过口碑相传所购买产品的次数是广告宣传引起的购买次数的3倍。口碑相传信息的影响力是广播广告的2倍,是人员推销的4倍,是报纸和杂志广告的7倍。品牌的美誉度越高,口碑效应越明显,品牌的资产价值也就越高。

(三)品牌忠诚度

1. 品牌忠诚度的含义

在现实生活中,大多数消费者在某一个时间段内甚至更长的时间内会重复购买一个或少数几个品牌,很少将其选择范围扩大到其他品牌。消费者这种在一段时间内重复购买某一个品牌的行为,这种形成重复购买的倾向就是品牌忠诚度。品牌忠诚度是顾客对品牌感情的量度,其反映了顾客转向另外一个品牌的可能程度,品牌忠诚度越高的顾客越不容易转向其他品牌,因此品牌忠诚度是企业重要的竞争优势。

2. 品牌忠诚度的资产价值

研究结果表明,吸引一个新的消费者的费用是保持一个已有消费者的4~6倍,并且从品牌忠诚者身上获得的利润是非忠诚者的9倍,所以品牌忠诚度是企业的一项重要资产,如果企业经营开发妥当,会给企业创造更多的价值。

(1)可以降低企业的营销成本。拥有老顾客比开发新顾客的成本要低得多,因此企业拥有一批忠诚的顾客可以降低其营销成本。

(2)可以提升企业渠道谈判的能力。顾客对品牌强烈的忠诚度可以保证品牌产品在销售场所的优先陈列空间,因为销售方知道消费者会把这些品牌列入他们的购物清单,所以无形中对销售方的进货决策产生控制作用,特别是企业在推出新产品规格、种类或者品牌延伸的产品时作用更为明显。

(3)可以吸引新顾客。具有品牌忠诚度的顾客可以成为企业的活广告,通过他的口碑宣传可以增加其他消费者的购买信心,帮助他们做出购买决策。当消费者的购买行为具有风险性时,这种作用就更加明显。

(4)可以减缓竞争威胁。品牌如果拥有一群忠诚的购买者,则该品牌抵御竞争者攻击的能力会大大增强,因为忠诚的顾客一般对所选品牌有一种眷恋感,很难发生品牌转换,这样就会给竞争对手造成很大的进入市场的阻力,同时也为企业争取到了对竞争对手做出反应的时间,企业可以利用这个间隙提升产品的质量,开发更卓越的产品等,以便更好地对抗竞争者的进攻。

(四)品牌联想

1. 品牌联想的含义

联想是人类的一种重要的心理活动,事物间的不同联系反映在人的头脑中就会形成心理联想。品牌联想就是消费者想到某一品牌时能够记起的与品牌相关的信息,如产品的使用场合、产品的特点以及品牌的个性等。品牌联想可以分成属性联想、利益联想和品牌态度三个层次。

(1)品牌属性联想。是指消费者对于品牌产品或服务特色的联想,如消费者认为产品或服务是什么。根据与产品或服务的关联程度,可以将属性分为与产品有关的属性和与产品无关的属性。与产品有关的属性联想指产品的物理构成或服务要求,他们决定着产品性能的本质和等级;与产品无关的属性并不直接影响产品性能,但可能影响购买或消费过程,如产品颜色和包装、产品的出售场所以及哪些人认同该品牌等。

(2)品牌利益联想。指消费者感知的某一品牌产品或服务属性能给他带来的价值和意义。品牌利益联想可以划分为产品功能利益联想、产品象征利益联想和体验利益联想三个方面。功能利益联想指产品或服务的内在固有的可以提供给消费者的利益,该利益一般与产品相关属性匹配,是消费者购买该产品的最基本动机,如消费者购买手机就是为了打电话和发短信;象征利益指产品或服务能提供给消费者的相对外在的利益,一般与产品的无关属性匹配,尤其是与使用者状况相匹配。象征的利益满足的是消费者的社交需要、自尊需要等一些比较高层次的需要。体验利益指消费者消费产品或服务后的感受,它既与产品相关属性相匹配,又与产品无关属性相匹配,使消费者获得感官愉悦或某种刺激。

(3)品牌态度。指消费者对品牌总体评价和选择。品牌态度是最高层次也是最抽象的品牌联想,通常建立在品牌属性和品牌利益上。如消费者对宾馆的态度是建立在其位置、客房、外观设计、娱乐设施、服务质量、安全性和收费状况上。品牌态度一经形成很难改变。

2. 品牌联想的资产价值

积极、美好的品牌联想意味着品牌被接受、认可、喜爱、有竞争力和成功。总体看,品牌联想的价值主要包括以下四个方面。

(1)帮助处理信息。品牌联想可以引发自身传播,因为在消费者头脑中汇集了大量的品牌信息,可以帮助消费者总结出一系列的事实情况的袖珍信息库,并能影响到消费者对具体事实的解释和对信息的回忆。

(2)产生差异化。有区别的品牌联想可以成为企业关键的竞争优势,为企业的竞争对手制造一道无法逾越的障碍。如可以通过品牌的定位、名称、广告等沟通手段创造品牌的差异化联想。

(3)提供购买理由。许多品牌的联想都涉及产品或服务的特征,直接与消费者的利益相关,从而为消费者提供了一个购买或使用该品牌的特别理由。

(4)促进品牌延伸。品牌具有的联想可以用于其他产品或服务,因为他们可以共享一种联想。如本田公司在小型发动机制造方面经验非常丰富,这种联想有利于其从摩托车产品延伸到摩托艇等产品上。

三、品牌资产管理方法

要想让品牌成为资产的一部分,就必须对品牌实施资产化管理。通过不断地对品牌进行投入来维护和巩固品牌价值。对于品牌资产的管理可以从构成品牌资产的四个要素来进行管理。

(一)建立品牌知名度

通过品牌知名度的建立,可以让消费者从众多品牌中辨识出并能记住该品牌,常用的建立品牌知名度的方法主要有以下几种。

(1)创建独特且易于记忆的品牌。就是给产品或服务设计一个容易记忆的名字。

(2)重复展现品牌标识。品牌名称、品牌标识以及标准颜色等也具有很强的沟通能力,通过目标物多次重复展现,可以提高人们对目标物的正面感觉,使消费者不论走到哪里始终看到一样的视觉景象。如可口可乐的红色包装、百事可乐的蓝色包装等。

(3)运用公关手段。广告效果显著,但价格昂贵,而且还容易受其他广告的干扰。而通过塑造一些有意义、消费者感兴趣的话题,运用公关手段及公关传播技术,通过报纸杂志、电视和网络等,来引起目标消费者的注意,常常会取得事半功倍的效果,且成本极低。

(4)运用品牌延伸手段。运用产品线的延伸,用更多的产品来强化品牌认知度。

(二)建立品牌美誉度

消费者对品牌品质的认知来自于产品使用或服务享受之后,产品的品质并不完全指产品或服务本身,而是同时包含了生产品质和营销品质。建立品牌美誉度可以从下述几个方面进行。

(1)注重对品质的承诺。企业对产品或服务品质的追求应该是细致、无所不在和长期的行为,因此企业决策层必须认清其重要性,并调动全体员工参与其中。

(2)创造一种对品质追求的文化。因为对产品或服务品质不是单纯的要求,而是其中每个环节的品质都非常重要,所以应该创造出一种对品质追求的文化,让这种文化渗透到企业每一个运营环节中。

(3)增加消费者信心培育的投入。企业要经常关注、收集消费者对不同品牌的反应,强化对消费者需求变化的敏感性。

(4)注重创新。创新产品或服务是唯一能够变被动为主动,进而去引导、教育消费者进行消费的做法。

(三)维持品牌忠诚度

品牌忠诚度就是来自于消费者对产品的满意,并形成忠诚的程度。企业开发新市场、发掘新顾客群体固然重要,但维持现有顾客品牌忠诚度意义同样重大,因为培养一个新顾客的成本是维持一个老顾客成本的4~6倍,可以通过以下方式来维持顾客品牌忠诚度。

(1)给顾客一个不转换品牌的理由。如企业不断推出新产品,举办促销活动等都是消除消费者品牌转换想法的有力手段。

(2)努力接近消费者,了解市场需求。通过定期的市场调查与分析,不断深入了解消费者的需求动向,并适时推出新产品或服务,完善已有产品及服务。

(3)提高消费者的转移成本。一种产品如果拥有的差异性附加价值越多,那么消费者的转移成本也就越高。因此企业应该有意识地增加产品差异性附加价值,提高消费者的转移成本,以此提高消费者的品牌忠诚度。

(四)建立品牌联想

品牌联想是指消费者想到某一个品牌时所能联想到的内容,然后根据内容分析出是买还是不买的理由,这些联想大致可以分为:产品特性、消费者利益、相对价格、使用方式、使用对象、生活方式与个性、产品类别、比较性差异等联想。企业掌握的内容就是消费者脑海中的联想,能给消费者一个具体而有说服力的购买理由,这个理由是任何一个品牌得以存活延续所必需的理由。

【本章小结】

本章主要涉及品牌、品牌策略及品牌资产管理三个方面的内容。在品牌概述部分,主要阐述了品牌概念及品牌作用;在品牌策略部分,主要阐述了品牌有无策略、品牌归属策略、品牌统分策略、品牌扩展策略及品牌更新策略;在品牌资产管理部分,主要阐述了品牌资产含义、品牌资产构成要素、品牌资产量化及品牌资产管理方法。

【基本概念】

品牌概念　品牌资产概念　品牌的整体含义　统分品牌策略概念　个别品牌策略概念　分类品牌策略概念　品牌扩展策略概念

【实训(练习)题】

1. 阐述品牌对消费者的作用。
2. 阐述品牌对生产者的作用。
3. 阐述品牌更新策略。
4. 阐述建立品牌知名度的方法有哪些。
5. 阐述如何建立品牌美誉度。
6. 请系统阐述品牌知名度的资产价值。
7. 请系统阐述品牌忠诚度的资产价值。
8. 请系统阐述品牌联想的资产价值。

第十二章 价格策略

【学习目标】

1. 了解影响定价的因素；
2. 理解定价目标、需求、成本和竞争对企业定价的影响；
3. 掌握企业定价的方法；
4. 掌握企业定价的策略；
5. 了解企业如何应对价格变动。

【引例】

打车软件之争莫成价格战

最近几日，打车软件的"血战"不断升级，越来越多的乘客享受到真金白银的优惠，人们庆幸有多个主体在竞争的市场很美妙。当然，"腾讯+微信支付+嘀嘀打车"阵营与"阿里巴巴+支付宝+快的打车"阵营的"火并"也是所费不菲，据说双方动用的资金总额有几十亿元。2月17日，嘀嘀打车和快的打车分别将打车补贴调至10元和11元。18日，嘀嘀打车宣布将每单补贴额度比快的打车又提高一块钱——使用嘀嘀打车并且微信支付每次能随机获得12到20元不等的高额补贴，每天3次。快的打车又将补贴额度调至最低13元，"永远比对手多一元"。

（来源于第一财经日报，2014年2月24日）

价格是反应市场变化最灵敏的因素，是市场营销组合因素中最活跃的因素。在营销组合中，价格是唯一能产生收入的因素，其他因素表现为成本。商品价格是否确定适当，会直接影响市场需求和消费行为，直接地决定着企业市场份额的大小和盈利率高低。因此，认真分析研究制定合理可行的商品价格，是企业经营中的重要决策。

第一节 影响定价的因素

影响产品定价的因素很多，一般而言，大体上可以有定价目标、产品成本、市场需求、竞争因素及其他因素等。

一、定价目标

任何一个企业在制定或调整价格以前，首先必须确定企业的定价目标。定价目标是指企业通过制定一定水平的价格，所要达到的预期目的。定价目标不同，企业选择的定价方法和定价策略也不同。定价目标是企业选择定价方法和定价策略的依据。企业面临的市场环境和竞争条件不同，企业的目标也就有所区别。

企业的定价目标必须服从企业的经营总目标和市场营销目标。根据企业经营总目标、市场营销目标、市场营销环境和企业自身的条件、产品的生命周期、产品在企业产品结构中的地位等拟定具体的定价目标。定价目标一般可分为当期利润最大化目标、市场占有率最大化目标、稳定价格目标、维持生存目标、产品质量领先目标等。

(一)当期利润最大化目标

利润目标是企业定价目标的重要组成部分,获取利润是企业生存和发展的必要条件,是企业经营的直接动力和最终目的。有些企业希望制定一个能使当期利润最大化的价格。它们估计需求和成本,并据此选择一种价格,使之能产生最大的当期利润、现金流量或投资报酬率。假定企业对其产品的需求函数和成本函数有充分的了解,则借助需求函数和成本函数便可制定确保当期利润最大化的价格。

(二)市场占有率最大化目标

市场占有率,又称市场份额,是指企业的销售额占整个行业销售额的百分比,或者是指某企业的某产品在某市场上的销量,占同类产品在该市场销售总量的比重。市场占有率是企业经营状况和产品竞争力的直接反映。作为定价目标,市场占有率与利润的相关性很强,从长期来看,较高的市场占有率必然带来高利润。因此,以销售额为定价目标具有获取长期较好利润的可能性。

在实践中,市场占有率最大化目标被国内外许多企业所采用,其方法是以较长时间的低价策略来保持和扩大市场占有率,增强企业竞争力,最终获得最优利润。但是,这一目标的顺利实现至少应具备三个条件:(1)企业有雄厚的经济实力,可以承受一段时间的亏损,或者企业本身的生产成本原本就低于竞争对手。(2)企业对其竞争对手的情况有充分了解,有从其手中夺取市场份额的绝对把握。否则,企业不仅不能达到目的,反而很有可能会受损失。(3)在企业的宏观营销环境中,政府未对市场占有率做出政策和法律的限制。比如美国制定有《反垄断法》,对单个企业的市场占有率进行限制,以防止少数企业垄断市场。在这种情况下,盲目追求高市场占有率,往往会受到政府的干预。

(三)稳定价格目标

市场价格越稳定,经营风险也就越小。稳定的价格通常是大多数企业获得一定目标收益的必要条件。稳定价格目标的实质即是通过本企业产品的定价来左右整个市场价格,避免不必要的价格波动。按这种目标定价,可以使市场价格在一个较长的时期内相对稳定,减少企业之间因价格竞争而发生的损失。

为达到稳定价格的目的,通常情况下是由那些拥有较高的市场占有率、经营实力较强或较具有竞争力和影响力的领导者先制定一个价格,即"领袖价格""稳定价格",其他企业的价格则与之保持一定的距离或比例关系。对大企业来说,这是一种稳妥的价格保护政策;对中小企业来说,由于大企业不愿意随便改变价格,使得竞争性减弱,但其利润可以得到保障。在钢铁、采矿业、石油化工等行业中,稳定价格目标得到最广泛的应用。

(四)维持生存目标

企业如果生产力过剩或者遇到激烈的竞争或者改变消费者的需求时,都要把维持生存作为主要目标。一般来说,这时候的价格只能弥补可变成本和一些固定成本,是特殊情况下的应变措施,只能作为过渡性的目标。为了维持企业继续生产,保证存货能尽快周转,企业必须定低价,并且希望市场是价格敏感型的市场。处在困境中的企业,利润远没有生存重要。许多是通过大规模的价格折扣,来维持生存。只要他们的价格能够补偿可变成本和一些固定成本,他们就能够维持生存。

(五)产品质量领先目标

以产品质量领先为目标的企业,在生产和市场营销过程中因贯彻产品质量领先目标,多开支的费用和高的研究开发成本,需要高价来补偿。同时,当消费者十分重视质量而又无法把握或很难判断技术复杂产品质量时,往往是按价论质,这也要求用高价格来传递产品质量信息。

将定价目标分为利润目标、市场占有率目标、稳定价格目标、维持生存目标和产品质量领先目标,只是一种实践经验的总结,它既没有穷尽所有可能的定价目标,又没有限制每个企业只能选用其中的一种定价目标。由于资源的约束,企业规模和管理方法的差异,企业可能从不同的角度选择自己的定价目标。不同行业的企业有不同的定价目标,同一行业的不同企业可能有不同的定价目标,同一企业在不同的时期、不同的市场条件下也可能有不同的定价目标,即使采用同一种定价目标,其价格策略、定价方法和技巧也可能不同。企业应根据自身的性质和特点,具体情况具体分析,权衡各种定价目标的利弊,灵活确定自己的定价目标。

二、产品的成本

成本是企业能够为其产品设定的底价。从长远看,任何产品的销售价格都必须高于成本费用,只有这样,才能以销售收入来抵偿生产成本和经营费用,否则就无法经营。因此,企业制定价格时必须估算成本。企业的成本有两种形式:固定成本和变动成本。固定成本指那些不随生产或销售水平变化的成本。变动成本直接随生产水平而发生变化的成本。总成本是指在任何生产水平下固定成本和可变成本之和。

(一)固定成本(FC)

固定成本是指成本总额在一定时期和一定业务量范围内,不受业务量增减变动影响而能保持不变的成本。这里是就总业务量的成本总额而言的。固定成本主要包括折旧费、保险费、管理人员工资、办公费等,这些费用每年支出相等,即使产销量在一定范围内变动,他们也保持固定不变。但若是从单位固定成本来看,则恰巧相反,单位固定成本是变动的,且与业务量的增减成反方向变动。

(二)变动成本(VC)

变动成本是指成本总额随着业务量的变动而成正比例变动的成本。这里的变动成本是就总业务量的成本总额而言的。若从单位业务量的变动成本来看,它是固定的,即它不受业务量增减变动的影响。变动成本包括原材料费、燃料、辅助材料、储运费用以及员工的工资等。

(三)总成本(TC)

总成本是全部固定成本与变动成本之和。当产量为零时,总成本等于未开工时发生的固定成本。

(四)平均固定成本(AFC)

平均固定成本是指每一单位产品中所包含的固定成本,是全部固定成本与总产量之比。固定成本不随产量增减而变动,但是平均固定成本随产量的增加而减少。

(五) 平均变动成本(AVC)

平均变动成本是指每一单位产品所包含的变动成本,是全部变动成本与总产量之比。通常在生产的初期,平均变动成本较高,随着工人的熟练度提高幅度呈下降趋势,但是达到某一限度之后,由于报酬递减作用转而上升。

(六) 平均总成本(ATC)

平均总成本是总成本与总产量之比,是单位产品所包含的平均成本。

企业定价时应以何种成本为依据,是价格决策的重要内容。就长期而言,产品价格不应低于平均总成本,否则企业将难以生存;不过就短期而言,产品价格必须高于平均变动成本,否则,亏损额将随着产品销售量的增长而增加。在短期竞争条件下,有两种价格是非常重要的。一种是价格收入仍能弥补成本支出的最低价格,即价格等于最低总平均成本。另一种是价格等于最低平均可变成本,这种价格的总收入不能弥补总成本支出,但却可以弥补企业的变动成本支出。尽管产品一旦卖出,就会发生亏损,不过由于固定成本在期初都已经投入,此时企业的销售收入仍可维持日常经营。任何低于最低平均可变成本的价格都会导致企业难以维持日常运营的困难,因此,企业制定的价格必须等于或高于平均可变成本。

三、市场需求

市场需求是企业定价的最高界限。而需求又受价格和收入变动的影响。由价格与收入等因素而引起的需求的相应的变动率,就叫作需求弹性。需求的价格弹性反映需求量对价格的敏感程度,用需求的价格弹性系数 E 表示,即以需求变动的百分比与价格变动的百分比之比值来计算,亦即价格变动百分之一会使需求变动百分之几。由于价格与需求量呈反方向变动,按上述方法计算出来的需求价格弹性系数为负值,为应用方便取其绝对值,需求价格弹性的大小,一般以其弹性系数大于1或小于1来表示。如果价格下降或上升,使需求量变化的幅度大于价格变化的幅度,即弹性系数>1,称为需求价格弹性大,或称富于弹性的需求。如果需求量变化的幅度小于价格变化的幅度,即弹性系数<1,称为需求价格弹性小或称缺乏弹性的需求。

企业在决定某一商品是提价或降价时,要注意考虑这一商品的需求价格弹性是缺乏弹性的或是富于弹性的。如果该商品的需求价格弹性系数大于1,也就是价格只要稍微上升或下降,需求量就会大幅度下降或增加。因此企业往往可采取降价策略。产品的单位利润虽有所下降,但商品的销售总收入和总利润却大大增加;如果该商品的需求价格弹性系数小于1,也就是即使价格大大提高或下降,需求量也不会显著减少或增加,因此企业可采取提价策略,需求量虽有减少,但由于价格大大提高,商品的销售总收入和利润总量仍会增加。当然,不论提价或降价,都是有一定限度的。

至于某一商品,究竟是属于富于需求弹性或是属于缺乏需求弹性,都要通过市场调查,进行认真分析研究才能确定。

四、竞争者的产品和价格

在产品的最高价格和最低价格的幅度内,企业能把产品价格定多高,则取决于竞争者同种产品的价格水平。企业必须采取适当方式,了解竞争者所提供的产品质量和价格。企业获得这方面的信息后,就可以与竞争产品比质比价,更准确地制定本企业产品价格。如果二者质量大体一致,则二者价格也应大体一样,否则本企业产品可能卖不出去;如果本企业产品质量较高,则产品价格也可以定得较高;如果本企业产品质量较低,那么,产品价格就应定得低一些。还应看到,竞争者也可能随机应变,针对企业的产品价格而调整其价格;也可能不调整价格,而调整市场营销组合的其他变量,与企业争夺顾客。当然,针对竞争者价格的变动,企业也要及时掌握有关信息,并做出明智的反应。

五、政府的政策法规

企业制定价格还需考虑政府有关政策、法令的规定。在我国,规范企业定价行为的法律和相关法规有《价格法》《反不正当竞争法》《明码标价法》《制止牟取暴利的暂行规定》《价格违反行为行政处罚规定》等。

第二节 定价的基本方法

定价方法是企业在特定的定价目标指导下,依据对成本、需求及竞争等状况的研究,运用价格决策理论,对产品价格进行计算的具体方法。定价方法主要包括成本导向、顾客导向和竞争导向等三种类型。

一、成本导向定价法

成本导向定价是企业定价首先需要考虑的方法。成本是企业生产经营过程中所发生的实际耗费,客观上要求通过商品的销售而得到补偿,并且要获得大于其支出的收入,超出的部分表现为企业利润。以产品单位成本为基本依据,再加上预期利润来确定价格的成本导向定价法,是中外企业最常用、最基本的定价方法。成本导向定价法又衍生出了成本加成定价法、目标收益定价法、盈亏平衡定价法等几种具体的定价方法。

(一)成本加成定价法

在这种定价方法下,把所有为生产某种产品而发生的耗费均计入成本的范围,计算单位产品的变动成本,合理分摊相应的固定成本,再按一定的目标利润率来决定价格。其计算公式为

$$单位产品价格 = 单位产品总成本 \times (1 + 目标利润率)$$

采用成本加成定价法,确定合理的成本利润率是一个关键问题,而成本利润率的确定,必须考虑市场环境、行业特点等多种因素。某一行业的某一产品在特定市场以相同的价格出售时,成本低的企业能够获得较高的利润率,并且在进行价格竞争时可以拥有更大的回旋空间。当用成本加成方式计算价格时,对成本的确定是在假设销售量达到某一水平的基础上进行的。因此,若产品销售出现困难,则预期利润很难实现,甚至成本补偿也变得不现实。但是,这种方法也有一些优点:首先,这种方法简化了定价工作,便于企业开展经济核算。其次,若某个行业的所有企业都使用这种定价方法,它们的价格就会趋于相似,因而价格竞争就会降到最少。再次,在成本加成的基础上制定出来的价格对买方和卖方来说都比较公平,卖方能得到正常的利润,买方也不会觉得受到了额外的剥削。成本加成定价法一般在租赁业、建筑业、服务业、科研项目投资以及批发零售企业中得到广泛的应用。即使不用这种方法定价,许多企业也多以此法制定的价格作为参考价格。

(二) 目标收益定价法

目标收益定价法是根据企业预期销量、总投资额和投资回收期等因素来确定价格的一种方法。其计算单位产品价格的公式为

$$单位产品价格 = \frac{固定成本 + 总变动成本 + 目标利润总额}{预期销量}$$

$$目标利润总额 = 总投资额 \times 目标收益率$$

$$目标收益率 = \frac{1}{投资回收期} \times 100\%$$

与成本加成定价法相类似,目标收益定价法也是一种生产者导向的产物,很少考虑到市场竞争和需求的实际情况,只是从保证生产者的利益出发制定价格。另外,先确定产品销量,再计算产品价格的做法,完全颠倒了价格与销量的因果关系,把销量看成是价格的决定因素,在实际操作上很难行得通。尤其是对于那些需求的价格弹性较大的产品,用这种方法制定出来的价格,无法保证销量的必然实现,那么,预期的投资回收期、目标收益等指标也就只能成为一句空话。不过,对于需求比较稳定的大型制造业、供不应求且价格弹性小的商品、市场占有率高且具有垄断性的商品,以及大型的公用事业、劳务工程和服务项目等,在科学预测价格、销量、成本和利润四要素的基础上,目标收益法仍不失为一种有效的定价方法。

(三) 盈亏平衡定价法

在销量既定的条件下,企业产品的价格必须达到一定的水平才能做到盈亏平衡、收支相抵。既定的销量就称为盈亏平衡点,这种制定价格的方法就称为盈亏平衡定价法。科学地预测销量和已知固定成本、变动成本是盈亏平衡定价的前提。定价原则是以总成本和总销售收入保持平衡,总销售收入等于总成本,此时利润为0,企业不盈不亏,收支平衡。

在此方法下,为了确定价格可利用如下公式:

$$盈亏平衡点价格(P) = \frac{固定总成本(F)}{销量(Q)} + 单位变动成本(V)$$

式中,P 为单位产品售价;Q 为预计销售量;F 为产品的固定成本;V 为产品的单位变动成本。

盈亏平衡点定价法的优点是计算简便,可使企业明确在不盈不亏时的产品价格和产品的最低销售量。缺点是要先预测产品销售量,销售预测不准,成本不准,价格就定不准;而且它是根据销售量反过来推算出价格。实际上价格的高低对销售量有很大影响。

以盈亏平衡点确定价格只能使企业的生产耗费得以补偿,而不能得到收益。因此,在实际中均将盈亏平衡点价格作为价格的最低限度,通常再加上单位产品目标利润后才作为最终市场价格。有时,为了开展价格竞争或应付供过于求的市场格局,企业采用这种定价方式以取得市场竞争的主动权。

从本质上说,成本导向定价法是一种卖方定价导向。它忽视了市场需求、竞争和价格水平的变化,在某些时候与定价目标相脱节,不能与之很好地配合。此外,运用这一方法制定的价格均是建立在对销量主观预测的基础上,从而降低了价格制定的科学性。因此,在采用成本导向定价法时,还需要充分考虑需求和竞争状况,以确定最终的市场价格水平。

二、顾客导向定价法

根据市场需求状况和消费者对商品价值的理解程度来确定价格的方法叫作顾客导向

定价法,又称"市场导向定价法""需求导向定价法"。其特点是价格随市场需求的变化而变化,不与成本因素发生直接关系。需求导向定价法主要包括理解价值定价法和逆向定价法。

(一) 理解价值定价法

所谓"理解价值",也称"感受价值"或"认知价值",是指消费者对某种商品价值的主观评判。理解价值定价法是指企业以消费者对商品价值的理解度为定价依据,运用各种营销策略和手段,影响消费者对商品价值的认知,形成对企业有利的价值观念,再根据商品在消费者心目中的价值来制定价格。

理解价值定价法的关键和难点,是获得消费者对有关商品价值理解的准确资料。若企业过高估计消费者的理解价值,其价格就可能过高,难以达到应有的销量;反之,若企业低估消费者的理解价值,其定价就可能低于应有水平,使企业收入减少。因此,企业必须通过广泛的市场调研,了解消费者的需求偏好,根据产品的性能、用途、质量、品牌、服务等要素,判定消费者对商品的理解价值,制定商品的初始价格。然后,在初始价格条件下,预测可能的销量,分析目标成本和销售收入,在比较成本与收入、销量与价格的基础上,确定该定价方案的可行性,并制定最终价格。

【延伸阅读】

建立认知价值的方法

A、B 和 C 三家公司,生产快速继电转换器。工业买主被请来检验和评价公司所提供的产品。这里有三种可供选择的方法:

1. 直接价格评定法。买主对每种转换器做出估价,能够使他们得出从每个公司购买的这种转换器的总价值。比如说,他们分别给每家公司评定的价格为 2.55 美元、2.00 美元、1.52 美元。

2. 认知价值直接评价法。买者把从每个公司购买的转换器的总价值定为 100 分,然后在这三个公司分配,假设他们分的结果分别为:42 分、33 分和 25 分。如果一个继电转换器的平均市场价格是 2 美元,三家公司分别制定的价格为 2.55 美元、2.00 美元和 1.52 美元,由此反映了认知价值的不同。

3. 诊断法。买主对三家公司的产品根据一组属性来评价。他们按每种属性 100 分,衡量每家公司能占到多少分。他们还把每种属性的相对重要程度总分也计为 100 分,然后分别打分。假设结果见表 12.1。

表 12.1 假设结果

重要性权数	属性	公司		
		A	B	C
25	产品耐用性	40	40	20
30	产品可靠性	33	33	33
30	交货可靠性	50	25	25
15	服务质量	45	35	20
100	(认知价值)	(41.65)	(32.65)	(24.9)

把对每个公司所打的分乘以重要性权数,我们发现 A 公司产品的认知价值为 41.65 高于平均数,B 公司产品的认知价值为 32.65 相当于平均数,C 公司产品的认知价值为 24.9 低于平均数。

A 公司就能为它的产品制定高价,因为它是被认为认知价值高的公司。如果它想让它的价格与认知价值成比例,那么价格就大约在 2.55 美元左右(等于一个平均质量的转换器价格 2.00 美元与 $\frac{42}{33}$ 相乘)。假如三家公司定价都与各自认知价值成比例,由于价值/价格相同,那么他们都将享有一定的市场份额。

如果一家公司的价格低于它的认知价值,它将获得一个高于平均数的市场份额,因为购买者付一定的钱就得到一个额外的价值。

(二)反向定价法

这种定价方法主要不是考虑产品成本,而重点考虑需求状况,力求使价格为消费者所接受。依据消费者能够接受的最终销售价格,逆向推算出中间商的批发价和生产企业的出厂价格。在分销渠道中,批发商和零售商多采取这种定价方法。

批发价格 = 市场可销价格×(1-批零差率)

出厂价格 = 批发价格×(1-销进差率)= 市场可销价格×(1-销进差率)×(1-批零差率)

逆向定价法的特点是:价格能反映市场需求情况,有利于加强与中间商的良好关系,保证中间商的正常利润,使产品迅速向市场渗透,并可根据市场供求情况及时调整,定价比较灵活。

三、竞争导向定价法

在竞争十分激烈的市场上,企业通过研究竞争对手的生产条件、服务状况、价格水平等因素,依据自身的竞争实力,参考成本和供求状况来确定商品价格。这种定价方法就是通常所说的竞争导向定价法。其特点是:价格与商品成本和需求不发生直接关系;商品成本或市场需求发生变化,但竞争者的价格未变,就应维持原价;反之,虽然成本或需求都没有变动,但竞争者的价格变动了,则相应地调整其商品价格。当然,为实现企业的定价目标和总体经营战略目标,谋求企业的生存或发展,企业可以在其他营销手段的配合下,将价格定得高于或低于竞争者的价格,并不一定要求和竞争对手的产品价格完全保持一致。竞争导向定价法主要包括:

(一)随行就市定价法

采用随行就市定价法,最重要的就是确定目前的"行市"。在实践中,"行市"的形成有两种途径:第一种途径是在完全竞争的环境里,各个企业都无权决定价格,通过对市场的无数次试探,相互之间取得一种默契而将价格保持在一定的水准上。第二种途径是在垄断竞争的市场条件下,某一部门或行业的少数几个大企业首先定价,其他企业参考定价或追随定价。

(二)产品差别定价法

产品差别定价法是指企业通过不同的营销努力,使同种同质的产品在消费者心目中树立起不同的产品形象,进而根据自身特点,选取低于或高于竞争者的价格作为本企业产品价格。因此,产品差别定价法是一种进攻性的定价方法。

产品差别定价法的运用,首先要求企业必须具备一定的实力,在某一行业或某一区域市场占有较大的市场份额,消费者能够将企业产品与企业本身联系起来。其次,在质量大体相同的条件下,实行差别定价是有限的,尤其对于定位为"质优价高"形象的企业来说,必须支付较大的广告、包装和售后服务方面的费用。因此,从长远来看,企业只有通过提高产品质量,才能真正赢得消费者的信任,才能在竞争中立于不败之地。

(三)密封投标定价法

投标定价法即由买方在报刊上登广告或发出函件,说明拟采购品的品种、规格、数量等具体要求,邀请供应商在规定的期限内投标。买方在规定的日期内开标,选择报价最低的、最有利的供应商成交,签订购买合同。某供货企业如果想做这笔生意,就要在规定的期限内填写标单,上面填明可供应商品的名称、品种、规格、价格、数量和交货日期等,密封送给招标人(即买方),这叫作投标。一般说来,招标方只有一个,处于相对垄断地位,而投标方则有多个,处于相互竞争地位。标的物的价格由参与投标的各个企业,在相互独立的条件下来确定。这种价格是供货企业根据对竞争者的报价估计制定的,而不是按照供货企业自己的成本费用或市场需求来制定的。供货企业的目的在于赢得合同,所以它的报价应低于竞争对手的报价。

然而,企业不能将其报价定得低于某种水平。确切地讲,它不会将报价定得低于边际成本,以免使其经营状况恶化。如果企业报价远远高出边际成本,虽然潜在利润增加了,但却减少了取得合同的机会。

第三节 企业的定价策略

前述定价方法是依据成本、需求和竞争等因素决定产品基础价格的方法。基础价格是单位产品在生产地点或者经销地点的价格,尚未考虑折扣、运费等对价格的影响。企业要想更好地实现目标,就应该根据不同的产品和市场情况,采用灵活多变的定价策略和技巧。

一、折扣定价策略

折扣定价是指对基本价格做出一定的让步,直接或间接降低价格,以争取顾客,扩大销量。其中,直接折扣的形式有数量折扣、现金折扣、功能折扣、季节折扣。间接折扣的形式有回扣和津贴。

(一)数量折扣

数量折扣指按购买数量的多少,分别给予不同的折扣,购买数量越多,折扣越大。其目的是鼓励大量购买,或集中向本企业购买。数量折扣包括累计数量折扣和一次性数量折扣两种形式。累计数量折扣规定顾客在一定时间内,购买商品若达到一定数量或金额,则按其总量给予一定折扣,其目的是鼓励顾客经常向本企业购买商品,成为可信赖的长期客户。一次性数量折扣规定一次购买某产品达到一定数量或购买多种产品达到一定金额,则给予折扣优惠,其目的是鼓励顾客大批量购买,以促进产品多销、快销。

运用数量折扣策略的难点是如何确定合适的折扣标准和折扣比例。如果享受折扣的数量标准定得太高,比例太低,则只有很少的顾客才能获得优惠,绝大多数顾客将感到失望;购买数量标准过低,比例不合理,又不能起到鼓励顾客购买和促进企业销售的作用。因此,企业应结合产品特点、销售目标、成本水平、资金利润率、需求规模、购买频率、竞争者手段以及传统的商业惯例等因素来制定科学的折扣标准和比例。

(二)现金折扣

现金折扣是在赊销或分期付款的销售方式下,对在规定的时间内提前付款或用现金付款者所给予的一种价格折扣,其目的是鼓励顾客尽早付款,加速资金周转,降低销售费用,减少财务风险。采用现金折扣一般要考虑三个因素:折扣比例;给予折扣的时间限制;付清全部货款的期限。在西方国家,典型的付款期限折扣表示为"3/20,Net 60"。其含义是在成交后20天内付款,买者可以得到3%的折扣,超过20天,在60天内付款不予折扣,超过60天付款要加付利息。

提供现金折扣相当于降低价格,所以,企业在运用这种手段时要考虑商品是否有足够的需求弹性,保证通过需求量的增加使企业获得足够利润。此外,由于我国的许多企业和消费者对现金折扣还不熟悉,运用这种手段的企业必须结合宣传手段,使买者更清楚自己将得到的好处。

(三)功能折扣

功能折扣是制造商根据中间商在产品分销过程中所处的环节不同,其所承担的功能、责任和风险也不同,以给予不同的折扣。功能折扣的比例,主要考虑中间商在分销渠道中的地位、对生产企业产品销售的重要性、购买批量、完成的促销功能、承担的风险、服务水平、履行的商业责任,以及产品在分销中所经历的层次和在市场上的最终售价,等等。功能折扣的结果是形成购销差价和批零差价。

鼓励中间商大批量订货,扩大销售,争取顾客,并与生产企业建立长期、稳定、良好的合作关系是实行功能折扣的一个主要目标。功能折扣的另一个目的是对中间商经营的有关产品的成本和费用进行补偿,并让中间商有一定的盈利。

(四)季节折扣

有些商品的生产是连续的,而其消费却具有明显的季节性。为了调节供需矛盾,使企业的生产和销售在一年四季都能保持相对稳定,就需要采用季节折扣。所谓季节折扣就是生产企业对在淡季前来购买这些季节性商品的顾客给予一定的优惠。例如,啤酒生产厂家对在冬季进货的商业单位给予大幅度让利,羽绒服生产企业则为夏季购买其产品的客户提供折扣。

季节折扣比例的确定,应考虑成本、储存费用、基价和资金利息等因素。季节折扣有利于减轻库存,加速商品流通,迅速收回资金,促进企业均衡生产,充分发挥生产和销售潜力,避免因季节需求变化所带来的市场风险。

(五)回扣和津贴

回扣是间接折扣的一种形式,又称为退款。它是指购买者在按价格目录将货款全部付给销售者以后,销售者再按一定比例将货款的一部分返还给购买者。

津贴是企业为特殊目的,对特殊顾客以特定形式所给予的价格补贴或其他补贴。比如,当中间商为企业产品提供了包括刊登地方性广告、设置样品陈列窗等一系列的各种促销活动时,生产企业给予中间商一定数额的资助或补贴。又如,对于进入成熟期的消费者,开展以旧换新业务,将旧货折算成一定的价格,在新产品的价格中扣除,顾客只支付余额,以刺激消费需求,促进产品的更新换代,扩大新一代产品的销售。这也是一种津贴的形式。

上述各种折扣价格策略增强了企业定价的灵活性,对于提高厂商收益和利润具有重要作用。但在使用折扣定价策略时,必须注意国家的法律限制,保证对所有顾客使用同一标准。

二、新产品定价策略

新产品定价的难点在于无法确定消费者对于新产品的理解价值。如果价格定高了,难以被消费者接受,影响新产品顺利进入市场;如果定价低了,则会影响企业效益。常见的新产品定价策略,有三种截然不同的形式:即撇脂定价、渗透定价和适中定价。

(一)撇脂定价

撇脂定价就是在新产品上市之初,将新产品价格定得较高,在短期内获取厚利,尽快收回投资。这一定价策略就像从牛奶中撇取其中所含的奶油一样,取其精华,所以称为"撇脂定价"策略。

1. 这种方法的适用条件

(1)拥有专利或技术诀窍。研制这种新产品难度较大,进入市场的技术壁垒高。

(2)高价仍有较大的需求,而且具有不同需求价格弹性的顾客。例如,初上市的电视机、录像机等,先满足部分价格弹性较小的顾客,然后再把产品推向价格弹性较大的顾客。由于这种产品是一次性购买。享用多年,因而价格高市场也能接受。

(3)生产能力有限或无意扩大产量。尽管低产量会造成高成本,高价格又会减少一些需求,但由于采用高价格,比之低价增产,仍然有较多收益。

(4)对新产品未来的需求或成本无法估计,定价低则风险大,因此,先以高价投石问路。

2. 撇脂定价的优点

(1)利用高价产生的厚利,使企业能够在新产品上市之初,即能迅速收回投资,减少了投资风险,这是使用撇脂策略的根本好处。

(2)在全新产品或换代新产品上市之初,顾客对其尚无理性的认识,此时的购买动机多属于求新求奇。利用这一心理,企业通过制定较高的价格,以提高产品身价,创造高价、优质、名牌的印象。

(3)先制定较高的价格,在其新产品进入成熟期后可以拥有较大的调价余地,不仅可以通过逐步降价保持企业的竞争力,而且可以从现有的目标市场中吸引潜在需求者,甚至可以争取到低收入阶层和对价格比较敏感的顾客。

3. 撇脂定价策略的缺点

(1)高价产品的需求规模毕竟有限,过高的价格不利于开拓市场、增加销量,也不利于占领和稳定市场,容易导致新产品开发失败。

(2)高价高利会导致竞争者的大量涌入,仿制品、替代品迅速出现,从而迫使价格急剧下降。此时若无其他有效策略相配合,则企业苦心营造的高价优质形象可能会受到损害,进而失去一部分消费者。

(3)价格远远高于价值,在某种程度上损害了消费者利益,容易招致公众的反对和消费者抵制,甚至会被当作暴利来加以取缔,诱发公共关系问题。

从根本上看,撇脂定价是一种追求短期利润最大化的定价策略,若处置不当,则会影响企业的长期发展。因此,在实践当中,特别是在消费者日益成熟、购买行为日趋理性的今天,采用这一定价策略必须谨慎。

(二)渗透定价

这是与撇脂定价相反的一种定价策略,即在新产品上市之初将价格定得较低,吸引大量的购买者,扩大市场占有率。

1. 渗透定价的前提条件

(1)新产品的需求价格弹性较大,因此低价会刺激市场需求的迅速增长;

(2)新产品存在着规模经济效益,企业的生产成本和经营费用会随着生产经验的增加而降低。日本精工手表即是在具备这两个条件的基础上,采用渗透定价策略,以低价在国际市场与瑞士手表角逐,最终夺取了瑞士手表的大部分市场份额。

2. 采用渗透价格好处

(1)低价可以使产品尽快被市场所接受,并借助大批量销售来降低成本,获得长期稳定的市场地位;

(2)微利阻止了竞争者的进入,增强了自身的市场竞争力。

3. 采用渗透价格缺点

(1)只能获取微利,投资收回期限较长。

(2)由于低价出售新产品,会使顾客误认为产品质量不高,影响购买的同时也影响产品形象。

对于企业来说,撇脂策略和渗透策略何者为优,不能一概而论,需要综合考虑市场需求、竞争、供给、市场潜力、价格弹性、产品特性、企业发展战略等因素才能确定。在定价实务中,往往要突破许多理论上的限制,通过对选定的目标市场进行大量调研和科学分析来制定价格。

(三)适中定价

当不存在适合于撇脂定价或渗透定价的环境时,公司一般采取适中定价。例如,因为新产品被市场看作是极其普通的产品,没有哪一个细分市场愿意为此支付高价,企业可能无法采用撇脂定价法,另一方面,因为新产品刚刚进入市场,顾客在购买之前无法确定产品的质量,会认为低价代表低质量(价格-质量效应),它也无法采用渗透定价法。再如,如果定低价,会破坏已有的价格结构,竞争者会做出强烈反应,而定价高,消费者又对价格极其敏感,在这样的情况下,企业既不能采取撇脂定价,又不能采用渗透定价的时候,一般采用适中定价策略。

三、心理定价策略

每一件产品都能满足消费者某一方面的需求,其价值与消费者的心理感受有着很大的关系。这就为心理定价策略的运用提供了基础,使得企业在定价时可以利用消费者的心理因素,有意识地将产品价格定得高些或低些,以满足消费者生理的和心理的、物质的和精神的多方面需求,通过消费者对企业产品的偏爱或忠诚,扩大市场销售,获得最大效益。常用的心理定价策略有整数定价、尾数定价、声望定价和招徕定价。

(一)整数定价

对于那些无法明确显示其内在质量的商品,消费者往往通过其价格的高低来判断其质量的好坏。但是,在整数定价方法下,价格的高并不是绝对的高,而只是凭借整数价格来给消费者造成高价的印象。整数定价常常以偶数,特别是"0"作尾数。例如,精品店的服装可以定价为 1 000 元,而不必定为 998 元。这样定价的好处:(1)可以满足购买者炫耀富有、显示地位、崇尚名牌、购买精品的虚荣心;(2)省却了找零钱的麻烦,方便企业和顾客的价格结算;(3)花色品种繁多、价格总体水平较高的商品,利用产品的高价效应,在消费者心目中树立高档、高价、优质的产品形象。

整数定价策略适用于需求的价格弹性小、价格高低不会对需求产生较大影响的商品,如流行品、时尚品、奢侈品、礼品、星级宾馆、高级文化娱乐城等,由于其消费者都属于高收入阶层,也甘愿接受较高的价格,所以,整数定价得以大行其道。

(二)尾数定价

指企业利用消费者求廉的心理,制定非整数价格,尽可能在价格上不进位,留有尾数。比如,把一种毛巾的价格定为 4.9 元,而不定 5 元;将台灯价格定为 29.90 元,而不定为 30 元,可以在直观上给消费者一种便宜的感觉,从而激起消费者的购买欲望,促进产品销售量的增加。

使用尾数定价,可以使价格在消费者心中产生某些特殊的效应:(1)便宜。尾数定价可以给消费者一种价格偏低、商品便宜的感觉,使之易于接受;(2)精确。带有尾数的定价可以使消费者认为商品定价是非常认真、精确的,连几角几分都算得清清楚楚,进而会产生一种信任感。

在实践中,无论是整数定价还是尾数定价,都必须根据不同的地域而加以仔细斟酌。比如,美国、加拿大等国的消费者普遍认为单数比双数少,奇数比偶数显得便宜,所以,在北美地区,零售价为 49 美分的商品,其销量远远大于价格为 50 美分的商品,甚至比 48 美分的商品也要多一些。但是,日本企业却多以偶数,特别是"零"作结尾,这是因为偶数在日本体现着对称、和谐、吉祥、平衡和圆满。

当然,企业要想真正地打开销路,占有市场,还是得以优质的产品作为后盾,过分看重数字的心理功能,或流于一种纯粹的数字游戏,只能哗众取宠于一时,从长远来看却于事无补。

(三)声望定价

这是根据产品在消费者心中的声望、信任度和消费者的社会地位来确定价格的一种定价策略。根据消费者一般都有求名望的心理,企业将有声望的商品制订比市场同类商品价高的价格。声望定价可以满足某些消费者的特殊欲望,如地位、身份、财富、名望和自我形象等,还可以通过高价格显示名贵优质,因此,这一策略适用于一些传统的名优产品、具有历史地位的民族特色产品,以及知名度高、有较大的市场影响、深受市场欢迎的驰名商标产品。

(四)招徕定价

招徕定价是指将某几种商品的价格定得非常之高,或者非常之低,在引起消费者的好奇心理和观望行为之后,带动其他商品的销售。这一定价策略常为综合性百货商店、超级市场、甚至高档商品的专卖店所采用。

招徕定价运用较多的是将少数产品价格定得较低,吸引顾客在购买"便宜货"的同时,购买其他价格比较正常的商品。

值得企业注意的是,用于招徕的降价品,应该与低劣、过时商品明显地区别开来。招徕定价的降价品,必须是品种新、质量优的适销产品,而不能是处理品。否则,不仅达不到招徕顾客的目的,反而可能使企业声誉受到影响。

四、差别定价策略

所谓差别定价,也叫价格歧视,是指企业按照两种或两种以上不反映成本费用的比例差异的价格销售某种产品和服务。具体来说,是指产品价格的确定以需求为依据,首先强调适应消费者需求的不同特性,而将成本补偿只放在次要的地位。这种定价方法,对同一商品在同一市场上制订两个或两个以上的价格,或使不同商品价格之间的差额大于其成本之间的差额。其好处是可以使企业定价最大限度地符合市场需求,促进商品销售,有利于企业获取最佳的经济效益。

(一)差别定价的形式

根据需求特性的不同,需求差异定价法通常有以下几种形式:

(1)以用户为基础的差别定价。它指对同一产品针对不同的用户或顾客,制定不同的价格。比如,对老客户和新客户、长期客户和短期客户、女性和男性、儿童和成人、残疾人和健康人、工业用户和居民用户等,分别采用不同的价格。

(2)以地点为基础的差别定价。它依据地点的不同而收取不同的价格,比较典型的例子是影剧院、体育场、飞机等,其座位不同,票价也不一样。例如,体育场的前排可能收费较高,旅馆客房因楼层、朝向、方位的不同而收取不同的费用。这样做的目的是调节客户对不同地点的需求和偏好,以平衡市场供求。

(3)以时间为基础的差别定价。同一种产品,成本相同,而价格随季节、日期、甚至钟点的不同而变化。例如,供电局在用电高峰期和闲暇期制定不同的电费标准;电影院在白天和晚上的票价有所区别。对于某些时令商品,在销售旺季,人们愿意以稍高的价格购买;而一到淡季,则购买意愿明显减弱,所以这类商品在定价之初就应考虑到淡、旺季的价格差别。

(4)以产品为基础的差别定价。不同外观、花色、型号、规格、用途的产品,也许成本有所不同,但它们在价格上的差异并不完全反映成本之间的差异,而主要区别在于需求的不同。例如,棉纺织品卖给纺织厂和卖给医院的价格不一样,工业用水、灌溉用水和居民用水的收费往往有别,对于同一型号而仅仅是颜色不同的产品,由于消费者偏好的不同,也可以制定不同的价格。

(二)实行差别定价必须具备一定的条件

由于需求差异定价法针对不同需求而采用不同的价格,实现顾客的不同满足感,能够为企业谋取更多的利润,因此,在实践中得到广泛的运用。但是,也应该看到,实行区别需求定价必须具备一定的条件,否则,不仅达不到差别定价的目的,甚至会产生负作用。这些条件包括:

(1)从购买者方面来说,购买者对产品的需求有明显的差异,需求弹性不同,市场能够细分价格,不会因差别价格而引发顾客的反感。

(2)从企业方面来说,实行不同价格的总收入要高于同一价格的收入。因为差别定价不是目的,而是一种获取更高利润的手段,所以企业必须进行供求、成本和盈利分析。

(3)从产品方面来说,各个市场之间是分割的,低价市场的产品无法向高价市场转移。这种现象可能是由于交通运输状况造成的,也可能是由于产品本身特点造成的。如劳务项目难以通过市场转卖而获取差额利润,所以,适宜采用差别定价方法。

(4)从竞争状况来说,无法在高价市场上进行价格竞争。这可能是本企业已垄断市场,竞争者极难进入,也可能是产品需求弹性小,低价不会对消费者需求产生较大的影响;还可能是消费者对本企业产品已产生消费偏好。

五、地区定价策略

一般地说,一个企业的产品,不仅卖给当地顾客,而且同时卖给外地顾客。而卖给外地顾客,把产品从产地运到顾客所在地,需要花一些装运费。所谓地区性定价策略,就是企业要决定:对于卖给不同地区(包括当地和外地不同地区)顾客的某种产品,是分别制定不同的价格,还是制定相同的价格。也就是说,企业要决定是否制定地区差价。地区性定价的形式有:

(一) FOB 原产地定价

就是顾客(买方)按照厂价购买某种产品,企业(卖方)只负责将这种产品运到产地某种运输工具(如卡车、火车、船舶、飞机等)上交货。交货后,从产地到目的地的一切风险和费用概由顾客承担。如果按产地某种运输工具上交货定价,那么每一个顾客都各自负担从产地到目的地的运费,这是很合理的。但是这样定价对企业也有不利之处,即远地的顾客有可能不愿购买这个企业的产品,而购买其附近企业的产品。

(二)统一交货定价

和前者正好相反。统一交货定价就是企业对于卖给不同地区顾客的某种产品,都按照相同的厂价加相同的运费(按平均运费计算)定价。也就是说,对全国不同地区的顾客,不论远近,都实行一个价。因此,这种定价又叫邮资定价。

(三)分区定价

这种形式介于前两者之间,是企业把全国(或某些地区)分为若干价格区,对于卖给不同价格区顾客的某种产品,分别制定不同的地区价格。距离企业远的价格区,价格定得较高;距离企业近的价格区,价格定得较低。在各个价格区范围内实行一个价。企业采用分区定价也存在问题:(1)在同一价格区内,有些顾客距离企业较近,有些顾客距离企业较远,前者就不合算;(2)处在两个相邻价格区边界的顾客,他们相距不远,但是要按高低不同的价格购买同一种产品。

(四)基点定价

企业选定某些城市作为基点,然后按一定的厂价加上从基点城市到顾客所在地的运费来定价,而不管货物实际上是从哪个城市起运的。有些公司为了提高灵活性,选定许多个基点城市,按照顾客最近的基点计算运费。

(五)运费免收定价

有些企业因为急于和某些地区做生意,负担全部或部分实际运费。这些卖主认为,如果生意扩大,其平均成本就会降低,因此足以抵偿这些费用开支。采取运费免收定价,可以使企业加深市场渗透,并且能在竞争日益激烈的市场上站得住脚。

六、产品组合定价策略

当产品只是某一产品组合的一部分时,企业必须对定价方法进行调整。这时候,企业要研究出一系列价格,使整个产品组合的利润实现最大化。

(一)产品大类定价

通常企业开发出来的是产品大类,而不是单一产品。当企业生产的系列产品存在需求和成本的内在关联性时,为了充分发挥这种内在关联性的积极效应,需要采用产品大类定价策略。在定价时,首先,确定某种产品的最低价格,仅它在产品大类中充当领袖价格,以吸引消费者购买产品大类中的其他产品;其次,确定产品大类中某种商品的最高价格,它在产品大类中充当品牌质量和收回投资的角色;再者,产品大类中的其他产品也分别依据其在产品大类中的角色不同而制定不同的价格。例如,男士服装店可能经营三种价格档次的男士服装:150美元、250美元和350美元。顾客会从三个价格点上联系到高、中、低三种质量水平的服装。即使这三种价格同时提高,男士们仍然会按照自己偏爱的价格点来购买服装。营销者的任务就是确立认知质量差别,来使价格差别合理化。

(二)可选产品定价

许多企业在提供主要产品的同时,还会附带一些可供选择的产品或特征。汽车用户可订购电子开窗控制器、扫雾器和减光器等。但是对可选产品定价却是一件棘手的事。汽车公司必须确定价格中应包括哪些产品,又有哪些产品可作为选择对象。汽车制造商只希望对简便型汽车做广告,来吸引人们到汽车展示厅参观,而将展示厅的大部分空间用于展示昂贵的特征齐全的汽车。饭店也面临同样的定价问题,其顾客除了订购饭菜外也买酒类。许多饭店的酒价很高,而食品的价格相对较低。食品收入可以弥补食品的成本和饭店其他的成本,而酒类则可以带来利润。这就是为什么服务人员极力要求顾客买饮料的原因。也有的饭店会将酒价制定得较低,而对食品制定高价,来吸引爱饮酒的消费者。

(三)补充产品定价

有些产品需要附属或补充产品,例如剃须刀需要剃须刀片,照相机需要胶卷。制造商经常为主要产品(剃须刀和照相机)制定较低的价格,而为附属产品制定较高的加成。

(四)分部定价

服务性企业经常收取一笔固定费用,再加上可变的使用费。例如,电话用户每月都要支付一笔最少的使用费,如果使用次数超过规定,还要再交费。游乐园一般先收门票费,如果游玩的地方超过规定,就再交费。

(五)副产品定价

生产肉类、石油产品、化工产品和其他产品时,常会有副产品。如果副产品没有价值,或者丢掉这些副产品的成本很高,就会影响主体产品的定价。使用副产品定价法时,制造商需要找到这些副产品的市场,价格只要能够比储存和运输副产品的成本高就可以了。这种做法能够使公司降低主体产品的定价,使主体产品更具有竞争力。如果副产品对某一顾客群有价值,就应该按其价值定价。副产品如果能带来收入,将有助于公司在迫于竞争压力时制定较低的价格。

(六)成组产品定价

成组产品定价方法(product bundle pricing),企业一般将几种产品组合成一组,以某一价格出售这一组产品。例如化妆品、计算机、假期旅游公司为顾客提供的一系列活动方案。这一组产品的价格低于单独购买其中每一产品的费用总和。因为顾客可能并不打算购买其中所有的产品,所以这一组合的价格必须有较大的降幅,以此来推动顾客购买。

第四节 价格变动与企业对策

企业在产品价格确定后,由于客观环境和市场情况的变化,往往会对价格进行修改和调整。

一、企业降价及提价

企业为某种产品制定价格以后,并不意味着大功告成。随着市场营销环境的变化,企业必须对现行价格予以适当的调整。

调整价格,可采用降价及提价策略。企业产品价格调整的动力既可能来自于内部,也可能来自于外部。倘若企业利用自身的产品或成本优势,主动地对价格予以调整,将价格作为竞争的利器,这称为主动调整价格。有时,价格的调整出于应付竞争的需要,即竞争对手主动调整价格,而企业也相应地被动调整价格。无论是主动调整价格,还是被动调整价格,其形式不外乎是降价和提价两种。

(一)企业降价

企业降价的原因很多,具体原因主要表现在以下几个方面:

1. 企业降价的主要原因

(1)企业的生产能力过剩。如企业增加了新的生产线,生产能力大大提高,因而需要扩大销售,但是企业又不能通过产品改进和加强销售工作等来扩大销售。在这种情况下,企业就需考虑降价。

(2)在强大竞争者的压力之下,企业的市场占有率下降。例如,在国际市场上,由于日本竞争者的产品质量较高,价格较低,使美国的汽车、消费者用的电子产品、照相机、钟表等行业,丧失了一些市场阵地。在这种情况下,美国一些公司不得不降价促销。电子商务的兴起,京东商城、1号店、淘宝网等商家纷纷打起价格战,以争取信息越来越灵通的消费者。

(3)为了在市场上取得支配地位。当企业的成本费用比竞争者低,企图通过降价来掌握市场或提高市场占有率,从而扩大生产和销售量,进一步降低成本费用。在这种情况下,企业也往往发动降价攻势。

2. 降价的策略

降价最直截了当的方式是将企业产品的目录价格或标价绝对下降,但企业更多的是采用各种折扣形式来降低价格。如数量折扣、现金折扣、回扣和津贴等形式。此外,变相的降价形式有:赠送样品和优惠券,实行有奖销售;给中间商提取推销奖金;允许顾客分期付款;赊销;免费或优惠送货上门、技术培训、维修咨询;提高产品质量,改进产品性能,增加产品用途。由于这些方式具有较强的灵活性,在市场环境变化的时候,即使取消也不会引起消费者太大的反感,同时又是一种促销策略,因此在现代经营活动中运用越来越广泛。确定何时降价是调价策略的一个难点,通常要综合考虑企业实力、产品在市场生命周期所处的阶段、销售季节、消费者对产品的态度等因素。比如,进入衰退期的产品,由于消费者失去了消费兴趣,需求弹性变大、产品逐渐被市场淘汰,为了吸引对价格比较敏感的购买者和低收入需求者,维持一定的销量,降价就可能是唯一的选择。由于影响降价的因素较多,企业决策者必须通过审慎分析和判断,并根据降价的原因选择适当的方式和时机,制定最优的降价策略。

(二) 企业提价

提价确实能够增加企业的利润率,但却会引起竞争力下降、消费者不满、经销商抱怨,从而对企业产生不利影响。虽然如此,在实际中仍然存在着较多的提价现象。

1. 企业提价主要原因

(1) 应付产品成本增加,减少成本压力。这是所有产品价格上涨的主要原因。成本的增加或者是由于原材料价格上涨,或者是由于生产或管理费用提高而引起的。企业为了保证利润率不降低,便采取提价策略。

为了适应通货膨胀,减少企业损失。在通货膨胀条件下,即使企业仍能维持原价,但随着时间的推移,其利润的实际价值也呈下降趋势。为了减少损失,企业只好提价,将通货膨胀的压力转嫁给中间商和消费者。

(2) 产品供不应求,遏制过度消费。对于某些产品来说,在需求旺盛而生产规模又不能及时扩大而出现供不应求的情况下,可以通过提价来遏制需求,同时又可以取得高额利润,在缓解市场压力、使供求趋于平衡的同时,为扩大生产准备了条件。

(3) 利用顾客心理,创造优质效应。作为一种策略,企业可以利用涨价营造名牌形象,使消费者产生价高质优的心理定势,以提高企业知名度和产品声望。对于那些革新产品、贵重商品、生产规模受到限制而难以扩大的产品,这种效应表现得尤为明显。

2. 提价的策略

客户为了保证提价策略的顺利实现,必须要注意以下问题:

(1) 时机。提价时机可选择下面几种情况:产品在市场上处于优势地位;产品进入成长期;季节性商品达到销售旺季;竞争对手产品提价。

(2) 方式。在提价方式的选择上,企业应尽可能多采用如减少分量,使以便宜的配件或配料代替,使用便宜的包装材料,减少某些不太重要的服务等方式降低成本,间接提高价格,但其前提是不能降低产品质量。把提价的不利因素减到最低程度,使提价不影响销量和利润,而且能被潜在消费者普遍接受。同时,企业提价时应采取各种渠道向顾客说明提价的原因,配之以产品策略和促销策略,并帮助顾客寻找节约途径,以减少顾客不满,维护企业形象,提高消费者信心,刺激消费者的需求和购买行为。

(3) 幅度。至于价格调整的幅度,最重要的考虑因素是消费者的反应。因为调整产品价格是为了促进销售,实质上是要促使消费者购买产品。忽视了消费者反应,销售就会受挫,只有根据消费者的反应调价,才能收到好的效果。

二、消费者对价格变动的反应

不管企业打算提价还是降价,必然会对消费者产生影响,预先都应对顾客会有何种反应做出估计,并准备好相应的对策。

(一) 消费者对降价信号的理解

一次产品降价行为后,顾客可能在价格变化后提出质疑。其对降低价格的行为可能做出下面几种解释:

(1) 这种产品将过时,会被性能更好的新产品所替换。

(2) 这种产品可能存在某些缺点,在销售过程中被市场反映出来导致销售情况不好。

(3)这个企业在财务方面有些麻烦,为继续经营下去,需要快速变现存货获得资金,以维系生产。

(4)行业竞争加剧,行业性的价格战可能会发生,价格甚至还会进一步下跌,等待观望是合算的。

(5)这种产品的质量已经下降。

(二)消费者对提价信号的理解

提价行为通常会影响销售,但是也可能给买方带来某些积极的意义。一次提价行动可能会给消费者传递以下信息:

(1)这种产品现在很畅销,如果不马上购买它,可能要买不到,或价格会继续上涨,买晚了会更吃亏。

(2)提价意味着产品质量的改进,或者这种产品被市场认同。

(3)卖主想尽量取得更多利润。

(4)各种商品价格都在上涨,提价很正常。

一般地说,购买者对于价值高低不同的产品价格的反应有所不同。对于那些价值高、经常购买的产品的价格变动较敏感,而对于那些价值低、不经常购买的小商品,即使单位价格较高,购买者也不会注意。此外,购买者虽然关心产品价格变动,但是通常更关心取得、使用和维修产品的总费用。因此,如果卖主能使顾客相信某种产品取得、使用和维修的总费用较低,那么,它就可以把这种产品的价格定得比竞争者高,取得较多的利润。

三、竞争者对价格变动的反应

价格变动的企业除了考虑购买者的反应之外,还不得不考虑到竞争者对价格的反应。虽然透彻地了解竞争者对价格变动的反应几乎不可能,但为了保证调价策略的成功,主动调价的企业又必须考虑竞争者的价格反应。没有估计竞争者反应的调价,往往难以成功,至少不会取得预期效果。

如果所有的竞争者行为相似,只要对一个典型竞争者做出分析就可以了。如果竞争者在规模、市场份额或政策及经营风格方面有关键性的差异,则各个竞争者将会做出不同的反应,这时,就应该对各个竞争者分别予以分析。分析的方法是尽可能地获得竞争者的决策程序及反应形式等重要情报,模仿竞争者的立场、观点、方法思考问题。最关键的问题是要弄清楚竞争者的营销目标:如果竞争者的目标是实现企业的长期最大利润,那么,本企业降低价格,它往往不会在价格上作相应反应,而在其他方面做出努力,如加强广告宣传、提高产品质量和服务水平等;如果竞争者的目标是提高市场占有率,它就可能跟随本企业的价格变动,而相应调整价格。

在实践中,为了减少因无法确知竞争者对价格变化的反应而带来的风险,企业在主动调价之前必须明确回答以下问题:

(1)本行业产品有何特点?本企业在行业中处于何种地位?

(2)主要竞争者是谁?竞争对手会怎样理解我方的价格调整?

(3)针对本企业的价格调整,竞争者会采取什么对策?这些对策是价格性的还是非价格性的?它们是否会联合做出反应?

(4)针对竞争者可能的反应,企业的对策又是什么?有无几种可行的应对方案?

实践中,竞争对手对一个公司的降价反应非常复杂。竞争者可能会根据自身在市场中的地位及降价公司的市场地位对此做出不同的解释。竞争者可能会推测:降价公司正着手发动市场进攻;降价公司经营情况不佳,存货太多,企图变现存货,回笼资金;降价公司希望通过整个行业减价来清场,肃清市场竞争者。

四、企业对竞争者调价竞争的对策

在现代市场经济条件下,企业经常会面临竞争者调价的挑战。如何对竞争者的调价做出及时、正确的反映,是企业定价策略的一项重要内容。

一般来说,在同质产品市场上,如果竞争者降价,企业必须随之降价,否则大部分顾客将转向价格较低的竞争者;但是,面对竞争者的提价,本企业既可以跟进,也可以暂且观望。如果大多数企业都维持原价,最终迫使竞争者把价格降低,使竞争者涨价失败。

在异质产品市场上,由于每个企业的产品在质量、品牌、服务、包装、消费者偏好等方面有着明显的不同,所以面对竞争者的调价策略,企业有着较大的选择余地。如企业预计竞争者降低价格,可以做出如下反应:

(1)价格不变,任其自然,任顾客随价格变化而变化,靠顾客对产品的偏爱和忠诚度来抵御竞争者的价格进攻,待市场环境发生变化或出现某种有利时机,企业再做行动。

(2)价格不变,加强非价格竞争。比如,企业加强广告攻势,增加销售网点,强化售后服务,提高产品质量,或者在包装、功能、用途等方面对产品进行改进。

(3)部分或完全跟随竞争者的价格变动,同时保持产品质量和服务水平的稳定不变,采取较稳妥的策略,维持原来的市场格局,巩固取得的市场地位,在价格上与竞争对手一较高低。

(4)以优越于竞争者的价格跟进,并结合非价格手段进行反击。比竞争者更大的幅度降价,同时强化非价格竞争,形成产品差异,利用较强的经济实力或优越的市场地位,居高临下,给竞争者以毁灭性的打击。

一般来说,竞争者价格变动总是准备已久的产物,而企业在毫无准备的情况下,突然面对对手的攻击,往往难以掌握竞争者的动态,因此,企业应加强调研,即时掌握竞争者的动态,同时,做好应对意外情况的准备。如一些西方企业为了对付竞争者降价,通常拟定一个反应程序(见图12.1),以免临时仓皇失措。

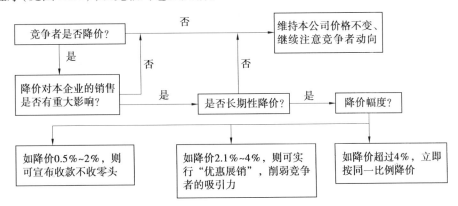

图 12.1 对付竞争者降价的程序

【本章小结】

影响定价的因素包括定价目标、产品成本、市场需求、竞争因素以及政府政策法规等。企业定价方法有三种,成本导向定价法、需求导向定价法和竞争导向定价法。企业定价策略包括折扣定价策略、新产品定价策略、心理定价策略、差异定价策略、地区定价策略和产品组合定价策略。先确定所要定价的定价目标,根据定价目标的特点制定针对性的定价方法,整个过程称之为定价策略。三者的关系如下:定价目标是定价方法的前提和条件,定价方法决定了能否实现定价目标。定价目标和定价方法是构成定价策略的构成因素。

【基本概念】

需求价格弹性　成本导向定价法　竞争导向定价法　需求导向定价法　撇脂定价　渗透定价　价格折扣和折让　分区定价　统一交货定价　招徕定价

【实训(练习)题】

1. 分析影响企业定价的主要因素。
2. 什么是"撇脂定价","渗透定价"？各自有哪些特点？各适用于什么情况？
3. 成本导向定价法主要有哪几种？各有什么利弊？
4. 简述主要的定价策略。
5. 如何看待价格战？

第十三章 分销策略

【学习目标】

1. 理解分销渠道的含义,了解分销渠道的职能;
2. 掌握分销渠道的类型和基本模式;
3. 了解影响分销渠道选择的因素,掌握分销渠道方案的评估标准,掌握分销渠道管理的具体方法;
4. 掌握批发商、代理商和零售商的含义、类型和营销决策及其发展趋势。

【引例】

爱普生公司为其产品建立分销队伍

爱普生公司是日本制造打印机的领头羊之一,当公司打算扩大其产品线生产计算机时,对现有的分销商颇为不满,并且也不相信他们对新兴零售商业有推销能力。爱普生美国公司总裁杰克·沃伦决定招募新的分销商以取代现有的分销商。杰克·沃伦雇用了赫根拉特尔公司(Hergenrather Company),并给予如下指示:

(1)寻找在经营褐色商品(如电视机等)和白色商品(如冰箱等)方面有两步分销经验(从工厂到分销商到零售商)的申请者;

(2)申请者必须具有领袖风格,他们愿意并有能力建立自己的分销系统;

(3)他们每年的薪水是8万美元底薪加奖金,提供37.5万美元帮助其拓展业务,他们每人再出资2.5万美元,并获得相应的股份;

(4)他们将只经营爱普生公司的产品,但是可以经销其他公司的软件;同时,每个分销商都配备一名培训经理并经营一个维修中心。

赫根拉特尔公司在寻找合适、干练的申请者时遇到了很大的困难。刊登在《华尔街日报》上的广告(不提及爱普生公司)带来了1 700封申请信,但其中绝大多数是不合格者。经筛选后,利用电话本上的黄页找到合格的申请者的名称及电话,接着与他们的第二常务经理联系安排面试,经过大量的工作提交了最具资格的人员名单。杰克·沃伦亲自面试,选出了12名最合格的分销商负责12个分销区。赫根拉特尔公司也由此获得了25万美元的报酬。

最后一步是与现在的分销商中止业务。由于招募是暗中进行的,现有的分销商对事态发展一无所知。杰克·沃伦要求他们在90天内完成移交工作,他们震惊不已,虽然作为爱普生公司最早的分销商,但他们没有合同。杰克·沃伦了解他们缺少经营爱普生电脑生产线和接近目标零售商店的能力,但只有如此。

1. 爱普生公司对经销商的管理有何特色?他们为什么这样做?
2. 你认为爱普生公司为建立与经销商关系的种种做法有何弊端?

(资料来源:[美]菲利普·科特勒等,《市场营销管理(亚洲版·下)》)

第一节　分销渠道概述

生产者与消费者之间在商品销售的时间、地点、数量、花色品种、信息、价格和所有权方面存在着许多差异和矛盾，要实现企业的市场营销目标，生产者的产品必须通过选择正确的分销渠道才能在适当的时间、适当的地点以适当的价格供应给广大消费者或用户，克服生产者与消费者之间的差异和矛盾，满足市场需要。

一、分销渠道的含义

市场营销的核心是要以顾客能接受的价格，在其需要的时间、需要的地点提供其需要数量的产品和服务。那么渠道策略要研究和解决的就是如何使顾客能在需要的时间、需要的地点满意地获得其产品和服务。

（一）分销渠道的含义

对于什么是分销渠道，不同的学者有不同的看法。美国营销协会（AMA）认为，分销渠道是指企业内部和外部代理商和经销商的组织机构（包括批发和零售商），通过这些组织机构，产品才得以上市销售。菲利普·科特勒认为，分销渠道是指某种货物或服务从生产者向消费者移动时取得这种货物或服务的所有权或帮助转移其所有权的所有企业和个人。因此，分销渠道主要包括商人中间商（取得所有权）和代理中间商（帮助转移所有权）。此外，它还包括作为销售渠道的起点和终点的生产者和消费者，但是它不包括供应商、辅助商等。

综上所述，分销渠道，也称销售渠道或者简称渠道，是指产品从生产者向消费者或用户转移时所经过的由企业和个人连接起来形成的通道。分销渠道的起点是生产者，终点是消费者或用户，中间环节为中间商，包括批发商、零售商、代理商和经纪人。他们都成为分销渠道的成员，共同构筑起分销渠道。

（二）市场营销渠道与分销渠道

在市场营销理论中，有两个与渠道有关的术语经常不被加以区分地交替使用，这就是市场营销渠道和分销渠道。其实它们是两个不同的概念，应正确加以区别。科特勒曾经指出："市场营销渠道是指那些组合起来生产、分销和消费某一生产者的某些货物或服务的一整套所有企业和个人。"这就是说，市场营销渠道包括某种产品的供产销过程中所有的企业和个人，如资源供应商、生产者、商人中间商、代理中间商、辅助商（包括运输企业、公共货栈、广告代理商、市场调研机构等）以及最后的消费者或用户等。

根据市场营销渠道和分销渠道的含义可以明了：第一，两者涉及的范围不同，市场营销渠道比分销渠道广，前者包括原材料或零部件供应商和辅助商，而后者却不包括；第二，两者的起点不同，前者的起点是供应商，而后者则是制造商。

二、分销渠道的职能

分销渠道是生产者之间、生产者和消费者之间商品交换的媒介，它具有以下功能。

（一）传统观点的三大功能

从传统的观点来看，它具有集中商品、平衡供求、扩散商品三大功能。

(1)集中商品的功能。流通部门可以根据市场预测或国家计划,收购和采购大量生产者制造出来的产品,把其集中起来,充分发挥了蓄水池的作用。

(2)平衡供求的功能。通过分销渠道,可能随时按市场的需要,从品种、数量、质量和时间上调节市场供应,以利于按质、按量、按品种、按时间、成套齐备地组织供应,以满足市场需求、达到供需平衡。

(3)扩散商品的功能。利用分销渠道,可以把产品扩散到各地方、各部门和各商店中去,并可以用优良的服务工作,满足用户需要或便于用户购买。

(二)现代营销观点的六大功能

从现代营销观点看,分销渠道在克服产品及服务与使用者之间在时间、地点和所有权方面的关键性差距上,具有以下六大功能。

(1)沟通产需功能。营销机构按市场需求向生产厂商订货,在订货过程中双方就产品的价格和其他条件达成最终协议,成交付款后,物质产品的所有权转移到营销机构,然后通过分销渠道将产品转移到消费领域中去。

(2)促进销售功能。营销机构通过广告、展示、商标、现场演示等促销手段,刺激消费者的需求,引进其购买欲望,并利用自己良好的信誉来劝说顾客购买。

(3)为生产厂商筹集资金的功能。生产厂家的产品如果不经过分销渠道,由厂家直接卖给消费者,则产品实现其价值转移所经历的时间较长,生产厂商往往不能得到足够的资金而难于维持正常生产。借助分销渠道,由营销机构预付资金以购入产品,然后再分销,可以使生产厂商及时获得资金,使生产过程得以正常进行。

(4)承担风险的功能。流通部门由于对生产者的产品收购,而承担了由于商品缺失、损耗及其他原因而造成的损失,从而为消费者提供风险保证。

(5)信息渠道功能。分销渠道能帮助企业搜集、传递顾客对产品性能、样式、质量等方面的意见和要求;也可以搜集和传递潜在的顾客的需求,以便企业开发新产品和改进老产品;同时也可以帮助企业收集竞争对手的信息,使企业做到知己知彼,在竞争中获胜。

(6)为消费者提供商品的功能。通过分销渠道,可以为目标顾客提供花色品种齐全的商品,以便消费者在较短时间内、以较少的精力满足不同的需求。

三、分销渠道的类型

(一)按渠道的长度分类

根据商品从生产者转移到消费者或用户所经过的环节多少,可以把分销渠道简单地分为直接渠道和间接渠道两类。

1. 直接渠道

直接渠道是指零级渠道,即生产者将产品直接卖给消费者或用户,不经过任何中间环节。直接渠道是工业品分销渠道的主要类型,因为工业品的技术性能高、使用复杂,用户少而相对集中。直接渠道是一种传统的分销渠道模式,其主要的优越性是:(1)加强了生产者与消费者的联系,便于及时准确地获取市场信息。(2)生产者直接向用户介绍产品,提供售后服务,有利于取得顾客信任,建立稳定的市场群体。(3)及时销售鲜活易腐商品和时尚商品,减少鲜活商品的损耗和时尚商品的流转时间。(4)减少中转费用。(5)有利于生产者控制商品的价格和促销方式,灵活适应市场变化,抓住市场机会。

2. 间接渠道

间接渠道是指一级以上的渠道,即商品从生产者流向消费者或用户的过程中至少经过一个中间环节。间接渠道是随着社会分工的发展而发展起来的,具有如下的优越性:(1)有利于生产者集中力量搞好生产,加强产品创新,提高产品质量。(2)有利于节约流动资金,减少流动资金占用额,因为生产企业不需要花费资金去推销产品。(3)有利于借助中间商的力量打开市场,扩大销售。间接渠道弥补了直接渠道的不足,但其缺点是中间商的介入阻碍了生产者和消费者的沟通,不利于生产者直接了解市场信息。

(二)按渠道的宽度分类

分销渠道的宽度是指渠道的每个层次使用同种类型中间商数目的多少。它与企业的分销策略密切相关。而企业的分销策略通常可分为三种,即密集分销、选择分销和独家分销。

1. 密集分销

密集分销是指制造商尽可能多地利用许多负责任的、适当的批发商、零售商销售其产品。消费品中的便利品和产业用品中的供应品,通常采用密集分销,使广大消费者和用户能随时随地买到这些日用品。

2. 选择分销

选择分销是指制造商在某一地区仅仅通过少数几个精心挑选的、最合适的中间商推销其产品。选择分销适用于所有产品。但相对而言,消费品中的选购品和特殊品最宜于采取选择分销。

3. 独家分销

独家分销是指制造商在某一地区仅选择一家中间商推销其产品,通常双方协商签订独家经销合同,规定经销商不得经营竞争者的产品,以便控制经销商的业务经营,调动其经营积极性,占领市场。

四、分销渠道的模式

商品分销渠道的基本形态,由于工业品市场与消费品市场具有不同的特性,所以它们的分销途径也有所不同。

消费品分销渠道模式有五种分销形式(或称三级分销渠道),如图 13.1 所示。

工业品分销渠道,一般不设零售机构,由生产者直接向用户供货或者经代理商、批发商供应给用户。具体有四种分销形式(或称二级分销渠道),如图 13.2。

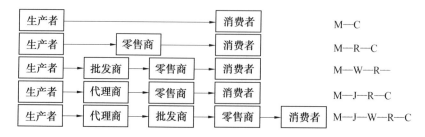

图 13.1 消费品分销渠道模式

以上是分销渠道的基本模式,也称为传统渠道。但近几十年来,由于商业趋于集中与

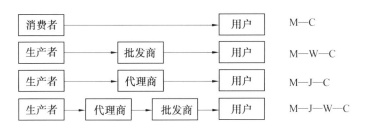

图 13.2 工业品分销渠道模式

垄断,特别是世界市场一体化趋势的发展,使传统分销渠道有了新的发展。大公司为了控制和占领市场,实行集中和垄断,往往采取一体化经营或联合经营的方式,而广大中小批发商、零售商为了在激烈竞争中求得生存和发展,也往往走联合经营的道路,因此形成了一种联合系统式的分销渠道。

第二节 分销渠道策略

一、影响分销渠道选择的因素

分销渠道的选择和构筑是企业的重要决策事项,它对市场营销影响极大。选择和构筑什么样的分销渠道要根据本公司的总体市场营销战略进行综合判断和决策,尤其是分销渠道的选择和构筑一定要适合或最能接近企业所确定的目标市场。影响分销渠道选择的因素有很多,主要有以下四个方面。

(一)产品因素

产品自然属性和产销特点不同,对分销渠道的要求也不同,对企业选择分销渠道有重要影响,往往是企业进行分销决策时必须首先考虑的问题。

(1)产品的单价。一般来说,产品单价越低,有可能通过长分销渠道来分销;反之,产品单价越高,分销渠道则应越短。例如,一些大众化的日用商品一般都要经过一个或一个以上的批发商,再经零售商转移到消费者手中,而一些价格昂贵的珠宝或耐用消费品,则不宜由多个中间商转手。

(2)产品的体积和重量。产品体积大小和重量直接影响运输和储存等销售费用。过重或体积庞大的产品应尽可能选择最短的分销渠道,甚至要组织直接运输。小而轻且数量大的产品,则可考虑采取间接渠道分销。

(3)产品的时尚性。对于式样多变、时尚程度高或季节性强的产品,应尽可能短渠道分销,以免产品过时造成销售困难。

(4)产品的易腐性或易毁性。产品有效期短、容易腐败或毁损的应采取最短的分销渠道,尽快把产品送到消费者手中。

(5)产品的技术性与服务要求。对于技术性强而又需要提供售前售后服务的产品,如耐用消费品或多数工业品,应以短渠道销售为宜,技术性差和不需要提供售后服务的产品,则可选择长的销售渠道。

(6)产品的标准性和专用性。通用的标准产品,因具有明确统一的规格和质量,分销渠道可长可短。有的用户分散,宜用中间商间接销售;有的则可按样本或产品目录直接销售。

而专用产品,如专用设备,特殊品种、规格的产品,一般需生产者和用户直接面议销售,不宜用中间商间接销售。

(7)产品的生命周期。当产品处于投入期时,为了尽快打开销路占领市场,可以综合运用各种类型的分销渠道。当产品进入成长期,在市场上已站稳脚跟时,可以巩固一些有效的渠道和适当淘汰一些见效小的渠道。

(二)市场因素

1. 消费者因素

消费者对销售渠道的影响主要表现在产品消费面的大小、消费习惯的偏好和消费者的地区分布。消费面大的产品分销渠道就应当"长"而"宽";反之,产品消费范围小,则可由厂家直接供应用户。大量零星日用消费品的销售,则不可由企业直接和消费者发生交易联系。消费者购买习惯包括消费者的价格偏好、品牌偏好、购买场所的偏好及对服务的要求等。生活用品一般选择间接分销,广泛销售;特殊品、高档耐用消费品宜通过直接渠道或采取特约经销的方法销售。消费者的地区分布广,需适当选择"长""宽"一些的分销渠道;若消费者地区分布集中,就采取"短"而"窄"的渠道即可。

2. 中间商因素

中间商的性质、功能及其对于各种产品销售任务的适应性也是企业进行分销渠道决策的重要影响因素。如有些产品技术性强,就需要具备相应技术能力和设备的中间商进行销售;有些商品需要进行一定的储存(如季节性产品、冷冻冷藏产品等),就需要拥有相应存储能力的中间商来进行经营。零售商的实力较强,经营规模较大,企业就可直接通过零售商经销产品;零售商普遍较弱,经营规模较小,企业就只能通过批发商来进行分销。

3. 竞争者因素

企业进行分销渠道决策时应充分考虑竞争者的渠道策略,并采取相应对策。企业在考虑渠道竞争对策时,有两种不同的做法:或是在竞争对手分销渠道的附近设立销售点,以公开方式竞争,以强胜弱,这属于正位渠道竞争;或是避开竞争对手的分销渠道,在竞争对手未涉足的市场空白点另辟渠道,如当竞争对手以零售商店为主要分销渠道时,企业可以以人员推销作为自己的主要渠道,避其锋芒,稳操胜券,这可称之为错位渠道销售。一正一错,都必须以竞争者的渠道策略为转移,所以竞争者是分销渠道决策时不可忽视的重要市场因素之一。

(三) 企业因素

1. 企业总体规模

企业的总体规模决定了其市场范围、较大客户的规模以及强制中间商合作的能力。

2. 企业的财务能力

企业的财务能力决定了哪些营销职能可由自己执行,哪些应交给中间商执行。财务能力薄弱的企业,一般都采用"佣金制"的销售方法,尽力利用愿意并且能够吸收部分储存、运输以及融资等成本费用的中间商。

3. 企业的产品组合

企业的产品组合也会影响其渠道类型。企业产品组合的宽度越大,则与顾客直接交易的能力越强;产品组合的深度越大,则使用独家专售或选择性代理商就越有利;产品组合的关联性越强,则越应使用性质相同或相似的市场营销渠道。

4. 企业的渠道经验

企业过去的渠道经验也会影响渠道的选择。曾通过某种特定类型的中间商销售产品的企业，会逐渐形成渠道偏好。

5. 营销政策

现行的市场营销政策也会影响渠道的选择。例如，对最后购买者提供快速交货服务的政策，会影响到生产者对中间商所执行的职能、最终经销商的数目与存货水平以及所采用的运输系统的要求。

（四）环境因素

一个国家的政治、经济、自然、地理等因素是企业经营中不可控的外部环境因素，它们的特征与变化，会对企业的分销渠道选择产生重大的影响。

国家在市场方面的开放程度、管理政策和措施会影响企业能否充分地利用市场，能否自由地选择分销渠道的"长""短""宽""窄"。如在我国计划经济时期，产品完全由国有企业统购包销，分销渠道不可能任意选择，就只能是单一渠道的流通。在现在市场经济环境下，企业产品出现了多渠道流通的局面，同时大量的产品可以出口销售，市场范围由国内延伸到了国外。

经济环境的变化影响分销渠道的决策。主要表现为经济增长情况、市场供求状况和金融形势等方面。如买方市场和卖方市场情况下，企业的分销渠道选择就可能不同。

自然环境主要表现在地理条件对分销渠道的影响。地处商业中心或交通枢纽附近的企业由于地理位置比较有利，开展直接销售的可能性大；而处在偏远地区或交通不便地区的企业则可能因为地理条件的限制而只能采用较长的分销渠道。

二、分销渠道方案的评估标准

分销渠道方案的选择和决策就是遵循一定的标准从若干种可行方案中选择一个方案。其主要标准有四：一是经济性标准；二是控制性标准；三是功能性标准；四是适应性标准。

（一）经济性标准

不同的渠道方案会产生不同的销量和成本。

第一步要分析各方案的销量，分析是使用公司的推销队伍销量大还是使用代理商销量大，选择的标准是看哪种做法会产生较高的销售额。选择前者的好处是：公司推销人员在本公司产品的推销方面训练有素，能专心推销其产品，他们富于进取，积极肯干，其前途与企业发展密切相关，顾客也比较喜欢直接与企业打交道。而后者有可能比前者的销量还要大，其理由有四：一是代理商的推销人员可能比制造商的推销人员要多；二是代理商的推销人员如果激励得当，也可能具有与公司推销人员相同的积极性；三是有些顾客喜欢与代理商打交道；四是代理商在市场上建立起的广泛的联系。

【延伸阅读】

海尔的渠道

对于企业专有销售、物流渠道领域，除了一些非常大的企业，对渠道依赖度也非常大的企业可以自己扛起来之外，实际上很多企业对外界的依赖是一种必然。即使这些大的企业,为了打造自己的渠道,其投入的资源也是非常惊人的。

海尔的销售、物流渠道日日顺,2000 年就开始建立,到 2013 年已经持续投入、运营 13 年。甚至中间引进过海外基金参与。为了确保覆盖"最后一公里",除了对大中小城市的覆盖外,日日顺在全国建立了 7 600 多家县级专卖店,26 000 个乡镇专卖店,19 万个村级联络站,在 2 800 多个县建立了物流配送站,布局了 17 000 多家服务商。

这样一种规模的渠道建设确实是很多企业无法匹敌的,也是承受不起的。

(资料来源:市场营销智库网站)

第二步是估计各渠道方案实现某一销售额所需成本。利用代理商所花费的固定成本比企业设立推销机构、组建推销队伍所需固定成本要低。但利用代理商的费用增长很快,因为代理商的佣金比公司推销人员要高。

如图 13.3 所示,销售额达到某一水平 SB 时,两种渠道的销售成本相等;低于 SB 时,利用代理商较为有利;高于 SB 时,较适合利用公司推销机构。

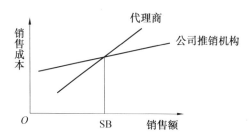

图 13.3　公司推销人员与代理商的销售额及其成本比较

(二) 控制性标准

控制性标准是指生产企业要求在产品价格、服务态度、服务项目、商品陈列、促销费用、促销方式和销售额等方面对中间商加以控制的程度。企业采用的渠道越长,使用的代理商、批发商和零售商等渠道类型越多,就越不容易控制;渠道越宽,在同一环节上采用的中间商越多,也就越不容易控制。因此,如果生产企业要求的控制程度高,就要选择短而窄的渠道;反之,可采用长而宽的销售渠道。

(三) 功能性标准

功能性标准是指分销渠道能否有效地执行渠道功能,为目标顾客提供预期的服务产出。分销渠道主要为目标顾客提供如下五种服务产出:

(1) 批量大小。批量是分销渠道在购买过程中提供给顾客的单位数量。比如建筑公司建筑楼房所需的水泥量大,而家庭装修所需的水泥量小,应当为两类顾客设计不同的销售渠道。批量越小,由渠道所提供的服务产出越高。

(2) 等候时间。等候时间就是指顾客等待收到货物的平均时间。顾客喜欢能够快速交货的渠道,选择渠道应考虑其交货和提供服务的速度。

(3) 空间便利。空间便利就是指分销渠道的网点分布是否广泛密集、接近顾客,使顾客走很少的路就能够买到商品和服务。顾客喜欢网点密集、提供充分空间便利的中间商。

(4) 产品品种。产品品种就是指分销渠道为顾客提供的商品花色品种的宽度。顾客喜欢中间商有较多的花色品种供自己选择,比如经营多品牌的经销商比经营单一品牌的经销商更受欢迎。

(5)服务后盾。服务后盾就是指渠道提供的附加服务的多少与质量。顾客愿意选择那些服务能力强、服务项目多的中间商。

(四)适应性标准

适应性标准是指生产企业所具有的随着市场环境变化而调整销售渠道方案的灵活性。无论生产企业如何选择渠道成员,双方所承担的责任和义务都有一定的时间性。在这段时间内,生产企业不能随意撕毁合同,不具有改变渠道方案的灵活性。比如生产者与代理商签订了一份为期五年的代理合同,在此期间内,由于消费习惯的变化和货运技术的发展,直接邮寄可能比代理销售更为有效,但是生产企业却不能随意取消代理商。即使企业发现了效率更高的中间商,也无法替换原先已签订合同的低效的中间商。因此,生产企业只有对中间商经过充分考察,认定它的经济性、控制性和功能性都非常优越时,才能选择作为长期渠道。

【延伸阅读】

休斯克皮鞋公司的销售渠道管理

休斯克皮鞋公司采用分销商制度,这种方法并不新颖,但公司的做法却与众不同。他们不找有经验的分销商,而找对皮鞋有管理知识的人;他们不找大规模的分销商;他们对分销商守信用;他们采取卓有成效的措施支持分销商,具体包括:凡不好销或卖不出去的积压品,休斯克公司保证收回,休斯克公司做全国性广告,帮助各地分销商拓宽销路。

对分销商下面的大量零售商,公司建议分销商寻找有推销冲劲的人做零售商,并协助零售商解决一切难题。另外零售商应做到式样领先,创造消费者需求,并且统一牌子、统一宣传。

(资料来源:《中国人民大学 MBA 案例——市场营销卷》)

三、分销渠道管理

在分销渠道方案选择以后,企业必须对渠道中的中间商进行选择、激励和评估,并随着营销环境的变化进行不间断的有效调整和管理。

(一)选择渠道成员

生产企业为确定的渠道招募中间商时,由于企业自身的声誉和产品的销路不同,对中间商的吸引力会有所不同。声誉好、产品销路大的企业很容易找到中间商,相反有些企业会困难些。不管是易是难,对于生产企业而言,必须确定一个合格的中间商应具备的条件,然后加以选择。主要从以下几方面进行分析:

(1)与目标市场的接近程度。这是确定中间商的最基本的条件。主要包括:地理位置的接近,指中间商的店铺位置应接近生产企业目标顾客的所在地;店客关系的接近,指生产企业的目标顾客经常光顾中间商的商店;经营优势的接近,中间商本身具有对生产企业的特定目标市场的吸引力和经营特色。

(2)财务状况是最重要的考察条件之一。中间商的财务状况应良好,有偿付能力,甚至能预付货款或分担部分促销的费用。

(3)经营目标和经营范围。中间商经营中要有完整的产品组合,并且在其经营业务中,应不包括竞争者的产品或其经营的竞争产品对本企业不具有明显的竞争优势。

（4）市场占有率。要判断中间商在市场上的占有率或覆盖率是否与生产企业的营销目标相一致。占有率低，就达不到生产企业预期的目标；占有率太高，会影响其他中间商的利益，易出现销售网络的矛盾。

（5）推销产品的能力。中间商应有一支高效的推销队伍，他们的工作效率直接影响到生产企业的销售结果。

（6）储运能力。一般包括对中间商储藏设备、运输物质条件和组织产品实体储运能力的考察。当生产企业的产品需要冷藏，或生产企业希望中间商能更多地承担产品实体的储藏、运输任务时，对中间商储运能力的考察就十分重要。

除此之外，还应考察中间商的经营历史和经营绩效；中间商的声望和信誉；对生产企业的合作态度及经营积极性；中间商的未来发展预测等。

（二）激励渠道成员

生产企业必须不断地激励渠道成员，了解中间商的需要和利益所求，向中间商提供必要的条件和支持，才能使其最大限度地发挥销售积极性，出色地完成销售任务。一般可采取以下措施：

（1）向中间商提供物美价廉、适销对路的产品，从根本上为中间商创造良好的销售条件。

（2）利用定价技巧和策略。根据中间商的进货量、声誉和销售绩效等，分别给予不同的价格折扣和折让，与中间商合理地分配利润。

（3）提供促销支持。例如，广告费用的负担，产品的陈列，销售人员的训练等。

（4）提供资金支持。例如，中间商资金不足时可以采用售后付款的方式。

（5）信息沟通。及时向中间商提供市场情报和通报生产企业的状况，为中间商合理安排进货和销售提供依据。

（6）与中间商结成长期伙伴关系。对这类中间商提供更优惠的商务政策。

（三）检查和评估渠道成员

生产企业应定期按一定的标准对中间商进行考察和评估。这些标准主要包括：销售本企业产品的情况、平均存货水平、销售服务情况、推销本企业产品的力度、促销的合作程度等。其中销售本企业产品的情况最为重要。

经过渠道评估，应对经营好的中间商给予奖励；对表现不好的中间商则要进行分析，帮其改进销售工作，必要时予以更换，以保证营销活动的正常进行。

（四）调整渠道结构

在分销渠道的管理中，企业为适应营销环境的变化，有时要根据经营目标的变化和渠道成员的情况，适时地对分销渠道进行调整。调整渠道主要有以下三种情况：

（1）增减渠道成员。增减渠道成员即决定增减渠道中的个别中间商。在调整时，既要考虑由于增加或减少某个中间商对企业赢利方面的直接影响，也要考虑到可能引起的间接反应，即渠道中其他成员的反应。

（2）增减一条渠道。当企业发现营销环境变化较大，现有的渠道销售业绩不理想时，可以考虑在同一市场增加或减少一条渠道；或在不减少现有渠道的基础上，为把新产品打入市场而开辟新的分销渠道；或为把产品打入新的市场而增加一条渠道。

(3)调整整个渠道结构。这是企业调整渠道当中动作最大、涉及面最广也最困难的一种。例如:企业将间接渠道改为直接渠道,单一渠道改为复式渠道等,都是对渠道的整体调整。在进行这种调整时,企业应慎重并应同时考虑其他营销组合。

无论是局部还是整体调整,都要认真分析和评价调整可能给分销渠道带来何种影响、给营销组合带来何种影响,以及给企业和中间商的利润带来何种影响,并据此进行合理的决策。

(五)管理渠道冲突

由于渠道中存在利益不同的主体,渠道冲突随时可能发生,因此妥善地处理渠道冲突,对渠道进行有效的管理,是提高渠道效率的有效保证。

1. 渠道冲突的类型

常见渠道冲突的类型有:

(1)不同层次成员之间的冲突。例如,一个生产企业建立了批发商和零售商组成的渠道,那么生产企业与批发商之间、批发商与零售商之间的冲突就属于这种类型。

(2)同一层次渠道成员之间的冲突。例如,一个企业采用密集分销策略,如果同一层次上的经销商太多,他们就会因为相互之间的距离太近产生冲突。

(3)不同渠道成员之间的冲突。当一个企业建立了两条或以上的渠道,不同渠道成员之间的冲突就有可能产生。

2. 渠道冲突的原因

渠道冲突主要是由于各成员之间目标不同、权利不明确、对市场预期不同以及中间商对生产企业过分依赖所造成的:

生产企业希望通过低价策略获得高速增长,追求长期利益;零售商则希望获得高的利润,追求短期利益,这种冲突普遍存在。

生产企业利用自己的推销人员,把产品销售给大户,而此时生产企业的经销商也在努力向大客户推销。

生产企业预测近期经济形势比较乐观,希望经销商经营高档产品,而经销商预测经济形势可能并不乐观而不肯经营。

特许经销商的经营状况受到生产企业的产品设计和定价策略的直接影响,比如,汽车经销商希望销售市场需要的低档汽车,而生产企业有自己的发展战略,这时他们之间会发生冲突。

3. 管理渠道冲突

某些渠道冲突可能会对渠道建设产生某种促进作用,而大量的渠道冲突往往会令渠道失去和谐。企业应采取确立渠道成员之间共同的目标,加强渠道成员之间的合作,提高分销商的售前、售中、售后服务能力,鼓励在贸易协会内部和贸易协会之间组建成员关系等一些措施,对渠道进行冲突管理。例如,在渠道各个成员之间加强沟通,确立生存、市场份额、高品质、消费者满意度等共同目标,鼓励渠道各个成员紧密合作,追求共同的价值。

当冲突经常发生或冲突激烈时,有关各方面可以采取谈判、调停和仲裁等方法。

【延伸阅读】

扶持原料生产"雀巢"经久不衰

通常,企业对生产所需原料的质量、价格等较关心,至于如何生产这些原料,那是供应商的事。然而"雀巢"公司却不这样想,不这样做。

"雀巢"公司是当今全球最大的跨国食品公司,产品多达3 000多种,行销全球每一个国家,长年盛销不衰。其中一个重要原因就是"雀巢"公司肯花巨资大力扶持原料生产。

"雀巢"公司在印度的帝遮普邦莫加区建立了一家奶品工厂。同时在那里设立了一个免费兽医服务处,以批发价格向农民供应药品,并提供低息贷款支持开凿新水井,增加用水的供应。这样一来,更多的草料生产出来了,牛犊的存活率也从40%提高到75%。开始时,那里只有4 460户牛奶直接供应者,现在已增加到3.5万多户,每年向"雀巢"公司售奶达11.7万元。牲畜疾病已基本上绝迹。既扩大了牛奶公司的信心,即扩大了牛奶的供应量,也提高了牛奶的供应率和牛奶的质量,为生产高效率、高质量的"雀巢"乳制品打下了基础,同时也给该地区带来了繁荣。

在巴拿马,"雀巢"公司和当地大学的专家合作,从中国台湾、秘鲁和西印度群岛的瓜得罗普岛等地引进新品种的番茄,使它们杂交以提高对细菌的抵抗力。结果,番茄的产量增加了6倍,从平均每公顷5吨增加到36吨。现在巴拿马有1 800农户向"雀巢"公司出售制番茄酱的番茄。

"雀巢"公司在世界各地设立了18个研究中心,其重要任务之一,就是不断研究解决原料生产问题的新方法,这支强大的科研队伍为"雀巢"获得足够的高质原料,提供了有效的保证。

第三节 批发商和代理商

企业在确定了分销渠道策略以后,还必须正确选择中间商,因此,需要掌握各类中间商(主要是批发商和零售商)的特点和作用,了解现代商业形式的新发展。

一、批发商的含义

批发是指一切将物品或服务销售给为了转卖或者商业用途而进行购买的人的活动。我们使用批发商这个词来描述那些主要从事批发业务的公司。这个词的内涵排除了制造商和农场主,因为他们主要从事生产,同时也排除了零售商。

二、批发商的类型

(一)商人批发商

商人批发商是指自己进货,取得产品所有权后再批发出售的商业企业,也就是人们通常所说的独立批发商。商人批发商是批发商的主要类型。

商人批发商按职能和提供的服务是否完全来分类,可分为两种类型:

1. 完全服务批发商

这种批发商执行批发商的全部职能,诸如预测顾客的需要,商品的数量分割、分类、分等、包装、仓储、运输,向生产商、零售商或顾客直接或间接提供融资,向生产者、零售商提供市场信息和咨询服务等。

完全服务批发商的主要职能为:

(1)在预测目标市场需求的基础上,从制造商那里采购大批不同品种、花色、规格和品牌的商品,根据不同的标准划分出不同的类型和等级,有些可能还要增加新的包装和品牌,然后再以较小批量将这些商品转卖给零售商或其他顾客。但农副产品批发商则相反,他们一般是向为数众多的农户小批量地采购农副产品,然后再大批量地转卖出去。

(2)储备和运输商品。储备商品可以调节不同时期、不同季节商品的供求关系,运输商品则可以调节不同地区商品的供求关系。

(3)向制造商、零售商直接或间接地提供融资。批发商对制造商提供的融资体现在:大批量进货可以加快制造商的资金回笼速度和商品周转;代替制造商销售产品、储存和运输商品以及代替制造商向零售商提供赊销服务,这些都可以节约制造商的资金。批发商向零售商提供的融资服务体现在:向零售商提供赊销和分期付款服务。

(4)向制造商和零售商提供市场信息和咨询服务。批发商一方面可以通过业务活动本身和市场研究向制造商建议生产哪些产品、生产多少产品以及如何改进产品等;另一方面还可以向零售商提供关于新产品、替代品和互补品的情况。

2.有限服务批发商

这类批发商只执行批发商的一部分职能和提供一部分服务。他们主要有以下几种类型:

(1)现购自运批发商。他不赊销,也不送货,顾客要自备货车去批发商的仓库选购物品,当时付清货款,自己把物品运回来。现购自运批发商经营食品杂货,其顾客主要是小食品杂货商、饭馆等。

(2)承销批发商。他们拿到顾客(包括其他批发商、零售商、用户等)的订货单,就向制造商、厂商等生产者进货,并通知生产者将物品直运给顾客。所以承销批发商不需要仓库和产品库存,只要有一间办公室或营业所就行了,因而这种批发商又叫作"写字台批发商"。

(3)卡车批发商。他们从生产者那里把物品装上卡车后,立即运送给各零售商店、饭馆、旅馆等顾客。所以这种批发商不需要有仓库和产品库存。由于卡车批发商经营的产品一般是易腐和半易腐产品,因而他们一接到顾客的订货就立即送货上门。卡车批发商主要执行推销员和送货员职能。

(4)托售批发商。他们在超级市场和其他食品杂货店设置自己的货架,展销其经营的产品。产品卖出后,零售商才付给货款。这种批发商的经营费用较高,主要经营家用器皿、化妆品、玩具等。

(5)邮购批发商。邮购批发商指那些借助邮购方式开展批发业务的批发商。他们经营食品杂货、小五金等产品,其顾客是边远地区的小零售商等。

(6)农场主合作社。农场主合作社指为农场主共同所有,负责将农产品组织到当地市场上销售的批发商。合作社的利润在年终时分配给各农场主。

(二)经纪人和代理商

经纪人和代理商是从事购买或销售或二者兼备的洽商工作,但不取得产品所有权的商业单位。与商人批发商不同的是,他们对其经营的产品没有所有权,所提供的服务比有限服务商人批发商还少,其主要职能在于促成产品的交易,借此赚取佣金作为报酬。与商人

批发商相似的是,他们通常专注于某些产品种类或某些顾客群。经纪人和代理商主要分为以下几种:

1. 产品经纪人

经纪人的主要作用是为买卖双方牵线搭桥,协助他们进行谈判,买卖达成后向雇佣方收取费用。他们并不持有存货,也不参与融资和风险。

2. 制造商代表

制造商代表比其他代理批发商多。他们代表两个或多个互补的产品线的制造商,分别和每个制造商签订有关定价政策、销售区域、订单处理程序、运送服务和各种保证以及佣金比例等方面的正式书面合同。他们了解每个制造商的产品线,并利用其广泛关系来销售制造商的产品。

3. 销售代理商

销售代理商是在签订合同的基础上,为委托人销售某些特定产品或全部产品的代理商,对价格、条款及其他交易条件可全权处理。这种代理商在纺织、木材、某些金属产品、食品、服装等行业中常见。

4. 采购代理商

采购代理商一般与顾客有长期关系,代他们进行采购,往往负责为其收货、验货、储运,并将物品运交买主。例如服饰市场的常驻采购员,他们为小城市的零售商采购适销的服饰产品。他们消息灵通,可向客户提供有用的市场信息,而且能以最低价格买到好的物品。

5. 佣金商

佣金商又称佣金行,是指对产品实体具有控制力并参与产品销售协商的代理商。在西方大多数佣金商从事农产品的代销业务。农场主将其生产的农产品委托佣金商代销,支付其一定佣金。此外,佣金商还执行替委托人发现潜在买主、获得最好价格、分等、再打包、送货、给委托人和购买者以商业信用、提供市场信息等职能。

6. 拍卖行

拍卖行是为卖主和买主提供交易场所和各项服务,以公开拍卖方式决定成交价格,并收取规定手续费和佣金的中间商。在批发贸易中拍卖的商品主要是蔬菜、水果、茶叶、烟草和羊毛等农副产品,因为这类产品的质量、规格不够标准,不易分等。在新鲜蔬菜和水果等农产品的批发贸易中,拍卖行通常设在大城市的中央批发市场。在牲畜、烟草、羊毛等农产原料的批发贸易中,拍卖行一般设在主要产区和交通运输枢纽。鱼、虾等水产品,则在口岸设拍卖行,通过拍卖行把鱼、虾等水产品卖给口岸的批发商,批发商再转卖给内地批发商或直接卖给零售商。

7. 进出口代理商

这种代理商主要集中在商品进出口岸,专门替委托人从国外寻找供应来源和向国内提供产品,同时代为办理商品的进出关业务。他们同国外许多商品供应商和用户有着密切的联系,在许多通商口岸设有办事处。

(三)其他类型批发商

批发的第三种形式是由买方或卖方自行经营批发业务。这样的批发商主要有两种类型:一是制造商的销售分店和销售办事处;二是零售商的采购办事处。此外,对于生鲜农副产品这种特殊商品批发贸易,生鲜农副产品中央批发市场起着难以替代的作用。

(1)制造商的销售分店和销售办事处是属于制造商所有,专门经营自己产品批发业务的商业机构。其中,销售分店执行产品储存、销售、送货和提供服务等多项职能,这种形式多用于木材、汽车及其零配件、机械设备等行业;销售办事处一般不持有存货,在办理购买手续后由制造商直接向顾客运货,这种形式多用于纺织品、日用百货等行业。制造商设立销售分店和销售办事处对其了解市场信息、控制产品销售有一定的帮助。

(2)零售商的采购办事处是零售商设在产品的主要产地或产品主要集散地专门负责采购商品的机构。他们的作用与采购的代理商的作用相似,零售商自己设立采购办事处,可以更好地了解市场信息、保证货源和尽可能以较低的价格购买到较好的货物。

(3)生鲜农副产品中央批发市场的经营方式,一般是在场内以公开拍卖方式进行交易,当天到货,当天售完;也有的是采取"预约订货、看样成交"的方式。但是无论采取哪种方式,买卖双方都要向中央批发市场交纳一定的手续费。生鲜农副产品中央批发市场一般都有冷藏和加工设备。当天卖不完的货物,可以代为储存起来。

第四节 零 售 商

一、零售商的含义

零售是指所有向最终消费者直接销售产品和服务,用于个人及非商业性用途的活动。任何从事这种销售活动的机构,不论是制造商、批发商还是零售商,也不论这些产品和服务是如何销售(经由个人、邮寄、电话或自动售货机)或者是在何处(在商店、在街上或在消费者家中)销售的,都属于此范畴。而零售商或者零售商店是指那些销售量主要来自零售的商业企业。

二、零售商的类型

零售商的类型千变万化,新组织形式层出不穷。本书将其分为商店零售商和无店面零售商。

(一)商店零售商

我国国内贸易局于1998年7月将零售业商店分为八类:百货店、超级市场、大型综合超市、便利店、仓储式商场、专业店、专卖店、购物中心。而从发达国家情况看,最主要的零售商店类型有以下几种:

1. 专用品商店

经营的产品线较为狭窄,但产品的花色品种较为齐全。例如服装店、体育用品商店、家具店、花店和书店均属于专用品商店。根据产品线的狭窄程度可以将专用品商店再分类:一是单一产品线商店,如服装店;二是有限产品线商店,如男士服装店;三是超级专用品商店,如男士定制衬衫店。在这三类专用品商店中,超级专用品商店的发展最为迅速,因为它们可以利用的子市场、目标市场、产品专业化的机会将越来越多。

2. 百货商店

百货商店一般销售几条产品线的产品,尤其是服装、家具和家庭用品等,每一条产品线都作为一个独立部门由专门的采购员和营业员管理。由于百货商店之间竞争激烈,还有来自其他的零售商,特别是来自折扣商店、专用品连锁商店、仓储零售商店的激烈竞争,加上交通拥挤、停车困难和中心商业区的衰落,百货商店正逐渐失去往日魅力。

3. 超级市场

超级市场指规模巨大、成本低廉、薄利多销、自我服务的经营机构，主要经营各种食品、洗涤剂和家庭日常用品等。超级市场的主要竞争对手是方便食品店、折扣食品店和超级商店。

4. 方便商店

方便商店是指在居民区附近的小型商店，营业时间长，销售品种范围有限、周转率高的方便产品。消费者主要利用它们作"填充"式采购，因此其营业价格要高一些。但是，它们满足了消费者一些重要的需求，人们愿意为这些方便产品付高价。

5. 超级商店、联合商店和特级商场

超级商店比传统的超级市场更大，主要销售各种食品和日用品。它们通常提供洗衣、干洗、修鞋、支票付现、代付账单和廉价午餐等项服务。联合商店的面积比超级市场和超级商店更大，呈现一种多元化趋势，主要向医药领域发展。特级商场比联合商店还要大，综合了超级市场、折扣和仓储零售的经营方针，其花色品种超出了日常用品，包括家具、大型和小型家用器具、服装和其他许多品种。其基本方法是原装产品陈列，尽量减少商店人员搬运，同时向愿意自行搬运大型家用器具和家具的顾客提供折扣。

6. 折扣商店

真正的折扣商店具有如下特点：

（1）商店经常以低价销售产品；

（2）商店突出销售全国性品牌，因此价格低廉并不说明产品的质量低下；

（3）商店在自助式、设备最少的基础上经营；

（4）店址趋向于在租金低的地区，要能吸引较远处的顾客。

折扣商店之间、折扣商店与百货店之间的竞争非常激烈，从而导致许多折扣零售商经营品质高、价格贵的产品。他们改善内部装修、增加新的产品线；增加更多服务，如支票付现、方便退货；在郊区购物中心开办新的分店。这些措施导致折扣商店成本增加，被迫提价。另外百货商店经常降价与折扣商店竞争，使两者之间的差距日益缩小。折扣零售已经从普通产品发展到专门产品商店，例如折扣体育用品商店、折扣电子产品商店和折扣书店。

7. 仓储商店

仓储商店是一种以大批量、低成本、低售价和微利多销的方式经营的连锁式零售企业。仓储商店的一般特点为：

（1）以工薪阶层和机关团体为主要服务对象，旨在满足一般居民的日常性消费需求，同时满足机关、企业的办公性和福利性消费的需要。

（2）价格低廉。通过从厂家直接进货，省略了中间环节，尽可能降低经营成本。

（3）精选正牌畅销产品。从所有产品门类中挑选最畅销的产品大类，然后再从中精选出最畅销的产品品牌，并在经营中不断筛选，根据销售季节等具体情况随时调整，以使仓储式连锁商场内销售的产品有较高的市场占有率，同时保证产品的调整流转。

（4）会员制。仓储式商场注意发展会员和会员服务，加强与会员之间的联谊，以会员制为基本的销售和服务方式。

（5）低经营成本。运用各种可能的手段降低经营成本，如仓库式货架陈设产品，选址在次商业区或居民住宅区，产品以大包装形式供货和销售，不做一般性商业广告，仓店合一。

（6）先进的计算机管理系统。计算机收银系统及时记录分析各店的品种销售情况，不

断更新经营品种,既为商场提供现代化管理手段,也减少了雇员的人工费用支出。

8. 产品陈列室推销店

这类商店将产品目录推销和折扣原则用于品种繁多、加成高、周转快和有品牌的产品。这些产品包括珠宝首饰、动力工具、提包、照相机及照相器材。这些商店已经成为零售业最热门的形式之一,甚至对传统的折扣商店形成威胁。产品陈列室推销店散发彩色印刷的目录,每本长达数百页,此外还增发季节性的小型增补版,上面标有每一项产品的定价和折扣价。顾客可用电话订货,由店方送货上门,顾客支付运费。顾客也可开车来商店亲自验货提货。

(二) 无店面零售商

无店面零售是一种非商店渠道的销售方式。与传统的门市销售相比,顾客节省了时间精力,经营者节省了店面租金、设施支出等方面的费用,具有很强的优越性。虽然目前在零售市场上只占较少的份额,但发展速度极快。主要包括直复营销、上门推销、自动售货和购物服务等类型。

1. 直复营销(direct marketing)

直复营销也被译为直接市场营销。美国直复营销协会(ADMA)认为,直复营销是一种为了在任何地方产生可度量的反应或达成交易而使用一种或多种广告媒体的互相作用的市场营销体系。直复营销活动的过程是,企业通过各种广告媒体将有关产品的信息传递给目标顾客,顾客通过某些通信手段订货,企业以邮寄或送货上门等手段交货,最后顾客以汇款或信用卡方式付款。

2. 邮购目录

邮购目录是经营比较完整的产品线的综合商店邮购商品所使用的一种方法。这类零售商将商品目录邮寄给其目标顾客,或备有商品目录供顾客随时索取。经营商品主要是珠宝、书籍、食品和服饰等,比较高档也比较独特,目标市场主要是收入较高的中上层消费者。

3. 直接邮购

直接邮购是经营比较独特商品的零售商采用的一种方法。这类企业将有关产品的详细说明寄给经过适当挑选而最可能成为其顾客的人,并在顾客订货后以邮寄方式交付商品。与邮购目录相比,这种方法的商品范围和目标市场都比较小,但对商品的介绍却更为详细,对目标顾客的选择也更加细致,主要用于新产品、礼品、服饰、精美食品、书籍、工业产品、保险业务等产品的销售上。

4. 电话营销

在电话营销中,零售商以电话作为与顾客进行沟通的手段。具体包括四种方式:其一,零售商直接给目标顾客打电话介绍商品和服务;其二,设置某一特定的免费电话号码,顾客拨通该号码后,电脑操纵电话自动播放广告信息;其三,零售商在邮局开办的服务台里播放广告;其四,通过电话向顾客提供服务,并了解顾客要求和接受顾客投诉。随着我国消费者私人电话的普及,电话营销的地位将日益提高。

5. 电视营销

电视营销是指零售商以电视为信息媒体向顾客传递特定的商品信息,最终实现其商品销售的营销活动。具体方式有两种:其一,零售商在电视节目中插播时间较短的电视广告,向目标顾客介绍产品,顾客可通过通信手段订购,适用于书报杂志、小型家电以及唱片、磁带等;其二,通过闭路电视或地方电视台播一套完整的电视广告节目,向顾客介绍花色品种比较多、规格比较齐全的系列产品,适用于服装、家具、价格较高的家电产品和其他耐用消费品等。

6. 电子营销

电子营销是建立在现代化通信设施基础上的一种营销方式,销售商利用对讲式闭路电视或联网的个人电脑向目标顾客提供产品和服务信息,顾客也使用同样的手段来了解和选择商品与服务,并用信用卡、个人支票或电脑编码通过银行付款,销售商在指定的时间和地点向其提供商品和服务。

7. 其他媒体营销

零售商还可利用其他信息媒体,如报纸、杂志和广播等来向目标顾客传递产品信息,推销其产品,企业在顾客电话订货或书信订货后再送货上门。

【延伸阅读】

宜家营销法宝:利用产品目录挣钱

自 1999 年,宜家试探性地印刷了一本 32 页的产品目录起,此种营销方式就在其营销战略中占据很重要的位置。仔细分析宜家的产品目录营销,可以看到一家成功的家具企业是如何把握住市场的最新变化的。宜家 1998 年进入中国,在上海开设第一家商场;2003 年,宜家在中国实现销售额 7.12 亿美元。宜家的成功发展,除了宜家全球采购的优势外,与宜家的产品和营销紧扣中国新中产阶层的成长是分不开的。

对家居巨头宜家而言,向锁定的消费群散发目录手册,远比铺天盖地的广告廉价和有效得多。宜家的目录手册制作精美,融家居时尚、家居艺术为一体,可以说是宜家自我包装的巅峰之作。而对于无暇上街购物的忙碌人群来说也十分适合,他们不用往商店去挤,可供选择的范围广泛,能以最低的价格购物,受到很多新中产阶层的喜爱。宜家目录手册已经成为时尚生活价值观念的演绎者和记录者。

(资料来源:《现代营销·经营版》,2008-04-28)

8. 直接销售

直接销售是由行商或流动商贩发展演化而来的,具有悠久的历史。直接销售虽然节省了一般零售店的费用,但其推销费用较高,并导致产品价格较高,降低了竞争力。据调查,美国的直接销售的推销费用(包括推销员佣金和其他经营管理费用)约占销售总额的 60%。直接销售最为典型的方式是上门推销和家庭销售会。

(1) 上门推销。上门推销是指由制造商派出推销员,挨门挨户或挨办公室地推销产品。这是一种比较古老的推销方法。对销售者来说,上门推销节省了店面和一些设施方面的支出,也有利于控制销售渠道,还突破了坐店式销售那种等客上门的经营方式。尤其在产品生命周期的导入期和衰退期,易于取得更好的销售效果。对顾客而言,上门推销节省了人力、物力和时间。但是,上门销售需要高素质的推销员队伍,其成本高而覆盖面小,顾客选择产品的余地较小,顾客拒绝上门推销与顾客外出而使推销员吃闭门羹的比例增大,使这种方法很难成为产品销售的主要方式,只能成为一种补充。目前主要用于一些重复购买、体积小、重量轻、无需进行复杂维修的产品,如化妆品、清洁用品、营养方便食品等。

近年来,上门推销在我国发展很快,但是存在着推销员素质低下,推销方法简单及欺诈等问题,降低了上门推销的声誉。

(2)家庭销售会。家庭销售会是指推销员选择热情的家庭主妇,由她出面邀请邻居和亲友来家中聚会。推销员在聚会中对商品进行示范表演,参加聚会者自由选择商品,聚会结束后推销员根据成交额的一定比例向组织聚会的主妇赠送礼品或佣金。这种推销方式利用了人们的社会关系,比较容易取得顾客的信任,而且给职业女性带来诸多的便利,适宜于女性产品的销售。在市场竞争激烈的美国、日本和我国的台湾地区,这种推销方式是非常普遍的。

(3)自动售货。自动售货是指企业采用以硬币开动的自动售货机代替销售员向顾客出售商品。自动售货机的出现被称为零售业的第三次革命,特点是销售者与顾客完全脱离接触,提供24小时销售和就近购物等便利条件,主要用于冲动性购买的产品,如食品、饮料、糖果、香烟和报纸等,也可用于袜子、化妆品、书籍、唱片、胶卷、T恤、鞋油等日用品,还能提供一些娱乐服务,如投币式电唱机和游戏机等。使用自动售货机,要经常给分散的售货机补充存货、防止破坏和偷盗,增加了成本;而引起顾客不满的则是有时不出货、存货售完以及无法换货、退货等。

(4)购物服务。购物服务是一种专门为特定顾客,如医院、学校、工会和政府机关等组织的雇员提供购物服务的无店铺零售商。购物服务公司将上述组织发展成会员单位,并与一些零售商达成协议,使所属会员单位能以较低的折扣价格购买产品。这样,零售商有了一个稳定的顾客群,顾客得到了价格优惠,而购物服务公司则从零售商那里取得了一笔手续费。美国的联合购物服务公司拥有90多万会员,在该公司指定的零售商那里购物可获得8%的价格优惠。

【本章小结】

分销渠道是指某种货物或服务从生产者向消费者移动时取得这种货物或服务的所有权或帮助转移其所有权的所有企业和个人。分销渠道主要包括商人中间商(取得所有权)和代理中间商(帮助转移所有权)。此外,它还包括作为销售渠道的起点和终点的生产者和消费者,但是它不包括供应商、辅助商等。市场营销渠道是指那些组合起来生产、分销和消费某一生产者的某些货物或服务的一整套所有企业和个人。市场营销渠道包括某种产品的供产销过程中所有的企业和个人,如资源供应商、生产者、商人中间商、代理中间商、辅助商(包括运输企业、公共货栈、广告代理商、市场调研机构等)以及最后的消费者或用户等。从传统的观点来看,分销渠道具有集中商品、平衡供求、扩散商品三大功能。从现代营销观点看,分销渠道在克服产品及服务与使用者之间在时间、地点和所有权方面的关键性差距上,具有以下六大功能:沟通产需功能、促进销售功能、为生产厂商筹集资金的功能、承担风险的功能、信息渠道功能和为消费者提供商品的功能。

按渠道的长度分类可以把分销渠道分为直接渠道和间接渠道两类。企业的分销策略通常可分为三种,即密集分销、选择分销和独家分销。影响分销渠道选择的因素有很多,主要有产品因素、市场因素、企业因素、环境因素等;渠道方案的选择和决策就是遵循一定的标准,其主要标准有经济性标准、控制性标准、功能性标准、适应性标准。在分销渠道方案选择以后,企业必须对渠道中的中间商进行选择、激励和评估,并随着营销环境的变化进行不间断的有效调整和管理。批发商主要包括商人批发商、有限服务批发商。经纪人和代理商主要分为产品经纪人、销售代理商、佣金商、拍卖行、进出口代理商。零售商的类型千变万化,新组织形式层出不穷,可以分为商店零售商和无店面零售商。

【基本概念】

市场营销渠道 分销渠道 直接分销 间接分销 密集分销 选择分销 独家分销 批发商 零售商 物流

【实训(练习)题】

1. 市场营销渠道与分销渠道有何区别？
2. 在市场经济条件下,营销渠道对企业管理有何重要意义？
3. 渠道选择中应考虑哪些因素？
4. 如何正确处理渠道成员之间的利益冲突？

第十四章 促销策略

【学习目标】

1. 理解促销的含义,掌握促销组合的决策过程,了解制定促销组合时应考虑的因素;
2. 掌握广告的概念,了解广告目标的确定和广告预算的制定及广告制作的过程;
3. 了解人员推销的特点,推销人员的任务和素质;
4. 了解如何进行人员推销的管理,掌握人员推销的形式、对象和策略;
5. 掌握营业推广的特点、措施和实施过程;
6. 掌握公共关系的特点、基本职能、主要内容和程序。

【引例】

丰田公司严格的推销培训制度

丰田汽车公司的推销员队伍在日本被誉为"销售军团",推销员在进入公司的前三天先送到丰田汽车公司的培训中心培训,以后每年4月至6月定期参加培训。丰田汽车公司的培训中心设在丰田市,占地6.7万平方米,规模庞大,可供1 000名推销员培训。培训期内,新推销员在这里接受从推销入门到交货全部过程的知识传授后,直到7月才在外面活动。这时尚不规定推销数量,主要工作是每天必须访问20~30户,把访问内容写在"推销日记"上。这样训练一个月之后,开始给一个月推销1辆车的指标,到了第二年增加到每月推销2辆车的指标,从第三年起,每月销售目标增加为3辆。这时才算成为独当一面的推销员。经过3年仍未能保持每月平均推销3辆车者,则会自动辞职。与此同时,从第二年起,推销员要编制"顾客卡"。这种卡片分为三级:第一级只知道顾客的姓名、住址和使用车种,采用红色卡;第二级还知道眷属的出生时间,采用绿色卡;第三级要加上现在所使用的汽车购买年月,前一部汽车的种类,下次检车时间,预定何时换新车,要换哪一种车等更详细的资料,使用金色卡。

案例思考:1. 丰田汽车公司对推销人员的培训有何秘诀?

2. 你从"顾客卡"的编制中学到什么?

促销的主要任务是将有关企业和产品的信息传递给目标市场上的顾客,以达到扩大销售的目的。促销决策也是市场营销组合策略中的重要一环。现代营销原理不仅要求企业发展适销对路的产品,制定有吸引力的价格,通过顺畅的销售渠道使产品易于到达目标顾客,而且还要求企业控制其在市场上的形象,设计并传播有关产品外观、特色、购买条件以及能给目标顾客带来的利益等方面的信息,才能保证营销活动的成功。

第一节 促销和促销组合

一、促销和信息沟通

(一) 促销的含义

促销(promotion)是指企业通过人员推销或非人员推销的方式,向目标顾客传递商品或劳务的存在及其性能、特征等信息,帮助消费者认识商品或劳务所带给购买者的利益,从而引起消费者的兴趣,激发消费者的购买欲望及购买行为的活动。

现代促销方式可分为人员促销和非人员促销两大类。人员促销指派出推销员直接访问潜在顾客;非人员促销又分为广告、营业推广和公共关系等多种。促销组合就是对这几种促销方式进行选择、运用与搭配的策略,同时也决定了促销预算的分配。

(二) 促销的实质是一种沟通活动

所谓"沟通"(communication),亦称传播,就是某一行为主体发出的信息,以刺激影响另一些人的有效过程。换言之,就是行为主体发出信息,提出意图,传递到目标对象(即信息的接受者,亦称受众,包括听众、观众、读者、消费者或顾客),以影响其态度和行为,使受众贯彻意图,有所行动。沟通强调劝告说服,中心意思是"传递、输送、交流信息,分享信息,分享义务"。对企业来说,促销不仅仅是企业自身的事情,更应该是一个与消费者合作来共同完成沟通的过程。

企业与顾客进行沟通,涉及六个问题:(1)谁?(2)说什么?(3)通过什么途径?(4)对谁说?(5)效果如何?(6)收集什么样的反馈。而企业的促销,就是这样一种沟通活动:企业通过各种途径向目标市场的顾客介绍宣传本企业及其产品,说服和吸引顾客购买其产品,以实现潜在的交换。因此,可以说促销的实质是一种沟通活动。

(三) 信息沟通过程

现代企业处于一个复杂的市场信息沟通系统之中。企业要将信息传递给中间商、消费者和公众,中间商也要与其顾客及各种社会公众间保持信息沟通,同时,各组织、群体又要对来自其他群体的信息给予反馈,整个营销大系统中各个单位之间活跃着频繁的信息往来。为科学地开展促销活动,我们有必要首先了解信息沟通的一般过程。

信息沟通的一般过程,可用下述信息沟通模型图来表示(见图14.1)。由图可见该模式由九个要素组成:

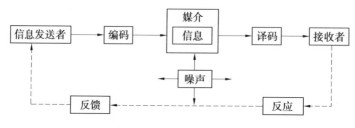

图14.1 沟通过程模式

(1)信息发送者,也称信息源,在促销活动中,信息发送者是卖方企业的营销人员。
(2)编码,指将打算传递的事实或意图转换成可供传播的信号或符号的过程。这些信号可以是语言、文字、音像、图片,视信息发送者意图的内容、设计者的选择和传递途径的不同而定。

(3)信息,即发送者传送的整套信号,是发送者对某一观念或思想编码的具体结果,即企业向消费者所要传达的内容。

(4)媒介,指信息从发送者到接收人所经过的渠道或途径,即促销信息的载体,如报纸、广播、电视、销售人员的解说等。

(5)译码,指信息接收者对发送者所传信号进行解释的过程。只有当受众对信号的解释与信息发送者所要传达的意图相符时,沟通才是有效的。

(6)接收者,接收信息的一方,也称目标受众。在促销信息传递中则指目标市场上的现实和潜在的顾客。

(7)反应,接收者在受该信息影响后采取的有关行动。如目标顾客看到广告以后,决定购买某种产品。

(8)反馈,被返回给信息发送者的那部分信息接收者的反应。当然其中有些是信息接收者主动对发送者的反向沟通,如顾客向开展促销活动的企业提出对产品的意见和要求;另一些则是信息发送企业通过市场调研,收集到的顾客反应。通过反馈信息,信息发送者可以适时地决定是否需要修改下一次沟通信息,是否需要重新编码或更换信息渠道。

(9)噪声,指在信息沟通过程中发生的意外干扰和失真,以致接收者收到的信息与发送者发出的信息不一样。

在这九个要素中,发送者和接收者是信息沟通的两个主要方面:发送者是信息传递的主体,接收者是信息沟通的对象;媒体和信息是沟通的手段。为达到有效沟通的目的,发送者必须清楚他们打算将信息传给谁,他们希望得到什么反应;在编码的时候,他们必须考虑到目标受众通常会如何解码,以免二者不相吻合;他们还须熟悉通过何种媒体可使信息顺利到达目标受众;最后,他们还要广开反馈渠道,才能尽可能多地了解接收者对信息的反应。

二、促销组合决策过程

既然促销的实质是信息沟通,促销决策的过程也就是制订沟通计划的过程。这个过程一般包括以下步骤:

(一)确定目标受众

在促销决策中指确定企业产品或服务的目标顾客,包括实际使用者、影响者、购买决策者等与购买活动有关的人员,他们都是企业促销的目标受众。发送信息的企业应了解目标顾客的需要、偏好、态度和各方面的特点,以做到有的放矢。

(二)确定沟通目标

发送信息的企业要确定自己希望从目标顾客那里得到什么反应,即沟通的目标。当然,最好的反应是购买行动,但我们通过研究消费者购买决策的心理活动过程知道,实际的购买行为是一个漫长决策过程的最终结果,你不能指望顾客初次接触有关某种商品的信息就马上决定购买。所以,促销活动的目标实际是使潜在顾客从目前的心理准备阶段进入更接近做出购买决策的下一个阶段。为此,信息发送者首先要了解目标顾客现在处于购买准备过程的哪一个阶段,然后,促使顾客转入下一阶段便成为促销的目标。

(三)设计沟通信息

在了解到目标沟通对象的反应后,沟通者应当进行有效的信息设计。信息设计是将沟通者的意图用有说服力的、逻辑的、情感的、个性化的信息表达方式表现出来的过程,这是一个实践性和操作性极强的问题。理想的设计应能引起目标顾客对促销信息的注意,产生兴趣,引起购买欲望,直至采取购买行动。信息设计需要解决以下问题:表述什么(确定信息内容);如何合乎逻辑地表述(确定信息结构);以什么信息符号进行表述(确定信息格式)和由谁来表述(确定信息源)。

(四)选择沟通渠道

主要有人员和非人员两大类信息沟通渠道。人员沟通渠道通过面对面交谈或电话访问达到信息的传递,这是一种双向的沟通,能立即得到对方的反馈,因此效果更好;非人员渠道是一种单向沟通,包括大众传播媒介和为向目标顾客传递促销信息而设计的各种活动,如新闻发布会、开幕式、展销会等。

(五)制定促销预算

制定促销预算即决定在促销方面花多少钱。花多少钱从事促销是企业所面临的最困难的营销决策之一。下面介绍几种常见的促销预算制定方法:

(1)量力支出法。即企业根据财力决定促销预算的大小。优点是简便易行,缺点是预算额可能随销售变化忽高忽低,难以制订长期的促销计划,同时,完全忽视了促销支出作为一种投资对销售量的直接影响。

(2)销售额百分比法。这也是一种简便易行的办法,问题在于容易将促销费用与销售额的因果关系弄颠倒,而且系数也很难确定,多是参考过去的习惯或竞争者的比率。

(3)与竞争者保持平衡法。即与竞争对手保持大抵相等的促销预算,以维持平衡,避免促销大战。不过,谁也无法证明竞争对手的促销预算水平是合理的,或者势均力敌就不会发生促销大战。

(4)目标任务法。这是一种比较科学的方法。具体做法是先确定通过促销要达到的销售增长率、市场占有率、品牌知名度等目标,然后确定为达到这些目标所要做的促销工作,再根据工作量估算所需费用。这种方法将促销费用与所要达到的目标联系在一起,进行成本与效益分析,逻辑上最为合理,但前提是企业须对市场情况有充分的了解,方可能制定出合理、可靠的促销目标,确定促销工作量和预算水平。

(六)制定促销组合

制定促销组合即如何将广告、人员推销、营业推广和公共关系几种促销方式既经济又有效地配合起来,发挥最大作用。为此,营销人员应了解各种促销方式的特点、适用性及影响组合决策的其他因素。

广告是一种高度大众化的信息传递方式,可多次重复,并因充分利用文字、声音和色彩而极富表现力,特别适合向分散于各地的众多目标顾客传递销售信息。就向单个目标顾客传递信息而言,其成本也是很低的。

人员推销是面对面的直接信息传递,说服的效果最好。与广告相比,它有三个最显著的特点:一是灵活,由于是直接接触,可就近观察到目标顾客的态度和需要,随时调整自己;二是促进买卖双方建立友谊,保持长期联系;三是推销人员能及时得到购买与否的反馈。因此,对某些产品来说,人员推销是最有效的促销方式,特别在取得顾客信任,建立顾客偏好和促成购买行为方面,效果更为突出。不过,人员推销也是一种最昂贵的促销方式。

营业推广有多种具体做法,因特别能引起目标顾客注意和刺激目标顾客迅速采取购买行动而在短期内获得极好的效果。但企业一般不可能单独运用或长期运用营业推广。

公共关系是一种间接的促销方式,并不要求达到直接的销售目标,但它对企业仍具有特殊意义,主要是因为多数人认为新闻报道较广告更为客观、可信。通过公关,企业可有效地将营销信息传递给那些避开推销员和广告的顾客。

在促销计划付诸实施之后,企业还须对其效果进行评估,即评估促销投资是否带来了预期的收益。评估主要通过向目标受众或促销对象询问获得一手资料,如询问他们是否注意到这则信息,见到过几次;他们是否能识别或记起这则信息;他们对该信息的感觉如何;他们接收信息前后对该企业及产品的态度是否发生了变化;有多少人买了该产品,有多少人向其他人谈到了该产品,等等。促销效果的评估是一件颇为复杂的工作,需要根据实际情况制定适当的方法。

三、制定促销组合时应考虑的因素

(一) 促销目标

企业在不同时期及不同的市场环境下有不同的具体的促销目标。促销目标不同,需采取不同的促销组合。如促销目标为树立企业形象,提高产品知名度,促销重点应在广告上,同时辅之以公关宣传;如促销目标是让顾客充分了解某种产品的性能和使用方法,印刷广告、人员推销或现场展示是比较好的办法;如促销目标为在近期内迅速增加销售,则营业推广最易立竿见影,并应辅以人员推销和适量的广告。从整体看,广告和公关宣传在顾客购买决策过程的初级阶段成本效益最优,因其最大优点为广而告之;而人员推销和营业推广在较后阶段更具成效。

(二) 产品因素

(1) 产品特点不同,促销方式不同。一般来说,技术复杂、单价昂贵的商品适用人员推销,如生产设备、计算机、高档化妆品;结构复杂的产品需要懂技术的推销人员做专门的介绍、演示操作、售后技术保障。另一方面,产品的价格昂贵才能承担相对昂贵的人员推销成本;反之,结构简单、标准化程度较高、价格低廉的产品适合广告促销,如绝大多数消费品。当然,经营这类商品,企业若面对的是中间商而非最终个人消费者,则仍需以人员推销为主。

(2) 对处于生命周期不同阶段的产品,促销目标通常有所不同,适合采取的促销方式自然也不同。一般来说,在引入阶段,需要广泛宣传,以提高知名度,广告和公关宣传覆盖面广,成本效益最优,同时辅以营业推广和人员推销;在成长阶段,消费者相互口传信息,需求会保持自然增长的势头,促销仍可以以广告为主,但内容上应突出宣传本企业产品的品牌、特色和优势;进入成熟期,促销强度要加大,营业推广的效果超过广告,因为此时大多数目标顾客已了解这一产品,只需做少量提示性广告即可,对产业用户,这一阶段则要大力进行人员推销,以与竞争者争夺客户;到衰退期,促销规模要降到最低限度,公共宣传可完全停止,只保留提示性广告和各种营业推广即可。

(三) 市场特点

目标市场的特点不同,也需采取不同的促销策略。

(1) 市场范围不同,促销方式不同。一般来说,如果目标市场地区范围大,应多采用广告进行促销;如果目标市场是小规模的本地市场,则应以人员推销或商品陈列等为主;如果产品在中等规模的地区范围内销售,则可以以一种促销方式为主,兼用其他方法。

(2) 市场类型不同,促销方式也应不同。产业市场和消费者市场在顾客数量、购买量和分布范围上相差甚远,各种促销方式的效果也不同,最大的区别在产业市场上更多采用人员推销,而消费者市场上大量采用广告。因为产业市场上的顾客数量少,分布集中,购买批量大,适宜人员推销;反之,消费者市场顾客数量多而分散,通过广告可以以较低的相对成本达到广而告之的目的。营业推广和公共关系在对两类市场的适用性方面相差不大。如图 14.2 所示。

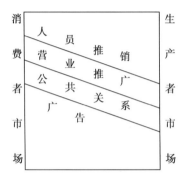

图 14.2　不同类型促销组合示意图

(四) 促销策略

企业促销活动的总构想有"推"与"拉"之分,如图 14.3 所示。显然,如果采取"推"的策略,生产企业将积极把产品推销给批发商,批发商再积极推销给零售商,零售商再向顾客推销。这种策略将以人员推销和适当的营业推广方式为主。如果采取"拉"的做法,则最终消费者是主要的促销对象,即首先靠广告、公共关系等促销方式引起潜在顾客对该产品的注意,刺激他们产生购买的欲望和行动,当消费者纷纷向中间商询购这一商品时,中间商自然会找到生产厂家积极进货。

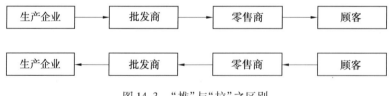

图 14.3　"推"与"拉"之区别

(五) 促销预算

企业开展促销活动,必然要支付一定的费用。费用是企业经营十分关心的问题,并且企业能够用于促销活动的费用总是有限的。因此,在满足促销目标的前提下,要做到效果好而费用省。企业确定的促销预算额应该是企业有能力负担的,并且是能够适应竞争需要的。为了避免盲目性,在确定促销预算额时,除了考虑营业额的多少外,还应考虑到促销目标的要求、产品市场生命周期等其他影响促销的因素。

第二节 广告策略

广告是促销方式中采用最为普遍的一种,是利用大众传播媒介传递信息的促销方式。在市场经济条件下,广告可以迅速、广泛地传播商品信息,引导消费,促进销售。在企业的市场营销活动中,广告是不可缺少的促销手段。

一、广告的概念

广义的广告指一切利用传播媒体向公众传递信息的活动,包括经济和非经济两大类。狭义的广告专指企业通过各种付费传播媒体向目标市场和社会公众进行的非人员式信息传递活动。广告的目的在于传播有关企业及产品的信息,促进目标顾客增加购买。

理解广告的定义有几个要点:

(1)广告要由明确的广告主公开支付费用,这点与一般的新闻报道不同;

(2)广告要通过诸如电视、广播、报刊等传播媒体来实现,是一种非个人间的信息传递,这点不同于人与人之间的口传信息;

(3)广告是一种有计划的信息传播活动,有特定的受众、明确的主题和目标,并在广告设计、时机选择、媒体、效果评估等方面均进行周密的策划。

制订广告计划时,企业首先须确定目标市场及购买者动机,然后据此做出所需的五项主要决策,即 5M:广告目标(mission)、广告预算(money)、所传送信息(message)、媒体(media)和评估效果的方法(measurement)。这些决策我们将在下面做进一步阐述。

二、确定广告目标

广告的最终目标无疑是增加产品销量和企业利润,但它们不能笼统地被确定为企业每一具体广告计划的目标。广告目标取决于企业整体的营销组合战略,还取决于企业面对的客观市场情况,如前述目标顾客处于购买准备过程的哪个阶段。换言之,企业在实现其整体销售目标时,需分为若干阶段一步一步往前走,在每一阶段,广告起着不同的作用,即有着不同的目标。归纳起来,企业的广告目标有以下几类:

(一)告知性广告

当一种新产品刚上市时,广告的目标主要是将此信息告诉目标顾客,使之知晓并产生兴趣,促成初始需求。如说明产品名称、效用、价格、使用方法、企业提供的各项附加服务等。

(二)说服性广告

当目标顾客已经产生了购买某种产品的兴趣,但还没有形成对特定品牌的偏好时,说服性广告的目的在于促使其形成选择性需求,即购买本企业的产品。说服性广告突出介绍本企业产品的特色,或通过与其他品牌产品进行比较来建立一种品牌优势。

(三)提示性广告

提示性广告主要用于产品成熟阶段,目的不在于提供信息或说服人们去购买,因为成熟阶段中的目标顾客对该产品已了如指掌,形成了固定的信念和态度,广告的目的只是随时提示人们别忘了购买某种他们十分熟悉的"老"产品,使其产生惯性需求。

综上所述,广告目标的选择不是随意的,而应建立在对市场营销实际的透彻分析的基础之上。企业广告目标应当规定具体的指标和要求,如视听率、知名率、理解率、记忆率、偏爱率等,以作为检查广告效果的根据。

三、确定广告预算

确定广告目标后,企业即可为每一产品编制广告预算。制定广告预算的方法可参考前述促销预算的几种基本方法,当然,其中最为合理的是目标任务法。此外,制定广告预算时还要考虑以下因素的影响:

（一）产品生命周期的阶段

即在产品生命周期不同阶段,所需广告支出水平不同。一般来说,介绍期需较高的广告预算,以建立市场知名度;已建立了知晓度的处于成熟期产品的广告预算则可在销售额中占较低的比例。

（二）市场占有率

一般情况下,占有较大市场份额产品的广告预算高于市场占有率低的产品,但如果企业打算通过竞争扩大某品牌产品的市场份额时,其广告预算自然要比仅保持目前市场份额的情况要高。

（三）竞争情况

在一个有众多竞争对手且竞争激烈的市场上,广告预算必然要高,才能压过竞争对手。

（四）产品的可替代性

同一类商品中,不同品牌的产品越多,越需要大量做广告,通过宣传本企业产品的优越性将其在目标顾客心目中与竞争对手的同类产品区别开来,如香烟、啤酒、软饮料等;反之,一种产品若很少具有替代性的同类产品,或确实独具特色,广告预算则可相对较低。

四、广告制作

广告制作即设计广告内容,包括收集、确定广告所要传递的事实,以及将这些事实和广告发送者的意图编制成具体的音像、图片、语言、文字等。

广告制作中要特别强调创造性的作用。不少学者花时间研究广告预算对销售的影响,但忽略了许多公司的广告预算相差不多,却只有少数公司的广告给消费者们留下了深刻印象,这就是广告制作的差异或创意的成功。研究表明,在广告活动中,创意比所花金钱数额更重要,因为只有给人以深刻印象的广告才能引起目标顾客注意,进而增加产品销量。广告制作包括以下步骤:

（一）收集素材,提出供选择的若干广告主题

广告主题最重要的是突出产品能够给买者带来的利益,因此,收集素材可通过与目标顾客、中间商、经销商、专家,甚至竞争对手谈话归纳出目标顾客期望从购买中获得利益的内容,再结合本企业产品特点确定广告主题。广告创作人员可提出多个供选择的广告主题,每一主题突出一种买主强调的利益。如人们购买软饮料时期望获得的利益包括:营养、卫生、于健康有利;口感极好,是一种享受;符合潮流,被认为是现代生活方式的一个侧面等。不同的顾客,强调的利益可能有所不同,这正是市场细分的基础。一种产品,不可能满

足所有顾客的意愿,因此一个广告最好只突出一种买主利益,强调一个主题,即使不只涵盖一种利益,也必须分清主次。

广告公司应在收集素材和选择广告主题上花更多的时间和精力,以找到最好且最有吸引力的主题。企业甚至可同时聘请多家广告公司为自己制作广告,最后从中选择最佳者。而现实是,许多企业往往忽视了广告制作,却在购买媒体上大把大把地花钱。

(二)评价和选择广告主题

这一步是对提出的各广告主题进行评价和选择。评价的标准可归纳为以下三点:

(1)具有吸引力,能引起目标顾客的购买兴趣;

(2)具有独特性,即具有其他品牌产品没有的优点或特色;

(3)广告内容具有可信性,能够被证实。

评价可通过市场调查来进行,如召开意见征求会或散发问卷。

(三)确定信息的表达方式

确定信息的表达方式,就是确定通过什么形式将广告主题及事实、意图表达出来。如果说前两步是决策"说什么",这一步就是决定"怎么说"了。特别是那些差异性不大的产品,如啤酒、洗涤剂、化妆品,广告的表达方式在吸引目标顾客、树立产品独特形象方面就显得更为重要了。应该说,再好的广告主题也要寓于一定的表达形式之中,标题、语言、音像、图片的不同可使广告产生完全不同的效果,创意的重要性在这里得以延伸。

五、广告媒体选择

广告所发出的各种信息,必须通过或负载到一定的载体上才能传达到消费者。广告媒体,也称广告媒介,是广告主与广告接受者之间的连接物质。

(一)广告媒体的种类及特征

在传播业发达的今天,企业可选择多种传播媒介传递广告信息,达到迅速、准确和低成本的目的。广告媒介的种类有很多,主要的有报纸、广播、杂志、电视、直接邮寄和户外广告等。每种媒介各有其特点,在时间性、灵活性、视觉效果、传播面、成本等方面相差甚远,各有短长。了解不同媒体的优点和局限性,对媒体的正确选择十分重要。

(1)报纸。报纸是最重要的传播媒介,它的优点是读者稳定、读者面广,传播覆盖面大;时效性强,特别是日报,可将广告及时登出,并马上送抵读者;地理选择性好,可信度高;制作简单、灵活,收费较低。缺点主要是保留时间短,读者很少传阅,表现力差,印刷质量不能保障,多数报纸不能表现彩色画面或色彩很简单。因此,刊登形象化的广告效果较差,而文字广告则有价格便宜,便于查找,覆盖面广,易于抓住目标顾客群的优点。

(2)期刊。期刊也是一种印刷媒体,与报纸相比,杂志的专业性较强,读者更为稳定、集中,特别适合刊登各种专业产品的广告。由于针对性强,保留时间长,传阅者众多,名声好,画面印刷效果好等优点,广告效果较好。缺点是一般发行量不如报纸,因此广告覆盖面小;由于多为月刊,广告截稿时间早,信息传递速度不如报纸、广播、电视及时。

(3)电视。电视是现代最重要,也是最先进的广告媒体。它将视觉形象和听觉综合起来,充分运用各种艺术手法,能最直观最形象地传递产品信息,具有丰富的表现力和感染力,因此是近年增长最快的广告媒体。我国也不例外,电视大约是除报纸外运用最多的广告媒体。电视广告播放及时,覆盖面广,选择性强,收视率高,且能反复播出,加深收视者印象。缺点也很明显:一是绝对成本高;二是展露瞬间即逝,信息无法保留;三是众多广告一起拥挤在黄金时间,混杂而容易被收视者忽视。

(4)广播。广播是一种大量、广泛使用的听觉媒介,地理和目标顾客选择性强,成本低,但由于电视广告的出现而使其相对重要性大大下降。原因在于广播只有声音效果而无生动形象的画面刺激,在吸引注意力方面效果大受影响。另外,广播也有展露即逝、信息无法保留的缺点。

(5)因特网。与所有传统媒体相比,因特网具有速度快、容量大、范围广、可检索、可复制,以及交互性、导航性、丰富性等优点,发展极为迅速。

【延伸阅读】

看他们怎么做——微信营销成功案例

2013年可以说是微信迸发的一年,然而业界一向有纠结于微信推广的疑问,就当前状况而言,微信推广仍处于探究阶段,虽然有媒体时不时报道某某微信赚了多少钱,但微信推广至今仍没有固定的方式,只能通过一些成功的微信营销来总结一下其运营方式。

A 星巴克:音乐推送微信

把微信做得有构思,微信就会有生命力!微信的功用现已强壮到令咱们不容忽视,除了回复关键字还有回复表情的。

这便是星巴克音乐推广,直觉影响你的听觉!通过查找星巴克微信账号或扫描二维码,用户可以发送表情图像来表达此刻的心境,星巴克微信则依据不一样的表情图像挑选《天然醒》专辑中的关联音乐给予回答。

这种用表情说话正是星巴克的卖点。至于是人工回复还是智能关键词抓取就不必深究了。

B 小米:客服推广9:100万

新媒体推广如何会少了小米的身影?"9:100万"的粉丝管理方式是指小米手机的微信账号后台客服人员有9名,这9名职工最大的作业是每天回复100万粉丝的留言。每天早上,当9名小米微信运营作业人员在电脑上翻开小米手机的微信账号后台,看到用户的留言,他们一天的作业也就开始了。

其实小米自己开发的微信后台可以主动抓取关键字回复,但小米微信的客服人员仍会进行一对一的回复,小米也是通过这样的办法大大提升了用户的品牌忠诚度。相较于在微信上开个店铺,对小米这样的品牌微信用户来说,做客服显然比卖掉一两部手机更让人期待。

当然,除了提升用户的忠诚度,微信做客服也给小米带来了实实在在的好处。黎万强表示,微信使得小米的推广、crm开端下降,昔日小米做活动一般会群发短信,100万条短信发出去,便是4万块钱的本钱,微信做客服的效果可见一斑。

C 招商银行:爱心漂流瓶

微信官方对于漂流瓶的设置,也让许多商家看到了漂流瓶的商机,微信商家开始通过扔瓶子做活动推广。使得协作商家推广的活动在某一时间段内抛出的"漂流瓶"数量大增,普通用户"捞"到的频率也会添加。招商银行便是其中一个。

日前,招商银行发起了一个微信"爱心漂流瓶的活动":微信用户用"漂流瓶"功用捡到招商银行漂流瓶,回复之后招商银行便会通过"小积分,微慈悲"途径为孤独症孩童提供帮助。在此活动时间,有媒体计算,用户每捡10次漂流瓶便可能有一次会捡到招行的爱心漂流瓶。

(6)直接邮寄。即将印刷的广告物,如商品目录、商品说明书、样本、订单、信函、明信片等通过邮政系统直接寄给目标买主、中间商或代理人,也有直接寄给个人消费者的。邮寄广告最显著的优点是地理选择性和目标顾客针对性都极好,灵活,提供信息全面,反馈快,效果明显;缺点是可信度低,如目标顾客为个人消费者,成本也较高。

(7)其他媒体。包括户外广告,如广告牌、广告柱、广告招贴、广告标语、霓虹灯广告等;交通广告,如车身广告、车内广告、站牌广告,及车站、码头、机场广告等;空中广告,如利用气球或其他悬浮物带动的广告。这些广告多利用了灯光色彩、艺术造型等艺术手段,又集中于闹市区、交通要道或公共场所,故一般显得鲜明、醒目、引人注意,又因内容简明、易记,使人印象深刻,展露重复率高,成本低。缺点是传播范围仍有限,传播内容也不宜复杂,且难以选择目标受众。

(二)选择广告媒体应考虑的因素

在选择广告媒体时,企业须综合考虑以下因素,方可做出最好的选择。

(1)目标顾客接收媒体的习惯。广告是做给目标顾客看的,而不同顾客接触各种传播媒体的习惯不同,如青少年更多地接触电视、广播,中老年人看报纸,专业人员阅读杂志。不仅如此,即便是决定了选择报纸,全国有数百份报纸,同一地区也有若干种报纸发行,还要综合成本和效果考虑具体选择哪个报纸,哪个版面。

(2)产品特点。产品的特点不同,选择媒体也不同。如技术复杂的产品,适合在专业杂志或通过邮寄做广告;色彩鲜艳的服装和装饰品,适合在电视或杂志上用彩色画面表现;中、低档的消费品适于选择以大众为对象的报刊读物做媒体。

(3)媒体的传播范围。媒体传播范围的大小直接影响广告信息传播区域的广窄。适合全国各地使用的产品,应以全国性发放的报纸、杂志、广播、电视等做广告媒体;属地方性销售的产品,可通过地方性报刊、电台、电视台、霓虹灯等传播信息。

(4)媒体的费用。各广告媒体的收费标准不同,即使同一种媒体,也因传播范围和影响力的大小而有价格差别。因此,企业应分析媒体费用与广告促销效果之间的关系。如果使用电视做广告需支付3万元,预计目标市场收视者3 000万人,则每千人支付广告费是1元;若选用报纸做媒体,费用2万元,预计目标市场收阅者1 000万人,则每千人广告费为2元。相比较结果,应选用电视作为广告媒体。同时,不同企业的支付能力也不同,媒体的选择不仅要考虑其相对费用,也受预算和广告绝对成本的限制。

(5)信息内容。媒体的选择还取决于信息自身的内容特点。如一项包含大量技术参数的信息,需要印刷邮寄或负载于杂志广告;宣布某项展销活动或推出某种新产品,当然是电视和广播最及时、覆盖面最广。

总之,要根据广告目标的要求,结合各广告媒体的优缺点,综合考虑上述各影响因素,尽可能选择使用效果好、费用低的广告媒体。

六、广告效果评估

很多企业都希望对其广告效果做出可信的评价,但实际真正去做的却很少。企业只是在大把地花钱,却并不真正清楚哪笔钱花得合适,哪笔钱实际上得不偿失。正确地评价广告效果,可帮助企业在降低广告费用的同时,获得更好的广告效益。在各种促销手段中,广告的效果最难把握,从信息传递的角度看,它属于一种单向的信息沟通,广告主只是发出了广告,并不能直接得到反馈,而通过市场调查持续地了解广告效果,正是建立有效反馈系统的途径。

对广告进行评估的内容很多,就效果而言,主要有两方面:一是传播效果;二是销售效果。

(一)广告传播效果测定

广告传播效果测定即评估广告是否将信息有效地传递给了目标顾客,具体表现为受众对广告注意、理解和记忆的程度。这种测试可在广告刊出前也可在广告播出后进行。具体做法:一是阅读率、视听率、记忆率测定;二是在事后找一些看过或听过的人请他们回忆广告内容;三是在刊登广告的报刊读者中抽取若干读者,看有多少人阅读并记住了该广告。

(二)广告销售效果研究

研究广告的传播效果并不能准确揭示其对销售增长的影响,企业当然更希望知道某一广告到底带来了多少销售增长。但客观上,销售增长除受广告影响外,还受其他众多因素影响,而且很难把这些因素的影响一一剔除。一般来说,其他因素的影响越少或可控制的程度越高,对广告销售效果的评估越容易;另外,邮购广告的效果较易估测,而目的在树立品牌或公司形象的广告销售效果最难估测。

在实践中,企业尝试着采用实验法和历史资料分析法评估广告的销售效果。实验方法如在不同地区支付不同水平的广告费用,或广告费用相同,但选择不同的广告媒体,然后将销售结果进行比较。历史资料法则是将企业历年的销售额与广告支出额用统计学方法进行处理,得出两者之间的相关关系。西方国家的一些大企业和研究者在这方面已做了大量尝试,以代替只是测试广告注意、记忆者百分数之类较低层次的评估方法。

【延伸阅读】

宝洁:无懈可击的广告策略

宝洁广告定位与产品定位浑然一体。以洗发水为例,海飞丝个性在于去头屑,"头屑去无踪,秀发更出众",飘柔突出"飘逸柔顺",潘婷则强调"营养头发,更健康更亮泽",三种品牌个性一目了然。宝洁的广告细分,达到把中国消费者一网打尽的目的。

宝洁广告极具说服力。它的电视广告惯用的公式是"专家法"和"比较法"。比如舒肤佳广告,舒肤佳先宣扬一种新的皮肤清洁观念,表示香皂既要去污,也要杀菌,这就是"专家法"。然后通过显微镜下的对比,表明使用舒肤佳比起使用普通香皂,皮肤上残留的细菌少得多,强调了它强有力的杀菌能力,这就是"比较法"。它的说辞"唯一通过中华医学会认可",再一次增强其权威性。

宝洁形象代言人与众不同。宝洁的竞争产品,一直聘请国际大腕级女名人做形象代言人,而宝洁代言人通常是符合宝洁产品个性、气质定位的平民化广告新人。这类广告让广大消费者耳目一新,给他们带来了平和、亲近的感受。比如飘柔广告代言人,通常是公司的白领,而平常注重形象、愿意头发更柔顺的消费者也常是受过教育的白领阶层,自然飘柔广告深受他们的欢迎。

(资料来源:http://news.cnfol.com,2008年09月24日)

第三节 人员推销

人员推销是促销组合中最传统的一种促销方式,它在现代企业市场营销活动中占有相当重要的地位。

一、人员推销的特点

人员推销是企业运用推销人员直接向顾客推销商品和劳务的一种促销活动。在人员推销活动中,推销人员、推销对象和推销品是三个基本要素。其中前两者是推销活动的主体,后者是推销活动的客体。通过推销人员与推销对象之间的接触、洽谈,将推销品推销给推销对象,从而达成交易,实现既销售商品,又满足顾客需求的目的。

(一)人员推销的优点

人员推销之所以长盛不衰,关键在其具有不可替代的优点和作用。其优点表现在以下四个方面:

(1)人员推销是面对面的双向信息沟通,因此有很大的灵活性。一方面,推销人员将有关产品的质量、功能、使用、安装、维修、技术服务、价格以及同类产品竞争者的有关情况等方面的信息传递给潜在的目标顾客,以此来达到招徕顾客、促进产品销售之目的;另一方面,又将顾客对产品性能、规格、质量、价格、交货时间等的要求及时反馈给企业。同时,推销人员可根据每位潜在客户的购买动机、要求和问题的不同,随时调整自己的策略和方法,有针对性地进行推销,充分地说服顾客,使客户的要求得到最好的满足。

(2)人员推销的选择性强。推销员大多是一次访问一位潜在客户,完全可以根据目标顾客的特点选择每位被访者,并在访问前对其做一番研究,拟定具体的推销方案,而广告对目标顾客的选择性就差得多。所以,尽管广告的覆盖面远较人员推销大得多,但成功的概率却比后者小得多,因为广告的受众中有相当部分的人根本不可能购买该产品。

(3)人员推销具有完整性。推销人员的任务不仅是访问客户,传递信息,说服顾客购买,还包括提供各种服务,达成实际的交易。如签订购买合同,协助安排资金融通,准时交货,甚至承担安装、调试、技术指导、维修服务的任务;特别是一些结构复杂的产品,人员推销的效果更优。此外,推销员大多还承担为企业收集市场信息的任务。

(4)人员推销具有公关作用。好的推销员善于与客户建立起超出单纯买卖关系的友谊和信任,为企业赢得一批忠实的客户,实际上起到了公关的作用。

(二)人员推销的缺点

人员推销的缺点主要表现在两个方面:一是支出较大,成本较高。由于每个推销人员直接接触的顾客有限,销售面窄,特别是在市场范围较大的情况下,人员推销的开支较多,这就增大了产品销售成本,一定程度地减弱产品的竞争力。二是对推销人员的要求较高。人员推销的效果直接决定于推销人员素质的高低,并且,随着科学技术的发展,新产品层出不穷,对推销人员的素质要求越来越高。要求推销人员必须熟悉新产品的特点、功能、使用、保养和维修等知识与技术。要培养和选择出理想的胜任其职的推销人员比较困难,而且耗费也大。

由于上述缺点,决定了人员推销并非处处适用,主要用于买主数量有限,分布区域集中或购买批量大的情况,以降低费用,提高效率。

二、推销人员的任务和素质

(一)推销人员的任务

人员推销的关键在推销人员。与早期推销人员相比,现代推销人员的作用已不仅仅限于单纯的商品销售,他们的地位日益重要,作用也日益广泛。

(1)探寻。推销人员不仅了解和熟悉现有顾客的需求动向,而且尽力寻找新的目标市场,发现潜在顾客,培养新客户,从事市场开拓工作。

(2)沟通。推销人员与现实的和潜在的顾客保持联系,及时把企业的产品介绍给顾客,同时注意了解他们的需求,沟通产销信息。

(3)销售。推销人员通过与消费者的直接接触,运用推销的艺术,分析解答顾客的疑虑,达成交易的目的。

(4)服务。除了直接的销售业务,推销人员尚需提供各类服务,诸如业务咨询、技术性协助、融资安排、准时交货。

(5)调研。推销人员可以利用直接接触市场和消费者的便利条件进行市场调研和情报工作,并且将访问的情况做出报告,为开拓市场和有效推销提供依据。

(6)分配。主要在货源短缺时,根据顾客的信誉和急需程度,合理分配货源,调剂余缺。

(二)推销人员的素质

推销人员是企业开拓市场的先锋,是企业形象的重要代表,必须具备一定的基本条件。现代企业十分重视推销人员的素质,一个理想的推销人员应具备以下素质:

1. 强烈的敬业精神

推销工作是一项很辛苦的工作,有许多困难和挫折需要克服,有许多冷酷的回绝需要去面对,这就要求推销人员必须具有强烈的事业心和高度的责任感,把自己看成是"贩卖幸福"的人,有一股勇于进取、积极向上的劲头,发扬为人民服务的精神,过千山万水,进千家万户,尝千辛万苦,讲千言万语,想千方百计,达到开拓市场的目的。如莲花味素的推销人员长年累月奔波在全国各地,终于使莲花味素坐上了中国味精行业的头把交椅。

2. 敏锐的观察能力

市场和顾客的情况是很复杂的,不仅差别很大,而且受许多因素的制约。一个有敏锐观察能力的推销人员,能眼观六路,耳听八方,及时发现和抓住市场机会,揣摩顾客的购买意图和购买心理,提高推销的成功率。

3. 良好的服务态度

推销人员不仅是企业的代表,也应是消费者的顾问。应真正树立"用户第一""顾客是上帝"的思想,想顾客所想,急顾客所急,积极为顾客服务。这样才能较快地赢得顾客的信任。

4. 说服顾客的能力

推销人员要能熟练地运用各种推销技巧,成功地说服顾客。要熟知推销工作的一般程序,了解顾客的购买动机和购买行为,善于展示和介绍自己的产品,善于接近顾客,善于排除顾客的异议直至达成交易。要做到这些,首先必须相信自己,相信自己的产品,相信自己所代表的企业。这样才能产生积极性和动力,继而才能成功。

5. 宽阔的知识面

推销人员经常与各种各样的顾客打交道,需要具有宽阔的知识面。知识面的宽阔与否一定程度上决定了推销人员的推销能力,所以,推销人员应有旺盛的求知欲,善于学习并掌握多方面的知识,这样运用起来才会游刃有余。一般来讲,一个优秀的推销人员应该具备下列几方面的知识:

(1)产品知识。推销人员必须全面了解所推销商品的技术性能、结构、用途、用法、维修与保养;不同规格、型号、式样的差别;本行业中的先进水平;产品性能的发展趋势;现有用户的反应;使用中应注意或避免的问题;与竞争对手产品相比的特征及其他有关的商品知识。如果推销人员对所推销的商品缺乏全面的了解,那是不可能得到顾客信任的。

(2)企业知识。推销人员应掌握本企业的历史背景、在同行业中的地位、生产能力、产品种类、技术水平、设备状况、企业发展战略、定价策略、销售政策、交货方式、付款条件、服务项目等。

(3)用户知识。推销人员应了解谁是产品的购买决策者,其购买动机和购买习惯如何,对交易条件、交易方式和交易时间有什么要求。如一位推销员与一个购买小组谈了多次,一直未能成交,后来了解到购买设备的决策权不在那位年长一些的总工程师手里,而在更年轻一些的副厂长手中,后来推销员积极与那位副厂长联系,终于达成了交易。

(4)市场知识。推销人员应熟悉现实顾客的购买力情况及分布规律,了解潜在顾客的需求量及分布情况,能够研究和分析目标市场环境的变化。

(5)语言知识。语言是推销人员与顾客沟通的工具。根据客户对象的不同,必要时应掌握普通话、地方话、外语以及语法修辞、语言技巧等。如某企业出口菠萝块罐头,将"碎块"一词译成"破破烂烂";还有一家生产名酒的厂家,将"古老的中国名酒"译成"陈腐的中国名酒",这些都让外商瞠目结舌。

(6)社会知识。推销人员应了解市场所在地区的经济地理知识和社会风土人情,以及和推销活动有关的民族、宗教、心理等方面的知识。这些知识越丰富,越有利于推销。如中国香港居民十分忌讳不吉利的字眼,据说瑞士产的西马牌手表不好销是由于"西马"与"死妈"同音。又如,和日本人谈话,盯着对方眼睛被认为是失礼的;而在美国,与人谈话时不注视对方眼睛,则被认为是不礼貌的和狡猾的。

(7)美学知识。追求美是人类的天性,任何一位顾客都是追求美的。所以推销人员还必须具有美学知识。现代企业的推销人员尤其应该懂得工业美学,包括符合标准化、系列化、通用化的正规美;显示水平的功能美;合乎人体要求的舒适美;反映科学的小性能美;体现先进的工艺美;应用新物质的材质美;标志成果的色彩美;合乎逻辑的比例美;标准力学的结构美;反映宇宙的和谐美等。

(8)必要的法律知识和商务知识。

三、人员推销的管理

企业对人员推销的管理,主要体现在两方面:一是确定推销队伍的组织结构;二是对推销员的招聘与训练、督促与报酬。

(一)推销队伍的组织结构

推销队伍的组织结构,是推销员如何分工最有效率的问题。有三种主要的组织方式:

1. 地区式组织

即按地理区域划分推销队伍,是最常见、最简单的组织结构。通常给每位推销员划分一个地区,全面负责该地区内所有客户和产品的推销。不过,由于不同地区的顾客密度、销售潜量和工作量不等,每位推销员负责地区的面积并不相同。此外,划分销售地区时还要考虑到自然界限的位置、交通是否便利等。今天的企业已可利用计算机程序来划分销售区域,力图在工作量、销售潜量、出差时间和费用的合理匹配方面达到最佳。

2. 产品式组织

地区式组织主要适用于产品和市场都较单纯的企业。当企业经营众多各不相同的产品,且这些产品的技术性较强时,较好的选择就是产品式组织了,即由一位或几位推销员负责一种产品在所有地区的销售,每位推销员都十分熟悉他所负责的产品和市场。

3. 市场式组织

对采取多角化经营战略的企业来说,产品式组织并不一定都是最好的选择,如果该企业生产的多种产品都被相同的顾客买去了,按产品分工,就会出现分属不同部门的推销员都跑到同一位客户那里去推销产品的情况,此时,按用户行业或单独为某个大用户组建销售队伍更为合理。如 IBM 公司分别为金融业和经纪人设立销售处,在底特律专为通用公司设立一个销售处。

有时企业还可采取复式推销组织结构,即混合运用上述三种推销结构。此外,随着市场和经营范围的变化,企业还需重新考虑其推销组织结构。

(二)推销人员的招聘与训练

推销人员素质的高低对实现企业目标、开拓市场、扩大销售的影响举足轻重。研究表明,普通推销员和优秀推销员的业务水准和销售实绩都相差甚远。因此,企业不能不十分重视推销员的招聘与训练。

招聘程序也因企业而异,一般可分为:刊登招聘广告、申请、面谈、测验、调查、体检、安排工作等。大企业在招聘程序上较复杂,也更注重正式测验的成绩。

新招聘来的推销员在上岗前应进行系统的知识和技能培训,才能代表企业去从事推销工作。原有的推销员,每隔一段时间,也应组织培训,学习和认识企业新的经营计划、新的市场营销策略与新产品。培训内容主要有:公司的情况、产品的情况、市场的情况、竞争对手的情况、推销技巧、必要的法律知识和商务知识。

培训推销人员的方法有很多,常被采用的方法有三种:一是讲授培训。这是一种课堂教学培训方法。一般是通过举办短期培训班或进修等形式,由专家、教授和有丰富推销经验的优秀推销员来讲授基础理论和专业知识,介绍推销方法和技巧。二是模拟培训。它是受训人员亲自参与的有一定真实感的培训方法。具体做法是,由受训人员扮演推销人员向由专家教授或有经验的优秀推销员扮演的顾客进行推销,或由受训人员分析推销实例等。三是实践培训。实际上,这是一种岗位练兵。当选的推销人员直接上岗,与有经验的推销人员建立师徒关系,通过"传、帮、带",使受训人员逐渐熟悉业务,成为合格的推销人员。

(三)对推销员工作的督促、激励与评估

对推销员的管理除了招聘、培训、分配给一定的销售区域以外,还有日常工作中的监督、激励和业绩评估。

1. 对推销员的督促工作

(1) 规定对客户访问次数的标准。一般来说,销售量的增长与访问客户的次数成正比,企业可根据购买潜力给客户分类,然后规定一定时期内对各类客户的访问次数。

(2) 规定访问新客户的定额。企业只有不断发展新客户才能有效地增加销售,若听其自然,推销员可能会把大部分时间用于访问老客户,因此有必要规定发展新客户的任务。

(3) 制定访问客户和组织专门活动的时间表,督促推销人员提高时间利用率。

推销员自身的积极性对其工作成效有极大的影响,适当的激励将使他们更努力的工作。企业有必要规定奖励的方式和标准,使推销人员认识到,通过更加努力的工作,他们将获得额外的奖励,包括加薪、提升、受到表扬、享受休假、公费外出旅行等。

2. 对推销人员的评价

对推销人员的报酬要建立在对其工作实绩做出正确评估的基础上,为此,需建立有效的评价标准。常见的评价标准有:完成的销售额、毛利,销售访问次数,访问成功率,每次访问成本,平均客户数,新客户数,丧失客户数,销售总费用与费用率等。不过,由于各销售区域的销售潜力及单个客户购买规模、分布状况不同,很难用同一数量标准衡量不同推销员的工作,因此,通常配合使用以下方法:

(1) 横向比较,即将不同推销员在同一时期完成的销售额进行比较,但只有在他们各自负责区域的市场潜量、工作量、竞争情况、公司促销努力程度均差别不大的情况下,这种比较才有意义。

(2) 纵向比较,是将同一推销员现在与过去达到的销售额等指标进行比较。这种比较能反映出该推销员工作的改进程度。

(3) 对推销员的工作态度、品行、素质等进行评价,包括他对本公司、产品、顾客、竞争对手、所负责区域与工作职责的了解程度,言谈举止是否合乎要求等。

3. 推销人员的报酬形式

(1) 薪金制,即固定工资制,适用于非推销工作占很大比重的情况。这种形式的优点是便于管理,给推销员以安全感,情况发生变化时,容易根据企业需要调整推销员的工作。缺点是激励作用差,容易导致效率低下,能人离开。

(2) 佣金制,即推销员按销售额或利润额的一定比例获得佣金。佣金制可最大限度地调动推销人员的工作积极性,形成竞争机制。缺点是可能造成推销员只顾追求高销售额,忽视各种销售服务等短期行为,以致损害了企业声誉。

(3) 薪金与佣金混合制,此形式将薪金制和佣金制结合起来,力图避免两者的缺点而兼有两者的优点。至于两者各占多大比例,则依具体情况而定。据资料显示,美国约50%的企业采取这种混合制。

四、人员推销的形式、对象与策略

(一) 人员推销的基本形式

一般来说,人员推销有以下三种基本形式:

(1) 上门推销。上门推销是最常见的人员推销形式。它是由推销人员携带产品的样品、说明书和订单等走访顾客,推销产品。这种推销形式,可以针对顾客的需要提供有效的服务,方便顾客,故为顾客所广泛认可和接受。此种形式是一种积极主动的、名副其实的

"正宗"推销形式。

(2)柜台推销。又称门市推销,是指企业在适当地点设置固定的门市,由营业员接待进入门市的顾客,推销产品。门市的营业员是广义的推销人员。柜台推销与上门推销正好相反,它是等客上门式的推销方式。由于门市里的产品种类齐全,能满足顾客多方面的购买要求,为顾客提供较多的购买方便,并且可以保证商品安全无损,故此,顾客比较乐于接受这种方式。柜台推销适合于零星小商品、贵重商品和容易损坏的商品。

(3)会议推销。它指的是利用各种会议向与会人员宣传和介绍产品,开展推销活动。例如,在订货会、交易会、展览会、物资交流会等会议上推销产品均属会议推销。这种推销形式接触面广,推销集中,可以同时向多个推销对象推销产品,成交额较大,推销效果较好。

(二)人员推销的推销对象

推销对象是人员推销活动中接受推销的主体,是推销人员说服的对象。推销对象有消费者、生产用户和中间商三类。

(1)向消费者推销。推销人员面向消费者推销产品,必须对消费者有所了解。为此,要掌握消费者的年龄、性别、民族、职业、宗教信仰等基本情况,进而了解消费者的购买欲望、购买能力、购买特点和习惯等,并且,要注意消费者的心理反应。对不同的消费者,施以不同的推销技巧。

(2)向生产用户推销。将产品推向生产用户的必备条件是熟悉生产用户的有关情况,包括生产用户的生产规模、人员构成、经营管理水平、产品设计与制作过程以及资金情况等。在此前提下,推销人员还要善于准确而恰当地说明自己产品的优点;并能对生产用户使用该产品后所得到的效益做简要分析,以满足其需要;同时,推销人员还应帮助生产用户解决疑难问题,以取得用户信任。

(3)向中间商推销。与生产用户一样,中间商也对所购商品具有丰富的专门知识,其购买行为也属于理智型。这就需要推销人员具备相当的业务知识和较高的推销技巧。在向中间商推销产品时,首先要了解中间商的类型、业务特点、经营规模、经济实力以及他们在整个分销渠道中的地位;其次,应向中间商提供有关信息,给中间商提供帮助,建立友谊,扩大销售。

(三)人员推销的基本策略

在人员推销活动中,一般采用以下几种基本策略:

(1)试探性策略。也称为"刺激—反应"策略。这种策略是在不了解顾客的情况下,推销人员运用刺激性手段引发顾客产生购买行为的策略。推销人员事先设计好能引起顾客兴趣、能刺激顾客购买欲望的推销语言,通过渗透性交谈进行刺激,在交谈中观察顾客的反应;然后根据其反应采取相应的对策,并选用得体的语言,再对顾客进行刺激,进一步观察顾客的反应,以了解顾客的真实需要,诱发购买动机,引导顾客产生购买行为。

(2)针对性策略。该策略是指推销人员在基本了解顾客某些情况的前提下,有针对性地对顾客进行宣传、介绍,以引起顾客的兴趣和好感,从而达到成交的目的。因推销人员常常在事前已根据顾客的有关情况设计好推销语言,这与医生对患者诊断后开处方类似,故又称针对性策略为"配方—成交"策略。

(3)诱导性策略。该策略是指推销人员运用能激起顾客某种需求的说服方法,诱发和引导顾客产生购买行为。这种策略是一种创造性推销策略,它对推销人员要求较高,要求推销人员能因势利导,诱发、唤起顾客的需求;并能不失时机地宣传介绍和推荐所推销的产品,以满足顾客对产品的需求。因此,从这个意义上说,诱导性策略也可称"诱发—满足"策略。

第四节 营业推广

营业推广(sales promotion),又称销售促进,它是指企业运用各种短期诱因鼓励消费者和中间商购买,从而扩大销售的促销活动。营业推广是与人员推销、广告、公共关系相并列的四种促销方式之一,是构成促销组合的一个重要方面。营业推广曾一度被看作仅仅是广告和人员推销的补充,但近年它的增长速度很快,原因在于:(1)竞争激化,同类产品品牌数目增加,许多产品处在相似状态,消费者更看重交易中的实惠;(2)广告媒体拥挤、费用日益上涨,广告的吸引力和效果下降;(3)企业经常处于要在短期内迅速增加销售的压力之下。

一、营业推广的特点

营业推广是人员推销、广告和公共关系以外的能刺激需求、扩大销售的各种促销活动。概括来说,与其他促销方式相比较,具有下述明显特征:

(一)非连续性

营业推广一般是为了某种即期的促销目标专门开展的一次性促销活动。它不像广告、人员推销、公共宣传那样作为一种连续的、常规性的促销活动出现,往往着眼于解决一些更为具体的促销问题,因而往往是非规则、非周期性地使用和出现的。

(二)形式多样

营业推广的方式多种多样,各种方式各有其长处和特点,企业应根据不同的产品特点、不同的市场营销环境、不同的顾客心理等条件灵活地加以选择和运用。

(三)即期效应

营业推广往往是在一个特定的时间里,针对某方面的消费者或中间商提供一种特殊优惠的购买条件,能给买方以强烈的刺激作用。只要方式选择运用得当,其效果能很快地在其经营活动中显示出来,而不像其他促销方式那样需要一个较长的周期。因此,营业推广比较适合于那些突击式的、需要短期见效的促销目标。

(四)有一定的局限性和副作用

有些方式显现出卖者急于出售的意图,容易造成顾客的逆反心理。如果使用太多,或使用不当,顾客会怀疑此产品的品质,及产品的品牌,或产品之价格是否合理,给人以"推销的是水货"的错误感觉。

二、营业推广的措施

(一)针对消费者的营业推广

针对消费者的营业推广,是指向消费者提供一种激励(如降价、免费或低成本的贷款及礼物),促使其首次尝试、转回来使用,或再次购买某一品牌。针对消费者的营业推广主要有以下几种:

1. 优惠券

优惠券是持有者在购买某种特定产品时凭之可少付若干金额的凭证。优惠券可以通过邮寄、包进其他产品内或附在其他产品上，也可刊登在杂志和报纸广告上传递到消费者手中。优惠券可以有效地刺激成熟期产品的销售，诱导对新产品的早期使用。专家们认为，优惠券必须提供15%～20%的价格减让才有效果。

2. 赠送样品

赠送样品是指免费提供给消费者试用的样品，可以鼓励消费者认购，也可以获得消费者对产品的反应。样品可以挨家挨户地送上门，邮寄发送，在商店内提供，附在其他产品上赠送或作为广告品。赠送样品是最有效也是最昂贵的介绍新产品的方式。

3. 现金折款

现金折款是消费者在购物完毕后将一张指定的"购物证明"寄给制造商，制造商用邮寄的方式"退还"部分购物款项。

4. 特价包装

特价包装向消费者提供低于常规价格的一种销售方法，其做法是在商品包装上或标签上加以附带标明。

5. 提供赠品

提供赠品是以较低的代价或免费向消费者提供某一物品或服务，以刺激其购买某一特定产品。如买录音机送磁带，买照相机送胶卷。

6. 交易印花

交易印花是指顾客购买时，商家根据其购买额送与一定数量的印花，当顾客手中的印花积累到若干时即可兑换某种产品或现金。此形式可以吸引顾客长期购买本企业产品。

7. 免费试用

免费试用指邀请潜在顾客免费试用汽车、电器、机器设备等，以刺激他们的购买兴趣，以期他们购买此产品。此法可针对消费者，但更多的是针对产业用户。

8. 产品保证

产品保证是由销售者保证按规定产品无明显或隐含的毛病，如果在规定期内出毛病，销售者将会负责修理或退款给顾客。

9. 有奖销售

有奖销售是指消费者在购买某物品后，向他们提供赢得现金、旅游或物品的各种获奖机会。

10. 售点陈列和示范表演

售点陈列和商品示范表演发生在购买现场或者销售现场。它是用现场陈列和示范表演的方法介绍产品的特色、用途、使用方法，若是食品，则请消费者当场品尝。

11. 包装兑现

包装兑现是指采用商品包装来兑换现金。如收集到若干个饮料瓶盖，可兑换一定数量的现金或实物，借以鼓励消费者购买该商品。这种方式的有效运用，也体现企业的绿色营销观念，有利于树立良好的企业形象。

12. 降价销售

降价销售是指以低于正常水平的价格向顾客提供商品。

【延伸阅读】

年龄=折扣,你的折扣你做主

"活动期间,只要出示能证明你生日的有效证件,您哪一年出生的就可以打几折,比如:1986年出生的,打86折,51年出生的,就打51折"。这是某时尚女装品牌在"三八"妇女节设计的促销方案,该活动由于事前宣传到位,在当地引起了众多的议论,事中货品准备又充足,也同样取得了巨大的成功。这个促销方式充分利用了人们爱占便宜的心理,用自己可以定价的策略大大地调动了顾客参与的热情,从而达到了倾销库存、加大正品销售的目的。事后证明,最终销售的产品大部分集中在6~7.5折,几单5折,没有出现4折,因为40年左右出生的人已经快70岁了,很难出来凑这个热闹。

(资料来源:http://edu.gongchang.com,2011-12-29)

(二)针对中间商的营业推广措施

1. 购买折扣

购买折扣是为刺激、鼓励中间商购买并大批量地购买本企业产品,对中间商第一次购买和购买数量较多的中间商给予一定的折扣优待,购买数量越大,折扣越多。折扣可以直接交付,也可以从付款金额中扣除,还可以赠送商品作为折扣。

2. 资助

资助是指生产者为中间商提供陈列商品、支付部分广告费用和部分运费等补贴或津贴。在这种方式下,中间商陈列本企业产品,企业可免费或低价提供陈列商品;中间商为本企业产品做广告,生产者可资助一定比例的广告费用;为刺激距离较远的中间商经销本企业产品,可给予一定比例的运费补贴。

3. 经销奖励

经销奖励是对经销本企业产品有突出成绩的中间商给予奖励。这种方式能刺激经销业绩突出者加倍努力,更加积极主动地经销本企业产品,同时,也有利于诱使其他中间商为多经销本企业产品而努力,从而促进产品销售。

营业推广的形式还在被不断发明出来,也有一些形式被逐渐淘汰,企业要根据自身情况在它们之中做出选择。

三、营业推广的实施过程

一个企业在运用营业推广时,必须确定目标,选择工具,制订方案,实施和控制方案及评价结果。

(一)营业推广的对象与目标

首先要明确谁是营业推广的对象,是中间商还是消费者,然后进一步明确目标,就消费者而言,目标包括鼓励消费者更多地使用商品和促进大批量购买;争取未使用者试用;吸引竞争者品牌的使用者。就零售商而言,目标包括吸引零售商们经营新的商品品种和维持较高水平的存货;鼓励他们购买落令商品,贮存相关品种;抵消各种竞争性的促销影响;建立零售商的品牌忠诚和获得进入新的零售网点的机会。

(二)选择营业推广工具

我们知道,营业推广的方式很多,选择好营业推广方式是促销获得成功的关键。由于营业推广的各种方法特点不同,同一方法对不同对象的吸引力也有差异等,因此营业推广的措施需经比较后选择确定。同时应注意,在一次营业推广活动中,选择的措施不宜太多,以便增强针对性。

(三)确定营业推广的时机、规模与时间

营业推广的时机选择恰当会对其实施效果产生显著影响。确定营业推广的规模应与目标顾客结合起来考虑,如目标顾客面广,可把规模扩大些;同时,应尽可能选择效率高而费用省的营业推广方法,以收到事半功倍的效果。营业推广的时间一般不宜太长,以免出现怀疑或逆反心理,失去吸引力;但也不能太短,以免失去一些本可争取到的顾客,而造成遗憾。

(四)实施和控制营业推广方案

实施的期限包括前置时间和销售延续时间。前置时间是指开始实施这种方案之前所必需的准备时间。它包括最初的计划工作,设计工作,以及包装修改的批准或者材料的邮寄;配合广告的准备工作和销售点材料;通知现场推销人员;为个别的分店建立地区的配额;购买或印刷特别赠品或包装材料;预期存货的生产、存放、发放等。销售延续时间是指从开始实施促销措施起到采取此促销办法的商品大约95%已经到达消费者手里为止所经历的时间。

在计划实施中,应有相应的监督控制机制做保障,应有专人负责控制事态的进展,一旦出现偏差或意外情况应及时予以纠正和解决。

(五)评价营业推广效果

对营业推广方案的评价很少受到注意。最普通的一种方法是把推广前、推广中和推广后的销售进行比较。

第五节 公 共 关 系

一、公共关系的特点

公共关系,又称公众关系,是指企业在从事市场营销活动中正确处理企业与社会公众的关系,以便树立企业的良好形象,从而促进产品销售的一种活动。"公共关系"一词来自英文Public Relations,简称"公关"或PR。公共关系是一种社会关系,但又不同于一般社会关系,也不同于人际关系,因为它有独特的特征。公共关系的基本特征表现在以下几方面:

(一)公共关系是一定社会组织与其相关的社会公众之间的相互关系

这里包括三层含义:其一,公关活动的主体是一定的组织,如企业、机关、团体等。其二,公关活动的对象,既包括企业外部的顾客、竞争者、新闻界、金融界、政府各有关部门及其他社会公众,又包括企业内部职工、股东。这些公关对象构成了企业公关活动的客体。企业与公关对象关系的好坏直接或间接地影响企业的发展。其三,公关活动的媒介是各种信息沟通工具和大众传播渠道。作为公关主体的企业,借此与客体进行联系、沟通、交往。

(二)公共关系的目标是为企业广结良缘,在社会公众中创造良好的企业形象和社会声誉

一个企业的形象和声誉是其无形的财富。良好的形象和声誉是企业富有生命力的表

现,也是公关的真正目的之所在。企业以公共关系为促销手段,是利用一切可能利用的方式和途径,让社会公众熟悉企业的经营宗旨,了解企业的产品种类、规格以及服务方式和内容等有关情况,使企业在社会上享有较高的声誉和较好的形象,促进产品销售的顺利进行。

(三)公共关系的活动以真诚合作、平等互利、共同发展为基本原则

公共关系以一定的利益关系为基础,这就决定了主客双方必须均有诚意,平等互利,并且要协调、兼顾企业利益和公众利益。这样,才能满足双方需求,以维护和发展良好的关系。否则,只顾企业利益而忽视公众利益,在交往中损人利己不考虑企业信誉和形象,就不能构成良好的关系,也毫无公共关系可言。

(四)公共关系是一种信息沟通,是创造"人和"的艺术

公共关系是企业与其相关的社会公众之间的一种信息交流活动。企业从事公关活动,能沟通企业上下、内外的信息,建立相互间的理解、信任与支持,协调和改善企业的社会关系环境。公共关系追求的是企业内部和企业外部人际关系的和谐统一。

(五)公共关系是一种长期活动

公共关系着手于平时努力,着眼于长远打算。公共关系的效果不是急功近利的短期行为所能达到的,需要连续的、有计划的努力。企业要树立良好的社会形象和信誉,不能拘泥于一时一地的得失,而要追求长期的稳定的战略性关系。

二、公共关系的基本职能

在促销活动中,公共关系的基本职能包括以下几点:

(一)监察环境,搜集信息

企业要在复杂的市场竞争中求得生存和发展,必须随时注意自己的宏观环境和微观环境的变化,公共关系组织通过进行的公共关系调查,搜集有关本企业的产品和企业管理方面的信息,发现问题,并及时向企业反馈,从而为企业制订和调整营销计划提供依据。

(二)传播沟通,树立形象

企业要为自己的市场营销创造良好的外部环境,必须注意建立企业的信誉,树立企业的形象。公共关系活动就是通过多种渠道向社会各界传达自己的信息,把本企业的各方面优势及主要工作介绍给广大公众,并通过企业内部高质量的产品和服务,使外部公众能正确认识本企业,使内部职工增强荣誉感和自豪感,以树立美好的形象。

(三)调解纠纷,争取谅解

企业在市场营销活动中,由于各方面的利益差别,充满了各种矛盾,如果处理不当,会产生各种纠纷。这些纠纷如不及时解决,就会影响企业的声誉,甚至危及企业的生存。这就要求企业必须做好预防和调解工作。在纠纷发生以前,要注意发现问题的征兆,迅速处理,以便把纠纷消灭在萌芽中;纠纷发生后,要实事求是地采取措施补救,并通过各种传播媒介,迅速纠正那些有损企业形象的宣传。这些工作,是公共关系活动的基本任务之一。

(四)咨询建议,教育引导

这是公共关系活动对企业内部公众的职能。所谓咨询建议,是指公共关系人员要向企业的最高管理阶层和各部门提供有关公共关系方面的情况和意见,为领导者决策起参谋咨询作用。所谓教育引导,是指公共关系人员向本企业的全体员工传递外界对本企业的有关

信息,教育引导全体员工重视本单位的形象和声誉。

(五)扩大交往,提高效益

公共关系活动本身的要求是处理好与社会各方面的关系,这与促销的要求是一致的,通过扩大与社会各界的交往,可以处理好与社会各界的关系,使社会各界深入了解本企业,从而提高企业的营销效益。例如,通过扩大与新闻媒介的交往,可以取得各种有用的信息;通过参加社会公益活动,可以提高企业声誉,取得企业利益和社会效益。

总之,公共关系在市场营销活动中起着很大的作用,尤其他可以弥补人员推销和广告中自我宣传的不足,为企业扩大市场营销铺平道路。因此,必须努力做好公关工作。

三、公共关系的主要内容

在 20 世纪 90 年代营销策略研讨会上,菲力普·科特勒教授以"PENCILS"(铅笔)的比喻,形象地提出了营销公关所涉及的七个领域:P(Publication)——出版物;E(Event)——事件;N(News)——新闻;C(Community Relation)——社区关系;I(Identify Media)——确定媒体;L(Lobby)——游说;S(Social Cause Marketing)——社会理念营销。

(一)出版物

企业出版物是一种由工商企业、公用事业等单位出版的连续出版物或小册子,被称为"商业喉舌"。出版物散发的对象是内部员工、股东和消费者等,其目的是宣传企业的组织、产品和服务项目,是一种促进营销公关的工具。包括:

(1)撰写文字材料。如公司年度报告、小册子、文章、刊物等,广为散发,通过这些书面材料向目标顾客传递各种有关企业及产品的信息。

(2)编制音像材料。随着传播手段的进步,企业开始越来越多地利用幻灯、录音带和录像带传递信息。视听材料比文字材料更为生动形象,效果自然更优。

(二)事件

特殊事件无疑可以制造新闻。对市场营销人员和公关人员来说,可以安排一些特殊活动,来吸引公众对企业及其产品的注意。如召开新闻发布会、研讨会、展览会,举办周年庆祝活动、有奖比赛等,以接近目标公众。

(三)新闻

公关人员的一个主要任务是善于发现或创造对企业和产品有利的新闻,撰写新闻稿,以吸引新闻界和公众的注意,增加新闻报道的频率,扩大影响,提高知名度。无论是新产品的新闻发布会,还是在露天场地举行一项工程的揭幕典礼,都提供了引起新闻界注意的极好机会。但公关人员的技巧应超过制作新闻的技巧,如争取宣传媒体录用新闻稿和参加记者招待会,就需要营销技巧和人际交往技巧。媒体负责人必须尽可能多地结识新闻编辑人员和记者,与新闻界的交往越多,企业获得较多好新闻的可能性也就越大。

(四)社区关系

社区既是国家的缩影也是个体的缩影。社区关系是指企业与所在地政府、社会团体、其他组织以及当地居民之间的睦邻关系。社区关系的好坏,取决于企业的行为和社区居民的意向,这对于企业的生存与发展有着十分重要的影响。例如,1987 年,原苏联切尔诺贝利核电站发生爆炸,造成核污染。其核辐射在香港也产生了巨大的冲击波,香港人反对在大亚湾建造核电站。为此,有关部门和建设单位邀请香港各界人士到电站考察,散发各种宣传资料,传播媒介也纷纷报道,说明大亚湾核电站技术先进,安全可靠,以此消除了公众的误解和偏激情绪,使核电站如期建成。

(五)确定媒体

在一个高度交往的社会中,公司不得不努力去赢得注意。公司至少应努力创造一个公众能迅速辨认的视觉形象。视觉形象可通过公司的持久性媒体,如广告标识、文件、小册子、招牌、企业模型、业务名片、建筑物、制服标记等来传播。

(六)游说

游说是创造产品与企业知名度的另一种手段,指游说者在特定的情景中,借助语言和体语,面对广大的听众发表意见、抒发情感,从而达到感召听众的一种现实的营销公关活动。

(七)社会理念营销

社会理念营销,就是指企业不仅要满足消费者的需要和欲望并以此获得利润,而且要符合消费者自身和整个社会的长远利益,要正确处理好消费者的欲望和利益以及社会长远利益之间的矛盾。例如,刊登公益广告呼吁保护野生动物、减少环境污染、劝说戒烟等,都是社会理念的推广。除此之外,企业还应采取一些实际行动,如各种形式的公关赞助和社会活动,以提高企业声誉,建立企业长期的良好形象。

【延伸阅读】

燕子道歉

日本奈良有一个世界一流的旅馆,每年春夏两季游人如织,但每年四月以后,燕子便争相飞到旅馆檐下,筑窝栖息,繁衍后代。招人喜爱的燕子都有随便排泄的不懂事之处,刚出壳的雏燕更是把粪便溅在明净的玻璃窗上或雅洁的走廊上,尽管服务员不停地擦洗,但燕子的我行我素总会使旅馆留下污渍。于是,客人不高兴了。纷纷找服务员投诉,影响效益的危机出现了,有关人士大伤脑筋。但不久,这种现象就渐渐消失了。原因是客人们看到了一封"燕子"写的信:

女士们、先生们:我们是刚从南方赶来这儿过春天的小燕子,没有征得主人的同意,就在这儿安了家,还要生儿育女。我们的小宝贝年幼无知很不懂事,我们的习惯也不好,常常弄脏你们的玻璃窗和走廊,致使你们不愉快。我们很过意不去,请你们多多原谅。

你们的朋友:小燕子

寻找欢乐的游客见到小燕子的信,都给逗乐了,肚里的怨气也在大笑中悄然散去。

(资料来源:《视野》,2007年14期,作者:高谋,有删改)

四、公关活动的程序

(一)确立公关目标

公关的基本目标是在公众中塑造企业形象和产品形象,促进销售。但每次特定的公关活动还需有具体的目标,如建立或提高产品知名度,激励中间商的工作热情,使潜在顾客了解该产品能带给人们健康等。

(二)选择公关活动的形式及所要传递的信息

目标确定后,公关人员就要鉴别或拟定有趣的题材来宣传,通过搜集资料,可以发现有许多可向新闻界提供的题材。如果题材不够,公关人员可提议开展有新闻价值的活动,来创造新闻。比如,为了树立对企业有利的形象,可以举办重要的研讨会;邀请知名人士演讲;举办周年纪念;开展体育比赛;举行记者招待会等。假设一家知名度不高的医院想提高知名度,可通过聘请名医出诊、建立特色门诊、组织一系列较高难度的手术等,再加上广为报道,吸引人们注意。又如一家企业打算推出某种含硒保健饮料,需要收集硒元素对人体健康重要性的材料和一些人饮用含硒饮品后健康状况得到改善的实例,再将这些素材编集成册广为散发,或在报纸杂志的专栏中发表文章。

(三)实施计划

公关计划在实施过程中还会遇到种种具体的困难,需要谨慎对待。特别是在组织竞赛、记者招待会、大型社会公益活动时,更要求公关人员有反应灵敏的头脑,迅速处理好现场发生的问题。

(四)评估公关效果

公关对促销的直接效果同样难以衡量,特别是公关活动与其他促销手段配合使用时。

(1)销售效果评估法。如果企业单独运用公关方式促销,则可通过比较实施公关计划前后销售额的变化来估算其效果。

(2)展露度衡量法。通过统计各种大众传播媒介对本企业和产品报道的次数和长度来衡量公关活动的效果,我们称之为展露度衡量法。此法的缺点是并未表明有多少目标顾客真正接触、理解,并能回忆起这些报道,也未表明这些报道对目标顾客的购买意向到底有多大的影响。

(3)公众评价法。这是通过问卷或口头询问,了解有多少目标顾客注意、理解并记住了企业开展的公关活动,有多少人因此而形成了购买意向等。

【本章小结】

促销(promotion)是指企业通过人员推销或非人员推销的方式,向目标顾客传递商品或劳务的存在及其性能、特征等信息,帮助消费者认识商品或劳务所带给购买者的利益,从而引起消费者的兴趣,激发消费者的购买欲望及购买行为的活动。促销组合的决策过程主要是确定目标受众、确定沟通目标、设计沟通信息、选择沟通渠道、制定促销预算和制定促销组合。制定促销组合时应考虑的因素有促销目标、产品因素、市场特点、促销策略、促销预算等。广义的广告指一切利用传播媒体向公众传递信息的活动,包括经济和非经济两大类。狭义的广告专指企业通过各种付费传播媒体向目标市场和社会公众进行的非人员式信息传递活动。人员推销是企业运用推销人员直接向顾客推销商品和劳务的一种促销活动。营业推广(sales promotion),又称销售促进,它是指企业运用各种短期诱因鼓励消费者和中间商购买,从而扩大销售的促销活动。公共关系,又称公众关系,是指企业在从事市场营销活动中正确处理企业与社会公众的关系,以便树立企业的良好形象,从而促进产品销售的一种活动。

【基本概念】

促销　促销组合　拉式促销策略　推式促销策略　广告　广告媒介　人员推销　营业推广　公共关系

【实训(练习)题】

1. 简述促销组合的决策过程。
2. 确定促销组合应考虑哪些因素?
3. 人员推销有哪些优缺点?
4. 如何甄选和培训推销人员?
5. 广告设计包括哪些步骤?
6. 公共关系活动方式有哪几种?
7. 营业推广的措施有哪些?

第十五章 国际市场营销

【学习目标】

1. 掌握国际市场营销的概念；
2. 了解国际市场营销环境的内容；
3. 掌握国际目标市场选择的方法；
4. 了解国际市场营销的进入方式；
5. 了解国际市场营销策略；
6. 能够对指定的国际市场营销环境做出自己的分析。

【引例】

加多宝"红动伦敦 畅饮加多宝"

2012年4月，加多宝"红动伦敦 精彩之吉"活动在广州拉开序幕，加多宝"红动伦敦之星"评选同期启动。之后"红动伦敦 畅饮加多宝"系列活动随即以"城市接力"的形式，在全国十大城市依次展开主题活动。无论是社会名流、奥运冠军还是普通百姓，都可以将自己对于奥运的祝福写在上面，并将寄语带到伦敦。在伦敦奥运即将开幕之前的7月8日，当一面庄严壮丽的红动大旗在两个巨型加多宝红罐造型的热气球牵动下，于鸟巢上空冉冉升起的时候，全场人群欢呼雀跃。在红旗的辉映下，现场的每一位国人都突然感觉到，自己和伦敦奥运的距离其实是如此之近。伦敦时间7月22日上午，由国家体育总局体育文化发展中心和加多宝集团联合发起的"红动伦敦 畅饮加多宝"在伦敦新地标——伦敦眼举行了一次别开生面的为伦敦奥运祝福的活动。

20世纪80年代以来，随着国际分工的深化和国际合作范围的不断扩大，世界各国之间的经济联系更加紧密，经济全球化已成为当今世界发展的一个显著特征和不可逆转的大趋势。

由于实行改革开放的政策，积极吸引外资、主动参与国际分工与合作，我国经济与世界经济的联系越来越密切，并取得了世界瞩目的成就。在经济全球化的背景下，我国于2001年12月加入了世界贸易组织，并且逐步放开企业外贸出口经营权，这为企业开拓国际市场、谋求更大发展提供了前所未有的机遇和更大的空间，越来越多的企业将走向国际市场。国际市场营销是跨国界的企业市场营销活动，与国际贸易及国内市场营销既有联系又有区别，在营销环境分析、目标市场选择、进入国际市场的方式以及营销组织结构、市场营销策略上，都有自身的特点。把握国际市场营销的特点，积极开展国际市场营销，对于开拓国际市场，扩大规模经济，提高经济效益，都具有积极的意义。

第一节　国际市场营销概述

一、国际市场营销的概念及特点

(一) 国际市场营销的概念

国际市场营销是指以企业为主体的跨越国境的市场营销活动,美国著名国际市场营销学专家菲利普·R·凯特奥拉将其定义为:国际市场营销是指对商品和劳务流入一国以上的消费者或用户手中的过程进行计划、定价、促销和引导,以获取利润的活动。

(二) 国际市场营销的特点

相对国内市场营销而言,国际市场营销具有以下特点:

(1) 复杂性。各国由于特定的社会文化、政治法律和技术经济环境不同,使国际市场营销的复杂性远远大于国内不同地区的市场营销。社会文化不同表现在语言障碍、文化差异、风俗习惯、社会制度不同等,给国际营销带来市场调查不易、了解贸易对手困难、交易双方沟通障碍、交易接洽不便等诸多困难;政治法律不同表现在政治体制、海关制度及有关贸易法规不同等,给国际市场营销带来障碍;技术经济环境不同表现在居民收入水平不同、经济发展水平不同、经济体制不同等,对国际市场营销也产生极大影响。

(2) 风险性。国际市场营销由于进行跨国界的交易活动,很多情况不易把握,其产生的风险如信用风险、汇兑风险、政治风险、商业风险等,远远大于国内市场营销。

(3) 激烈性。进入国际市场的企业都是各国实力强大的企业,使国际市场营销企业参与的国际竞争比之国内市场的竞争更为激烈,也更为残酷。世界各国在国际市场上,营销的参与者与国内也有很大不同,除国内市场竞争的常规参与者外,政府、政党、有关团体也往往介于营销活动中,政治力量的介入,使国际市场的竞争更加微妙,竞争的激烈程度也比国内市场大为提高。对于发展中国家的企业来说,参与国际竞争必然要承受巨大的竞争压力。

二、国际市场营销的发展阶段

一个企业进入国际市场,由于营销目标、实力以及营销经验不同,国际营销开展的程度也不同。为此可以把国际市场营销分为以下五个阶段:

(一) 被动的国际市场营销

这类企业的目标市场在国内,内部未设专业的出口机构,也不主动面向国际市场,只是在外国企业或本国外贸企业求购订货时,产品才进入国际市场。其产品虽进入国际市场,但显然是被动而非主动的,因此属于最低层次的国际市场营销。

(二) 偶然的国际市场营销

这类企业的目标市场仍然在国内,一般也未设立对外出口的业务机构,但在某一特定情况下却主动面向国际市场。这些企业偶然面向国际市场,主要是因为某一时期国内市场供过于求、竞争激烈或其他原因一次性外销产品,视国外市场为短期销售地。当国内供求及竞争趋于缓和时,这些企业又转向国内,生产本国市场所需要的产品。

(三)经常的国际市场营销

这类企业的目标市场既是国内市场也是国际市场,一般设立专门的出口机构,甚至在国外成立分销机构,在不放弃国内市场的前提下,制定国际市场营销战略,开发国外消费者所需的产品,针对国际市场营销环境,制定国际市场营销组合策略,参与国际竞争,力图在国际市场上占有一席之地。

(四)国际市场营销

这类企业已将国际市场作为主要的目标市场,甚至把本国市场视为国际市场的一个组成部分。在此阶段,企业已全面开展国际营销活动,通常在本国设立公司总部,在国外设立子公司或分公司,有计划地将产品销往多个国家。除了市场营销活动,企业已在国内和国外建立生产基地,形成较完善的生产、营销、研究与开发、财务、人力资源为一体的国际业务运作体系。

(五)全球营销

这类企业已成为跨国大企业,将世界包括国内市场视为一个整体。全球营销的跨国公司以各个国家和地区之间市场需求的共同性和差异性为前提,主要侧重于需求的共同性,实行统一的营销战略,同时也注意各国需求的差异性而实行地方化营销策略。全球营销是国际营销的最高阶段,企业从全球角度来考虑各国市场的开发、各国资源的充分利用,并且从组织机构设置、资金筹措和使用、生产运作、市场营销、研究开发和人力资源管理等各方面来适应全球化运作的需要。

第二节 国际市场营销环境

一、国际政治法律环境

国际政治法律环境,主要是由各国的国家政局变化和各国对外投资、对外贸易政策及其他相关政策法令所形成的,这些影响因素有些源自跨国营销企业的母国,有些来自于东道国,还有些则是国际性双边或多边协定等。公司走向国外市场,必须事先评估该国的政治环境和法律环境。

(一)政治环境

(1)政治体制。在国际市场营销中,首先要考虑所进入国家或地区的政治体制状况,如它是社会主义国家还是资本主义国家,是一党制还是多党制,是君主制还是共和制等。政治体制的差异会决定国家的政治主张和经济政策的差异,进而影响和制约国际市场营销活动。

(2)行政体制。要考虑所进入国家或地区的行政结构和效率、政府对经济的干预程度、政府对外国企业经营的态度等,对进入该国市场和在该国市场经营做出适当决策。

(3)政治稳定性。一个国家的政治稳定必然伴随持续稳定的经济政策,有利于企业正常经营;相反,一个国家政局不稳定,政府频繁更迭、人事频繁变动,甚至发生政变、战争等动荡因素,则影响经济发展,给国际市场营销企业带来严重的损失。

(4)国际关系。国际营销企业在东道国经营过程中,必然会与其他国家发生业务往来,特别是与企业所在母国有着千丝万缕的联系。因此,东道国与母国之间、东道国与其他国家之间的国际关系状况,也必然会影响国际市场营销活动。

(二)法律因素

现代企业在市场经济中的行为主要由法律来规范和约束,市场经济就是法治经济。企业在进行国际市场营销活动时必须了解国际法律的有关因素,才能依法经营,避免不必要的法律纠纷。

(1)国际公约。国际公约是两国或多国之间缔结的关于确定、变更或终止它们权利与义务的协议。一国只有依法定程序参加并接受某一国际公约,该条约才对该国具有法律约束力。进行国际市场营销活动的企业,必然要遵循有关国际公约,才能在经营中获得法律的保护。

(2)国际惯例。国际惯例是指在长期国际经济贸易实践中形成的一些通用的习惯做法与先例。它们通常由某些国际性组织归纳成文,并加以解释,并为许多国家所认可。国际惯例虽然不是法律,但在国际商贸活动中,各国法律都允许各方当事人选择所使用的惯例。一旦某项惯例在合同中被采用,该惯例便对各方当事人具有法律约束力。

(3)涉外法规。东道国的涉外法规是每个东道国的企业必须遵守的。这些涉外法规主要有三个方面:一是基本法律,如外资法、商标法、专利法、反倾销法、环保法、反垄断法、保护消费者权益法等,这些法规虽然都是国内立法,但对进入该国的国际企业仍然具有直接的约束;二是关税政策,包括进口税、出口税、进口附加税、差价税、优惠税等税种的设置以及产品税的征收形式,如从量计税、从价计税和混合计税、选择计税等;三是进口限制或非产品税壁垒,如进口配额、进口许可证制、进口押金制、进出口国家垄断,以及各种苛刻的商品检验技术标准等。所有这些法律、法规,国与国之间都不尽相同,有的差别甚大。因此,在进行国际市场营销活动中,必须了解东道国的法律法规的性质和具体内容,才能进行最有成效的营销活动。

二、国际经济技术环境

世界各国的经济技术环境不同,导致不同的市场需求,从而对产品和服务的数量、质量、价格提出不同的要求。

(一)经济发展阶段

一个国家所处的经济发展阶段,直接影响着在该国开展市场营销活动的深度和广度。目前,根据各国的经济发展状况,可以划分为两大类:发展中国家和发达国家。这两种类型国家的市场表现出很大的差异性。从生活消费品来看,在发展中国家人们比较注重产品的功能、实用性和价格;而在发达国家人们注重的是产品的款式、性能及特色。因此,在前者市场上价格竞争高于品质竞争,在后者市场上品质竞争多于价格竞争。从生产资料来看,发展中国家要求设备性能较先进,但更要节约资金,而不必节约劳动力;发达国家要求节约劳动力且性能先进。这种购买上的差异,为企业的产品开发提出了要求。

(二)技术经济结构

技术经济结构是指一个国家的生产技术发展水平形成的结构,它直接决定着该国对产品和服务的需求。按照这一标准,世界各国经济可以分为四种类型:

(1)农业经济类型,也叫"自给经济类型",指一个国家的技术落后,生产力水平低,主要以农业生产为主,自给自足,有剩余才进行交换,出口产品很少,国际购买的产品也不多。

(2)原料输出经济类型,指一个国家的少数几种自然资源比较丰富,而其他资源却比较匮乏,国民收入的大部分来自于出口资源,大量的工业制成品则要靠从外国进口。上述特点决定了这些国家是采掘设备、原料加工设备、运输工具和生活日用品的优良市场。

(3)工业化中的经济类型,是指那些已经建立了一定物质基础的新兴工业化国家和地区,它们的经济发展速度快,工业产值超过农业产值,制成品的出口比重不断增加。与此同时,生产这些产品的技术设备、原材料等则需要进口,因而这些国家是技术设备、原材料等产品的重要市场。

(4)工业化经济类型,是指那些已经实现了工业化的工业发达国家。这些国家的技术先进,工业规模巨大,产业门类多,服务业比重高,资金雄厚,既有大量的商品和资金输出,又需要大量的原材料、半成品输入。同时,这类国家的中产阶级人数众多,其购买力较大,因而也是消费品的主要市场。

(三)市场规模

市场规模主要由人口和收入水平所决定。从人口方面看,总人口是最主要的指标,一般来说,人口总是与需求总量成正比,总人口数越大,总需求量也越大。此外,人口增长率、人口的地区分布、人口的年龄结构、人口的性别结构及家庭数目等因素,对需求也产生不同程度的影响。从收入方面看,收入水平制约着市场规模。国民收入水平是衡量一个国家总体经济实力和购买力的重要指标,个人可支配收入、个人可自由支配收入则与商品购买力成正比。

(四)基础结构

一个国家的能源供应、交通运输、通信设施以及商业基础设施等基础结构状况,与国际市场营销活动有着密切的关系,这些基础结构越是完善,数量越多,业务质量越高,就越能促进经济的顺利运行。

(五)外汇管理

一个国家的外汇汇率以及对外汇进出的管制,对国际市场营销的影响极大。一个国家对另一国家货币的比率定得过低,则该国必须为进口支付更多的本国货币,对依赖原料进口的国家会造成困难。此外,一个国家对外汇管制的程度,也会影响国际市场营销的发展。

三、国际社会文化环境

社会文化环境是指一个社会的民族特征、风俗习惯、语言、意识、道德观、价值观、教育水平、社会结构、家庭关系等的总和。世界各国社会文化的差异,决定了各国消费者在购买方式、消费偏好、需求指向上都具有较大差别。

(一)社会组织

社会组织是指人与人相互联系的方式,一般可分为亲属关系和社会群体两大类。研究家庭形式是因为许多产品主要是以家庭为单位来购买的,如家用电器等。社会群体主要是指家庭以外的社会组织形式,包括年龄群体、性别群体和共同利益群体等。除了对不同年龄、性别群体进行研究,国际营销企业对各种利益群体,如消费者协会、行业协会、劳工组织、政党等也应高度重视,因为在市场营销中,这些共同利益群体对该企业能否在东道国及其社区顺利经营,有着举足轻重的作用。

(二)语言文字

语言和文字是交流信息的工具。世界各国使用的语言和文字不同,这就要求营销企业必须了解外国的语言和文字。语言文字对市场营销的影响主要表现在影响产品和影响营销工作两个方面。对产品的影响主要表现在产品名称要符合当地要求,商标、包装中的文字要正确反映该内容的准确含义等。对营销工作的影响是指由于不懂外国语言无法交流思想,因而无法打开市场。

(三)宗教信仰

世界有多种宗教,宗教属于文化中深层的东西,对人的信仰、价值观和生活方式的形成有深刻影响。宗教在国际营销中的重要作用首先表现为宗教节日往往是最好的消费品的销售季节,如圣诞节在欧美国家也意味着购物节,许多厂商借此机会竞相促销;其次,宗教上的禁忌制约着人们的消费选择,印度人不吃牛肉,穆斯林和犹太人禁饮烈性酒,相反穆斯林禁酒帮助可口可乐成为阿拉伯国家的畅销货;第三,宗教组织也是不可忽视的消费力量,其本身是重要的团体购买者,同时也对其教徒的购买决策起着制导作用。

(四)态度和价值观

不同国家、民族和宗教信仰的人,在价值观上有明显的差异。美国人喜欢标新立异,崇尚冒险精神,因此对新产品、新事物愿意去尝试,对不同国家的产品也抱着开放的心态,而东方民族相对保守持重,日本、韩国许多年长者甚至认为购买外国货就是不爱国。在时间观念上,发达国家往往比某些发展中国家更具有时间意识,因此快餐食品、速溶饮料、半成品食品往往在发达国家受到欢迎。

(五)教育水平

教育水平对市场营销的影响主要表现在两个方面:一是影响该国消费者的购买行为。文化水平低的国家其消费者对产品的感性要求高;文化水平高的国家,其消费者在购买中理性的因素增强。二是影响企业到该国投资。教育水平低的国家,因为在那里很难找到合格的管理人员而使企业不愿前去投资。

(六)风俗习惯

风俗习惯是人们自发形成的习惯性的行为模式,是一定社会中大多数人共同遵守的行为规范。风俗习惯遍及社会生活的各个方面,包括消费习俗、婚丧习俗、节日习俗以及商业习惯等。一个社会、一个民族的传统风俗习惯对其消费嗜好、消费方式起决定性作用。不同国家风俗习惯千差万别,对国际营销产生重大影响。中国人有赏菊之好,意大利则视其为不祥之兆;日本人洽谈生意注意礼节,很少当面拒绝,而美国人则往往不拘小节,喜欢开门见山,凡此种种,均对营销企业销售产品、设计品牌及其图案、选择促销工具产生不同程度的影响。

第三节 国际目标市场选择

一、国际市场细分

国际市场是一个庞大的、多变的市场,为了选择目标市场,首先要根据各国顾客的不同需要和购买行为,对国际市场进行细分。国际市场细分包括宏观细分和微观细分两层含义。宏观细分是指企业根据宏观环境因素把世界市场细分为若干个子市场,然后从中选择一个或几个子市场作为自己的目标市场。宏观细分选择的目标是某个、某些国家或地区。微观细分是指对宏观细分确定的目标市场按照消费者需求差异进行再细分,从而最终确定自己准备进入和占领的目标市场。微观细分选择的目标市场是某个国家或地区的特定消费群。

国际市场可按多种不同的标准进行细分:按技术经济结构,可以把国际市场分为原始农业型、原料出口型、工业发展型和工业发达型四类市场;按国别和地区,可以以国别划分为不同的市场,也可以按区域划分为东亚、南亚、欧盟、东欧、北美、拉美、中东等市场;按商品性质,可以分为工业品、消费品和服务市场;按人均国民收入,可以划分为高、中、低收入三种类型。此外,还可以按家庭规模、性别、年龄、文化程度、宗教、种族、气候等标准进行进一步的细分。

市场细分是选择目标市场的基础,但并不是只要进行细分就能取得好的结果。为了保证经过细分后的市场能为企业选择最佳目标市场创造条件,和国内市场细分一样,企业在进行国际市场细分时,必须遵循可衡量性、可占领性、有价值性和稳定性四项基本原则。

要有效地细分国际市场,必须遵循一定的步骤,一般地,这一过程可以分为三步:第一步,调查阶段。在这一阶段,企业应当借助各种资料来源和各种调查手段获取下列信息:各国的自然环境、自然条件、人口数量和基础设施状况;各国经济发展水平和市场体系、市场功能发展状况;各国的政治法律环境和社会文化习惯;各国消费者对特定产品需求的特点和满足状况;各国消费者对产品、价格、分销、促销等营销要素的敏感程度。第二步,分析阶段。在这一阶段,主要是对上一阶段所收集的数据进行分类、整理,重点在于发现各国消费者在需求上的共性、区别,对于在某一特征上具有明显共性的消费者可以归并为一个子市场,依据不同的特征可以得到不同的市场划分。第三步,描述阶段。在调查与分析的基础上,企业得到了对国际市场的各种划分。为了使这些划分更加明确,有必要对各子市场给出更为具体的描述。例如,各子市场主要用户的年龄、性别、收入、文化程度和职业特征,这些用户对现有产品的功能、价格、服务的态度和评价,各子市场用户之间有些什么主要差别等。通过这种进一步的描述,企业就可以在此基础上进行目标市场的选择和营销方案的制定了。

二、国际目标市场选择

在市场细分的基础上,就需要决定哪些市场是企业的目标市场。选择目标市场的依据主要有以下几方面:

(一)市场需求量

市场需求量的大小是决定该市场是否值得占领的重要条件之一。研究市场的需求量,不仅要考虑目前的需求量,还必须考虑未来的需求量,这就要进行市场预测。在预测时还要分析该市场上已有的同类产品的供应者和估计潜在的供应者,从而确定本企业产品投放该国市场后的可能销售量。

(二)市场增长速度

有的市场尽管规模不大,但潜力很大,未来市场的增长速度快,因某些条件的创造便会产生出一个巨大的市场。这种市场是选择目标市场时绝不能忽视的。选择这种市场作为目标市场,往往其未来收益十分可观。

(三)营销收益

企业从事国际市场营销是为了取得更高的收益,因而企业决定进入某国际市场时必须认真地进行成本分析,从而确定该目标市场营销收益的高低。对于国内生产、国外销售的企业,要计算生产、运输、销售等各方面的成本;对于外国生产、外国销售的企业,则要计算当地的生产成本、销售成本及税收和贸易惯例的费用等。从估计的销售额中减去估计的成本费用就是企业的利润。把利润同投资额相比,就是企业的投资收益率。投资收益率高者为佳。

(四)企业的实力和优势

在细分市场的规模、潜量均较理想的情况下,要把它确立为目标市场,企业还需考虑自身的情况。首先是企业的战略目标,如果进入这个市场与企业战略目标不符,那么只能放弃。其次是企业综合实力能否保证进入该市场,包括融资、生产、采购、技术创新等经营能力,计划、组织、人事、领导、控制等管理能力,以及国际营销能力等。再次是国际企业必须具有一定的竞争优势,要同竞争对手相比较,选择在产品质量和花色品种、企业规模、经营组织上竞争对手较弱的市场作为自己的目标市场。

(五)风险程度

国际市场营销是跨国界的营销活动,市场风险是十分突出的问题。由于自然灾害、意外事故、战争、政局不稳、两国关系恶化以及原料供求变化、货币贬值等原因,都有可能导致合同废除、货物丢失、交货延误、贸易歧视,甚至没收财产等风险的产生。因此,只有那些政局稳定、市场风险小的国家才是开展国际市场营销的有利场所。尤其是那些与中国关系较好,市场不断扩大,又与中国的市场环境有些接近的国家更是企业首选的目标。

三、国际目标市场扩展

企业的国际目标市场选择,除了根据上述条件选择外,还可采用扩展战略来确定自己新的目标市场。可单独采用或结合使用的扩展模式主要有以下几种:

(一)波及式

波及式扩展模式是指在已有的目标市场附近逐步扩大市场范围。其具体做法是:企业选择国际目标市场时先从周边国家或地区开始,先近后远,逐渐外推。其着眼点在于,利用邻近国家之间可能存在的历史文化联系,来减轻初涉国际市场存在的不适,待到羽翼丰满,再行远飞。发展中国家企业多采用这种模式。

(二)落差式

落差式扩展模式是指所选择的目标市场的经济发展水平和技术水平低于母国。其做法是:企业目标市场选择以经济发展水平和技术水平低于母国为条件,而不管距离的远近。着眼点在于寻求一种比较优势或绝对优势,利用这种优势差位来弥补国际营销的额外成本支出和不利,胜过当地竞争对手,实现国际成长。这是发达国家和技术水平高的大企业采用的战略。从历史上看,欧美国家的企业在国际市场营销中较多使用这种策略,它们用国内的先进技术和产品、高水平管理技能等绝对优势占领东道国的产品市场和经营地盘。日本企业在国际市场营销的早期阶段也较多使用比较优势差位,在那些国内失去优势,但在东道国有比较优势的领域展开国际市场营销,所以,韩国、马来西亚、泰国、印尼等国家和地区成为日本企业先后生产日用品、家用电器、电子类产品的重要基地和销售市场。

(三) 攀高式

攀高式扩展模式是指国际目标市场的选择地点在经济发展水平高于母国的国家或地区。其着重点有二:一是寻求利用当地的某些特殊优势条件,弥补自己国家经济技术条件差的不足。例如,有的企业生产高技术产品,产品质量不错,但因本国经济发展水平总体偏低,外国购买者总认为产品质量不如其他国家的产品,造成销路不畅。该企业就可以在制造这种产品有较高国际声誉的国家投资建厂,使用当地注册商标和企业名称,就会改变购买者的观念。二是展示和奠定企业的全球竞争地位。新兴工业化国家(地区)和某些其他发展中国家的跨国企业发展到一定程度后,都倾向于进军发达国家市场。

(四) 官子式

这是一种见缝插针式的扩展模式,主要为全球型的跨国公司所采用。当企业成为全球型的企业后,主要市场均已占领,现在的任务是充分挖掘现有市场潜力并尽量寻求新的市场,以维持和巩固市场地位。因此,只要具备一定条件的国家或地区,都尽可能去占领,类似于围棋中的收官子。虽然官子式扩展模式多数情况下无助于改变大局,但有助于多占一席之地。

第四节 进入国际市场的方式

企业开展国际市场营销,不仅要选择目标市场,还要选择目标市场的最佳进入方式,它不仅涉及企业及产品如何跻身国际市场,而且还涉及进入国际市场后如何根据实际情况的变化进行调整后再进入,从而顺利实现国际市场营销的目标。企业应当根据本国和所进入国家的各种政治经济情况及其自身的各种条件选择适当的进入方式。

一、出口进入方式

出口进入方式是指产品在国内生产,然后通过适当的渠道销往国际市场的方式。采用这种方式,生产地点不变,生产设施仍然留在国内,劳动力没有国际间流动,出口的产品可与内销产品相同,或根据国际市场需要做适当的调整,产品在国际市场遇到阻力时,还可及时转向国内市场。这种方式的经营风险相对较小,是一种传统的进入国际市场的方式,也是目前进入国际市场普遍采取的一种方式。出口进入又分为间接出口和直接出口两种方式。

(一) 间接出口

间接出口是利用本国中间商向国际市场出口产品的方式,是企业初始进入国际市场最常用的方式。其主要做法有:(1)生产企业把产品卖给外贸公司,产品所有权由生产企业转向外贸企业,再由外贸企业将产品销往国际市场;(2)生产企业委托外贸公司代理出口产品,产品所有权未转移,外贸公司是生产企业的代理商;(3)生产企业委托本国其他企业在国外的销售机构代销自己的产品,合作开拓国际市场。

间接出口方式的优点是:(1)投资少。企业不需要建立自己的国外销售机构,甚至不需要聘请专门的国际营销人才;(2)风险小。利用国内的专业外销机构,通过这些机构积累的国际营销经验为自己服务,可减少风险,同时由于没有为国际营销设立专门机构,也会降低风险;(3)企业可集中精力生产,不必为外销渠道分心。

间接出口也有如下的缺点:(1)不能直接了解国际市场,难以围绕国际市场需求开展营销;(2)过分依赖国内中间商,易于造成外销失控,甚至造成被中间商抛弃的风险。

(二)直接出口

直接出口是指生产企业自行承担一切出口业务。企业产品如果有外商前来购买,或企业生产规模很大并且出口额也很大时,往往采取直接出口的方式。其主要做法是:(1)直接向外国用户销售产品;(2)直接接受外国政府或厂商订货;(3)根据外商要求定做销往国外的产品;(4)参与国际招投标活动,中标后按照合同生产销往国外的产品;(5)委托国外代理商代理经营业务;(6)在国外建立自己的销售机构。

直接出口的优点是:(1)可以节省国内中间环节的费用;(2)可以直接面对国际市场,获取国际市场的需求变动信息,及时调整生产经营活动;(3)可以在一定程度上自主决策,控制产品外销。

这种方式也有不足:(1)一般需要建立产品出口的专门机构,甚至在国外建立机构,并需要聘用专门的国际营销人才,增加一定的费用;(2)需要自己承担由直接出口带来的经营风险。

二、契约进入方式

契约进入是指国际营销企业通过与目标国企业签订契约来转让技术、服务,提供技能等无形产品而进入国际市场的方式。20世纪70年代以来,由于国际上贸易保护主义盛行,出口进入受到一定阻碍,迫使一些企业转向契约进入方式,向国外目标市场输出技术、服务,提供技能来带动产品出口。采用这种方式,可以降低经营成本,避免经营风险,减少汇率波动损失,加强经济技术合作,正是这些优点使之在贸易保护主义盛行的时代,日益得到各国企业青睐。契约进入又有许可证贸易、特许经营、合约管理等方式。

(一)许可证贸易

许可证贸易指许可方以签订许可证合同的方式,将其工业产权(专利、商标、产品配方、公司名称等)的使用权转让给被许可方,以获取提成费用或其他补偿。其核心是无形资产使用权的转移。

许可证贸易根据不同的划分标准,可分为多种类型:(1)根据被许可方取得的权限大小,可分为独占许可、排他许可、普通许可等类型;(2)根据转让对象划分,可分为专利许可、商标许可、专有技术许可等类型;(3)此外还有一些特殊类型,如交叉许可、一揽子许可等类型。

许可证贸易是一种简单的走向国际市场的方式,它的优点是:(1)可避开进口国提高关税、实行进口配额等限制,使自己的产品快速进入国际市场;(2)不用承担东道国货币贬值、产品竞争的风险和其他政治风险;(3)不需要支付高昂运输费用,节约经营成本。

它的缺点是:(1)对被授权企业的控制有限,限制了目标市场容量的利用;(2)可能会培养出国际竞争对手。

(二)特许经营

特许经营是指特许方将商业制度及其他产权诸如专利、商标、包装、产品配方、公司名称、技术诀窍等无形资产许可给独立的企业或个人。被特许方用特许方的无形资产投入经营,遵循特许方制定的方针和程序。作为回报,被特许方除向特许方支付初始费用外,还定期按照销售额的一定比例支付报酬。特许经营与许可证贸易很相似,所不同的是,特许方要给予被特许方以生产和管理方面的帮助,例如提供设备、帮助培训、融通资金、参与一般管理等。

特许经营的优点是:(1)标准化的经营方式可最大限度地扩大特许企业的影响力;(2)可以化激烈的竞争关系为利益分享的伙伴关系,以较低的资本迅速扩展国际市场;(3)商业风险和政治风险较小。

这种方式的缺点是:(1)特许方的盈利有限;(2)对被特许方的控制有一定的难度,使特许方很难在各个市场上保证一致的品质形象;(3)可能把被特许方培养成自己未来强劲的对手。

(三)合约管理

合约管理方式是通过签订合约的方式,由国际营销企业向外国企业提供管理知识和专门技术,并提供管理人员,参与指导外国企业的经营管理。

合约管理方式是通过提供管理这种技术和服务的方式而获得回报的。这种方式的优点是:(1)企业可以利用管理技巧而不发生现金流出来获取收入;(2)可通过管理活动与目标市场国的企业和政府发生接触,为未来的营销活动提供机会。这种方式的主要缺点是具有阶段性,即一旦合约到期,企业就必须离开东道国,除非又有新的管理合约签订。

三、投资进入方式

投资进入方式是指企业在国外进行投资生产,并在国际市场销售产品的方式。企业通过投资方式进入国际市场,可以及时了解市场行情,充分利用东道国的资源,取得东道国政府的理解和支持。但由于投入了资本及其他生产要素,政治风险和商业风险明显增大。投资进入又分为独资经营和合资经营两种方式。

(一)独资经营

独资经营方式是企业在国外单独投资兴办企业,独立经营,自担风险,自负盈亏。

独资经营的优点是:(1)可获得东道国政府的支持与鼓励;(2)可获得东道国廉价的生产要素,降低经营成本;(3)可加强对独资企业的控制,避免工业产权向本企业外转移,避免竞争对手的迅速成长。但是,独资经营也是所有进入国际市场方式中风险最大的方式,如东道国没收、征用、通货膨胀、价格限制等。

(二)合资经营

合资经营方式是本国企业与国外一个或一个以上企业按一定比例共同投资兴办企业,共同生产经营并共同承担经营风险,共享经营收益的方式。

合资经营方式的优点是:(1)由于与东道国企业合资经营,政治风险较小,并可能享受较多的优惠政策;(2)可以利用国外合营伙伴熟悉该国政治法律、社会文化及经济状况的优势,比较容易取得当地资源并打开当地市场。合资经营的缺点是投资各方人员管理上难以协调,利润分配和使用上也容易产生矛盾。

四、对等进入方式

对等进入是指企业出口商品时必须购入国外一定数量的商品,从而进入国际市场的方式。对等贸易的双方都达到了进入对方市场的目的。对等贸易具体有补偿贸易和易货贸易两种方式。

(一)补偿贸易

补偿贸易是一种与信贷相结合的贸易方式。设备进口方以贷款形式购进国外机器设备、技术和专利,进行项目新建或改建、扩建,等项目竣工投产后,以该项目的产品或其他产品予以偿还贷款。补偿贸易有以下几种形式。

1. 产品返销

它是设备进口方从设备出口方购进技术设备,待生产出产品后用产品来抵付进口贷款的方式。这是最典型、最常见的补偿贸易方式。

2. 互购

它是设备进口方用其他产品来抵付贷款的方式。换言之,此方式是设备进口方购进设备,设备出口方购进其他产品的互相购买的方式。这种方式也称为间接产品补偿方式。

3. 部分补偿

它是设备进口方的贷款部分用产品偿还、部分用货币偿还的方式。偿还的产品既可以是该项目生产的产品,也可以是项目外的其他产品。偿还的货币既可以是现汇,也可以是制成品的销货款或新的贷款在后期偿还。

补偿贸易的优点是:(1)可以避免外汇短缺造成的市场收缩,扩大产品出口;(2)可以在一定程度上较为容易进入贸易保护程度较高的国家。补偿贸易的缺点是交易带有信贷性质,交换的对等性和互利性有时难以真正实现。

(二)易货贸易

易货贸易是一种以价值相等的商品直接交换的方式。易货贸易不需要货币媒介,并且往往是一次性的交易,履约时间较短。

易货贸易的优点是在不动用现汇的情况下出口商品并取得国内急需的设备和产品。缺点是交易的商品有局限性,达成大宗的易货贸易较难。

五、加工进入方式

加工进入是利用国外原材料,经过生产加工重新进入国际市场的方式。加工进入主要有来料加工和进料加工两种类型。

(一)来料加工装配贸易

来料加工装配贸易包括来料加工、来样制作、来件组装,它是以外商为委托方,本国企业为加工方,由委托方提供原材料、半成品,加工方承担加工任务,产品经检验合格后由委托方负责销售,加工方收取相应的加工费。

来料加工双方并非商业买卖关系,原材料及制成品的所有权属委托方。从事加工装配的企业通常是劳动密集型企业,因而这一方式在发展中国家中发展迅速。

(二)进料加工贸易

进料加工也称以进养出,它是企业购进外商提供的原材料、半成品,加工生产后产品重新进入国际市场。进料加工与来料加工装配都是通过加工生产获得一定的收益,但不同的是进料加工双方是商业买卖关系,买方向卖方支付货款后拥有货物的所有权,加工产品的销售也随货款的支付而伴之以所有权的转移。

加工进入方式的优点是:(1)可以引进国外先进技术,利用国外资源;(2)可以充分利用本国廉价的劳动力、土地资源,增加就业;(3)可以增加外汇收入。加工进入方式的不足是:不直接面对国际市场,市场控制程度差,有一定程度的风险。

【本章小结】

本章主要讲述了四方面的内容:国际市场营销环境、国际目标市场选择、国际市场进入方式和国际市场营销策略。国际市场营销环境主要说明国际环境与国内营销环境不同的环境特征。国际目标市场选择是在研究国际环境的基础上进行国际市场细分,结合企业的自身条件,选择能够作为企业销售对象的目标市场。国际市场进入方式涉及国际市场准入和有效的进入国际市场的方式。国际市场营销策略区分了国际市场的不同属性以及在此基础上应该选择的策略方法。

【基本概念】

国际市场营销　国际贸易　合约管理　补偿贸易　特许经营　直接出口　间接出口

【实训(练习)题】

1. 搜集海尔的资料,分析其进入国际市场的方式。
2. 以汽车为例,对比中美市场。

第十六章　市场营销新进展

【学习目标】
1. 掌握网络营销、口碑营销和微信营销的含义；
2. 了解数据库营销的概念；
3. 至少会运用四种新营销中的一种，并能够结合实践进行操作。

【引例】

小米最新公布的数据显示，其在2013年上半年的手机销量几乎相当于2012年全年的销量，而营收较去年同期的9.5746亿美元增长了一倍多。

小米手机在本质上是一个电子商务的平台，而其电商系统的本质是对用户需求的把握。据了解，小米在米聊论坛建成了一个"荣誉开发组"，从几万人的论坛中抽一批活跃度相当高的用户，大约200~300人，他们会和小米内部同步拿到软件更新的版本。最后，内部和外部的人一起同步测试，发现问题随时修改。这样一来，小米就很好地借助了外力，把复杂的测试环节很好地解决了。同时，通过MIUI论坛、微博等进行营销，对发烧友级别的用户单点突破，成功实现口碑营销，避免了电视广告、路牌广告等"烧钱"式营销。

消息称，截至2013年5月底，小米的微信账号已经有106万粉丝，属于企业微信账号中的超级大号。小米自己开发了微信操作后台，通过微信联系的米粉极大地提升了对小米的品牌忠诚度。"我们是把微信服务当成一个产品来运营的。"小米分管营销的副总裁黎万强表示。

小米手机每周会有一次开放购买活动，每次活动的时候就会在官网上放微信的推广链接，以及微信二维码。据了解，通过官网发展粉丝效果非常之好，最多的时候一天可以发展3~4万个粉丝。

第一节　网络营销

进入21世纪以来，飞速发展的国际互联网促使网络技术应用急剧增长，全球范围内的企业纷纷通过互联网提供信息服务和拓展业务范围，积极改组企业内部结构和发展新的管理营销方法。网络营销学就是随着信息技术的发展而发展的，目前互联网已发展成为辐射面更广的、交互性更强的新型媒体。随着网络用户的迅猛增加，互联网市场已经成为一个急速扩张、潜力巨大的市场，蕴涵着无限商机。如何在这巨大的网络市场上开展网络营销、占领市场，对企业来说既是机遇也是挑战。

一、网络营销的内涵及过程

(一)网络营销的内涵

网络营销是指以互联网为媒体，运用相关的方式、方法和理念实施营销活动以更有效地促成交易活动的实现。网络营销作为适应网络技术发展与信息网络时代社会变革的新兴营销策略,越来越受到企业的重视。网络营销在国外有许多表述,如 cyber marketing, internet marketing, notework marketing, e-marketing, 等等。不同的词组有着不同的侧重和含义,目前较常见的表述是 e-marketing, e-表示电子化、信息化和网络化,集中体现了网络营销的特质。

作为实现企业营销目标的新的营销方式和营销手段,网络的内容非常丰富。网络营销要求企业及时了解和把握网上虚拟市场的消费者特征和消费者行为模式的变化,为企业在网上虚拟市场进行营销活动提供可靠的数据分析和营销依据。

(二)网络营销的过程

网络营销的实施过程涉及以下步骤:

(1)网上市场调查。利用互联网交互式的信息沟通模式来进行市场调查活动,包括直接在网上通过问卷进行调查,或通过网络来收集市场调查中所需的其他二手资料。利用网上调查工具,可以提高调查效率和调查效果。

(2)网上消费者行为分析。互联网用户作为一个特殊群体,有着与传统市场群体截然不同的特征,因此要开展有效的网络营销活动必须深入了解网上用户群体的需求特征、购买动机和购买行为模式。互联网作为信息沟通工具,正成为许多兴趣、爱好趋同的群体聚集交流的场所,并且形成一个个特征鲜明的网上虚拟社区,了解这些虚拟社区的群体特征偏好是网上消费者行为分析的关键。

(3)网络营销战略的制定。不同企业在市场中处在不同的地位,在采取网络营销实现企业营销目标时必须采取与企业相适应的营销战略,因为网络虽然是非常有效的营销工具,但企业实施网络营销时需要进行投入并且有风险。

(4)网络营销组合策略的制定。企业应该根据网络独特的功能和优势及自身实际情况,来设计网上产品和服务策略、网上价格策略、网上渠道策略及网上促销策略等市场营销组合策略。

(5)网络营销管理与控制。网络营销往往面临许多传统营销活动没有碰到过的新问题,如网络产品质量保证,消费者隐私保护,在线支付及结果管理,网络订购与物流配送的协调,以及信息安全与保护,等等。这些问题都是网络营销必须重视和需要加以有效控制的问题,否则网络营销效果会适得其反,甚至产生很大的负面效应。

二、网络营销的特点

与传统的营销策略和手段相比,网络营销具有诸多鲜明的特点:

(一)营销成本低

传统的营销方式往往需要花费大量的经费于产品目录、说明书、包装、储存和运输上,并需设专人负责向顾客寄送各种相关数据。运用网络营销后,企业只需将产品信息输入计算机系统并上网,顾客就可以自己查询电子版本的产品目录,无须设专人寄送数据。说明书等不必再进行印刷、包装、储存和运输。这就大大节约了营销费用、降低了营销成本。

(二)营销环节少

在网络营销中,获取营销数据不必再求助于出版商,企业可以直接安排有关数据上网供顾客查询,潜在的顾客也不必再等企业的营销人员打电话告诉他们所要咨询的信息,他们自己就可以利用计算机查找。网络营销的运用使企业的营销进程加快,信息传播更快,电子版本的产品目录、说明书等随时可以更新。对于软件、图书、歌曲、影视节目等知识性产品来说,已经没有海关问题,人们可以直接从网上下载并采用电子方式付款。

(三) 营销方式新

在购买的同时,顾客可以自行控制购买后的过程。现今顾客的需求多种多样,他们在购买产品时,希望能够掌握更多相关产品信息,得到更好的售后服务。聪明的营销者运用多媒体展示技术和虚拟现实技术,使得顾客可以坐在家里了解最新产品和最新价格,选择各种商品,做出购买决策,自行解决运输方式,自行下订单,从而获得最大的消费满足。

(四) 营销国际化

互联网络已经成为了一个全球体系,企业运用网络进行营销,能够超越时间和空间的限制,随时随地提供全球性的营销服务,使国外的顾客与本企业在网上达成交易,实现全球营销。

(五) 营销全天候

网络营销可以一直进行,没有时间限制。企业的营销信息上网后,电子"信息服务员"就可以一直工作,一天24小时、一年365天从不间断。

网络营销作为新的营销理念和策略,凭借互联网特性对传统营销方式产生了巨大的冲击,但这不应该成为片面夸大网络营销作用的理由,更不能说网络营销将完全取代传统营销。网络营销与传统营销的整合是一个务实的、创造性的过程。

(1) 互联网作为新兴的虚拟市场,它覆盖的群体只是整个市场中的某一部分群体,许多群体由于各种原因不能或者不愿意使用互联网,如老人与落后国家地区的人,因此仍需要用传统的营销策略和手段覆盖这部分群体。

(2) 互联网作为一种有效的渠道有着自己的特点和优势,但对于许多消费者来说,由于个人生活方式不同,有些人不愿意接受或者使用新的沟通方式和营销渠道,如许多消费者不愿意在网上购物,而习惯在商场边购物边休闲。

(3) 互联网作为一种有效的沟通方式,可以方便企业与用户之间双向沟通,但消费者有自己的个人偏好和习惯,愿意选择传统方式进行沟通,如报纸有网上电子版本后,并没有冲击原来的纸介出版业务,反而起到了相互促进的作用。

(4) 互联网只是一种工具,营销所面对的是有情感的人,因此一些以人为本的传统营销策略所具有的独特的亲和力是网络营销无法替代的。随着技术的发展,互联网将逐步克服上述不足。在很长一段时间内,网络营销与传统营销是相互影响和相互促进的,最后实现融洽的内在统一。可以预见将来再也没有必要谈论网络营销了,因为网络营销的基础之一就是网络。

总之,网络营销与传统营销是相互促进和补充的,企业在进行营销时应根据企业的经营目标和细分市场,整合网络营销与传统营销策略,以最低成本实现最佳的营销目标。网络营销与传统营销的整合,就是利用整合营销策略实现以消费者为中心的传播统一、双向沟通,实现企业的营销目标。

第二节 口碑营销

一、口碑传播与口碑营销

口碑传播(word-of-mouth spread)是由个人或群体发起并进行的,关于某一特定产品、服务、品牌或组织的一种双向的信息沟通行为。

口碑营销就是把口碑的概念应用于营销领域的过程。即吸引消费者、媒体以及大众的自发注意,使之主动地谈论你的品牌或你的公司以及产品,并且在谈论的基础上,能够起到引人入胜的良好效果。同时得到消费者的认可,继而升华为消费者的谈论乐趣。它是具有自发性和主动性的传播,从而为媒体提供了报道的价值所在。由此形成这种良好品牌效应的过程叫作口碑营销。

在营销活动与口碑传播的关系研究中,早期的学者将目光主要集中在广告和赠品这两种营销活动上。研究结果证明,广告能激发消费者针对产品、服务、企业甚至广告本身的口碑的传播。此外,企业通过对消费者赠送样品或开展免费试用的活动也能促进他们针对产品的议论和讨论。然而,早期的研究者普遍将口碑传播当作广告的一种形式,只不过广告是企业对消费者(B2C)的传播活动,口碑传播则是消费者对消费者(C2C)的传播活动。

二、口碑传播的特征

(一)口碑传播信服度高

因为口碑经常依靠亲友、同事或者自己信任的人之间面对面的传播,让人信服的几率很高。口碑传播建立在消费者对产品、服务及观念满足的基础之上,如果缺乏基本的品质保障,就根本谈不上口碑,再好的口碑设计也不能形成口碑。因此,能够被人们广为传诵的产品或服务,一般来说都形成了较高的消费者满意度。此外,人际传播中的双方,如家庭、朋友等参照群体,在文化、观念、意见和价值判断上相当接近。因此,在消费观念上双方易于理解和认同,信息的传播者所传播的信息对接受方来说比较容易相信和接受。

(二)口碑传播具有自发性

因为口碑具有强大的可信度以及传播人之间存在某种信任关系以致形成在人群中自发、主动向外界扩散的效果。比如许多人在购买电子产品时喜欢向身边信赖的人进行咨询。

(三)信息的传播者也是接受者

口碑营销传播往往借助于社会公众之间的人际传播方式进行,在这种信息传播的过程中,每个人都是信息的发出者,也是信息的接受者,即在影响别人的同时,也受他人的影响。而且互动的个体之间信息交换迅速,来往传递几乎随心所欲,一方发出信息后,不断有机会获得反馈信息,不断有机会检测效果,加以改正,做出解释,答复对方,最终较好地完成传播活动。

(四)口碑营销能够给消费者以深刻的印象

口碑营销传播大多不是以技术性的讲解开头,都会带有传播人的某些主动看法,同时传播人一般会把自己的亲身感受以故事性的叙说告诉被传播人,这容易在传播人之间形成深刻的印象。

(五)口碑传播的过程是消费者交流的过程

口碑传播可以针对被传播者的具体情况,进行适当的传播内容和形式。同时消费者通过积极地交流回应也能及时知道自己所关心的消费品种类、品质、价格、市场供给状况及其变动趋势的信息。而对营销者来说不仅省去了越来越高昂的媒体购买和广告制作费用,而且传播到达率和投资收益更高。

第三节 数据库营销

随着信息技术的迅速发展和普及应用,数据库营销这一适应现代信息社会的独特营销方式开始备受企业界的青睐。在竞争日益剧烈的时代,企业如果能恰当运用数据库营销,将会使其产品更好地服务于顾客,从而获得更大利润。

一、数据库营销的概念和特点

(一)数据库营销的概念

数据库营销是营销领域的一次重要变革,是一个全新的营销概念。所谓数据库营销(database marketing,DBM),就是企业通过收集和积累消费者的大量信息,经过处理后预测消费者购买某种产品的概率,借助这些信息给产品以精确定位,有针对性地传播营销信息,以达到说服消费者购买产品的目的。

数据库营销需要通过系统的顾客数据资料的统计分析,准确进行市场的细分和定位,进而实施创造性、个性化的营销策略。数据库能够及时反映市场的实际状况,是企业掌握市场的重要途径。因此,高度的理性和个性化的营销策略是数据库的营销灵魂。同时,数据库营销可以发展和创新新市场、维持现有市场,可以与消费者进行高效的、可测量的、双向的沟通,真正实现了消费者对营销的指导作用。此外,数据库营销还意味着创造力、判断力、直觉、团队精神和洞察力,它需要"亲密感",需要深刻地理解人、机器、错综复杂的关系与系统数据库营销是技术与文化的交融,是过程与目标的结合,是消费者与企业的联姻,数据库营销在生活中是一种被高度整合的营销。

应看到,数据库营销是对传统营销方式的补充和改善。对于企业是否实施数据库营销、制订何种数据库营销战略计划,要在充分分析评估企业的资金状况、人力资源状况、产品特色与市场状况等实际情况的基础上做出合理的决策。

(二)数据库营销的特点

数据库营销通过数据库建立和分析,可以帮助企业准确了解用户信息,确定企业目标消费群,同时使企业促销工作具有针对性,从而提高企业营销效率。数据库营销的主要特点为:

(1)降低营销成本,提高营销效率。由于运用消费者数据库能够准确找出某种产品的目标消费者,企业可以避免使用昂贵的大众传播媒体,运用更经济的促销方式,从而降低成本,增强企业的竞争力。据统计,没有运用数据库技术进行筛选而发送邮寄宣传品,其反馈率只有2%~4%,而运用数据库技术筛选消费者,其邮寄宣传品的反馈率可以高达20%~30%。

(2)增强顾客信任感,在企业和顾客之间建立牢固的感情纽带。运用数据库营销经常地与消费者保持沟通和联系,可以维持和增强企业与消费者之间的感情纽带。企业根据数据库的信息能够分析出顾客需求和行为特征,采取相应的措施可以留住顾客。另外,运用存储的消费记录来推测其未来消费者行为具有相当的准确性,从而使企业更好地满足消费者的需求,使消费者成为企业长期、忠实的用户。通过双向的个性化交流,使顾客终身使用价值得以持续提高,显示买卖双方各自利益的最优化。

(3)数据库营销的效果能够评估和测量。传统营销方式的营销效果很难直接预定。数据库营销中顾客可以通过回复卡、电话等方式进行质询、订货或付款。这样,管理人员就可以得知顾客的反馈信息,每次数据库营销的效果就很容易测定了。而所测定的本次营销活动的效果可为下一次数据营销提供参考,从这个意义上说,数据库营销是科学的营销方式。

(4)数据库营销实现了对信息的有效运用,可以准确识别对同一品牌或同一公司产品具有相同兴趣的消费者群。

(5)使企业之间竞争更加隐秘,避免竞争者公开对抗。运用数据库与消费者建立紧密关系,企业可使消费者不再转向其竞争者,从而增强抵抗外部竞争的干扰能力。另外,传统营销中,运用大众媒体开展大规模促销活动,容易引起竞争者的对抗行为,削弱促销的效果。运用数据库营销,无须依靠大众媒体,比较隐秘,一般不会引起竞争对手的注意,容易达到预期的促销效果。

二、数据库营销的运作程序

数据库营销的具体实践千差万别,但一般来讲,数据库营销要经历数据采集、数据存储、数据处理和共享、寻找理想消费者、使用数据、对数据信息进行分析和评价、完善数据库七个基本步骤。

(一)数据采集

顾客信息主要包括:顾客的基本情况、顾客的偏好及行为方式、公司与顾客之间的业务交易、顾客过去的购买行为等。顾客信息可通过多种方法来收集:

(1)中间商和推销人员的记录反馈;

(2)在商品上附回函明信片,请顾客填写之后寄回,一般以赠品或售后服务作为回报;

(3)通过在大众传播媒体(报纸、杂志、广播、电视、Web 站点等)做广告,请顾客通过一定方式(电话、电子邮件、在线注册登记等)给予回复;

(4)从外部租借或购买所需的名单。

需要指出的是,营销数据库虽然是以顾客信息为主,但数据库营销者还应该尽可能地广泛收集有价值的信息,如产品信息、竞争对手信息等,以便更好地开发利用数据库资源,提升数据库营销的效率和效果。产品信息主要包括:产品的基本情况、供销存情况、产品的服务情况、顾客意见、企业的联系方式、支付方式等。竞争对手信息主要包括:竞争对手的数量,经营规模,经营商品的品种、数量、价格,费用水平和盈利能力,供货和分销渠道的控制程度,市场份额,竞争对手的促销方式和服务项目以及消费者的反应情况等。

(二)数据存储

数据存储是指将收集到的数据信息准确无误地存储到专门建立的数据库中。企业可以自己从事这项工作,也可外包给专门的数据库服务公司来做。

(三)数据处理和共享

运用计算机软件把无序的原始数据综合为有条理的数据库,然后在软件的支持下,产生出产品研发部门、营销部门、公共关系部门所需要的详细数据库,实现数据库的共享,并利用这些数据创造价值。因为数据库营销不仅是营销部门的事,通过数据库分析得来的信息应该与公司的整体经营策略有关,各部门都要关注和参与数据库的建设和利用,根据最新消息采取相应的措施,配合公司的最高决策成功完成。

(四)寻找理想消费者

根据使用最多的消费者的共同特点,用电脑勾画出某产品的消费者模型。某一类的消费群往往具有一些共同的特点,比如兴趣、收入水平、品牌偏好等,以此为基础,锁定理想的消费者。

(五)使用数据

数据库数据可以用于多个方面:确定购物优惠券价值目标,决定该送给哪些顾客;确定开发什么样的新产品;根据消费者特性,确定如何制作广告比较有效;根据消费者记录判定消费者消费档次和品牌忠诚度。数据库不仅可以满足信息需求,而且可以进行数据库经营项目开发,如实施交叉销售等。

(六)对数据信息进行分析和评价

这里主要是针对顾客资料。这种分析评价可以分为三个角度:

(1)寻求特征。指顾客在购买之前就能够决定的属性,如产品的包装、外形、规格、型号、价格,等等。

(2)体验特征。指在购买后或消费过程中能够觉察到的属性,如口味合适、礼貌待人、安排周到和值得信赖,等等。

(3)信用特征。指顾客在购买了产品或者是消费了产品和服务后仍然无法评价某些特征和属性(原因在于顾客难以具备这方面的专业知识或技巧),因此必须依赖提供该产品或服务的公司的职业信用和品牌影响力。

具有寻求特征的变量可以称作"硬件"部分。运用数学或统计模型,发现数据中存在的关系规则,根据现有的数据预测未来的发展趋势,就可为管理者的决策提供参考。具有体验特征和信用特征的变量是"软件"部分。这部分的改变要通过对接触顾客的员工进行训练和考核才能够改善。

(七)完善数据库

以产品开发为中心的消费者俱乐部、优惠券反馈、抽奖销售活动记录及其他促销活动等都有助于信息的收集。随着收集来的信息不断增加和完善,数据库也在不断更新,从而有利于及时找出顾客需求变化的趋势,促使企业调整经营方向,及时抓住市场机会。

第四节 "微时代"的新营销概念

互联网的飞速发展不仅带动了网络营销这一营销模式,更推动了社会化媒体的全面发展,微博和微信的社交平台几乎成了当前最能代表信息科技发展水平和时代潮流的媒介载体,其用户数量也呈现出滚雪球式的增长模式。在这种全新的"微时代"社会化媒体环境中,信息的传播速度更快、传播的内容也更加具有冲击力和震撼力,企业必须努力让消费者在交互过程中感受到企业的营销理念,主动去感知产品和服务等信息。各种全新的"微时代"营销概念应运而生。

一、微营销的概念

互联网技术的不断升级加快了整体市场变化的节奏,传统意义上粗放式的市场营销推广方式已经很难满足消费者愈加精细化和多样化的需求,正是在这种环境条件下,微营销这一以网络技术为基础的精准营销模式应运而生。所谓微营销,就是建立在移动互联网这一主要沟通平台,配合已有的传统网络媒体和大众传播媒体,建立、转化和强化顾客关系,从而实现客户价值的一系列过程。微营销是当前互联网时代一种低成本、高性价比的新型营销手段,包括微信营销、微博营销等。

与传统的营销方式相比,这种新型的微信营销方式更主张借助于"虚拟"社区与"现实"生活的互动,通过构建一个涵盖产品、服务、渠道、品牌、促销、广告等营销内容的更"轻"、更高效的营销链条,实现各类营销资源的整合和最优配置,最终达到以小搏大、以巧取胜的营销效果。

二、微营销的特点

在微营销模式下,企业和商家提供产品、服务或品牌信息,用户则在网络平台订阅所需的信息,在这种双向互动过程中,实现点对点营销。具体来说,微营销具有以下优点:

(一)高便利性

显然,移动终端的便利性使得微营销具有先天的竞争优势,随着各种智能手机、大屏手机功能的进一步升级,以及操作界面更加简化和人性化,用户几乎可以随时随地地获取各种所需要的信息,这为企业和商家开展微营销提供了极佳的便利条件。

(二)高可达性

可达性反映了微营销信息资源到达消费者的程度。事实上,高度集中的用户群体是实现有效营销推广的基础性资源和渠道,微营销借助点对点的信息交互保证了信息能够完整无误地传达给移动终端的消费者。而先前粗放式的邮件信息传递则往往由于各种原因被过滤和拦截,使得营销效果大打折扣。

(三)高曝光率

曝光率是衡量信息发布效果的一个重要指标,也是评价广告效率的重要指标。相比微博营销,微信营销具有更高的曝光率效果,这是由其即时通信的属性决定的,它可以凭借铃声、通知中心信息停驻等多种提醒方式提醒用户未阅读的消息,保证较高的信息曝光率。

由于微营销是建立在用户群体主动交换基础上的,也就是说,诸如公众账号的粉丝都是用户主动订阅而来的,因此商家在进行微营销时与客户的交互过程不仅仅是信息的交互,更是一种情感的交互。这种交互过程往往能够为企业提供更好的营销效果。

【本章小结】

本章主要讲述了四种新出现的营销观念。网络营销是依托互联网市场的营销形态;口碑营销由来已久,但理论化描述还不完善;数据库营销是一种可以和企业市场营销信息系统相结合的以数据信息为主的营销新观念;微信营销是一种快速传播通道,被市场接受后带给企业新的商机。

【基本概念】

网络营销 口碑营销 数据库营销 微信营销

【实训(练习)题】

1. 在淘宝试开一家网店,从营销角度分析自己的网店的经营状况。
2. 建立一个微信群,推广一种自己熟悉的产品。

参 考 文 献

[1] 菲利普·科特勒,凯文·莱恩·凯勒,王永贵. 营销管理[M]. 14版. 北京:中国人民大学出版社,2012.
[2] 菲利普·科特勒,加里·阿姆斯特朗,楼尊. 市场营销原理[M]. 13版. 北京:中国人民大学出版社,2010.
[3] 克里斯托弗·洛夫洛克,约亨·沃茨. 服务营销[M]. 6版. 北京:中国人民大学出版社,2010.
[4] 威廉·M·普莱德,O.C.费雷尔. 市场营销学[M]. 北京:清华大学出版社,2012.
[5] 扬米·穆恩,王旭. 哈佛最受欢迎的营销课[M]. 北京:中信出版集团股份有限公司,2012.
[6] 吴健安. 市场营销学[M]. 4版. 北京:清华大学出版社,2010.
[7] 吴健安. 市场营销学[M]. 2版. 北京:高等教育出版社,2004.
[8] 郭国庆. 市场营销学通论[M]. 6版. 北京:中国人民大学出版社,2014.
[9] 郭国庆. 市场营销学通论[M]. 4版. 北京:中国人民大学出版社,2011.
[10] 郭国庆. 市场营销学通论(第4版)学习辅导书[M]. 北京:中国人民大学出版社,2011.
[11] 万后芬. 市场营销学[M]. 武汉:华中科技大学出版社,2011.
[12] 周立功. 市场营销学[M]. 北京:清华大学出版社,2011.
[13] 纪宝成. 市场营销学教程[M]. 5版. 北京:中国人民大学出版社,2012.
[14] 吕一林,陶晓波,杨立宇. 市场营销学[M]. 4版. 北京:中国人民大学出版社,2011.
[15] 兰苓. 市场营销学[M]. 北京:机械工业出版社,2008.
[16] 李光明. 市场营销学[M]. 北京:清华大学出版,2007.
[17] 宋振赫. 瞬间读懂顾客心理学:如何让潜在需求者变成实际购买者[M]. 北京:中国华侨出版社,2012.
[18] 李克芳,聂元昆. 服务营销学[M]. 北京:机械工业出版社,2012.
[19] 孙国亮. 市场营销学案例教程[M]. 北京:北京交通大学出版社,2010.
[20] 李剑虹. 市场营销学案例分析及综合训练[M]. 成都:西南交通大学出版社,2012.